BIBLIOTHÈQUE D'UN HOMME DE GOUT

Collection à 1 fr. le volume

OEUVRES
DE
P. CORNEILLE

PRÉCÉDÉES

D'UNE NOTICE SUR SA VIE ET SES OUVRAGES

PAR

JULIEN LEMER

TOME SECOND

PARIS
ADOLPHE DELAHAYS, LIBRAIRE
4-6, RUE VOLTAIRE, 4-6

1857

OEUVRES
DE
P. CORNEILLE

Yf 2345

PARIS. — IMPRIMERIE SIMON RAÇON ET COMP., RUE D'ERFURTH, 1.

OEUVRES

DE

P. CORNEILLE

PRÉCÉDÉES D'UNE NOTICE

SUR SA VIE ET SES OUVRAGES

PAR

JULIEN LEMER

TOME SECOND

PARIS

ADOLPHE DELAHAYS, LIBRAIRE-ÉDITEUR

4-6, — RUE VOLTAIRE, — 4-6

1857
1856

POMPÉE

TRAGÉDIE[1] — 1641

A MONSEIGNEUR
L'ÉMINENTISSIME CARDINAL MAZARIN.

Monseigneur,

Je présente le grand Pompée à Votre Éminence, c'est-à-dire le plus grand personnage de l'ancienne Rome au plus illustre de la nouvelle; je mets sous la protection du premier ministre de notre jeune roi un héros qui, dans sa bonne fortune, fut le protecteur de beaucoup de rois, et qui, dans sa mauvaise, eut encore des rois pour ses ministres. Il espère de la générosité de Votre Éminence qu'elle ne dédaignera pas de lui conserver cette seconde vie que j'ai tâché de lui redonner, et que, lui rendant cette justice qu'elle fait rendre par tout le royaume, elle le vengera pleinement de la mauvaise politique de la cour d'Égypte. Il l'espère, et avec raison, puisque, dans le peu de séjour qu'il a fait en France, il a déjà su de la voix publique que les maximes dont vous vous servez pour la conduite de cet État ne sont point fondées sur d'autres principes que ceux de la vertu. Il a su d'elle les obligations que vous a la France de l'avoir choisie pour votre seconde mère, qui vous est d'autant plus redevable, que les grands services que vous lui rendez sont de purs effets de votre inclination et de votre zèle, et non pas des devoirs de votre naissance. Il a su d'elle que Rome s'est acquittée envers notre jeune monarque de ce qu'elle devait à ses prédécesseurs, par le présent qu'elle lui a fait de votre personne. Il a su d'elle, enfin, que la solidité de votre prudence et la netteté de vos lu-

---

[1] Dans la première édition, cette tragédie avait pour titre la *Mort de Pompée*, et c'est ainsi qu'aujourd'hui encore on la désigne ordinairement.

mières enfantent des conseils si avantageux pour le gouvernement, qu'il semble que ce soit vous à qui, par un esprit de prophétie, notre Virgile ait adressé ce vers il y a plus de seize siècles :

Tu regere imperio populos, Romane, memento.

Voilà, monseigneur, ce que ce grand homme a appris en apprenant à parler français :

Pauca, sed a pleno venientia pectore veri.

Et comme la gloire de Votre Éminence est assurée sur la fidélité de cette voix publique, je n'y mêlerai point la faiblesse de mes pensées ni la rudesse de mes expressions, qui pourraient diminuer quelque chose de son éclat ; et je n'ajouterai rien aux célèbres témoignages qu'elle vous rend, qu'une profonde vénération pour les hautes qualités qui vous les ont acquis, avec une protestation très-sincère et très-inviolable d'être toute ma vie,

Monseigneur, de Votre Éminence,

Le très-humble, très-obéissant et très-fidèle serviteur,

CORNEILLE.

AU LECTEUR.

Si je voulais faire ici ce que j'ai fait en mes deux derniers ouvrages, et te donner le texte ou l'abrégé des auteurs dont cette histoire est tirée, afin que tu pusses remarquer en quoi je m'en serais écarté pour l'accommoder au théâtre, je ferais un avant-propos dix fois plus long que mon poëme, et j'aurais à rapporter des livres entiers de presque tous ceux qui ont écrit l'histoire romaine. Je me contenterai de t'avertir que celui dont je me suis le plus servi a été le poëte Lucain, dont la lecture m'a rendu si amoureux de la force de ses pensées et de la majesté de son raisonnement, qu'afin d'en enrichir notre langue j'ai fait cet effort pour réduire en poëme dramatique ce qu'il a traité en épique. Tu trouveras ici cent ou deux cents vers traduits ou imités de lui[1]. J'ai tâché de suivre ce grand homme dans le reste, et

---

[1] C'est le huitième livre de Lucain qui a fourni à Corneille le sujet de Pompée. Le succès de cette tragédie détermina Brébeuf à traduire la *Pharsale*.

de prendre son caractère quand son exemple m'a manqué. Si je suis demeuré bien loin derrière, tu en jugeras. Cependant, j'ai cru ne te déplaire pas de te donner ici trois passages qui ne viennent pas mal à mon sujet. Le premier est un épitaphe [1] de Pompée, prononcé par Caton dans Lucain ; les deux autres sont deux peintures de Pompée et de César, tirées de Velleius Paterculus. Je les laisse en latin, de peur que ma traduction n'ôte trop de leur grâce et de leur force. Les dames se les feront expliquer.

EPITAPHIUM POMPEII MAGNI.

Civis obit, inquit, multum majoribus impar
Nosse modum juris, sed in hoc tamen utilis ævo,
Cui non ulla fuit justi reverentia : salva
Libertate potens, et solus plebe parata
Privatus servire sibi rectorque senatus,
Sed regnantis, erat. Nil belli jure poposcit :
Quæque dari voluit, voluit sibi posse negari.
Immodicas possedit opes, sed plura retentis
Intulit : invasit ferrum ; sed ponere norat.
Prætulit arma togæ, sed pacem armatus amavit.
Juvit sumpta ducem, juvit dimissa potestas.
Casta domus, luxuque carens, corruptaque nunquam
Fortuna domini. Clarum et venerabile nomen
Gentibus, et multum nostræ quod proderat urbi.
Olim vera fides, Sylla Marioque receptis,
Libertatis obit : Pompeio rebus adempto
Nunc et ficta perit. Non jam regnare pudebit :
Nec color imperii, nec frons erit ulla senatus.
O felix, cui summa dies fuit obvia victo,
Et cui quærendos Pharium scelus obtulit enses !
Forsitan in soceri potuisset vivere regno.
Scire mori, sors prima viris, sed proxima, cogi.
Et mihi, si fatis aliena in jura venimus,
Da talem, Fortuna, Jubam : non deprecor hosti
Servari, dum me servet cervice recisa.

Cato, apud Lucanum, lib. IX, v. 190 et seqq.

[1] *Épitaphe* était alors du genre masculin.

ICON POMPEII MAGNI.

Fuit hic genitus matre Lucilia, stirpis senatoriæ, forma excellens, non ea qua flos commendatur ætatis, sed dignitate et constantia : quæ in illam conveniens amplitudinem, fortunam quoque ejus ad ultimum vitæ comitata est diem : innocentia eximius, sanctitate præcipuus, eloquentia medius; potentiæ quæ honoris causa ad eum deferretur, non ut ab eo occuparetur, cupidissimus : dux bello peritissimus : civis in toga (nisi ubi vereretur ne quem haberet parem) modestissimus, amicitiarum tenax, in offensis exorabilis, in reconcilianda gratia fidelissimus, in accipienda satisfactione facillimus, potentia sua nunquam aut raro ad impotentiam usus, pene omnium votorum expers, nisi numeraretur inter maxima, in civitate libera dominaque gentium, indignari, cum omnes cives jure haberet pares, quemquam æqualem dignitate conspicere.—

Velleius Paterculus, lib. II, c. xxix.

ICON C. J. CÆSARIS.

Hic nobilissima Juliorum genitus familia, et, quod inter omnes antiquissimos constabat, ab Anchise ac Venere deducens genus, forma omnium civium excellentissimus, vigore animi acerrimus, munificentia effusissimus, animo super humanam et naturam et fidem evectus, magnitudine cogitationum, celeritate bellandi, patientia periculorum, Magno illi Alexandro, sed sobrio, neque iracundo, simillimus : qui denique semper et somno et cibo in vitam, non in voluptatem uteretur.

Velleius Paterculus, lib. II, c. xli.

EXAMEN DE POMPÉE.

A bien considérer cette pièce, je ne crois pas qu'il y en ait sur le théâtre où l'histoire soit plus conservée et plus falsifiée tout ensemble. Elle est si connue, que je n'ai osé en changer les événements; mais il s'y en trouvera peu qui soient arrivés comme je les fais arriver. Je n'y ai ajouté que ce qui regarde Cornélie, qui semble s'y offrir d'elle-même, puisque, dans la vérité historique, elle était dans le même vaisseau que son mari lorsqu'il aborda en Égypte, qu'elle le vit descendre dans la barque, où il fut assassiné à ses yeux par Septime, et qu'elle fut poursuivie sur mer par les ordres de Ptolomée. C'est ce qui m'a donné occasion de feindre qu'on l'atteignît, et qu'elle fût ramenée devant César, bien que l'histoire n'en parle point. La diversité des lieux où les choses se sont passées, et la longueur du temps qu'elles ont consumé dans la vérité historique, m'ont réduit à la falsification pour les ramener dans l'unité de jour et de lieu. Pompée fut massacré devant les murs de Pelusium, qu'on appelle aujourd'hui Damiette, et César prit terre à Alexandrie. Je n'ai nommé ni l'une ni l'autre ville, de peur que le nom de l'une n'arrêtât l'imagination de l'auditeur, et ne lui fît remarquer malgré lui la fausseté de ce qui s'est passé ailleurs. Le lieu particulier est, comme dans *Polyeucte*, un grand vestibule commun à tous les appartements du palais royal; et cette unité n'a rien que de vraisemblable, pourvu qu'on se détache de la vérité historique. Le premier, le troisième et le quatrième acte y ont leur justesse manifeste; il y peut avoir quelque difficulté pour le second et le cinquième, dont Cléopâtre ouvre l'un et Cornélie l'autre. Elles sembleraient toutes deux avoir plus de raison de parler dans leur appartement; mais l'impatience de la curiosité féminine les en peut faire sortir; l'une, pour apprendre plustôt les nouvelles de la mort de Pompée, ou par Achorée, qu'elle a envoyé en être témoin, ou par le premier qui entrera dans ce vestibule; et l'autre, pour en savoir du combat de César et des Romains contre Ptolomée et les Égyptiens, pour empêcher que ce héros n'en aille donner à Cléopâtre avant qu'à elle, et pour obtenir de lui d'autant plus tôt la permission de partir. En quoi on peut remarquer que, comme elle sait qu'il est amoureux de cette reine, et qu'elle peut douter qu'au retour de son combat, les trouvant ensemble, il ne lui fasse le premier compliment, le soin qu'elle a de conserver la dignité romaine lui fait prendre la parole la première, et obliger par là César à lui répondre avant qu'il puisse dire rien à l'autre.

Pour le temps, il m'a fallu réduire en soulèvement tumultuaire une guerre qui n'a pu durer guère moins d'un an, puisque Plutarque rapporte qu'incontinent après que César fut parti d'Alexandrie Cléopâtre accoucha de Césarion. Quand Pompée se présenta pour entrer en Égypte, cette princesse et le roi son frère avaient chacun leur armée prête à en venir aux mains l'une contre l'autre, et n'avaient garde ainsi de loger dans le même palais. César, dans ses *Commentaires*, ne parle point de ses amours avec elle, ni que la tête de Pompée lui fut présentée quand il arriva : c'est Plutarque et Lucain qui nous apprennent l'un et l'autre ; mais ils ne lui font présenter cette tête que par un des ministres du roi, nommé Théodote, et non pas par le roi même, comme je l'ai fait.

Il y a quelque chose d'extraordinaire dans le titre de ce poëme, qui porte le nom d'un héros qui n'y parle point ; mais il ne laisse pas d'en être, en quelque sorte, le principal acteur, puisque sa mort est la cause unique de tout ce qui s'y passe. J'ai justifié ailleurs l'unité d'action qui s'y rencontre, par cette raison que les événements y ont une telle dépendance l'un de l'autre, que la tragédie n'aurait pas été complète si je ne l'eusse poussée jusqu'au terme où je la fais finir. C'est à ce dessein que, dès le premier acte, je fais connaître la venue de César, à qui la cour d'Égypte immole Pompée pour gagner les bonnes grâces du victorieux ; et, ainsi, il m'a fallu nécessairement faire voir quelle réception il ferait à leur lâche et cruelle politique. J'ai avancé l'âge de Ptolomée, afin qu'il pût agir, et que, portant le titre de roi, il tâchât d'en soutenir le caractère. Bien que les historiens et le poëte Lucain l'appellent communément *rex puer*, le *roi enfant*, il ne l'était pas à tel point qu'il ne fût en état d'épouser sa sœur Cléopâtre, comme l'avait ordonné son père. Hirtius dit qu'il était *puer jam adulta ætate*; et Lucain appelle Cléopâtre incestueuse, dans ce vers qu'il adresse à ce roi par apostrophe :

Incestæ sceptris cessure sororis;

soit qu'elle eût déjà contracté ce mariage incestueux, soit à cause qu'après la guerre d'Alexandrie et la mort de Ptolomée César la fit épouser à son jeune frère, qu'il rétablit dans le trône ; d'où l'on peut tirer une conséquence infaillible, que, si le plus jeune des deux frères était en âge de se marier quand César partit d'Égypte, l'aîné en était capable quand il y arriva, puisqu'il ne tarda pas plus d'un an.

Le caractère de Cléopâtre garde une ressemblance ennoblie par ce qu'on y peut imaginer de plus illustre. Je ne la fais amoureuse que par ambition, et en sorte qu'elle semble n'avoir point d'amour qu'en tant qu'il peut servir à sa grandeur. Quoique la réputation qu'elle a laissée la fasse passer pour une femme lascive et abandonnée à ses plaisirs, et que Lucain, peut-être en haine de César, la nomme en quelque endroit *meretrix regina*, et fasse dire ailleurs à l'eunuque Photin, qui gouvernait sous le nom de son frère Ptolomée :

Quem non e nobis credit Cleopatra nocentem,
A quo casta fuit?

je trouve qu'à bien examiner l'histoire elle n'avait que de l'ambition sans amour, et que, par politique, elle se servait des avantages de sa beauté pour affermir sa fortune. Cela paraît visible, en ce que les historiens ne marquent point qu'elle se soit donnée qu'aux deux premiers hommes du monde, César et Antoine; et qu'après la déroute de ce dernier elle n'épargna aucun artifice pour engager Auguste dans la même passion qu'ils avaient eue pour elle, et fit voir par là qu'elle ne s'était attachée qu'à la haute puissance d'Antoine, et non pas à sa personne.

Pour le style, il est plus élevé en ce poëme qu'en aucun des miens, et ce sont, sans contredit, les vers les plus pompeux que j'aie fait. La gloire n'en est pas toute à moi; j'ai traduit de Lucain tout ce que j'y ai trouvé de propre à mon sujet; et, comme je n'ai point fait de scrupule d'enrichir notre langue du pillage que j'ai pu faire chez lui, j'ai tâché, pour le reste, à entrer si bien dans sa manière de former ses pensées et de s'expliquer, que ce qu'il m'a fallu y joindre du mien sentît son génie, et ne fût pas indigne d'être pris pour un larcin que je lui eusse fait. J'ai parlé, en l'examen de *Polyeucte*, de ce que je trouve à dire en la confidence que fait Cléopâtre à Charmion au second acte; il ne me reste qu'un mot touchant les narrations d'Achorée, qui ont toujours passé pour fort belles : en quoi je ne veux pas aller contre le jugement du public, mais seulement faire remarquer de nouveau que celui qui les fait et les personnes qui les écoutent ont l'esprit assez tranquille pour avoir toute la patience qu'il y faut donner. Celle du troisième acte, qui est, à mon gré, la plus magnifique, a été accusée de n'être pas reçue par une personne digne de la recevoir; mais, bien que Charmion, qui l'écoute, ne soit qu'une domestique de Cléopâtre, qu'on peut, toutefois, prendre pour sa dame d'honneur, étant envoyée exprès par cette reine pour l'écouter, elle tient lieu de cette reine même, qui, cependant, montre un orgueil digne d'elle, d'attendre la visite de César dans sa chambre sans aller au-devant de lui. D'ailleurs, Cléopâtre eût rompu tout le reste de ce troisième acte si elle s'y fût montrée, et il m'a fallu la cacher par adresse de théâtre, et trouver pour cela dans l'action un prétexte qui fût glorieux pour elle, et qui ne laissât point paraître le secret de l'art qui m'obligeait à l'empêcher de se produire.

PERSONNAGES.

JULES-CÉSAR.
MARC-ANTOINE.
LÉPIDE.
CORNÉLIE, femme de Pompée.
PTOLOMÉE, roi d'Égypte.
CLÉOPATRE, sœur de Ptolomée.
ACHILLAS, lieutenant général des armées du roi d'Égypte.
PHOTIN, chef du conseil d'Égypte.
SEPTIME, tribun romain, à la solde du roi d'Égypte.
CHARMION, dame d'honneur de Cléopâtre.
ACHORÉE, écuyer de Cléopâtre.
PHILIPPE, affranchi de Pompée.
TROUPE DE ROMAINS.
TROUPE D'ÉGYPTIENS.

La scène est en Alexandrie, dans le palais de Ptolomée.

ACTE PREMIER.

SCÈNE I. — PTOLOMÉE, PHOTIN, ACHILLAS, SEPTIME.

PTOLOMÉE.

Le destin se déclare, et nous venons d'entendre
Ce qu'il a résolu du beau-père et du gendre.
Quand les dieux étonnés semblaient se partager,
Pharsale a décidé ce qu'ils n'osaient juger.
Ses fleuves teints de sang, et rendus plus rapides
Par le débordement de tant de parricides,
Cet horrible débris d'aigles, d'armes, de chars,
Sur ses champs empestés confusément épars,
Ces montagnes de morts privés d'honneurs suprêmes,
Que la nature force à se venger eux-mêmes,
Et dont les troncs pourris exhalent dans les vents
De quoi faire la guerre au reste des vivants,
Sont les titres affreux dont le droit de l'épée,
Justifiant César, a condamné Pompée.

Ce déplorable chef du parti le meilleur,
Que sa fortune lasse abandonne au malheur,
Devient un grand exemple, et laisse à la mémoire
Des changements du sort une éclatante histoire.
Il fuit, lui qui, toujours triomphant et vainqueur,
Vit ses prospérités égaler son grand cœur;
Il fuit, et dans nos ports, dans nos murs, dans nos villes,
Et, contre son beau-père ayant besoin d'asiles,
Sa déroute orguéilleuse en cherche aux mêmes lieux
Où contre les Titans en trouvèrent les dieux :
Il croit que ce climat, en dépit de la guerre,
Ayant sauvé le ciel, sauvera bien la terre,
Et, dans son désespoir à la fin se mêlant,
Pourra prêter l'épaule au monde chancelant.
Oui, Pompée avec lui porte le sort du monde,
Et veut que notre Égypte, en miracles féconde,
Serve à sa liberté de sépulcre ou d'appui,
Et relève sa chute, ou trébuche sous lui.
C'est de quoi, mes amis, nous avons à résoudre;
Il apporte en ces lieux les palmes ou la foudre :
S'il couronna le père, il hasarde le fils;
Et, nous l'ayant donnée, il expose Memphis.
Il faut le recevoir ou hâter son supplice,
Le suivre ou le pousser dedans le précipice.
L'un me semble peu sûr, l'autre peu généreux;
Et je crains d'être injuste ou d'être malheureux.
Quoique je fasse enfin, la fortune ennemie
M'offre bien des périls ou beaucoup d'infamie :
C'est à moi de choisir, c'est à vous d'aviser
A quel choix vos conseils doivent me disposer.
Il s'agit de Pompée, et nous aurons la gloire
D'achever de César ou troubler la victoire;
Et je puis dire enfin que jamais potentat
N'eut à délibérer d'un si grand coup d'État.

PHOTIN.

Seigneur, quand par le fer les choses sont vidées,
La justice et le droit sont de vaines idées;
Et qui veut être juste en de telles saisons
Balance le pouvoir, et non pas les raisons.
Voyez donc votre force, et regardez Pompée,
Sa fortune abattue et sa valeur trompée.

César n'est pas le seul qu'il fuie en cet état :
Il fuit et le reproche et les yeux du sénat,
Dont plus de la moitié piteusement étale
Une indigne curée aux vautours de Pharsale ;
Il fuit Rome perdue, il fuit tous les Romains,
A qui, par sa défaite, il met les fers aux mains ;
Il fuit le désespoir des peuples et des princes
Qui vengeraient sur lui le sang de leurs provinces.
Leurs États et d'argent et d'hommes épuisés,
Leurs trônes mis en cendre et leurs sceptres brisés.
Auteur des maux de tous, il est à tous en butte,
Et fuit le monde entier écrasé sous sa chute.
Le défendrez-vous seul contre tant d'ennemis ?
L'espoir de son salut en lui seul était mis ;
Lui seul pouvait pour soi : cédez alors qu'il tombe.
Soutiendrez-vous un faix sous qui Rome succombe,
Sous qui tout l'univers se trouve foudroyé,
Sous qui le grand Pompée a lui-même ployé ?
Quand on veut soutenir ceux que le sort accable,
A force d'être juste on est souvent coupable ;
Et la fidélité qu'on garde imprudemment
Après un peu d'éclat traîne un long châtiment,
Trouve un noble revers, dont les coups invincibles,
Pour être glorieux ne sont pas moins sensibles.
Seigneur, n'attirez point le tonnerre en ces lieux ;
Rangez-vous du parti des destins et des dieux ;
Et, sans les accuser d'injustice ou d'outrage,
Puisqu'ils font les heureux, adorez leur ouvrage ;
Quels que soient leurs décrets, déclarez-vous pour eux,
Et, pour leur obéir, perdez le malheureux.
Pressé de toutes parts des colères célestes,
Il en vient dessus vous faire fondre les restes ;
Et sa tête, qu'à peine il a pu dérober,
Toute prête de choir, cherche avec qui tomber :
Sa retraite chez vous, en effet, n'est qu'un crime ;
Elle marque sa haine, et non pas son estime ;
Il ne vient que vous perdre en venant prendre port ;
Et vous pouvez douter s'il est digne de mort !
Il devait mieux remplir nos vœux et notre attente,
Faire voir sur ses nefs la victoire flottante :
Il n'eût ici trouvé que joie et que festins ;

ACTE I, SCÈNE I.

Mais, puisqu'il est vaincu, qu'il s'en prenne aux destins.
J'en veux à sa disgrâce, et non à sa personne :
J'exécute à regret ce que le ciel ordonne;
Et du même poignard pour César destiné,
Je perce en soupirant son cœur infortuné.
Vous ne pouvez enfin, qu'aux dépens de sa tête,
Mettre à l'abri la vôtre et parer la tempête.
Laissez nommer sa mort un injuste attentat :
La justice n'est pas une vertu d'État.
Le choix des actions, ou mauvaises ou bonnes,
Ne fait qu'anéantir la force des couronnes;
Le droit des rois consiste à ne rien épargner;
La timide équité détruit l'art de régner.
Quand on craint d'être injuste, on a toujours à craindre,
Et qui veut tout pouvoir doit oser tout enfreindre,
Fuir comme un déshonneur la vertu qui le perd,
Et voler sans scrupule au crime qui lui sert.
C'est là mon sentiment. Achillas et Septime
S'attacheront peut-être à quelque autre maxime.
Chacun a son avis; mais, quel que soit le leur,
Qui punit le vaincu ne craint point le vainqueur.

ACHILLAS.

Seigneur, Photin dit vrai; mais, quoique de Pompée
Je voie et la fortune et la valeur trompée,
Je regarde son sang comme un sang précieux,
Qu'au milieu de Pharsale ont respecté les dieux.
Non qu'en un coup d'État je n'approuve le crime;
Mais, s'il n'est nécessaire, il n'est point légitime :
Et quel besoin ici d'une extrême rigueur?
Qui n'est point au vaincu ne craint point le vainqueur.
Neutre jusqu'à présent, vous pouvez l'être encore;
Vous pouvez adorer César, si l'on l'adore;
Mais, quoique vos encens le traitent d'immortel,
Cette grande victime est trop pour son autel;
Et sa tête, immolée au dieu de la victoire,
Imprime à votre nom une tache trop noire;
Ne le pas secourir suffit sans l'opprimer :
En usant de la sorte, on ne vous peut blâmer.
Vous lui devez beaucoup; par lui, Rome animée,
A fait rendre le sceptre au feu roi Ptoloméc;
Mais la reconnaissance et l'hospitalité

Sur les âmes des rois n'ont qu'un droit limité.
Quoi que doive un monarque, et, dût-il sa couronne,
Il doit à ses sujets encor plus qu'à personne,
Et cesse de devoir quand la dette est d'un rang
A ne point s'acquitter qu'aux dépens de leur sang.
S'il est juste, d'ailleurs, que tout se considère,
Que hasardait Pompée en servant votre père?
Il se voulut par là faire voir tout-puissant,
Et vit croître sa gloire en le rétablissant.
Il le servit enfin, mais ce fut de la langue;
La bourse de César fit plus que sa harangue;
Sans ses mille talents, Pompée et ses discours
Pour rentrer en Égypte étaient un froid secours.
Qu'il ne vante donc plus ses mérites frivoles,
Les effets de César valent bien ses paroles;
Et, si c'est un bienfait qu'il faut rendre aujourd'hui,
Comme il parla pour vous, vous parlerez pour lui.
Ainsi vous le pouvez et devez reconnaître.
Le recevoir chez vous, c'est recevoir un maître,
Qui, tout vaincu qu'il est, bravant le nom de roi,
Dans vos propres États vous donnerait la loi.
Fermez-lui donc vos ports, mais épargnez sa tête.
S'il le faut, toutefois, ma main est toute prête;
J'obéis avec joie, et je serais jaloux
Qu'autre bras que le mien portât les premiers coups.

SEPTIME.

Seigneur, je suis Romain, je connais l'un et l'autre.
Pompée a besoin d'aide, il vient chercher la vôtre;
Vous pouvez, comme maître absolu de son sort,
Le servir, le chasser, le livrer vif ou mort.
Des quatre le premier vous serait trop funeste;
Souffrez donc qu'en deux mots j'examine le reste.
Le chasser, c'est vous faire un puissant ennemi,
Sans obliger par là le vainqueur qu'à demi,
Puisque c'est lui laisser, et sur mer et sur terre,
La suite d'une longue et difficile guerre,
Dont peut-être tous deux également lassés
Se vengeraient sur vous de tous les maux passés.
Le livrer à César n'est que la même chose :
Il lui pardonnera, s'il faut qu'il en dispose,
Et, s'armant à regret de générosité,

D'une fausse clémence il fera vanité,
Heureux de l'asservir en lui donnant la vie,
Et de plaire par là même à Rome asservie.
Cependant que, forcé d'épargner son rival,
Aussi bien que Pompée il vous voudra du mal.
Il faut le délivrer du péril et du crime,
Assurer sa puissance et sauver son estime,
Et du parti contraire en ce grand chef détruit,
Prendre sur vous le crime et lui laisser le fruit ;
C'est là mon sentiment, ce doit être le vôtre :
Par là vous gagnez l'un et ne craignez plus l'autre.
Mais, suivant d'Achillas le conseil hasardeux,
Vous n'en gagnez aucun et les perdez tous deux.

PTOLOMÉE.

N'examinons donc plus la justice des causes,
Et cédons au torrent qui roule toutes choses.
Je passe au plus de voix, et, de mon sentiment,
Je veux bien avoir part à ce grand changement.
Assez et trop longtemps l'arrogance de Rome
A cru qu'être Romain c'était être plus qu'homme.
Abattons sa superbe avec sa liberté ;
Dans le sang de Pompée éteignons sa fierté ;
Tranchons l'unique espoir où tant d'orgueil se fonde,
Et donnons un tyran à ces tyrans du monde.
Secondons le destin qui les veut mettre aux fers,
Et prêtons-lui la main pour venger l'univers.
Rome, tu serviras ; et ces rois que tu braves,
Et que ton insolence ose traiter d'esclaves,
Adoreront César avec moins de douleur,
Puisqu'il sera ton maître aussi bien que le leur.
Allez donc, Achillas, allez avec Septime
Nous immortaliser par cet illustre crime.
Qu'il plaise au ciel ou non, laissez-m'en le souci.
Je crois qu'il veut sa mort, puisqu'il l'amène ici.

ACHILLAS.

Seigneur, je crois tout juste alors qu'un roi l'ordonne.

PTOLOMÉE.

Allez, et hâtez-vous d'assurer ma couronne ;
Et vous ressouvenez que je mets en vos mains
Le destin de l'Égypte et celui des Romains.

SCÈNE II. — PTOLOMÉE, PHOTIN.

PTOLOMÉE.

Photin, ou je me trompe, ou ma sœur est déçue.
De l'abord de Pompée elle espère autre issue.
Sachant que de mon père il a le testament,
Elle ne doute point de son couronnement;
Elle se croit déjà souveraine maîtresse
D'un sceptre partagé que sa bonté lui laisse;
Et, se promettant tout de leur vieille amitié,
De mon trône en son âme elle prend la moitié,
Où de son vain orgueil les cendres rallumées
Poussent déjà dans l'air de nouvelles fumées.

PHOTIN.

Seigneur, c'est un motif que je ne disais pas,
Qui devait de Pompée avancer le trépas.
Sans doute il jugerait de la sœur et du frère
Suivant le testament du feu roi votre père,
Son hôte et son ami, qui l'en daigna saisir :
Jugez après cela de votre déplaisir.
Ce n'est pas que je veuille, en vous parlant contre elle,
Rompre les sacrés nœuds d'une amour fraternelle;
Du trône, et non du cœur, je la veux éloigner,
Car c'est ne régner pas qu'être deux à régner :
Un roi qui s'y résout est mauvais politique;
Il détruit son pouvoir quand il le communique;
Et les raisons d'État... Mais, seigneur, la voici.

SCÈNE III. — PTOLOMÉE, CLÉOPATRE, PHOTIN.

CLÉOPATRE.

Seigneur, Pompée arrive, et vous êtes ici !

PTOLOMÉE.

J'attends dans mon palais ce guerrier magnanime,
Et lui viens d'envoyer Achillas et Septime.

CLÉOPATRE.

Quoi ! Septime à Pompée, à Pompée Achillas !

PTOLOMÉE.

Si ce n'est assez d'eux, allez, suivez leurs pas.

ACTE I, SCÈNE III.

CLÉOPATRE.
Donc pour le recevoir c'est trop que de vous-même?
PTOLOMÉE.
Ma sœur, je dois garder l'honneur du diadème.
CLÉOPATRE.
Si vous en portez un, ne vous en souvenez
Que pour baiser la main de qui vous le tenez,
Que pour en faire hommage aux pieds d'un si grand homme.
PTOLOMÉE.
Au sortir de Pharsale est-ce ainsi qu'on le nomme?
CLÉOPATRE.
Fût-il dans son malheur de tous abandonné,
Il est toujours Pompée, et vous a couronné.
PTOLOMÉE.
Il n'en est plus que l'ombre, et couronna mon père,
Dont l'ombre, et non pas moi, lui doit ce qu'il espère;
Il peut aller, s'il veut, dessus son monument
Recevoir ses devoirs et son remercîment.
CLÉOPATRE.
Après un tel bienfait, c'est ainsi qu'on le traite!
PTOLOMÉE.
Je m'en souviens, ma sœur, et je vois sa défaite.
CLÉOPATRE.
Vous la voyez de vrai, mais d'un œil de mépris.
PTOLOMÉE.
Le temps de chaque chose ordonne et fait le prix.
Vous qui l'estimez tant, allez lui rendre hommage;
Mais songez qu'au port même il peut faire naufrage.
CLÉOPATRE.
Il peut faire naufrage, et même dans le port!
Quoi! vous auriez osé lui préparer la mort?
PTOLOMÉE.
J'ai fait ce que les dieux m'ont inspiré de faire,
Et que pour mon État j'ai jugé nécessaire.
CLÉOPATRE.
Je ne le vois que trop, Photin et ses pareils
Vous ont empoisonné de leurs lâches conseils :
Ces âmes que le ciel ne forma que de boue...
PHOTIN.
Ce sont de nos conseils, oui, madame, et j'avoue...

CLÉOPATRE.

Photin, je parle au roi; vous répondrez pour tous
Quand je m'abaisserai jusqu'à parler à vous.

PTOLOMÉE, à Photin.

Il faut un peu souffrir de cette humeur hautaine.
Je sais votre innocence et je connais sa haine;
Après tout, c'est ma sœur; oyez sans repartir.

CLÉOPATRE.

Ah! s'il est encor temps de vous en repentir,
Affranchissez-vous d'eux et de leur tyrannie,
Rappelez la vertu par leurs conseils bannie,
Cette haute vertu dont le ciel et le sang
Enflent toujours les cœurs de ceux de notre rang.

PTOLOMÉE.

Quoi! d'un frivole espoir déjà préoccupée,
Vous me parlez en reine en parlant de Pompée;
Et d'un faux zèle ainsi votre orgueil revêtu
Fait agir l'intérêt sous le nom de vertu.
Confessez-le, ma sœur, vous sauriez vous en taire,
N'était le testament du feu roi notre père;
Vous savez qu'il le garde.

CLÉOPATRE.

Et vous saurez aussi
Que la seule vertu me fait parler ainsi,
Et que, si l'intérêt m'avait préoccupée,
J'agirais pour César et non pas pour Pompée.
Apprenez un secret que je voulais cacher,
Et cessez désormais de me rien reprocher.
Quand ce peuple insolent qu'enferme Alexandrie
Fit quitter au feu roi son trône et sa patrie,
Et que jusque dans Rome il alla du sénat
Implorer la pitié contre un tel attentat,
Il nous mena tous deux pour toucher son courage,
Vous, assez jeune encor, moi, déjà dans un âge
Où ce peu de beauté que m'ont donné les cieux
D'un assez vif éclat faisait briller mes yeux.
César en fut épris, et du moins j'eus la gloire
De le voir hautement donner lieu de le croire;
Mais, voyant contre lui le sénat irrité,
Il fit agir Pompée et son autorité.
Ce dernier nous servit à sa seule prière,

ACTE I, SCÈNE III.

Qui de leur amitié fut la preuve dernière :
Vous en savez l'effet, et vous en jouissez.
Mais pour un tel amant ce ne fut pas assez;
Après avoir pour nous employé ce grand homme,
Qui nous gagna soudain toutes les voix de Rome,
Son amour en voulut seconder les efforts,
Et, nous ouvrant son cœur, nous ouvrit ses trésors;
Nous eûmes de ses feux, encore en leur naissance,
Et les nerfs de la guerre et ceux de la puissance,
Et les mille talents qui lui sont encor dus
Remirent en nos mains tous nos États perdus.
Le roi, qui s'en souvint à son heure fatale,
Me laissa comme à vous la dignité royale,
Et, par son testament, il vous fit cette loi
Pour me rendre une part de ce qu'il tint de moi.
C'est ainsi qu'ignorant d'où vint ce bon office,
Vous appelez faveur ce qui n'est que justice,
Et l'osez accuser d'une aveugle amitié,
Quand du tout qu'il me doit il me rend la moitié.

PTOLOMÉE.

Certes, ma sœur, le conte est fait avec adresse.

CLÉOPÂTRE.

César viendra bientôt, et j'en ai lettre expresse;
Et peut-être aujourd'hui vos yeux seront témoins
De ce que votre esprit s'imagine le moins.
Ce n'est pas sans sujet que je parlais en reine.
Je n'ai reçu de vous que mépris et que haine;
Et, de ma part du sceptre, indigne ravisseur,
Vous m'avez plus traitée en esclave qu'en sœur;
Même, pour éviter des effets plus sinistres,
Il m'a fallu flatter vos insolents ministres,
Dont j'ai craint jusqu'ici le fer ou le poison.
Mais Pompée ou César m'en va faire raison.
Et, quoi qu'avec Photin Achillas en ordonne,
Ou l'une ou l'autre main me rendra ma couronne.
Cependant mon orgueil vous laisse à démêler
Quel était l'intérêt qui me faisait parler.

SCÈNE IV. — PTOLOMÉE, PHOTIN.

PTOLOMÉE.

Que dites-vous, ami, de cette âme orgueilleuse ?

PHOTIN.

Seigneur, cette surprise est pour moi merveilleuse ;
Je n'en sais que penser, et mon cœur étonné
D'un secret que jamais il n'aurait soupçonné,
Inconstant et confus dans son incertitude,
Ne se résout à rien qu'avec inquiétude.

PTOLOMÉE.

Sauverons-nous Pompée ?

PHOTIN.

Il faudrait faire effort,
Si nous l'avions sauvé, pour conclure sa mort.
Cléopâtre vous hait ; elle est fière, elle est belle
Et si l'heureux César a de l'amour pour elle,
La tête de Pompée est l'unique présent
Qui vous fasse contre elle un rempart suffisant.

PTOLOMÉE.

Ce dangereux esprit a beaucoup d'artifice.

PHOTIN.

Son artifice est peu contre un si grand service.

PTOLOMÉE.

Mais si, tout grand qu'il est, il cède à ses appas ?

PHOTIN.

Il la faudra flatter ; mais ne m'en croyez pas,
Et, pour mieux empêcher qu'elle ne vous opprime,
Consultez-en encore Achillas et Septime.

PTOLOMÉE.

Allons donc les voir faire, et montons à la tour ;
Et nous en résoudrons ensemble à leur retour.

ACTE DEUXIÈME.

SCÈNE I. — CLÉOPATRE, CHARMION.

CLÉOPATRE.
Je l'aime, mais l'éclat d'une si belle flamme,
Quelque brillant qu'il soit, n'éblouit point mon âme,
Et toujours ma vertu retrace dans mon cœur
Ce qu'il doit au vaincu, brûlant pour le vainqueur.
Aussi qui l'ose aimer porte une âme trop haute
Pour souffrir seulement le soupçon d'une faute,
Et je le traiterais avec indignité
Si j'aspirais à lui par une lâcheté.

CHARMION.
Quoi! vous aimez César! et, si vous étiez crue,
L'Égypte pour Pompée armerait à sa vue,
En prendrait la défense, et, par un prompt secours,
Du destin de Pharsale arrêterait le cours!
L'amour, certes, sur vous a bien peu de puissance.

CLÉOPATRE.
Les princes ont cela de leur haute naissance ;
Leur âme dans leur sang prend des impressions
Qui dessous leur vertu rangent leurs passions ;
Leur générosité soumet tout à leur gloire :
Tout est illustre en eux quand ils daignent se croire ;
Et si le peuple y voit quelques déréglements,
C'est quand l'avis d'autrui corrompt leurs sentiments.
Ce malheur de Pompée achève la ruine.
Le roi l'eût secouru, mais Photin l'assassine :
Il croit cette âme basse, et se montre sans foi ;
Mais, s'il croyait la sienne, il agirait en roi.

CHARMION.
Ainsi donc de César l'amante et l'ennemie...

CLÉOPATRE.
Je lui garde une flamme exempte d'infamie,
Un cœur digne de lui.

CHARMION.
Vous possédez le sien?

CLÉOPATRE.
Je crois le posséder.

CHARMION.
Mais le savez-vous bien?

CLÉOPATRE.
Apprends qu'une princesse aimant sa renommée,
Quand elle dit qu'elle aime, est sûre d'être aimée,
Et que les plus beaux feux dont son cœur soit épris
N'oseraient l'exposer aux hontes d'un mépris.
Notre séjour à Rome enflamma son courage
Là, j'eus de son amour le premier témoignage,
Et depuis jusqu'ici chaque jour ses courriers
M'apportent en tribut ses vœux et ses lauriers.
Partout, en Italie, aux Gaules, en Espagne,
La fortune le suit, et l'amour l'accompagne.
Son bras ne dompte point de peuple ni de lieux
Dont il ne rende hommage au pouvoir de mes yeux,
Et, de la même main dont il quitte l'épée
Fumante encor du sang des amis de Pompée,
Il trace des soupirs, et, d'un style plaintif,
Dans son champ de victoire il se dit mon captif.
Oui, tout victorieux, il m'écrit de Pharsale;
Et si sa diligence à ses feux est égale,
Ou plutôt si la mer ne s'oppose à ses feux,
L'Égypte le va voir me présenter ses vœux
Il vient, ma Charmion, jusque dans nos murailles,
Chercher auprès de moi le prix de ses batailles,
M'offrir toute sa gloire, et soumettre à mes lois
Ce cœur et cette main qui commandent aux rois,
Et ma rigueur, mêlée aux faveurs de la guerre,
Ferait un malheureux du maître de la terre.

CHARMION.
J'oserais bien jurer que vos charmants appas
Se vantent d'un pouvoir dont ils n'useront pas,
Et que le grand César n'a rien qui l'importune,
Si vos seules rigueurs ont droit sur sa fortune.
Mais quelle est votre attente, et que prétendez-vous,
Puisque d'une autre femme il est déjà l'époux,
Et qu'avec Calphurnie un paisible hyménée

Par des liens sacrés tient son âme enchaînée?
CLÉOPATRE.
Le divorce, aujourd'hui si commun aux Romains,
Peut rendre en ma faveur tous ces obstacles vains
César en sait l'usage et la cérémonie;
Un divorce chez lui fit place à Calphurnie.
CHARMION.
Par cette même voie il pourra vous quitter.
CLÉOPATRE.
Peut-être mon bonheur saura mieux l'arrêter;
Peut-être mon amour aura quelque avantage,
Qui saura mieux que moi ménager son courage.
Mais laissons au hasard ce qui peut arriver;
Achevons cet hymen, s'il se peut achever :
Ne durât-il qu'un jour, ma gloire est sans seconde
D'être, du moins un jour, la maîtresse du monde.
J'ai de l'ambition, et, soit vice ou vertu,
Mon cœur sous son fardeau veut bien être abattu;
J'en aime la chaleur, et la nomme sans cesse
La seule passion digne d'une princesse.
Mais je veux que la gloire anime ses ardeurs,
Qu'elle mène sans honte au faîte des grandeurs;
Et je la désavoue alors que sa manie
Nous présente le trône avec ignominie.
Ne t'étonne donc plus, Charmion, de me voir
Défendre encor Pompée et suivre mon devoir:
Ne pouvant rien de plus pour sa vertu séduite,
Dans mon âme, en secret, je l'exhorte à la fuite,
Et voudrais qu'un orage, écartant ses vaisseaux,
Malgré lui l'enlevât aux mains de ses bourreaux.
Mais voici de retour le fidèle Achorée,
Par qui j'en apprendrai la nouvelle assurée.

SCÈNE II. — CLÉOPATRE, ACHORÉE, CHARMION.

CLÉOPATRE.
En est-ce déjà fait, et nos bords malheureux
Sont-ils déjà souillés d'un sang si généreux?
ACHORÉE.
Madame, j'ai couru par votre ordre au rivage,
J'ai vu la trahison, j'ai vu toute sa rage;

Du plus grand des mortels j'ai vu trancher le sort :
J'ai vu dans son malheur la gloire de sa mort ;
Et puisque vous voulez qu'ici je vous raconte
La gloire d'une mort qui nous couvre de honte,
Écoutez, admirez et plaignez son trépas.
Ses trois vaisseaux en rade avaient mis voiles bas ;
Et, voyant dans le port préparer nos galères,
Il croyait que le roi, touché de ses misères,
Par un beau sentiment d'honneur et de devoir,
Avec toute sa cour le venait recevoir ;
Mais, voyant que ce prince, ingrat à ses mérites,
N'envoyait qu'un esquif rempli de satellites,
Il soupçonne aussitôt son manquement de foi,
Et se laisse surprendre à quelque peu d'effroi ;
Enfin, voyant nos bords et notre flotte en armes,
Il condamne en son cœur ces indignes alarmes,
Et réduit tous les soins d'un si pressant ennui
A ne hasarder pas Cornélie avec lui.
« N'exposons, lui dit-il, que cette seule tête
« A la réception que l'Égypte m'apprête ;
« Et tandis que moi seul j'en courrai le danger,
« Songe à prendre la fuite afin de me venger.
« Le roi Juba nous garde une foi plus sincère ;
« Chez lui tu trouveras et mes fils et ton père ;
« Mais, quand tu les verrais descendre chez Pluton,
« Ne désespère point, du vivant de Caton. »
Tandis que leur amour en cet adieu conteste,
Achillas à son bord joint son esquif funeste,
Septime se présente, et, lui tendant la main,
Le salue empereur en langage romain ;
Et, comme député de ce jeune monarque :
« Passez, seigneur, dit-il, passez dans cette barque ;
« Les sables et les bancs cachés dessous les eaux
« Rendent l'accès mal sûr à de plus grands vaisseaux. »
Ce héros voit la fourbe, et s'en moque dans l'âme :
Il reçoit les adieux des siens et de sa femme,
Leur défend de le suivre, et s'avance au trépas
Avec le même front qu'il donnait les États ;
La même majesté sur son visage empreinte
Entre ces assassins montre un esprit sans crainte ;
Sa vertu tout entière à la mort le conduit :

Son affranchi Philippe est le seul qui le suit;
C'est de lui que j'ai su ce que je viens de dire;
Mes yeux ont vu le reste et mon cœur en soupire,
Et croit que César même à de si grands malheurs
Ne pourra refuser des soupirs et des pleurs.

CLÉOPATRE.

N'épargnez pas les miens : achevez, Achorée,
L'histoire d'une mort que j'ai déjà pleurée.

ACHORÉE.

On l'amène; et du port nous le voyons venir,
Sans que pas un d'entre eux daigne l'entretenir.
Ce mépris lui fait voir ce qu'il en doit attendre.
Sitôt qu'on a pris terre on l'invite à descendre :
Il se lève; et soudain, pour signal, Achillas,
Derrière ce héros tirant son coutelas,
Septime et trois des siens, lâches enfants de Rome,
Percent à coups pressés les flancs de ce grand homme.
Tandis qu'Achillas même, épouvanté d'horreur,
De ces quatre enragés admire la fureur.

CLÉOPATRE.

Vous qui livrez la terre aux discordes civiles,
Si vous vengez sa mort, dieux, épargnez nos villes!
N'imputez rien aux lieux, reconnaissez les mains;
Le crime de l'Égypte est fait par des Romains.
Mais que fait et que dit ce généreux courage?

ACHORÉE.

D'un des pans de sa robe il couvre son visage,
A son mauvais destin en aveugle obéit,
Et dédaigne de voir le ciel qui le trahit,
De peur que d'un coup d'œil contre une telle offense
Il ne semble implorer son aide ou sa vengeance
Aucun gémissement à son cœur échappé
Ne le montre, en mourant, digne d'être frappé :
Immobile à leurs coups, en lui-même il rappelle
Ce qu'eut de beau sa vie et ce qu'on dira d'elle;
Et tient la trahison que le roi leur prescrit
Trop au-dessous de lui pour y prêter l'esprit.
Sa vertu dans leur crime augmente ainsi son lustre ;
Et son dernier soupir est un soupir illustre,
Qui, de cette grande âme achevant les destins,
Étale tout Pompée aux yeux des assassins.

Sur les bords de l'esquif sa tête enfin penchée,
Par le traître Septime indignement tranchée,
Passe au bout d'une lance en la main d'Achillas,
Ainsi qu'un grand trophée après de grands combats ;
On descend, et, pour comble à sa noire aventure,
On donne à ce héros la mer pour sépulture,
Et le tronc sous les flots roule dorénavant
Au gré de la fortune, et de l'onde et du vent.
La triste Cornélie, à cet affreux spectacle,
Par de longs cris aigus tâche d'y mettre obstacle,
Défend ce cher époux de la voix et des yeux ;
Puis, n'espérant plus rien, lève les mains aux cieux ;
Et, cédant tout à coup à la douleur plus forte,
Tombe dans sa galère évanouie ou morte.
Les siens, en ce désastre, à force de ramer,
L'éloignent de la rive et regagnent la mer.
Mais sa fuite est mal sûre ; et l'infâme Septime,
Qui se voit dérober la moitié de son crime,
Afin de l'achever, prend six vaisseaux au port,
Et poursuit sur les eaux Pompée après sa mort.
Cependant Achillas porte au roi sa conquête :
Tout le peuple tremblant en détourne la tête ;
Un effroi général offre à l'un sous ses pas
Des abîmes ouverts pour venger ce trépas ;
L'autre entend le tonnerre ; et chacun se figure
Un désordre soudain de toute la nature ;
Tant l'excès du forfait, troublant leurs jugements,
Présente à leur terreur l'excès des châtiments.
Philippe, d'autre part, montrant sur le rivage
Dans une âme servile un généreux courage,
Examine d'un œil et d'un soin curieux
Où les vagues rendront ce dépôt précieux,
Pour lui rendre, s'il peut, ce qu'aux morts on doit rendre,
Dans quelque urne chétive en ramasser la cendre,
Et d'un peu de poussière élever un tombeau
A celui qui du monde eut le sort le plus beau.
Mais comme vers l'Afrique on poursuit Cornélie,
On voit d'ailleurs César venir de Thessalie ;
Une flotte paraît, qu'on a peine à compter...

CLÉOPATRE.
C'est lui-même, Achorée : il n'en faut point douter.

Tremblez, tremblez, méchants, voici venir la foudre;
Cléopâtre a de quoi vous mettre tous en poudre :
César vient, elle est reine, et Pompée est vengé;
La tyrannie est bas, et le sort a changé.
Admirons cependant le destin des grands hommes;
Plaignons-les, et, par eux, jugeons ce que nous sommes.
Ce prince d'un sénat maître de l'univers,
Dont le bonheur semblait au-dessus du revers;
Lui que sa Rome a vu, plus craint que le tonnerre,
Triompher en trois fois des trois parts de la terre,
Et qui voyait encore en ces derniers hasards
L'un et l'autre consul suivre ses étendards;
Sitôt que d'un malheur sa fortune est suivie,
Les monstres de l'Égypte ordonnent de sa vie :
On voit un Achillas, un Septime, un Photin,
Arbitres souverains d'un si noble destin;
Un roi qui de ses mains a reçu la couronne
A ces pestes de cour lâchement l'abandonne.
Ainsi finit Pompée; et peut-être qu'un jour
César éprouvera même sort à son tour.
Rendez l'augure faux, dieux qui voyez mes larmes,
Et secondez partout et mes vœux et ses armes!

CHARMION.
Madame, le roi vient, qui pourra vous ouïr.

SCÈNE III. — PTOLOMÉE, CLÉOPATRE, CHARMION.

PTOLOMÉE.
Savez-vous le bonheur dont nous allons jouir,
Ma sœur?

CLÉOPATRE.
Oui, je le sais, le grand César arrive :
Sous les lois de Photin je ne suis plus captive.

PTOLOMÉE.
Vous haïssez toujours ce fidèle sujet?

CLÉOPATRE.
Non, mais en liberté je ris de son projet.

PTOLOMÉE.
Quel projet faisait-il dont vous puissiez vous plaindre?

CLÉOPATRE.
J'en ai souffert beaucoup, et j'avais plus à craindre.

Un si grand politique est capable de tout;
Et vous donnez les mains à tout ce qu'il résout.
                    PTOLOMÉE.
Si je suis ses conseils, j'en connais la prudence.
                    CLÉOPATRE.
Si j'en crains les effets, j'en vois la violence.
                    PTOLOMÉE.
Pour le bien de l'État tout est juste en un roi.
                    CLÉOPATRE.
Ce genre de justice est à craindre pour moi;
Après ma part du sceptre, à ce titre usurpée,
Il en coûte la vie et la tête à Pompée.
                    PTOLOMÉE.
Jamais un coup d'État ne fut mieux entrepris.
Le voulant secourir, César nous eût surpris;
Vous voyez sa vitesse; et l'Égypte troublée,
Avant qu'être en défense en serait accablée;
Mais je puis maintenant à cet heureux vainqueur
Offrir en sûreté mon trône et votre cœur.
                    CLÉOPATRE.
Je ferai mes présents, n'ayez soin que des vôtres,
Et dans vos intérêts n'en confondez point d'autres.
                    PTOLOMÉE.
Les vôtres sont les miens, étant de même sang.
                    CLÉOPATRE.
Vous pouvez dire encore, étant de même rang,
Étant rois l'un et l'autre; et toutefois je pense
Que nos deux intérêts ont quelque différence.
                    PTOLOMÉE.
Oui, ma sœur; car l'État, dont mon cœur est content,
Sur quelques bords du Nil à grand'peine s'étend :
Mais César, à vos lois soumettant son courage,
Vous va faire régner sur le Gange et le Tage.
                    CLÉOPATRE.
J'ai de l'ambition, mais je la sais régler :
Elle peut m'éblouir, et non pas m'aveugler.
Ne parlons point ici du Tage, ni du Gange;
Je connais ma portée, et ne prends point le change.
                    PTOLOMÉE.
L'occasion vous rit, et vous en userez.

ACTE II, SCÈNE IV.

CLÉOPATRE.
Si je n'en use bien, vous m'en accuserez.
PTOLOMÉE.
J'en espère beaucoup, vu l'amour qui l'engage.
CLÉOPATRE.
Vous la craignez peut-être encore davantage;
Mais, quelque occasion qui me rie aujourd'hui,
N'ayez aucune peur, je ne veux rien d'autrui;
Je ne garde pour vous ni haine ni colère:
Et je suis bonne sœur, si vous n'êtes bon frère.
PTOLOMÉE.
Vous montrez cependant un peu bien du mépris.
CLÉOPATRE.
Le temps de chaque chose ordonne et fait le prix.
PTOLOMÉE.
Votre façon d'agir le fait assez connaître.
CLÉOPATRE.
Le grand César arrive, et vous avez un maître.
PTOLOMÉE.
Il l'est de tout le monde, et je l'ai fait le mien.
CLÉOPATRE.
Allez lui rendre hommage, et j'attendrai le sien.
Allez, ce n'est pas trop pour lui que de vous-même :
Je garderai pour vous l'honneur du diadème.
Photin vous vient aider à le bien recevoir;
Consultez avec lui quel est votre devoir.

SCÈNE IV. — PTOLOMÉE, PHOTIN.

PTOLOMÉE.
J'ai suivi tes conseils; mais plus je l'ai flattée,
Et plus dans l'insolence elle s'est emportée;
Si bien qu'enfin, outré de tant d'indignités,
Je m'allais emporter dans les extrémités :
Mon bras, dont ses mépris forçaient la retenue,
N'eût plus considéré César ni sa venue,
Et l'eût mise en état, malgré tout son appui,
De se plaindre à Pompée auparavant qu'à lui.
L'arrogante! à l'ouïr elle est déjà ma reine;
Et, si César en croit son orgueil et sa haine,
Si, comme elle s'en vante elle est son cher objet,

De son frère et son roi je deviens son sujet.
Non, non; prévenons-la : c'est faiblesse d'attendre
Le mal qu'on voit venir sans vouloir s'en défendre :
Otons-lui les moyens de nous plus dédaigner,
Otons-lui les moyens de plaire et de régner;
Et ne permettons pas qu'après tant de bravades
Mon sceptre soit le prix d'une de ses œillades.

PHOTIN.
Seigneur, ne donnez point de prétexte à César
Pour attacher l'Égypte aux pompes de son char.
Ce cœur ambitieux, qui, par toute la terre,
Ne cherche qu'à porter l'esclavage et la guerre,
Enflé de sa victoire et des ressentiments
Qu'une perte pareille imprime aux vrais amants,
Quoique vous ne rendiez que justice à vous-même,
Prendrait l'occasion de venger ce qu'il aime;
Et, pour s'assujettir et vos États et vous,
Imputerait à crime un si juste courroux.

PTOLOMÉE.
Si Cléopâtre vit, s'il la voit, elle est reine.

PHOTIN.
Si Cléopâtre meurt, votre perte est certaine.

PTOLOMÉE.
Je perdrai qui me perd, ne pouvant me sauver.

PHOTIN.
Pour la perdre avec joie il faut vous conserver.

PTOLOMÉE.
Quoi! pour voir sur sa tête éclater ma couronne!
Sceptre, s'il faut enfin que ma main t'abandonne,
Passe, passe plutôt en celle du vainqueur.

PHOTIN.
Vous l'arracherez mieux de celle d'une sœur.
Quelques feux que d'abord il lui fasse paraître,
Il partira bientôt, et vous serez le maître.
L'amour à ses pareils ne donne point d'ardeur
Qui ne cède aisément aux soins de leur grandeur :
Il voit encor l'Afrique et l'Espagne occupées
Par Juba, Scipion, et les jeunes Pompées;
Et le monde à ses lois n'est point assujetti,
Tant qu'il verra durer ces restes du parti.
Au sortir de Pharsale un si grand capitaine

ACTE II, SCÈNE IV.

Saurait mal son métier s'il laissait prendre haleine,
Et s'il donnait loisir à des cœurs si hardis
De relever du coup dont ils sont étourdis :
S'il les vainc, s'il parvient où son désir aspire,
Il faut qu'il aille à Rome établir son empire,
Jouir de sa fortune et de son attentat,
Et changer à son gré la forme de l'État.
Jugez durant ce temps ce que vous pourrez faire.
Seigneur, voyez César, forcez-vous à lui plaire ;
Et, lui déférant tout, veuillez vous souvenir
Que les événements régleront l'avenir.
Remettez en ses mains trône, sceptre, couronne,
Et, sans en murmurer, souffrez qu'il en ordonne :
Il en croira sans doute ordonner justement,
En suivant du feu roi l'ordre et le testament ;
L'importance d'ailleurs de ce dernier service
Ne permet pas d'en craindre une entière injustice.
Quoi qu'il en fasse enfin, feignez d'y consentir,
Louez son jugement, et laissez-le partir.
Après, quand nous verrons le temps propre aux vengeances,
Nous aurons et la force et les intelligences.
Jusque-là réprimez ces transports violents
Qu'excitent d'une sœur les mépris insolents :
Les bravades enfin sont des discours frivoles,
Et qui songe aux effets néglige les paroles.

PTOLOMÉE.

Ah ! tu me rends la vie et le sceptre à la fois :
Un sage conseiller est le bonheur des rois.
Cher appui de mon trône, allons, sans plus attendre,
Offrir tout à César, afin de tout reprendre ;
Avec toute ma flotte allons le recevoir,
Et par ces vains honneurs séduire son pouvoir.

ACTE TROISIÈME.

SCÈNE I. — CHARMION, ACHORÉE.

CHARMION.
Oui, tandis que le roi va lui-même en personne
Jusqu'aux pieds de César prosterner sa couronne,
Cléopâtre s'enferme en son appartement,
Et, sans s'en émouvoir, attend son compliment
Comment nommerez-vous une humeur si hautaine?

ACHORÉE.
Un orgueil noble et juste, et digne d'une reine
Qui soutient avec cœur et magnanimité
L'honneur de sa naissance et de sa dignité :
Lui pourrai-je parler?

CHARMION.
    Non; mais elle m'envoie
Savoir à cet abord ce qu'on a vu de joie;
Ce qu'à ce beau présent César a témoigné;
S'il a paru content, ou s'il l'a dédaigné;
S'il traite avec douceur, s'il traite avec empire;
Ce qu'à nos assassins enfin il a su dire.

ACHORÉE.
La tête de Pompée a produit des effets
Dont ils n'ont pas sujet d'être fort satisfaits.
Je ne sais si César prendrait plaisir à feindre;
Mais pour eux jusqu'ici je trouve lieu de craindre.
S'ils aimaient Ptolomée, ils l'ont fort mal servi.
Vous l'avez vu partir, et moi je l'ai suivi.
Ses vaisseaux en bon ordre ont éloigné la ville,
Et pour joindre César n'ont avancé qu'un mille;
Il venait à plein voile; et si dans les hasards
Il éprouva toujours pleine faveur de Mars,
Sa flotte, qu'à l'envi favorisait Neptune,
Avait le vent en poupe ainsi que sa fortune.
Dès le premier abord notre prince étonné

ACTE III, SCÈNE I.

Ne s'est plus souvenu de son front couronné ;
Sa frayeur a paru sous sa fausse allégresse ;
Toutes ses actions ont senti la bassesse :
J'en ai rougi moi-même, et me suis plaint à moi
De voir là Ptolomée, et n'y voir point de roi ;
Et César, qui lisait sa peur sur son visage,
Le flattait par pitié pour lui donner courage.
Lui, d'une voix tremblante offrant ce don fatal :
« Seigneur, vous n'avez plus, lui dit-il, de rival ;
« Ce que n'ont pu les dieux dans votre Thessalie,
« Je vais mettre en vos mains Pompée et Cornélie :
« En voici déjà l'un, et, pour l'autre, elle fuit ;
« Mais avec six vaisseaux un des miens la poursuit. »
A ces mots, Achillas découvre cette tête :
Il semble qu'à parler encore elle s'apprête ;
Qu'à ce nouvel affront un reste de chaleur
En sanglots mal formés exhale sa douleur ;
Sa bouche encore ouverte et sa vue égarée
Rappellent sa grande âme à peine séparée ;
Et son courroux mourant fait un dernier effort
Pour reprocher aux dieux sa défaite et sa mort.
César, à cet aspect comme frappé du foudre,
Et comme ne sachant que croire ou que résoudre,
Immobile, et les yeux sur l'objet attachés,
Nous tient assez longtemps ses sentiments cachés ;
Et je dirai, si j'ose en faire conjecture,
Que, par un mouvement commun à la nature,
Quelque maligne joie en son cœur s'élevait,
Dont sa gloire indignée à peine le sauvait.
L'aise de voir la terre à son pouvoir soumise
Chatouillait malgré lui son âme avec surprise,
Et de cette douceur son esprit combattu
Avec un peu d'effort rassurait sa vertu.
S'il aime sa grandeur, il hait la perfidie ;
Il se juge en autrui, se tâte, s'étudie,
Examine en secret sa joie et ses douleurs,
Les balance, choisit, laisse couler des pleurs ;
Et, forçant sa vertu d'être encor la maîtresse,
Se montre généreux par un trait de faiblesse :
Ensuite il fait ôter ce présent de ses yeux,
Lève les mains ensemble, et, les regards aux cieux,

Lâche deux ou trois mots contre cette insolence ;
Puis tout triste et pensif il s'obstine au silence,
Et même à ses Romains ne daigne repartir
Que d'un regard farouche et d'un profond soupir.
Enfin, ayant pris terre avec trente cohortes,
Il se saisit du port, il se saisit des portes,
Met des gardes partout et des ordres secrets,
Fait voir sa défiance ainsi que ses regrets,
Parle d'Égypte en maître, et de son adversaire,
Non plus comme ennemi, mais comme son beau-père.
Voilà ce que j'ai vu.

CHARMION.

Voilà ce qu'attendait,
Ce qu'au juste Osiris la reine demandait.
Je vais bien la ravir avec cette nouvelle.
Vous, continuez-lui ce service fidèle.

ACHORÉE.

Qu'elle n'en doute point. Mais César vient. Allez,
Peignez-lui bien nos gens pâles et désolés ;
Et moi, soit que l'issue en soit douce ou funeste,
J'irai l'entretenir quand j'aurai vu le reste.

SCÈNE II. — CÉSAR, PTOLOMÉE, LÉPIDE, PHOTIN,
  ACHORÉE ; SOLDATS ROMAINS, SOLDATS ÉGYPTIENS.

PTOLOMÉE.

Seigneur, montez au trône, et commandez ici.

CÉSAR.

Connaissez-vous César, de lui parler ainsi ?
Que m'offrirait de pis la fortune ennemie,
A moi qui tiens le trône égal à l'infamie !
Certes, Rome à ce coup pourrait bien se vanter
D'avoir eu juste lieu de me persécuter ;
Elle qui d'un même œil les donne et les dédaigne,
Qui ne voit rien aux rois qu'elle aime ou qu'elle craigne,
Et qui verse en nos cœurs, avec l'âme et le sang,
Et la haine du nom, et le mépris du rang.
C'est ce que de Pompée il vous fallait apprendre ;
S'il en eût aimé l'offre, il eût su s'en défendre ;
Et le trône et le roi se seraient ennoblis
A soutenir la main qui les a rétablis.

Vous eussiez pu tomber, mais tout couvert de gloire :
Votre chute eût valu la plus haute victoire ;
Et si votre destin n'eût pu vous en sauver,
César eût pris plaisir à vous en relever.
Vous n'avez pu former une si noble envie.
Mais quel droit aviez-vous sur cette illustre vie ?
Que vous devait son sang pour y tremper vos mains,
Vous qui devez respect au moindre des Romains ?
Ai-je vaincu pour vous dans les champs de Pharsale ?
Et, par une victoire aux vaincus trop fatale,
Vous ai-je acquis sur eux, en ce dernier effort,
La puissance absolue et de vie et de mort ?
Moi qui n'ai jamais pu la souffrir à Pompée,
La souffrirai-je en vous sur lui-même usurpée,
Et que de mon bonheur vous ayez abusé
Jusqu'à plus attenter que je n'aurais osé ?
De quel nom, après tout, pensez-vous que je nomme
Ce camp où vous tranchez du souverain de Rome,
Et qui sur un seul chef lui fait bien plus d'affront
Que sur tant de milliers ne fit le roi de Pont ?
Pensez-vous que j'ignore ou que je dissimule
Que vous n'auriez pas eu pour moi plus de scrupule,
Et que, s'il m'eût vaincu, votre esprit complaisant
Lui faisait de ma tête un semblable présent ?
Grâces à ma victoire, on me rend des hommages
Où ma fuite eût reçu toutes sortes d'outrages ;
Au vainqueur, non à moi, vous faites tout l'honneur :
Si César en jouit, ce n'est que par bonheur.
Amitié dangereuse, et redoutable zèle,
Que règle la fortune, et qui tourne avec elle !
Mais parlez, c'est trop être interdit et confus.

PTOLOMÉE.

Je le suis, il est vrai, si jamais je le fus ;
Et vous-même avouerez que j'ai sujet de l'être.
Étant né souverain, je vois ici mon maître :
Ici, dis-je, où ma cour tremble en me regardant,
Où je n'ai point encore agi qu'en commandant,
Je vois une autre cour sous une autre puissance,
Et ne puis plus agir qu'avec obéissance.
De votre seul aspect je me suis vu surpris :
Jugez si vos discours rassurent mes esprits ;

Jugez par quels moyens je puis sortir d'un trouble
Que forme le respect, que la crainte redouble,
Et ce que vous peut dire un prince épouvanté
De voir tant de colère et tant de majesté.
Dans ces étonnements dont mon âme est frappée
De rencontrer en vous le vengeur de Pompée,
Il me souvient pourtant que s'il fut notre appui,
Nous vous dûmes dès lors autant et plus qu'à lui :
Votre faveur pour nous éclata la première,
Tout ce qu'il fit après fut à votre prière :
Il émut le sénat pour des rois outragés,
Que sans cette prière il aurait négligés ;
Mais de ce grand sénat les saintes ordonnances
Eussent peu fait pour nous, seigneur, sans vos finances ;
Par là de nos mutins le feu roi vint à bout ;
Et, pour en bien parler, nous vous devons le tout.
Nous avons honoré votre ami, votre gendre,
Jusqu'à ce qu'à vous-même il ait osé se prendre ;
Mais, voyant son pouvoir, de vos succès jaloux,
Passer en tyrannie, et s'armer contre vous...

CÉSAR.

Tout beau : que votre haine en son sang assouvie
N'aille point à sa gloire ; il suffit de sa vie.
N'avancez rien ici que Rome ose nier ;
Et justifiez-vous sans le calomnier.

PTOLOMÉE.

Je laisse donc aux dieux à juger ses pensées,
Et dirai seulement qu'en vos guerres passées,
Où vous fûtes forcé par tant d'indignités,
Tous nos vœux ont été pour vos prospérités ;
Que, comme il vous traitait en mortel adversaire,
J'ai cru sa mort pour vous un malheur nécessaire ;
Et que sa haine injuste, augmentant tous les jours,
Jusque dans les enfers chercherait du secours ;
Ou qu'enfin, s'il tombait dessous votre puissance,
Il nous fallait pour vous craindre votre clémence ;
Et que le sentiment d'un cœur trop généreux,
Usant mal de vos droits, vous rendît malheureux.
J'ai donc considéré qu'en ce péril extrême
Nous vous devions, seigneur, servir malgré vous-même ;
Et, sans attendre d'ordre, en cette occasion,

Mon zèle ardent l'a prise à ma confusion.
Vous m'en désavouez, vous l'imputez à crime;
Mais pour servir César rien n'est illégitime.
J'en ai souillé mes mains pour vous en préserver :
Vous pouvez en jouir, et le désapprouver;
Et plus j'ai fait pour vous, plus l'action est noire,
Puisque c'est d'autant plus vous immoler ma gloire,
Et que ce sacrifice, offert par mon devoir,
Vous assure la vôtre avec votre pouvoir.

CÉSAR.

Vous cherchez, Ptolomée, avecque trop de ruses [1]
De mauvaises couleurs et de froides excuses.
Votre zèle était faux, si seul il redoutait
Ce que le monde entier à pleins vœux souhaitait,
Et s'il vous a donné ces craintes trop subtiles,
Qui m'ôtent tout le fruit de nos guerres civiles,
Où l'honneur seul m'engage, et que pour terminer,
Je ne veux que celui de vaincre et pardonner,
Où mes plus dangereux et plus grands adversaires,
Sitôt qu'ils sont vaincus, ne sont plus que mes frères;
Et mon ambition ne va qu'à les forcer,
Ayant dompté leur haine, à vivre et m'embrasser.
Oh! combien d'allégresse une si triste guerre
Aurait-elle laissé dessus toute la terre
Si Rome avait pu voir marcher en même char,
Vainqueurs de leur discorde, et Pompée et César!
Voilà ces grands malheurs que craignait votre zèle.
O crainte ridicule autant que criminelle !
Vous craigniez ma clémence ! ah! n'ayez plus ce soin;
Souhaitez-la plutôt, vous en avez besoin.
Si je n'avais égard qu'aux lois de la justice,
Je m'apaiserais Rome avec votre supplice,
Sans que ni vos respects, ni votre repentir,
Ni votre dignité, vous pussent garantir;
Votre trône lui-même en serait le théâtre :
Mais, voulant épargner le sang de Cléopâtre,
J'impute à vos flatteurs toute la trahison,
Et je veux voir comment vous m'en ferez raison;
Suivant les sentiments dont vous serez capable,

---

[1] Les comédiens disent *avec de faibles ruses* : *avecqué* était trop dur.

Je saurai vous tenir innocent ou coupable.
Cependant à Pompée élevez des autels;
Rendez-lui les honneurs qu'on rend aux immortels;
Par un prompt sacrifice expiez tous vos crimes;
Et surtout pensez bien au choix de vos victimes.
Allez y donner ordre, et me laissez ici
Entretenir les miens sur quelque autre souci.

SCÈNE III. — CÉSAR, ANTOINE, LÉPIDE.

CÉSAR.
Antoine, avez-vous vu cette reine adorable?
ANTOINE.
Oui, seigneur, je l'ai vue : elle est incomparable;
Le ciel n'a point encor, par de si doux accords,
Uni tant de vertus aux grâces d'un beau corps.
Une majesté douce épand sur son visage
De quoi s'assujettir le plus noble courage;
Ses yeux savent ravir, son discours sait charmer;
Et, si j'étais César, je la voudrais aimer.
CÉSAR.
Comme a-t-elle reçu les offres de ma flamme?
ANTOINE.
Comme n'osant la croire, et la croyant dans l'âme;
Par un refus modeste et fait pour inviter,
Elle s'en dit indigne, et la croit mériter.
CÉSAR.
En pourrai-je être aimé?
ANTOINE.
Douter qu'elle vous aime,
Elle qui de vous seul attend son diadème,
Qui n'espère qu'en vous! douter de ses ardeurs,
Vous qui la pouvez mettre au faîte des grandeurs!
Que votre amour sans crainte à son amour prétende;
Au vainqueur de Pompée il faut que tout se rende;
Et vous l'éprouverez. Elle craint toutefois
L'ordinaire mépris que Rome fait des rois;
Et surtout elle craint l'amour de Calphurnie :
Mais, l'une et l'autre crainte à votre aspect bannie,
Vous ferez succéder un espoir assez doux,
Lorsque vous daignerez lui dire un mot pour vous.

ACTE III, SCÈNE IV.

CÉSAR.

Allons donc l'affranchir de ces frivoles craintes,
Lui montrer de mon cœur les sensibles atteintes;
Allons, ne tardons plus.

ANTOINE.

Avant que de la voir,
Sachez que Cornélie est en votre pouvoir;
Septime vous l'amène, orgueilleux de son crime,
Et pense auprès de vous se mettre en haute estime:
Dès qu'ils ont abordé, vos chefs, par vous instruits,
Sans leur rien témoigner, les ont ici conduits.

CÉSAR.

Qu'elle entre. Ah! l'importune et fâcheuse nouvelle!
Qu'à mon impatience elle semble cruelle!
O ciel! et ne pourrai-je enfin à mon amour
Donner en liberté ce qui reste du jour?

SCÈNE IV. — CÉSAR, CORNÉLIE, ANTOINE, LÉPIDE, SEPTIME.

SEPTIME.

Seigneur...

CÉSAR.

Allez, Septime, allez vers votre maître;
César ne peut souffrir la présence d'un traître,
D'un Romain lâche assez pour servir sous un roi,
Après avoir servi sous Pompée et sous moi.

Septime sort.

CORNÉLIE.

César, car le destin, que dans tes fers je brave,
Me fait ta prisonnière, et non pas ton esclave,
Et tu ne prétends pas qu'il m'abatte le cœur
Jusqu'à te rendre hommage, et te nommer seigneur;
De quelque rude trait qu'il m'ose avoir frappée,
Veuve du jeune Crasse, et veuve de Pompée,
Fille de Scipion, et, pour dire encor plus,
Romaine, mon courage est encore au-dessus;
Et, de tous les assauts que sa rigueur me livre,
Rien ne me fait rougir que la honte de vivre.
J'ai vu mourir Pompée, et ne l'ai pas suivi;
Et, bien que le moyen m'en aye été ravi,

Qu'une pitié cruelle à mes douleurs profondes
M'aye ôté le secours et du fer et des ondes,
Je dois rougir pourtant, après un tel malheur,
De n'avoir pu mourir d'un excès de douleur :
Ma mort était ma gloire, et le destin m'en prive
Pour croître mes malheurs, et me voir ta captive.
Je dois bien toutefois rendre grâces aux dieux
De ce qu'en arrivant je te trouve en ces lieux,
Que César y commande, et non pas Ptolomée.
Hélas! et sous quel astre, ô ciel! m'as-tu formée,
Si je leur dois des vœux de ce qu'ils ont permis
Que je rencontre ici mes plus grands ennemis,
Et tombe entre leurs mains plutôt qu'aux mains d'un prince
Qui doit à mon époux son trône et sa province?
César, de ta victoire écoute moins le bruit;
Elle n'est que l'effet du malheur qui me suit;
Je l'ai porté pour dot chez Pompée et chez Crasse;
Deux fois du monde entier j'ai causé la disgrâce;
Deux fois de mon hymen le nœud mal assorti
A chassé tous les dieux du plus juste parti :
Heureuse en mes malheurs si ce triste hyménée,
Pour le bonheur de Rome à César m'eût donnée!
Et si j'eusse avec moi porté dans ta maison
D'un astre envenimé l'invincible poison!
Car enfin n'attends pas que j'abaisse ma haine.
Je te l'ai déjà dit, César, je suis Romaine,
Et quoique ta captive, un cœur comme le mien,
De peur de s'oublier, ne te demande rien.
Ordonne; et, sans vouloir qu'il tremble ou s'humilie,
Souviens-toi seulement que je suis Cornélie.

CÉSAR.

O d'un illustre époux noble et digne moitié,
Dont le courage étonne et le sort fait pitié!
Certes, vos sentiments font assez reconnaître
Qui vous donna la main, et qui vous donna l'être;
Et l'on juge aisément, au cœur que vous portez,
Où vous êtes entrée et de qui vous sortez.
L'âme du jeune Crasse, et celle de Pompée,
L'une et l'autre vertu par le malheur trompée,
Le sang des Scipions protecteur de nos dieux,
Parlent par votre bouche et brillent dans vos yeux;

Et Rome dans ses murs ne voit point de famille
Qui soit plus honorée ou de femme ou de fille.
Plût au grand Jupiter, plût à ces mêmes dieux
Qu'Annibal eût bravés jadis sans vos aïeux,
Que ce héros si cher dont le ciel vous sépare
N'eût pas si mal connu la cour d'un roi barbare,
Ni mieux aimé tenter une incertaine foi
Que la vieille amitié qu'il eût trouvée en moi;
Qu'il eût voulu souffrir qu'un bonheur de mes armes
Eût vaincu ses soupçons, dissipé ses alarmes;
Et qu'enfin, m'attendant sans plus se défier,
Il m'eût donné moyen de me justifier!
Alors, foulant aux pieds la discorde et l'envie,
Je l'eusse conjuré de se donner la vie,
D'oublier ma victoire, et d'aimer un rival
Heureux d'avoir vaincu pour vivre son égal:
J'eusse alors regagné son âme satisfaite
Jusqu'à lui faire aux dieux pardonner sa défaite;
Il eût fait à son tour, en me rendant son cœur,
Que Rome eût pardonné la victoire au vainqueur.
Mais, puisque par sa perte, à jamais sans seconde,
Le sort a dérobé cette allégresse au monde,
César s'efforcera de s'acquitter vers vous
De ce qu'il voudrait rendre à cet illustre époux.
Prenez donc en ces lieux liberté tout entière:
Seulement pour deux jours soyez ma prisonnière,
Afin d'être témoin comme, après nos débats,
Je chéris sa mémoire et venge son trépas,
Et de pouvoir apprendre à toute l'Italie
De quel orgueil nouveau m'enfle la Thessalie.
Je vous laisse à vous-même et vous quitte un moment.
Choisissez-lui, Lépide, un digne appartement;
Et qu'on l'honore ici, mais en dame romaine,
C'est-à-dire un peu plus qu'on n'honore la reine.
Commandez, et chacun aura soin d'obéir.
CORNÉLIE.
O ciel! que de vertus vous me faites haïr!

ACTE QUATRIÈME.

SCÈNE I. — PTOLOMÉE, ACHILLAS, PHOTIN.

PTOLOMÉE.

Quoi ! de la même main et de la même épée
Dont il vient d'immoler le malheureux Pompée,
Septime, par César indignement chassé,
Dans un tel désespoir à vos yeux a passé ?

ACHILLAS.

Oui, seigneur ; et sa mort a de quoi vous apprendre
La honte qu'il prévient, et qu'il vous faut attendre.
Jugez quel est César à ce courroux si lent.
Un moment pousse et rompt un transport violent ;
Mais l'indignation qu'on prend avec étude
Augmente avec le temps, et porte un coup plus rude ;
Ainsi n'espérez pas de le voir modéré ;
Par adresse il se fâche après s'être assuré.
Sa puissance établie, il a soin de sa gloire.
Il poursuivait Pompée, et chérit sa mémoire ;
Et veut tirer à soi, par un courroux accort,
L'honneur de sa vengeance et le fruit de sa mort.

PTOLOMÉE.

Ah ! si je t'avais cru, je n'aurais point de maître ;
Je serais dans le trône où le ciel m'a fait naître :
Mais c'est une imprudence assez commune aux rois
D'écouter trop d'avis, et se tromper au choix ;
Le destin les aveugle au bord du précipice ;
Ou, si quelque lumière en leur âme se glisse,
Cette fausse clarté dont il les éblouit
Les plonge dans un gouffre, et puis s'évanouit.

PHÔTIN.

J'ai mal connu César ; mais puisqu'en son estime
Un si rare service est un énorme crime,
Il porte dans son flanc de quoi nous en laver ;

C'est là qu'est notre grâce, il nous l'y faut trouver
Je ne vous parle plus de souffrir sans murmure,
D'attendre son départ pour venger cette injure ;
Je sais mieux conformer les remèdes au mal :
Justifions sur lui la mort de son rival ;
Et, notre main alors également trempée
Et du sang de César et du sang de Pompée,
Rome, sans leur donner de titres différents,
Se croira par vous seul libre de deux tyrans.

PTOLOMÉE.

Oui, par là seulement, ma perte est évitable ;
C'est trop craindre un tyran que j'ai fait redoutable :
Montrons que sa fortune est l'œuvre de nos mains ;
Deux fois en même jour disposons des Romains ;
Faisons leur liberté comme leur esclavage.
César, que tes exploits n'enflent plus ton courage ;
Considère les miens, tes yeux en sont témoins.
Pompée était mortel, et tu ne l'es pas moins ;
Il pouvait plus que toi ; tu lui portais envie ;
Tu n'as, non plus que lui, qu'une âme et qu'une vie ;
Et son sort que tu plains te doit faire penser
Que ton cœur est sensible, et qu'on peut le percer.
Tonne, tonne à ton gré, fais peur de ta justice :
C'est à moi d'apaiser Rome par ton supplice ;
C'est à moi de punir ta cruelle douceur,
Qui n'épargne en un roi que le sang de sa sœur.
Je n'abandonne plus ma vie et ma puissance
Au hasard de sa haine ou de ton inconstance ;
Ne crois pas que jamais tu puisses à ce prix
Récompenser sa flamme, ou punir ses mépris ;
J'emploierai contre toi de plus nobles maximes.
Tu m'as prescrit tantôt de choisir des victimes,
De bien penser au choix ; j'obéis, et je voi
Que je n'en puis choisir de plus digne que toi,
Ni dont le sang offert, la fumée, et la cendre,
Puissent mieux satisfaire aux mânes de ton gendre.
Mais ce n'est pas assez, amis, de s'irriter ;
Il faut voir quels moyens on a d'exécuter :
Toute cette chaleur est peut-être inutile ;
Les soldats du tyran sont maîtres de la ville ;
Que pouvons-nous contre eux ? et, pour les prévenir,

4.

Quel temps devons-nous prendre, et quel ordre tenir?
ACHILLAS.
Nous pouvons tout, seigneur, en l'état où nous sommes.
A deux milles d'ici vous avez six mille hommes,
Que depuis quelques jours, craignant des remuements,
Je faisais tenir prêts à tous événements;
Quelques soins qu'ait César, sa prudence est déçue.
Cette ville a sous terre une secrète issue,
Par où fort aisément on les peut, cette nuit,
Jusque dans le palais introduire sans bruit :
Car contre sa fortune aller à force ouverte,
Ce serait trop courir vous-même à votre perte.
Il nous le faut surprendre au milieu du festin,
Enivré des douceurs de l'amour et du vin.
Tout le peuple est pour nous. Tantôt, à son entrée,
J'ai remarqué l'horreur que ce peuple a montrée
Lorsque avec tant de faste il a vu ses faisceaux
Marcher arrogamment et braver nos drapeaux :
Au spectacle insolent de ce pompeux outrage
Ses farouches regards étincelaient de rage :
Je voyais sa fureur à peine se dompter;
Et, pour peu qu'on le pousse, il est prêt d'éclater :
Mais surtout les Romains que commandait Septime,
Pressés de la terreur que sa mort leur imprime,
Ne cherchent qu'à venger par un coup généreux
Le mépris qu'en leur chef ce superbe a fait d'eux.
PTOLOMÉE.
Mais qui pourra de nous approcher sa personne,
Si, durant le festin, sa garde l'environne?
PHOTIN.
Les gens de Cornélie, entre qui vos Romains
Ont déjà reconnu des frères, des germains,
Dont l'âpre déplaisir leur a laissé paraître
Une soif d'immoler leur tyran à leur maître :
Ils ont donné parole, et peuvent, mieux que nous,
Dans les flancs de César porter les premiers coups :
Son faux art de clémence, ou plutôt sa folie,
Qui pense gagner Rome en flattant Cornélie,
Leur donnera sans doute un assez libre accès
Pour de ce grand dessein assurer le succès.
Mais voici Cléopâtre : agissez avec feinte,

Seigneur, et ne montrez que faiblesse et que crainte.
Nous allons vous quitter, comme objets odieux
Dont l'aspect importun offenserait ses yeux.

PTOLOMÉE.

Allez, je vous rejoins.

SCÈNE II. — PTOLOMÉE, CLÉOPATRE, ACHORÉE,
CHARMION.

CLÉOPATRE.

J'ai vu César, mon frère,
Et de tout mon pouvoir combattu sa colère.

PTOLOMÉE.

Vous êtes généreuse; et j'avais attendu
Cet office de sœur que vous m'avez rendu.
Mais cet illustre amant vous a bientôt quittée.

CLÉOPATRE.

Sur quelque brouillerie, en la ville excitée,
Il a voulu lui-même apaiser les débats
Qu'avec nos citoyens ont eus quelques soldats :
Et moi, j'ai bien voulu moi-même vous redire
Que vous ne craigniez rien pour vous ni votre empire;
Et que le grand César blâme votre action
Avec moins de courroux que de compassion.
Il vous plaint d'écouter ces lâches politiques
Qui n'inspirent aux rois que des mœurs tyranniques.
Ainsi que la naissance, ils ont les esprits bas;
En vain on les élève à régir des États :
Un cœur né pour servir sait mal comme on commande;
Sa puissance l'accable alors qu'elle est trop grande;
Et sa main, que le crime en vain fait redouter,
Laisse choir le fardeau qu'elle ne peut porter.

PTOLOMÉE.

Vous dites vrai, ma sœur, et ces effets sinistres
Me font bien voir ma faute au choix de mes ministres.
Si j'avais écouté de plus nobles conseils,
Je vivrais dans la gloire où vivent mes pareils;
Je mériterais mieux cette amitié si pure
Que pour un frère ingrat vous donne la nature;
César embrasserait Pompée en ce palais;

Notre Égypte à la terre aurait rendu la paix,
Et verrait son monarque, encore à juste titre
Ami de tous les deux, et peut-être l'arbitre.
Mais, puisque le passé ne peut se révoquer,
Trouvez bon qu'avec vous mon cœur s'ose expliquer.
Je vous ai maltraitée; et vous êtes si bonne,
Que vous me conservez la vie et la couronne.
Vainquez-vous tout à fait; et, par un digne effort,
Arrachez Achillas et Photin à la mort:
Elle leur est bien due; ils vous ont offensée;
Mais ma gloire en leur perte est trop intéressée:
Si César les punit des crimes de leur roi,
Toute l'ignominie en rejaillit sur moi:
Il me punit en eux; leur supplice est ma peine.
Forcez, en ma faveur, une trop juste haine.
De quoi peut satisfaire un cœur si généreux
Le sang abject et vil de ces deux malheureux?
Que je vous doive tout: César cherche à vous plaire,
Et vous pouvez d'un mot désarmer sa colère.

CLÉOPATRE.

Si j'avais en mes mains leur vie et leur trépas,
Je les méprise assez pour ne m'en venger pas:
Mais sur le grand César je puis fort peu de chose,
Quand le sang de Pompée à mes désirs s'oppose.
Je ne me vante pas de pouvoir le fléchir;
J'en ai déjà parlé, mais il a su gauchir;
Et, tournant le discours sur une autre matière,
Il n'a ni refusé, ni souffert ma prière.
Je veux bien toutefois encor m'y hasarder,
Mes efforts redoublés pourront mieux succéder;
Et j'ose croire...

PTOLOMÉE.

Il vient; souffrez que je l'évite:
Je crains que ma présence à vos yeux ne l'irrite,
Que son courroux ému ne s'aigrisse à me voir;
Et vous agirez seule avec plus de pouvoir.

ACTE IV, SCÈNE III.

SCÈNE III. — CÉSAR, CLÉOPATRE, ANTOINE, LÉPIDE, CHARMION, ACHORÉE, ROMAINS.

CÉSAR.

Reine, tout est paisible ; et la ville calmée,
Qu'un trouble assez léger avait trop alarmée,
N'a plus à redouter le divorce intestin
Du soldat insolent et du peuple mutin.
Mais, ô dieux ! ce moment que je vous ai quittée
D'un trouble bien plus grand a mon âme agitée ;
Et ces soins importuns, qui m'arrachaient de vous,
Contre ma grandeur même allumaient mon courroux.
Je lui voulais du mal de m'être si contraire,
De rendre ma présence ailleurs si nécessaire ;
Mais je lui pardonnais, au simple souvenir
Du bonheur qu'à ma flamme elle fait obtenir.
C'est elle dont je tiens cette haute espérance
Qui flatte mes désirs d'une illustre apparence,
Et fait croire à César qu'il peut former des vœux,
Qu'il n'est pas tout à fait indigne de vos feux,
Et qu'il peut en prétendre une juste conquête,
N'ayant plus que les dieux au-dessus de sa tête.
Oui, reine, si quelqu'un dans ce vaste univers
Pouvait porter plus haut la gloire de vos fers ;
S'il était quelque trône où vous pussiez paraître
Plus dignement assise en captivant son maître,
J'irais, j'irais à lui, moins pour le lui ravir,
Que pour lui disputer le droit de vous servir ;
Et je n'aspirerais au bonheur de vous plaire
Qu'après avoir mis bas un si grand adversaire.
C'était pour acquérir un droit si précieux
Que combattait partout mon bras ambitieux ;
Et dans Pharsale même il a tiré l'épée
Plus pour le conserver que pour vaincre Pompée.
Je l'ai vaincu, princesse : et le dieu des combats
M'y favorisait moins que vos divins appas ;
Ils conduisaient ma main, ils enflaient mon courage ;
Cette pleine victoire est leur dernier ouvrage :
C'est l'effet des ardeurs qu'ils daignaient m'inspirer ;
Et vos beaux yeux enfin m'ayant fait soupirer,

Pour faire que votre âme avec gloire y réponde,
M'ont rendu le premier et de Rome et du monde.
C'est ce glorieux titre, à présent effectif,
Que je viens ennoblir par celui de captif :
Heureux si mon esprit gagne tant sur le vôtre
Qu'il en estime l'un et me permette l'autre !

CLÉOPATRE.

Je sais ce que je dois au souverain bonheur
Dont me comble et m'accable un tel excès d'honneur.
Je ne vous tiendrai plus mes passions secrètes :
Je sais ce que je suis; je sais ce que vous êtes.
Vous daignâtes m'aimer dès mes plus jeunes ans;
Le sceptre que je porte est un de vos présents;
Vous m'avez par deux fois rendu le diadème :
J'avoue après cela, seigneur, que je vous aime,
Et que mon cœur n'est point à l'épreuve des traits
Ni de tant de vertus, ni de tant de bienfaits.
Mais, hélas! ce haut rang, cette illustre naissance,
Cet état de nouveau rangé sous ma puissance,
Ce sceptre par vos mains dans les miennes remis,
A mes vœux innocents sont autant d'ennemis.
Ils allument contre eux une implacable haine;
Ils me font méprisable alors qu'ils me font reine;
Et si Rome est encor telle qu'auparavant,
Le trône où je me sieds m'abaisse en m'élevant;
Et ces marques d'honneur, comme titres infâmes,
Me rendent à jamais indigne de vos flammes.
J'ose encor toutefois, voyant votre pouvoir,
Permettre à mes désirs un généreux espoir,
Après tant de combats, je sais qu'un si grand homme
A droit de triompher des caprices de Rome,
Et que l'injuste horreur qu'elle eut toujours des rois
Peut céder, par votre ordre, à de plus justes lois;
Je sais que vous pouvez forcer d'autres obstacles :
Vous me l'avez promis, et j'attends ces miracles.
Votre bras dans Pharsale a fait de plus grands coups,
Et je ne les demande à d'autres dieux qu'à vous.

CÉSAR.

Tout miracle est facile où mon amour s'applique.
Je n'ai plus qu'à courir les côtes de l'Afrique,
Qu'à montrer mes drapeaux au reste épouvanté

Du parti malheureux qui m'a persécuté ;
Rome, n'ayant plus lors d'ennemis à me faire,
Par impuissance enfin prendra soin de me plaire ;
Et vos yeux la verront, par un superbe accueil,
Immoler à vos pieds sa haine et son orgueil.
Encore une défaite, et dans Alexandrie
Je veux que cette ingrate en ma faveur vous prie ;
Et qu'un juste respect, conduisant ses regards,
A votre chaste amour demande des Césars.
C'est l'unique bonheur où mes désirs prétendent ;
C'est le fruit que j'attends des lauriers qui m'attendent :
Heureux si mon destin, encore un peu plus doux,
Me les faisait cueillir sans m'éloigner de vous !
Mais, las ! contre mon feu mon feu me sollicite.
Si je veux être à vous, il faut que je vous quitte.
En quelques lieux qu'on fuie, il me faut y courir
Pour achever de vaincre et de vous conquérir.
Permettez cependant qu'à ces douces amorces
Je prenne un nouveau cœur et de nouvelles forces,
Pour faire dire encore, aux peuples pleins d'effroi,
Que venir, voir, et vaincre, est même chose en moi.

CLÉOPATRE.

C'est trop, c'est trop, seigneur ; souffrez que j'en abuse :
Votre amour fait ma faute, il fera mon excuse.
Vous me rendez le sceptre, et peut-être le jour ;
Mais, si j'ose abuser de cet excès d'amour,
Je vous conjure encor, par ces plus puissants charmes,
Par ce juste bonheur qui suit toujours vos armes,
Par tout ce que j'espère et que vous attendez,
De n'ensanglanter pas ce que vous me rendez ;
Faites grâce, seigneur ; ou souffrez que j'en fasse,
Et montre à tous par là que j'ai repris ma place.
Achillas et Photin sont gens à dédaigner ;
Ils sont assez punis en me voyant régner :
Et leur crime...

CÉSAR.

Ah ! prenez d'autres marques de reine.
Dessus mes volontés vous êtes souveraine ;
Mais, si mes sentiments peuvent être écoutés,
Choisissez des sujets dignes de vos bontés.
Ne vous donnez sur moi qu'un pouvoir légitime,

Et ne me rendez point complice de leur crime.
C'est beaucoup que pour vous j'ose épargner le roi,
Et si mes feux n'étaient...

SCÈNE IV. — CÉSAR, CORNÉLIE, CLÉOPATRE, ACHORÉE, ANTOINE, LÉPIDE, CHARMION, ROMAINS.

CORNÉLIE.

César, prends garde à toi
Ta mort est résolue, on la jure, on l'apprête;
A celle de Pompée on veut joindre ta tête.
Prends-y garde, César, ou ton sang répandu
Bientôt parmi le sien se verra confondu.
Mes esclaves en sont; apprends de leurs indices
L'auteur de l'attentat, et l'ordre, et les complices :
Je te les abandonne.

CÉSAR.

O cœur vraiment romain,
Et digne du héros qui vous donna la main !
Ses mânes, qui du ciel ont vu de quel courage
Je préparais la mienne à venger son outrage,
Mettant leur haine bas, me sauvent aujourd'hui
Par la moitié qu'en terre il nous laisse de lui.
Il vit, il vit encore en l'objet de sa flamme,
Il parle par sa bouche, il agit dans son âme;
Il la pousse, et l'oppose à cette indignité,
Pour me vaincre par elle en générosité.

CORNÉLIE.

Tu te flattes, César, de mettre en ta croyance
Que la haine ait fait place à la reconnaissance :
Ne le présume plus; le sang de mon époux
A rompu pour jamais tout commerce entre nous.
J'attends la liberté qu'ici tu m'as offerte,
Afin de l'employer tout entière à ta perte;
Et je te chercherai partout des ennemis,
Si tu m'oses tenir ce que tu m'as promis.
Mais avec cette soif que j'ai de ta ruine,
Je me jette au-devant du coup qui t'assassine,
Et forme des désirs avec trop de raison
Pour en aimer l'effet par une trahison :
Qui la sait et la souffre a part à l'infamie.

ACTE IV, SCÈNE IV.

Si je veux ton trépas, c'est en juste ennemie ;
Mon époux a des fils ; il aura des neveux :
Quand ils te combattront, c'est là que je le veux ;
Et qu'une digne main par moi-même animée,
Dans ton champ de bataille, aux yeux de ton armée,
T'immole noblement et par un digne effort
Aux mânes du héros dont tu venges la mort.
Tous mes soins, tous mes vœux hâtent cette vengeance :
Ta perte la recule, et ton salut l'avance.
Quelqu'espoir qui d'ailleurs me l'ose ou puisse offrir,
Ma juste impatience aurait trop à souffrir :
La vengeance éloignée est à demi perdue ;
Et, quand il faut l'attendre, elle est trop cher vendue.
Je n'irai point chercher sur les bords africains
Le foudre souhaité que je vois en tes mains :
La tête qu'il menace en doit être frappée :
J'ai pu donner la tienne au lieu d'elle à Pompée ;
Ma haine avait le choix ; mais cette haine enfin
Sépare son vainqueur d'avec son assassin,
Et ne croit avoir droit de punir ta victoire
Qu'après le châtiment d'une action si noire.
Rome le veut ainsi ; son adorable front
Aurait de quoi rougir d'un trop honteux affront,
De voir en même jour, après tant de conquêtes,
Sous un indigne fer ses deux plus nobles têtes.
Son grand cœur, qu'à tes lois en vain tu crois soumis,
En veut aux criminels plus qu'à ses ennemis,
Et tiendrait à malheur le bien de se voir libre,
Si l'attentat du Nil affranchissait le Tibre.
Comme autre qu'un Romain n'a pu l'assujettir,
Autre aussi qu'un Romain ne l'en doit garantir.
Tu tomberais ici sans être sa victime ;
Au lieu d'un châtiment ta mort serait un crime ;
Et, sans que tes pareils en conçussent d'effroi,
L'exemple que tu dois périrait avec toi.
Venge-la de l'Égypte à son appui fatale,
Et je la vengerai, si je puis, de Pharsale.
Va, ne perds point de temps, il presse. Adieu : tu peux
Te vanter qu'une fois j'ai fait pour toi des vœux.

SCÈNE V. — CÉSAR, CLÉOPATRE, ANTOINE, LÉPIDE, ACHORÉE, CHARMION.

CÉSAR.

Son courage m'étonne autant que leur audace.
Reine, voyez pour qui vous me demandiez grâce!

CLÉOPATRE.

Je n'ai rien à vous dire : allez, seigneur, allez
Venger sur ces méchants tant de droits violés.
On m'en veut plus qu'à vous; c'est ma mort qu'ils respirent,
C'est contre mon pouvoir que les traîtres conspirent;
Leur rage, pour l'abattre, attaque mon soutien,
Et par votre trépas cherche un passage au mien.
Mais, parmi ces transports d'une juste colère,
Je ne puis oublier que leur chef est mon frère.
Le saurez-vous, seigneur! et pourrai-je obtenir
Que ce cœur irrité daigne s'en souvenir?

CÉSAR.

Oui, je me souviendrai que ce cœur magnanime
Au bonheur de son sang veut pardonner son crime.
Adieu, ne craignez rien; Achillas et Photin
Ne sont pas gens à vaincre un si puissant destin;
Pour les mettre en déroute, eux et tous leurs complices,
Je n'ai qu'à déployer l'appareil des supplices,
Et, pour soldats choisis, envoyer des bourreaux
Qui portent hautement mes haches pour drapeaux.

César sort avec les Romains.

CLÉOPATRE.

Ne quittez pas César; allez, cher Achorée,
Repousser avec lui ma mort qu'on a jurée;
Et quand il punira nos lâches ennemis,
Faites-le souvenir de ce qu'il m'a promis.
Ayez l'œil sur le roi dans la chaleur des armes,
Et conservez son sang pour épargner mes larmes.

ACHORÉE.

Madame, assurez-vous qu'il ne peut y périr,
Si mon zèle et mes soins peuvent le secourir.

ACTE CINQUIÈME.

SCÈNE I. — CORNÉLIE, tenant une petite urne en sa main ; PHILIPPE.

CORNÉLIE.

Mes yeux, puis-je vous croire, et n'est-ce point un songe
Qui sur mes tristes vœux a formé ce mensonge?
Te revois-je, Philippe, et cet époux si cher
A-t-il reçu de toi les honneurs du bûcher?
Cette urne que je tiens contient-elle sa cendre?
O vous, à ma douleur objet terrible et tendre,
Éternel entretien de haine et de pitié,
Reste du grand Pompée, écoutez sa moitié.
N'attendez point de moi de regrets ni de larmes :
Un grand cœur à ses maux applique d'autres charmes.
Les faibles déplaisirs s'amusent à parler,
Et quiconque se plaint cherche à se consoler.
Moi, je jure des dieux la puissance suprême,
Et, pour dire encor plus, je jure par vous-même ;
Car vous pouvez bien plus sur ce cœur affligé
Que le respect des dieux qui l'ont mal protégé :
Je jure donc par vous, ô pitoyable reste,
Ma divinité seule après ce coup funeste,
Par vous, qui seul ici pouvez me soulager,
De n'éteindre jamais l'ardeur de le venger.
Ptolomée à César, par un lâche artifice,
Rome, de ton Pompée a fait un sacrifice ;
Et je n'entrerai point dans tes murs désolés
Que le prêtre et le dieu ne lui soient immolés.
Faites-m'en souvenir, et soutenez ma haine,
O cendres! mon espoir aussi bien que ma peine,
Et, pour m'aider un jour à perdre son vainqueur,
Versez dans tous les cœurs ce que ressent mon cœur.
Toi qui l'as honoré sur cette infâme rive
D'une flamme pieuse autant comme chétive,

Dis-moi quel bon démon a mis en ton pouvoir
De rendre à ce héros ce funèbre devoir?
PHILIPPE.
Tout couvert de son sang, et plus mort que lui-même,
Après avoir cent fois maudit le diadème,
Madame, j'ai porté mes pas et mes sanglots
Du côté que le vent poussait encor les flots.
Je cours longtemps en vain, mais enfin d'une roche
J'en découvre le tronc vers un sable assez proche,
Où la vague en courroux semblait prendre plaisir
A feindre de le rendre et puis s'en ressaisir.
Je m'y jette et l'embrasse, et le pousse au rivage;
Et, ramassant sous lui le débris d'un naufrage,
Je lui dresse un bûcher à la hâte et sans art,
Tel que je pus sur l'heure et qu'il plut au hasard.
A peine brûlait-il, que le ciel, plus propice,
M'envoie un compagnon en ce pieux office :
Cordus, un vieux Romain qui demeure en ces lieux,
Retournant de la ville, y détourne les yeux;
Et, n'y voyant qu'un tronc dont la tête est coupée,
A cette triste marque il reconnaît Pompée.
Soudain, la larme à l'œil : « O toi, qui que tu sois,
« A qui le ciel permet de si dignes emplois,
« Ton sort est bien, dit-il, autre que tu ne penses;
« Tu crains des châtiments, attends des récompenses.
« César est en Égypte, et venge hautement
« Celui pour qui ton zèle a tant de sentiment.
« Tu peux faire éclater les soins qu'on t'en voit prendre,
« Tu peux même à sa veuve en reporter la cendre.
« Son vainqueur l'a reçue avec tout le respect
« Qu'un dieu pourrait ici trouver à son aspect.
« Achève, je reviens. » Il part et m'abandonne,
Et rapporte aussitôt ce vase qu'il me donne,
Où sa main et la mienne enfin ont renfermé
Ces restes d'un héros par le feu consumé.
CORNÉLIE.
Oh! que sa piété mérite de louanges!
PHILIPPE.
En entrant j'ai trouvé des désordres étranges.
J'ai vu fuir tout un peuple en foule vers le port,
Où le roi, disait-on, s'était fait le plus fort.

ACTE V, SCÈNE I.

Les Romains poursuivaient; et César, dans la place
Ruisselante du sang de cette populace,
Montrait de sa justice un exemple assez beau,
Faisant passer Photin par les mains d'un bourreau.
Aussitôt qu'il me voit, il daigne me connaître;
Et, prenant de ma main les cendres de mon maître :
« Restes d'un demi-dieu, dont à peine je puis
« Égaler le grand nom tout vainqueur que j'en suis,
« De vos traîtres, dit-il, voyez punir les crimes :
« Attendant des autels, recevez ces victimes;
« Bien d'autres vont les suivre. Et toi, cours au palais
« Porter à sa moitié ce don que je lui fais;
« Porte à ses déplaisirs cette faible allégeance,
« Et dis-lui que je cours achever sa vengeance. »
Ce grand homme, à ces mots, me quitte en soupirant,
Et baise avec respect ce vase qu'il me rend.

CORNÉLIE.

O soupirs! ô respects! oh! qu'il est doux de plaindre
Le sort d'un ennemi quand il n'est plus à craindre!
Qu'avec chaleur, Philippe, on court à le venger
Lorsqu'on s'y voit forcé par son propre danger,
Et quand cet intérêt qu'on prend pour sa mémoire
Fait notre sûreté comme il croît notre gloire!
César est généreux, j'en veux être d'accord;
Mais le roi le veut perdre, et son rival est mort.
Sa vertu laisse lieu de douter à l'envie
De ce qu'elle ferait s'il le voyait en vie.
Pour grand qu'en soit le prix, son péril en rabat;
Cette ombre qui la couvre en affaiblit l'éclat;
L'amour même s'y mêle et le force à combattre;
Quand il venge Pompée, il défend Cléopâtre.
Tant d'intérêts sont joints à ceux de mon époux,
Que je ne devrais rien à ce qu'il fait pour nous,
Si, comme par soi-même un grand cœur juge un autre,
Je n'aimais mieux juger sa vertu par la nôtre,
Et croire que nous seuls armons ce combattant;
Parce qu'au point qu'il est j'en voudrais faire autant.

SCÈNE II. — CLÉOPATRE, CORNÉLIE, PHILIPPE, CHARMION.

CLÉOPATRE.

Je ne viens pas ici pour troubler une plainte
Trop juste à la douleur dont vous êtes atteinte ;
Je viens pour rendre hommage aux cendres d'un héros
Qu'un fidèle affranchi vient d'arracher aux flots,
Pour le plaindre avec vous et vous jurer, madame,
Que j'aurais conservé ce maître de votre âme
Si le ciel, qui vous traite avec trop de rigueur,
M'en eût donné la force aussi bien que le cœur.
Si pourtant, à l'aspect de ce qu'il vous renvoie,
Vos douleurs laissaient place à quelque peu de joie ;
Si la vengeance avait de quoi vous soulager,
Je vous dirais aussi qu'on vient de vous venger,
Que le traître Photin... Vous le savez peut-être ?

CORNÉLIE.

Oui, princesse, je sais qu'on a puni ce traître.

CLÉOPATRE.

Un si prompt châtiment vous doit être bien doux.

CORNÉLIE.

S'il a quelque douceur, elle n'est que pour vous.

CLÉOPATRE.

Tous les cœurs trouvent doux le succès qu'ils espèrent.

CORNÉLIE.

Comme nos intérêts, nos sentiments diffèrent.
Si César à sa mort joint celle d'Achillas,
Vous êtes satisfaite, et je ne la suis pas.
Aux mânes de Pompée il faut une autre offrande :
La victime est trop basse et l'injure est trop grande ;
Et ce n'est pas un sang que pour la réparer
Son ombre et ma douleur daignent considérer ;
L'ardeur de le venger, dans mon âme allumée,
En attendant César, demande Ptolomée.
Tout indigne qu'il est de vivre et de régner,
Je sais bien que César se force à l'épargner ;
Mais, quoique son amour ait osé vous promettre,
Le ciel, plus juste enfin, n'osera le permettre,
Et, s'il peut une fois écouter tous mes vœux,
Par la main l'un de l'autre ils périront tous deux.

Mon âme à ce bonheur, si le ciel me l'envoie,
Oubliera ses douleurs pour s'ouvrir à la joie;
Mais si ce grand souhait demande trop pour moi,
Si vous n'en perdez qu'un, ô ciel! perdez le roi.

CLÉOPATRE.
Le ciel sur nos souhaits ne règle pas les choses.

CORNÉLIE.
Le ciel règle souvent les effets sur les causes,
Et rend aux criminels ce qu'ils ont mérité.

CLÉOPATRE.
Comme de la justice, il a de la bonté.

CORNÉLIE.
Oui; mais il fait juger, à voir comme il commence,
Que sa justice agit, et non pas sa clémence.

CLÉOPATRE.
Souvent de la justice il passe à la douceur.

CORNÉLIE.
Reine, je parle en veuve, et vous parlez en sœur.
Chacune a son sujet d'aigreur ou de tendresse,
Qui dans le sort du roi justement l'intéresse.
Apprenons, par le sang qu'on aura répandu,
A quels souhaits le ciel a le mieux répondu.
Voici votre Achorée.

SCÈNE III. — CORNÉLIE, CLÉOPATRE, ACHORÉE,
PHILIPPE, CHARMION.

CLÉOPATRE.
Hélas! sur son visage
Rien ne s'offre à mes yeux que de mauvais présage.
Ne nous déguisez rien, parlez sans me flatter :
Qu'ai-je à craindre, Achorée? ou qu'ai-je à regretter?

ACHORÉE.
Aussitôt que César eut su la perfidie...

CLÉOPATRE.
Ce ne sont pas ses soins que je veux qu'on me die;
Je sais qu'il fit trancher et clore ce conduit
Par où ce grand secours devait être introduit;
Qu'il manda tous les siens pour s'assurer la place
Où Photin a reçu le prix de son audace;
Que d'un si prompt supplice Achillas étonné

S'est aisément saisi du port abandonné ;
Que le roi l'a suivi ; qu'Antoine a mis à terre
Ce qui dans ses vaisseaux restait de gens de guerre ;
Que César l'a rejoint ; et je ne doute pas
Qu'il n'ait su vaincre encore et punir Achillas.

ACHORÉE.

Oui, madame, on a vu son bonheur ordinaire...

CLÉOPATRE.

Dites-moi seulement s'il a sauvé mon frère,
S'il m'a tenu promesse.

ACHORÉE.

Oui, de tout son pouvoir.

CLÉOPATRE.

C'est là l'unique point que je voulais savoir.
Madame, vous voyez, les dieux m'ont écoutée.

CORNÉLIE.

Ils n'ont que différé la peine méritée.

CLÉOPATRE.

Vous la vouliez sur l'heure, ils l'en ont garanti.

ACHORÉE.

Il faudrait qu'à nos vœux il eût mieux consenti.

CLÉOPATRE.

Que disiez-vous, naguère ? et que viens-je d'entendre ?
Accordez ces discours, que j'ai peine à comprendre.

ACHORÉE.

Aucuns ordres ni soins n'ont pu le secourir ;
Malgré César et nous il a voulu périr ;
Mais il est mort, madame, avec toutes les marques
Que puissent laisser d'eux les plus dignes monarques ;
Sa vertu rappelée a soutenu son rang,
Et sa perte aux Romains a coûté bien du sang.
Il combattait Antoine avec tant de courage,
Qu'il emportait déjà sur lui quelque avantage :
Mais l'abord de César a changé le destin ;
Aussitôt Achillas suit le sort de Photin :
Il meurt, mais d'une mort trop belle pour un traître,
Les armes à la main, en défendant son maître :
Le vainqueur crie en vain qu'on épargne le roi ;
Ces mots au lieu d'espoir lui donnent de l'effroi ;
Son esprit alarmé les croit un artifice
Pour réserver sa tête à l'affront d'un supplice.

Il pousse dans nos rangs, il les perce, et fait voir
Ce que peut la vertu qu'arme le désespoir;
Et son cœur, emporté par l'erreur qui l'abuse,
Cherche partout la mort que chacun lui refuse.
Enfin, perdant haleine après ces grands efforts,
Près d'être environné, ses meilleurs soldats morts,
Il voit quelques fuyards sauter dans une barque;
Il s'y jette, et les siens, qui suivent leur monarque,
D'un si grand nombre en foule accablent ce vaisseau,
Que la mer l'engloutit avec tout son fardeau.
C'est ainsi que sa mort lui rend toute sa gloire,
A vous toute l'Égypte, à César la victoire.
Il vous proclame reine; et, bien qu'aucun Romain
Du sang que vous pleurez n'ait vu rougir sa main,
Il nous fait voir à tous un déplaisir extrême,
Il soupire, il gémit. Mais le voici lui-même,
Qui pourra mieux que moi vous montrer la douleur
Que lui donne du roi l'invincible malheur.

SCÈNE IV. — CÉSAR, CORNÉLIE, CLÉOPATRE, ANTOINE,
LÉPIDE, ACHORÉE, CHARMION, PHILIPPE.

CORNÉLIE.

César, tiens-moi parole, et me rends mes galères.
Achillas et Photin ont reçu leurs salaires;
Leur roi n'a pu jouir de ton cœur adouci,
Et Pompée est vengé ce qu'il peut l'être ici.
Je n'y saurais plus voir qu'un funeste rivage
Qui de leur attentat m'offre l'horrible image,
Ta nouvelle victoire, et le bruit éclatant
Qu'aux changements de roi pousse un peuple inconstant;
Et, parmi ces objets, ce qui le plus m'afflige,
C'est d'y revoir toujours l'ennemi qui m'oblige.
Laisse-moi m'affranchir de cette indignité,
Et souffre que ma haine agisse en liberté.
A cet empressement j'ajoute une requête:
Vois l'urne de Pompée, il y manque sa tête:
Ne me la retiens plus; c'est l'unique faveur
Dont je te puis encor prier avec honneur.

CÉSAR.

Il est juste, et César est tout prêt de vous rendre

Ce reste où vous avez tant de droit de prétendre ;
Mais il est juste aussi qu'après tant de sanglots
A ses mânes errants nous rendions le repos,
Qu'un bûcher allumé par ma main et la vôtre
Le venge pleinement de la honte de l'autre ;
Que son ombre s'apaise en voyant notre ennui ;
Et qu'une urne plus digne et de vous et de lui,
Après la flamme éteinte et les pompes finies,
Renferme avec éclat ses cendres réunies.
De cette même main dont il fut combattu
Il verra des autels dressés à sa vertu ;
Il recevra des vœux, de l'encens, des victimes,
Sans recevoir par là d'honneurs que légitimes :
Pour ces justes devoirs je ne veux que demain ;
Ne me refusez pas ce bonheur souverain.
Faites un peu de force à votre impatience ;
Vous êtes libre après ; partez en diligence ;
Portez à notre Rome un si digne trésor ;
Portez...

CORNÉLIE.

Non pas, César, non pas à Rome encor :
Il faut que ta défaite et que tes funérailles
A cette cendre aimée en ouvrent les murailles ;
Et, quoiqu'elle la tienne aussi chère que moi,
Elle n'y doit rentrer qu'en triomphant de toi.
Je la porte en Afrique ; et c'est là que j'espère
Que les fils de Pompée, et Caton et mon père,
Secondés par l'effort d'un roi plus généreux,
Ainsi que la justice auront le sort pour eux.
C'est là que tu verras sur la terre et sur l'onde
Le débris de Pharsale armer un autre monde ;
Et c'est là que j'irai, pour hâter tes malheurs,
Porter de rang en rang ces cendres et mes pleurs.
Je veux que de ma haine ils reçoivent des règles,
Qu'ils suivent au combat des urnes au lieu d'aigles ;
Et que ce triste objet porte en leur souvenir
Les soins de le venger, et ceux de te punir.
Tu veux à ce héros rendre un devoir suprême ;
L'honneur que tu lui rends rejaillit sur toi-même :
Tu m'en veux pour témoin ; j'obéis au vainqueur ;
Mais ne présume pas toucher par là mon cœur.

La perte que j'ai faite est trop irréparable ;
La source de ma haine est trop inépuisable :
A l'égal de mes jours je la ferai durer ;
Je veux vivre avec elle, avec elle expirer.
Je t'avouerai pourtant, comme vraiment Romaine,
Que pour toi mon estime est égale à ma haine ;
Que l'une et l'autre est juste, et montre le pouvoir,
L'une de la vertu, l'autre de mon devoir ;
Que l'une est généreuse, et l'autre intéressée,
Et que dans mon esprit l'une et l'autre est forcée :
Tu vois que ta vertu, qu'en vain on veut trahir,
Me force de priser ce que je dois haïr :
Juge ainsi de la haine où mon devoir me lie,
La veuve de Pompée y force Cornélie.
J'irai, n'en doute point, au sortir de ces lieux,
Soulever contre toi les hommes et les dieux ;
Ces dieux qui t'ont flatté, ces dieux qui m'ont trompée ;
Ces dieux qui dans Pharsale ont mal servi Pompée,
Qui, la foudre à la main, l'ont pu voir égorger ;
Ils connaîtront leur faute, et le voudront venger.
Mon zèle, à leur refus, aidé de sa mémoire,
Te saura bien sans eux arracher la victoire ;
Et, quand tout mon effort se trouvera rompu,
Cléopâtre fera ce que je n'aurai pu.
Je sais quelle est ta flamme et quelles sont ses forces,
Que tu n'ignores pas comme on fait les divorces,
Que ton amour t'aveugle, et que pour l'épouser
Rome n'a point de lois que tu n'oses briser :
Mais sache aussi qu'alors la jeunesse romaine
Se croira tout permis sur l'époux d'une reine,
Et que de cet hymen tes amis indignés
Vengeront sur ton sang leurs avis dédaignés.
J'empêche ta ruine, empêchant tes caresses.
Adieu : j'attends demain l'effet de tes promesses.

SCÈNE V. — CÉSAR, CLÉOPATRE, ANTOINE, LÉPIDE,
ACHORÉE, CHARMION.

CLÉOPATRE.
Plutôt qu'à ces périls je vous puisse exposer,
Seigneur, perdez en moi ce qui les peut causer ;

Sacrifiez ma vie au bonheur de la vôtre;
Le mien sera trop grand, et je n'en veux point d'autre,
Indigne que je suis d'un César pour époux,
Que de vivre en votre âme, étant morte pour vous.

CÉSAR.

Reine, ces vains projets sont le seul avantage
Qu'un grand cœur impuissant a du ciel en partage :
Comme il a peu de force, il a beaucoup de soins;
Et, s'il pouvait plus faire, il souhaiterait moins.
Les dieux empêcheront l'effet de ces augures,
Et mes félicités n'en seront pas moins pures,
Pourvu que votre amour gagne sur vos douleurs
Qu'en faveur de César vous tarissiez vos pleurs,
Et que votre bonté, sensible à ma prière,
Pour un fidèle amant oublie un mauvais frère.
On aura pu vous dire avec quel déplaisir
J'ai vu le désespoir qu'il a voulu choisir;
Avec combien d'efforts j'ai voulu le défendre
Des paniques terreurs qui l'avaient pu surprendre.
Il s'est de mes bontés jusqu'au bout défendu,
Et de peur de se perdre il s'est enfin perdu.
O honte pour César, qu'avec tant de puissance,
Tant de soins de vous rendre entière obéissance,
Il n'ait pu toutefois, en ces événements,
Obéir au premier de vos commandements!
Prenez-vous-en au ciel, dont les ordres sublimes,
Malgré tous nos efforts savent punir les crimes;
Sa rigueur envers lui vous ouvre un sort plus doux,
Puisque par cette mort l'Égypte est toute à vous.

CLÉOPATRE.

Je sais que j'en reçois un nouveau diadème,
Qu'on n'en peut accuser que les dieux et lui-même;
Mais comme il est, seigneur, de la fatalité
Que l'aigreur soit mêlée à la félicité,
Ne vous offensez pas si cet heur de vos armes,
Qui me rend tant de biens, me coûte un peu de larmes,
Et si, voyant sa mort due à sa trahison,
Je donne à la nature ainsi qu'à la raison.
Je n'ouvre point les yeux sur ma grandeur si proche,
Qu'aussitôt à mon cœur mon sang ne le reproche;
J'en ressens dans mon âme un murmure secret,

ACTE V, SCÈNE V.

Et ne puis remonter au trône sans regret.

ACHORÉE.

Un grand peuple, seigneur, dont cette cour est pleine,
Par des cris redoublés demande à voir sa reine,
Et, tout impatient, déjà se plaint aux cieux
Qu'on lui donne trop tard un bien si précieux.

CÉSAR.

Ne lui refusons plus le bonheur qu'il désire :
Princesse, allons par là commencer votre empire.
Fasse le juste ciel, propice à mes désirs,
Que ces longs cris de joie étouffent vos soupirs,
Et puissent ne laisser dedans votre pensée
Que l'image des traits dont mon âme est blessée !
Cependant qu'à l'envi ma suite et votre cour
Préparent pour demain la pompe d'un beau jour,
Où, dans un digne emploi l'une et l'autre occupée,
Couronne Cléopâtre et m'apaise Pompée,
Élève à l'une un trône, à l'autre des autels,
Et jure à tous les deux des respects immortels !.

FIN DE POMPÉE.

RODOGUNE

PRINCESSE DES PARTHES

TRAGÉDIE — 1646.

A MONSEIGNEUR LE PRINCE.

Monseigneur,

Rodogune se présente à Votre Altesse avec quelque sorte de confiance, et ne peut croire qu'après avoir fait sa bonne fortune vous dédaigniez de la prendre en votre protection. Elle a trop de connaissance de votre bonté pour craindre que vous veuillez laisser votre ouvrage imparfait, et lui dénier la continuation des grâces dont vous lui avez été si prodigue. C'est à votre illustre suffrage qu'elle est obligée de tout ce qu'elle a reçu d'applaudissements; et les favorables regards dont il vous plut fortifier la faiblesse de sa naissance lui donnèrent tant d'éclat et de vigueur, qu'il semblait que vous eussiez pris plaisir à répandre sur elle un rayon de cette gloire qui vous environne, et à lui faire part de cette facilité de vaincre qui vous suit partout. Après cela, monseigneur, quels hommages peut-elle rendre à Votre Altesse qui ne soient au-dessous de ce qu'elle lui doit? Si elle tâche à lui témoigner quelque reconnaissance par l'admiration de ses vertus, où trouvera-t-elle des éloges dignes de cette main qui fait trembler tous nos ennemis, et dont les coups d'essais furent signalés par la défaite des premiers capitaines de l'Europe? Votre Altesse sut vaincre avant qu'ils se pussent imaginer qu'elle sût combattre; et ce grand courage, qui n'avait encore vu la guerre que dans les livres, effaça tout ce qu'il y avait lu des Alexandre et des César, sitôt qu'il parut à la tête d'une armée. La générale consternation où la perte de notre grand monarque nous avait plongés enflait l'orgueil de nos adversaires en un tel point, qu'ils osaient se persuader que du siége de Rocroi dépendait la prise de Paris; et l'avidité de leur ambition dévorait déjà le cœur d'un royaume dont ils pensaient avoir surpris les frontières. Cependant les premiers miracles de votre valeur renversèrent si pleinement toutes leurs espérances, que ceux-là mêmes qui s'étaient promis tant de conquêtes sur nous virent terminer la campagne de cette même année par celles que vous fîtes sur eux. Ce fut par là, monseigneur, que vous commençâtes ces grandes victoires que vous avez toujours si bien choisies qu'elles ont honoré deux règnes tout à la fois comme si c'eût été trop peu pour Votre Altesse d'étendre les bornes de l'État sous celui-ci, si elle n'eût en même temps effacé quelques-uns des malheurs qui s'étaient mêlés aux longues prospérités de l'autre. Thionville, Philisbourg et Norlinghen, étaient des lieux funestes pour la France; elle n'en pouvait entendre les noms sans gémir, elle ne pouvait y porter sa pensée sans soupirer; et ces mêmes lieux, dont le souvenir lui arrachait des soupirs et des gémissements, sont devenus les éclatantes marques de sa nouvelle félicité, les dignes occasions de ses feux de joie, et les glorieux sujets des actions de grâce qu'elle a rendues au ciel pour les triomphes que votre courage invincible en a obtenus. Dispensez-moi, monseigneur, de vous parler de Dunkerque: j'épuise toutes les forces de mon imagination, et je ne conçois rien qui réponde à la dignité de ce grand ouvrage, qui nous vient d'assurer l'Océan par la prise de cette fameuse retraite de corsaires. Tous nos havres en étaient comme assiégés; il n'en pouvait échapper un vaisseau qu'à la merci de leurs brigandages; et nous en avons vu souvent de pillés à la vue des mêmes ports dont ils venaient de faire voile; et maintenant, par la conquête d'une seule ville, je vois, d'un côté, nos mers libres, nos côtes affranchies, notre commerce rétabli, la racine de nos maux publics coupée; d'autre côté, la Flandre ouverte, l'embouchure de ses rivières captive, la porte de son secours fermée, la source de son abondance en notre pouvoir; et ce que je vois n'est rien encore au prix de ce que je prévois sitôt que Votre Altesse y reportera la terreur de ses armes. Dispensez-moi donc, monseigneur, de profaner des effets si merveilleux et des attentes si hautes par la bassesse de mes idées et par l'impuissance de mes expressions; et trouvez bon que, demeurant dans un respectueux silence, je n'ajoute rien ici qu'une protestation très-inviolable d'être toute ma vie,

Monseigneur, de Votre Altesse,

Le très-humble, très-obéissant et très-passionné serviteur.

CORNEILLE.

« Démétrius, surnommé Nicanor, roi de Syrie, entreprit la
« guerre contre les Parthes, et, étant devenu leur prisonnier,
« vécut dans la cour de leur roi Phraates, dont il épousa la sœur,

« nommée Rodogune. Cependant Diodotus, domestique des rois
« précédents, s'empara du trône de Syrie, et y fit asseoir un
« Alexandre encore enfant, fils d'Alexandre le bâtard et d'une
« fille de Ptolomée. Ayant gouverné quelque temps comme son
« tuteur, il se défit de ce malheureux pupille, et eut l'insolence
« de prendre lui-même la couronne sous un nouveau nom de
« Tryphon qu'il se donna. Mais Antiochus, frère du roi prison-
« nier, ayant appris à Rhodes sa captivité et les troubles qui l'a-
« vaient suivie, revint dans le pays, où, ayant défait Tryphon
« avec beaucoup de peine, il le fit mourir ; de là il porta ses ar-
« mes contre Phraates, lui redemandant son frère ; et, vaincu
« dans une bataille, il se tua lui-même. Démétrius, retourné en
« son royaume, fut tué par sa femme Cléopâtre, qui lui dressa
« des embûches en haine de cette seconde femme Rodogune
« qu'il avait épousée, dont elle avait conçu une telle indigna-
« tion, que, pour s'en venger, elle avait épousé ce même Antio-
« chus, frère de son mari. Elle avait eu deux fils de Démétrius,
« l'un nommé Séleucus, et l'autre Antiochus, dont elle tua le
« premier d'un coup de flèche, sitôt qu'il eut pris le diadème
« après la mort de son père, soit qu'elle craignît qu'il ne la vou-
« lût venger, soit que l'impétuosité de la même fureur la portât
« à ce nouveau parricide. Antiochus lui succéda, qui contraignit
« cette mauvaise mère de boire le poison qu'elle lui avait pré-
« paré. C'est ainsi qu'elle fut enfin punie. »

   Appian Alexandrin, *Guerres de Syrie*, sur la fin.

Voilà ce que m'a prêté l'histoire, où j'ai changé les circonstances de quelques incidents pour leur donner plus de bienséance.
Je me suis servi du nom de Nicanor plutôt que de celui de Démétrius, à cause que le vers souffrait plus aisément l'un que l'autre. J'ai supposé qu'il n'avait pas encore épousé Rodogune, afin
que ses deux fils pussent avoir de l'amour pour elle, sans choquer les spectateurs, qui eussent trouvé étrange cette passion
pour la veuve de leur père, si j'eusse suivi l'histoire. L'ordre de
leur naissance incertain, Rodogune prisonnière, quoiqu'elle ne
vînt jamais en Syrie ; la haine de Cléopâtre pour elle, la proposition sanglante qu'elle fait à ses fils, celle que cette princesse
est obligée de leur faire pour se garantir, l'inclination qu'elle a
pour Antiochus, et la jalouse fureur de cette mère qui se résout plutôt à perdre ses fils qu'à se voir sujette de sa rivale, ne
sont que des embellissements de l'invention et des acheminements vraisemblables à l'effet dénaturé que me présentait l'histoire, et que les lois du poëme ne me permettaient pas de changer. Je l'ai même adouci tant que j'ai pu en Antiochus, que
j'avais fait trop honnête homme dans le reste de l'ouvrage, pour
forcer à la fin sa mère à s'empoisonner elle-même.

On s'étonnera peut-être de ce que j'ai donné à cette tragédie le nom de *Rodogune* plutôt que celui de *Cléopâtre*, sur qui tombe toute l'action tragique, et même on pourra douter si la liberté de la poésie peut s'étendre jusqu'à feindre un sujet entier sous des noms véritables, comme j'ai fait ici, où, depuis la narration du premier acte, qui sert de fondement au reste, jusques aux effets qui paraissent dans le cinquième, il n'y a rien que l'histoire avoue.

Pour le premier, je confesse ingénument que ce poëme devait plutôt porter le nom de *Cléopâtre* que de *Rodogune*; mais ce qui m'a fait en user ainsi a été la peur que j'ai eue qu'à ce nom le peuple ne se laissât préoccuper des idées de cette fameuse reine d'Égypte, et ne confondît cette reine de Syrie avec elle, s'il l'entendait prononcer. C'est pour cette même raison que j'ai évité de le mêler dans mes vers, n'ayant jamais fait parler de cette seconde Médée que sous celui de la reine; et je me suis enhardi à cette licence d'autant plus librement, que j'ai remarqué parmi nos anciens maîtres qu'ils se sont fort peu mis en peine de donner à leurs poëmes le nom des héros qu'ils y faisaient paraître, et leur ont souvent fait porter celui des chœurs, qui ont encore bien moins de part dans l'action que les personnages épisodiques, comme Rodogune : témoin les *Trachiniennes* de Sophocle, que nous n'aurions jamais voulu nommer autrement que la *Mort d'Hercule*.

Pour le second point, je le tiens un peu plus difficile à résoudre, et n'en voudrais pas donner mon opinion pour bonne : j'ai cru que, pourvu que nous conservassions les effets de l'histoire, toutes les circonstances, ou, comme je viens de les nommer, les acheminements, étaient en notre pouvoir; au moins je ne pense point avoir vu de règle qui restreigne cette liberté que j'ai prise. Je m'en suis assez bien trouvé en cette tragédie; mais comme je l'ai poussée encore plus loin dans *Héraclius*, que je viens de mettre sur le théâtre, ce sera en le donnant au public que je tâcherai de la justifier, si je vois que les savants s'en offensent ou que le peuple en murmure. Cependant ceux qui en auront quelque scrupule m'obligeront de considérer les deux *Électre* de Sophocle et d'Euripide, qui, conservant le même effet, y parviennent par des voies si différentes, qu'il faut nécessairement conclure que l'une des deux est tout à fait de l'invention de l'auteur. Ils pourront encore jeter l'œil sur l'*Iphigénie in Tauris* [1], que notre Aristote nous donne pour exemple d'une parfaite tragédie, et qui a bien la mine d'être toute de même nature, vu qu'elle n'est fondée que sur cette feinte que Diane enleva Iphigénie du sacrifice dans une nuée, et supposa

---

[1] L'Iphigénie en Tauride.

une biche en sa place. Enfin, ils pourront prendre garde à l'*Hélène* d'Euripide, où la principale action et les épisodes, le nœud et le dénoûment, sont entièrement inventés sous des noms véritables.

Au reste, si quelqu'un a la curiosité de voir cette histoire plus au long, qu'il prenne la peine de lire Justin, qui la commence au trente-sixième livre, et, l'ayant quittée, la reprend sur la fin du trente-huitième, et l'achève au trente-neuvième. Il la rapporte un peu autrement, et ne dit pas que Cléopâtre tua son mari, mais qu'elle l'abandonna et qu'il fut tué par le commandement d'un des capitaines d'un Alexandre qu'il lui oppose. Il varie aussi beaucoup sur ce qui regarde Tryphon et son pupille, qu'il nomme Antiochus, et ne s'accorde avec Appian que sur ce qui se passa entre la mère et les deux fils.

Le premier livre des *Machabées*, aux chapitres XI, XIII, XIV et XV, parle de ces guerres de Tryphon et de la prison de Démétrius chez les Parthes; mais il nomme ce pupille Antiochus ainsi que Justin, et attribue la défaite de Tryphon à Antiochus, fils de Démétrius, et non pas à son frère, comme fait Appian, que j'ai suivi, et ne dit rien du reste.

Josephe, au treizième livre des *Antiquités judaïques*, nomme encore ce pupille de Tryphon Antiochus, fait marier Cléopâtre à Antiochus, frère de Démétrius, durant la captivité de ce premier mari chez les Parthes, lui attribue la défaite et la mort de Tryphon, s'accorde avec Justin touchant la mort de Démétrius, abandonné et non pas tué par sa femme, et ne parle point de ce qu'Appian et lui rapportent d'elle et de ses deux fils, dont j'ai fait cette tragédie.

EXAMEN DE RODOGUNE.

Le sujet de cette tragédie est tiré d'Appian Alexandrin [1].

Justin, en son trente-sixième, trente-huitième et trente-neuvième livre, raconte cette histoire plus au long, avec quelques autres circonstances. Le premier des *Machabées*, et Josephe, au treizième des *Antiquités judaïques*, en disent aussi quelque chose qui ne s'accorde pas tout à fait avec Appian. C'est à lui que je me suis attaché pour la narration que j'ai mise au premier acte, et pour l'effet du cinquième, que j'ai adouci du côté

---

[1] Voir la citation d'Appian Alexandrin, au commencement de la pièce, page 67.

d'Antiochus. J'en ai dit la raison ailleurs. Le reste sont des épisodes d'invention, qui ne sont pas incompatibles avec l'histoire, puisqu'elle ne dit point ce que devint Rodogune après la mort de Démétrius, qui, vraisemblablement, l'emmenait en Syrie prendre possession de sa couronne. J'ai fait porter à la pièce le nom de cette princesse plutôt que celui de Cléopâtre, que je n'ai même osé nommer dans mes vers, de peur qu'on ne confondît cette reine de Syrie avec cette fameuse princesse d'Égypte qui portait même nom, et que l'idée de celle-ci, beaucoup plus connue que l'autre, ne semât une dangereuse préoccupation parmi les auditeurs.

On m'a souvent fait une question à la cour, quel était celui de mes poëmes que j'estimais le plus ; et j'ai trouvé tous ceux qui me l'ont faite si prévenus en faveur de *Cinna* ou du *Cid*, que je n'ai jamais osé déclarer toute la tendresse que j'ai toujours eue pour celui-ci, à qui j'aurais volontiers donné mon suffrage, si je n'avais craint de manquer, en quelque sorte, au respect que je devais à ceux que je voyais pencher d'un autre côté. Cette préférence est peut-être en moi un effet de ces inclinations aveugles qu'ont beaucoup de pères pour quelques-uns de leurs enfants plus que pour les autres ; peut être y entre-t-il un peu d'amour-propre, en ce que cette tragédie me semble être un peu plus à moi que celles qui l'ont précédée, à cause des incidents surprenants qui sont purement de mon invention et n'avaient jamais été vus au théâtre ; et peut-être enfin y a-t-il un peu de vrai mérite qui fait que cette inclination n'est pas tout à fait injuste. Je veux bien laisser chacun en liberté de ses sentiments ; mais certainement on peut dire que mes autres pièces ont peu d'avantages qui ne se rencontrent en celle-ci : elle a tout ensemble la beauté du sujet, la nouveauté des fictions, la force des vers, la facilité de l'expression, la solidité du raisonnement, la chaleur des passions, les tendresses de l'amour et de l'amitié ; et cet heureux assemblage est ménagé de sorte qu'elle s'élève d'acte en acte. Le second passe le premier, le troisième est au-dessus du second, et le dernier l'emporte sur tous les autres. L'action y est une, grande, complète ; sa durée ne va point, ou fort peu, au delà de celle de la représentation. Le jour en est le plus illustre qu'on puisse imaginer, et l'unité de lieu s'y rencontre en la manière que je l'explique dans le troisième de mes discours, et avec l'indulgence que j'ai demandée pour le théâtre.

Ce n'est pas que je me flatte assez pour présumer qu'elle soit sans tache. On a fait tant d'objections contre la narration de Laonice au premier acte, qu'il est malaisé de ne donner pas les mains à quelques-unes. Je ne la tiens pas toutefois si inutile qu'on l'a dit. Il est hors de doute que Cléopâtre, dans le second, ferait connaître beaucoup de choses par sa confidence avec cette

Laonice, et par le récit qu'elle en fait à ses deux fils, pour leur remettre devant les yeux combien ils lui ont d'obligation ; mais ces deux scènes demeureraient assez obscures si cette narration ne les avait précédées ; et, du moins, les justes défiances de Rodogune à la fin du premier acte, et la peinture que Cléopâtre fait d'elle-même dans son monologue qui ouvre le second n'auraient pu se faire entendre sans ce secours.

J'avoue qu'elle est sans artifice, et qu'on la fait de sang-froid à un personnage protatique, qui se pourrait toutefois justifier par les deux exemples de Térence que j'ai cités sur ce sujet au premier discours. Timagène, qui l'écoute, n'est introduit que pour l'écouter, bien que je l'emploie au cinquième à faire celle de la mort de Séleucus, qui se pouvait faire par un autre. Il l'écoute sans y avoir aucun intérêt notable et par simple curiosité d'apprendre ce qu'il pouvait avoir su déjà en la cour d'Égypte, où il était en assez bonne posture, étant gouverneur des neveux du roi, pour entendre des nouvelles assurées de tout ce qui se passait dans la Syrie, qui en est voisine. D'ailleurs, ce qui ne peut recevoir d'excuse, c'est que, comme il y avait déjà quelque temps qu'il était de retour avec les princes, il n'y a pas d'apparence qu'il aye attendu ce grand jour de cérémonie pour s'informer de sa sœur comment se sont passés tous ces troubles, qu'il dit ne savoir que confusément. Pollux, dans *Médée*, n'est qu'un personnage protatique qui écoute sans intérêt comme lui ; mais sa surprise de voir Jason à Corinthe, où il vient d'arriver, et son séjour en Asie, que la mer en sépare, lui donnent juste sujet d'ignorer ce qu'il en apprend. La narration ne laisse pas de demeurer froide comme celle-ci, parce qu'il ne s'est encore rien passé dans la pièce qui excite la curiosité de l'auditeur, ni qui lui puisse donner quelque émotion en l'écoutant ; mais si vous voulez réfléchir sur celle de Curiace dans l'*Horace*, vous trouverez qu'elle fait tout un autre effet. Camille, qui l'écoute, a intérêt, comme lui, à savoir comment s'est faite une paix dont dépend leur mariage ; et l'auditeur, que Sabine et elle n'ont entretenu que de leurs malheurs et des appréhensions d'une bataille qui se va donner entre deux partis, où elles voient leurs frères dans l'un et leur amour dans l'autre, n'a pas moins d'avidité qu'elle d'apprendre comment une paix si surprenante s'est pu conclure.

Ces défauts dans cette narration confirment ce que j'ai dit ailleurs, que, lorsque la tragédie a son fondement sur des guerres entre deux États ou sur d'autres affaires publiques, il est très-malaisé d'introduire un acteur qui les ignore, et qui puisse recevoir le récit qui en doit instruire les spectateurs en parlant à lui.

J'ai déguisé quelque chose de la vérité historique en celui-ci ; Cléopâtre n'épousa Antiochus qu'en haine de ce que son mari avait épousé Rodogune chez les Parthes ; et je fais qu'elle ne l'épouse que par la nécessité de ses affaires, sur un faux bruit de la mort de Démétrius, tant pour ne la faire pas méchante sans nécessité, comme Ménélas dans l'*Oreste* d'Euripide, que pour avoir lieu de feindre que Démétrius n'avait pas encore épousé Rodogune, et venait l'épouser dans son royaume pour la mieux établir en la place de l'autre, par le consentement de ses peuples, et assurer la couronne aux enfants qui naîtraient de ce mariage. Cette fiction m'était absolument nécessaire, afin qu'il fût tué avant que de l'avoir épousée, et que l'amour que ses deux fils ont pour elle ne fît point d'horreur aux spectateurs, qui n'auraient pas manqué d'en prendre une assez forte, s'ils les eussent vus amoureux de la veuve de leur père, tant cette affection incestueuse répugne à nos mœurs.

Cléopâtre a lieu d'attendre ce jour-là à faire confidence à Laonice de ses desseins et des véritables raisons de tout ce qu'elle a fait. Elle eût pu trahir son secret aux princes ou à Rodogune, si elle l'eût su plus tôt, et cette ambitieuse mère ne lui en fait part qu'au moment qu'elle veut bien qu'il éclate, par la cruelle proposition qu'elle va faire à ses fils. On a trouvé celle que Rodogune leur fait à son tour indigne d'une personne vertueuse, comme je la peins ; mais on n'a pas considéré qu'elle ne la fait pas, comme Cléopâtre, avec espoir de la voir exécuter par les princes, mais seulement pour s'exempter d'en choisir aucun, et les attacher tous deux à sa protection par une espérance égale. Elle était avertie par Laonice de celle que la reine leur avait faite, et devait prévoir que, si elle se fût déclarée pour Antiochus, qu'elle aimait, son ennemie, qui avait seule le secret de leur naissance, n'eût pas manqué de nommer Séleucus pour aîné, afin de les commettre l'un contre l'autre, et d'exciter une guerre civile qui eût pu causer sa perte. Ainsi elle devait s'exempter de choisir, pour les contenir tous deux dans l'égalité de prétention, et elle n'en avait point de meilleur moyen que de rappeler le souvenir de ce qu'elle devait à la mémoire de leur père, qui avait perdu la vie pour elle, et leur faire cette proposition qu'elle savait bien qu'ils n'accepteraient pas. Si le traité de paix l'avait forcée à se départir de ce juste sentiment de reconnaissance, la liberté qu'ils lui rendaient la rejetait dans cette obligation. Il était de son devoir de venger cette mort, mais il était de celui des princes de ne se pas charger de cette vengeance. Elle avoue elle-même à Antiochus qu'elle les hairait s'ils lui avaient obéi ; que, comme elle a fait ce qu'elle a dû par cette demande, ils font ce qu'ils doivent par leur refus ; qu'elle aime trop la vertu pour vouloir être le prix d'un crime, et que la justice qu'elle demande de la mort de leur père serait un parricide si elle la recevait de leurs mains.

Je dirai plus : quand cette proposition serait tout à fait condamnable en sa bouche, elle mériterait quelque grâce, et pour l'éclat que la nouveauté de l'invention a fait au théâtre, et pour l'embarras surprenant où elle jette les princes, et pour l'effet qu'elle produit dans le reste de la pièce qu'elle conduit à l'action historique. Elle est cause que Séleucus, par dépit, renonce au trône et à la possession de cette princesse ; que la reine, le voulant animer contre son frère, n'en peut rien obtenir, et qu'enfin elle se résout par désespoir de les perdre tous deux, plutôt que de se voir sujette de son ennemie.

Elle commence par Séleucus, tant pour suivre l'ordre de l'histoire que parce que, s'il fût demeuré en vie après Antiochus et Rodogune, qu'elle voulait empoisonner publiquement, il les aurait pu venger. Elle ne craint pas la même chose d'Antiochus pour son frère, d'autant qu'elle espère que le poison violent qu'elle lui a préparé fera un effet assez prompt pour le faire mourir avant qu'il ait pu rien savoir de cette autre mort, ou du moins avant qu'il l'en puisse convaincre, puisqu'elle a si bien pris son temps pour l'assassiner, que ce parricide n'a pas eu de témoins. J'ai parlé ailleurs de l'adoucissement que j'ai apporté pour empêcher qu'Antiochus n'en commît un en la forçant de prendre le poison qu'elle lui présente, et du peu d'apparence qu'il y avait qu'un moment après qu'elle a expiré presque à sa vue il parlât d'amour et de mariage à Rodogune. Dans l'état où ils rentrent derrière le théâtre, ils peuvent le résoudre quand ils le jugeront à propos. L'action est complète, puisqu'ils sont hors de péril, et la mort de Séleucus m'a exempté de développer le secret du droit d'aînesse entre les deux frères, qui, d'ailleurs, n'eût jamais été croyable, ne pouvant être éclairci que par une bouche en qui l'on n'a pas vu assez de sincérité pour prendre aucune assurance sur son témoignage.

PERSONNAGES.

CLÉOPATRE, reine de Syrie, veuve de Démétrius Nicanor.
SÉLEUCUS,
ANTIOCHUS, } fils de Démétrius et de Cléopâtre.
RODOGUNE, sœur de Phraates, roi des Parthes.
TIMAGÈNE, gouverneur des deux princes.
ORONTE, ambassadeur de Phraates.
LAONICE, sœur de Timagène, confidente de Cléopâtre.

La scène est à Séleucie, dans le palais royal.

ACTE PREMIER.

SCÈNE I. — LAONICE, TIMAGÈNE.

LAONICE.

Enfin ce jour pompeux, cet heureux jour nous luit,
Qui d'un trouble si long doit dissiper la nuit;
Ce grand jour où l'hymen, étouffant la vengeance,
Entre le Parthe et nous remet l'intelligence,
Affranchit sa princesse, et nous fait pour jamais
Du motif de la guerre un lien de la paix;
Ce grand jour est venu, mon frère, où notre reine,
Cessant de plus tenir la couronne incertaine,
Doit rompre aux yeux de tous son silence obstiné,
De deux princes gémeaux nous déclarer l'aîné :
Et l'avantage seul d'un moment de naissance,
Dont elle a jusqu'ici caché la connaissance,
Mettant au plus heureux le sceptre dans la main,
Va faire l'un sujet, et l'autre souverain.
Mais n'admirez-vous point que cette même reine
Le donne pour époux à l'objet de sa haine,
Et n'en doit faire un roi qu'afin de couronner
Celle que dans les fers elle aimait à gêner?
Rodogune, par elle en esclave traitée,
Par elle se va voir sur le trône montée,
Puisque celui des deux qu'elle nommera roi
Lui doit donner la main et recevoir sa foi.

TIMAGÈNE.

Pour le mieux admirer trouvez bon, je vous prie,
Que j'apprenne de vous les troubles de Syrie.
J'en ai vu les premiers, et me souviens encor
Des malheureux succès du grand roi Nicanor,
Quand, des Parthes vaincus pressant l'adroite fuite,
Il tomba dans leurs fers au bout de sa poursuite.
Je n'ai pas oublié que cet événement

Du perfide Tryphon fit le soulèvement.
Voyant le roi captif, la reine désolée,
Il crut pouvoir saisir la couronne ébranlée;
Et le sort, favorable à son lâche attentat,
Mit d'abord sous ses lois la moitié de l'État.
La reine, craignant tout de ces nouveaux orages,
En sut mettre à l'abri ses plus précieux gages;
Et, pour n'exposer pas l'enfance de ses fils,
Me les fit chez son frère enlever à Memphis.
Là, nous n'avons rien su que de la renommée,
Qui, par un bruit confus diversement semée,
N'a porté jusqu'à nous ces grands renversements
Que sous l'obscurité de cent déguisements.

LAONICE.

Sachez donc que Tryphon, après quatre batailles,
Ayant su nous réduire à ces seules murailles,
En forma tôt le siége; et, pour comble d'effroi,
Un faux bruit s'y coula touchant la mort du roi.
Le peuple épouvanté, qui déjà dans son âme
Ne suivait qu'à regret les ordres d'une femme,
Voulut forcer la reine à choisir un époux.
Que pouvait-elle faire et seule et contre tous?
Croyant son mari mort, elle épousa son frère.
L'effet montra soudain ce conseil salutaire.
Le prince Antiochus, devenu nouveau roi,
Sembla de tous côtés traîner l'heur avec soi:
La victoire attachée au progrès de ses armes
Sur nos fiers ennemis rejeta nos alarmes;
Et la mort de Tryphon dans un dernier combat,
Changeant tout notre sort, lui rendit tout l'État.
Quelque promesse alors qu'il eût faite à la mère
De remettre ses fils au trône de leur père,
Il témoigna si peu de la vouloir tenir,
Qu'elle n'osa jamais les faire revenir.
Ayant régné sept ans, son ardeur militaire
Ralluma cette guerre où succomba son frère,
Il attaqua le Parthe, et se crut assez fort
Pour en venger sur lui la prison et la mort,
Jusque dans ses États il lui porta la guerre;
Il s'y fit partout craindre à l'égal du tonnerre;
Il lui donna bataille, où mille beaux exploits...

Je vous achèverai le reste une autre fois.
Un des princes survient.
Elle se veut retirer.

SCÈNE II. — ANTIOCHUS, TIMAGÈNE, LAONICE.

ANTIOCHUS.

Demeurez, Laonice;
Vous pouvez, comme lui, me rendre un bon office.
Dans l'état où je suis, triste, et plein de souci,
Si j'espère beaucoup, je crains beaucoup aussi.
Un seul mot aujourd'hui, maître de ma fortune,
M'ôte ou donne à jamais le sceptre et Rodogune,
Et de tous les mortels ce secret révélé
Me rend le plus content ou le plus désolé.
Je vois dans le hasard tous les biens que j'espère,
Et ne puis être heureux sans le malheur d'un frère,
Mais d'un frère si cher, qu'une sainte amitié
Fait sur moi de ses maux rejaillir la moitié.
Donc pour moins hasarder j'aime mieux moins prétendre;
Et, pour rompre le coup que mon cœur n'ose attendre,
Lui cédant de deux biens le plus brillant aux yeux,
M'assurer de celui qui m'est plus précieux.
Heureux si, sans attendre un fâcheux droit d'aînesse,
Pour un trône incertain j'en obtiens la princesse,
Et puis par ce partage épargner les soupirs
Qui naîtraient de ma peine ou de ses déplaisirs!
Va le voir de ma part, Timagène, et lui dire
Que pour cette beauté je lui cède l'empire;
Mais porte-lui si haut la douceur de régner,
Qu'à cet éclat du trône il se laisse gagner;
Qu'il s'en laisse éblouir jusqu'à ne pas connaître
A quel prix je consens de l'accepter pour maître.
Timagène s'en va, et le prince continue à parler à Laonice.
Et vous, en ma faveur, voyez ce cher objet,
Et tâchez d'abaisser ses yeux sur un sujet
Qui peut-être aujourd'hui porterait la couronne,
S'il n'attachait les siens à sa seule personne,
Et ne la préférait à cet illustre rang
Pour qui les plus grands cœurs prodiguent tout leur sang.
Timagène rentre sur le théâtre.

TIMAGÈNE.

Seigneur, le prince vient; et votre amour lui-même
Lui peut sans interprète offrir le diadème.

ANTIOCHUS.

Ah! je tremble; et la peur d'un trop juste refus
Rend ma langue muette et mon esprit confus.

SCÈNE III. — SÉLEUCUS, ANTIOCHUS, TIMAGÈNE, LAONICE.

SÉLEUCUS.

Vous puis-je en confiance expliquer ma pensée?

ANTIOCHUS.

Parlez, notre amitié par ce doute est blessée.

SÉLEUCUS.

Hélas! c'est le malheur que je crains aujourd'hui.
L'égalité, mon frère, en est le ferme appui;
C'en est le fondement, la liaison, le gage;
Et, voyant d'un côté tomber tout l'avantage,
Avec juste raison je crains qu'entre nous deux
L'égalité rompue en rompe les doux nœuds,
Et que ce jour fatal à l'heur de notre vie
Jette sur l'un de nous trop de honte ou d'envie.

ANTIOCHUS.

Comme nous n'avons eu jamais qu'un sentiment,
Cette peur me touchait, mon frère, également;
Mais, si vous le voulez, j'en sais bien le remède.

SÉLEUCUS.

Si je le veux! bien plus, je l'apporte et vous cède
Tout ce que la couronne a de charmant en soi.
Oui, seigneur, car je parle à présent à mon roi,
Pour le trône cédé, cédez-moi Rodogune,
Et je n'envîrai point votre haute fortune.
Ainsi notre destin n'aura rien de honteux,
Ainsi notre bonheur n'aura rien de douteux;
Et nous mépriserons ce faible droit d'aînesse
Vous satisfait du trône, et moi de la princesse.

ANTIOCHUS.

Hélas!

SÉLEUCUS.

Recevez-vous l'offre avec déplaisir?

ANTIOCHUS.
Pouvez-vous nommer offre une ardeur de choisir,
Qui, de la même main qui me cède un empire,
M'arrache un bien plus grand, et le seul où j'aspire?
SÉLEUCUS.
Rodogune?
ANTIOCHUS.
Elle-même; ils en sont les témoins.
SÉLEUCUS.
Quoi! l'estimez-vous tant?
ANTIOCHUS.
Quoi! l'estimez-vous moins?
SÉLEUCUS.
Elle vaut bien un trône, il faut que je le die.
ANTIOCHUS.
Elle vaut à mes yeux tout ce qu'en a l'Asie.
SÉLEUCUS.
Vous l'aimez donc, mon frère?
ANTIOCHUS.
Et vous l'aimez aussi;
C'est là tout mon malheur, c'est là tout mon souci.
J'espérais que l'éclat dont le trône se pare
Toucherait vos désirs plus qu'un objet si rare;
Mais aussi bien qu'à moi son prix vous est connu,
Et dans ce juste choix vous m'avez prévenu.
Ah! déplorable prince!
SÉLEUCUS.
Ah! destin trop contraire!
ANTIOCHUS.
Que ne ferais-je point contre un autre qu'un frère!
SÉLEUCUS.
O mon cher frère! ô nom pour un rival trop doux!
Que ne ferais-je point contre un autre que vous!
ANTIOCHUS.
Où nous vas-tu réduire, amitié fraternelle?
SÉLEUCUS.
Amour, qui doit ici vaincre de vous ou d'elle?
ANTIOCHUS.
L'amour, l'amour doit vaincre, et la triste amitié
Ne doit être à tous deux qu'un objet de pitié.
Un grand cœur cède un trône, et le cède avec gloire:

Cet effort de vertu couronne sa mémoire ;
Mais, lorsqu'un digne objet a pu nous enflammer,
Qui le cède est un lâche, et ne sait pas aimer.
De tous deux Rodogune a charmé le courage ;
Cessons par trop d'amour de lui faire un outrage :
Elle doit épouser, non pas vous, non pas moi,
Mais de moi, mais de vous, quiconque sera roi.
La couronne entre nous flotte encore incertaine ;
Mais sans incertitude elle doit être reine :
Cependant, aveuglés dans notre vain projet
Nous la faisons tous deux la femme d'un sujet !
Régnons ; l'ambition ne peut être que belle,
Et pour elle quittée, et reprise pour elle ;
Et ce trône, où tous deux nous osions renoncer,
Souhaitons-le tous deux, afin de l'y placer :
C'est dans notre destin le seul conseil à prendre ;
Nous pouvons nous en plaindre, et nous devons l'attendre.

SÉLEUCUS.

Il faut encor plus faire, il faut qu'en ce grand jour
Notre amitié triomphe aussi bien que l'amour.
Ces deux siéges fameux de Thèbes et de Troie,
Qui mirent l'une en sang, l'autre aux flammes en proie,
N'eurent pour fondements à leurs maux infinis
Que ceux que contre nous le sort a réunis.
Il sème entre nous deux toute la jalousie
Qui dépeupla la Grèce et saccagea l'Asie ;
Un même espoir du sceptre est permis à tous deux ;
Pour la même beauté nous faisons mêmes vœux.
Thèbes périt pour l'un, Troie a brûlé pour l'autre.
Tout va choir en ma main ou tomber en la vôtre.
En vain votre amitié tâchait à partager ;
Et, si j'ose tout dire, un titre assez léger,
Un droit d'aînesse obscur, sur la foi d'une mère,
Va combler l'un de gloire, et l'autre de misère.
Que de sujets de plainte en ce double intérêt
Aura le malheureux contre un si faible arrêt !
Que de sources de haine ! Hélas ! jugez le reste,
Craignez-en avec moi l'événement funeste,
Ou plutôt avec moi faites un digne effort
Pour armer votre cœur contre un si triste sort.
Malgré l'éclat du trône et l'amour d'une femme,

Faisons si bien régner l'amitié sur notre âme,
Qu'étouffant dans leur perte un regret suborneur,
Dans le bonheur d'un frère on trouve son bonheur.
Ainsi ce qui jadis perdit Thèbes et Troie
Dans nos cœurs mieux unis ne versera que joie :
Ainsi notre amitié, triomphante à son tour,
Vaincra la jalousie en cédant à l'amour ;
Et, de notre destin bravant l'ordre barbare,
Trouvera des douceurs aux mœurs qu'il nous prépare.
            ANTIOCHUS.
Le pourrez-vous, mon frère ?
            SÉLEUCUS.
                    Ah ! que vous me pressez !
Je le voudrai du moins, mon frère, et c'est assez ;
Et ma raison sur moi gardera tant d'empire,
Que je désavoûrai mon cœur s'il en soupire.
            ANTIOCHUS.
J'embrasse comme vous ces nobles sentiments.
Mais allons leur donner le secours des serments,
Afin qu'étant témoins de l'amitié jurée
Les dieux contre un tel coup assurent sa durée.
            SÉLEUCUS.
Allons, allons l'étreindre au pied de leurs autels
Par des liens sacrés et des nœuds immortels.

SCÈNE IV. — LAONICE, TIMAGÈNE.

            LAONICE.
Peut-on plus dignement mériter la couronne ?
            TIMAGÈNE.
Je ne suis point surpris de ce qui vous étonne ;
Confident de tous deux, prévoyant leur douleur,
J'ai prévu leur constance et j'ai plaint leur malheur.
Mais, de grâce, achevez l'histoire commencée.
            LAONICE.
Pour la reprendre donc où nous l'avons laissée,
Les Parthes, au combat par les nôtres forcés,
Tantôt presque vainqueurs, tantôt presque enfoncés,
Sur l'une et l'autre armée également heureuse,
Virent longtemps voler la victoire douteuse :
Mais la fortune enfin se tourna contre nous,

Si bien qu'Antiochus, percé de mille coups,
Près de tomber aux mains d'une troupe ennemie,
Lui voulut dérober les restes de sa vie,
Et, préférant aux fers la gloire de périr,
Lui-même par sa main acheva de mourir.
La reine, ayant appris cette triste nouvelle,
En reçut tôt après une autre plus cruelle :
Que Nicanor vivait ; que, sur un faux rapport,
De ce premier époux elle avait cru la mort ;
Que, piqué jusqu'au vif contre son hyménée,
Son âme à l'imiter s'était déterminée ;
Et que, pour s'affranchir des fers de son vainqueur,
Il allait épouser la princesse sa sœur.
C'est cette Rodogune, où l'un et l'autre frère
Trouve encor les appas qu'avait trouvés leur père.
La reine envoie en vain pour se justifier ;
On a beau la défendre, on a beau le prier,
On ne rencontre en lui qu'un juge inexorable ;
Et son amour nouveau la veut croire coupable :
Son erreur est un crime ; et, pour l'en punir mieux,
Il veut même épouser Rodogune à ses yeux,
Arracher de son front le sacré diadème
Pour ceindre une autre tête en sa présence même ;
Soit qu'ainsi sa vengeance eût plus d'indignité,
Soit qu'ainsi cet hymen eût plus d'autorité,
Et qu'il assurât mieux par cette barbarie
Aux enfants qui naîtraient le trône de Syrie.
Mais, tandis qu'animé de colère et d'amour
Il vient déshériter ses fils par son retour,
Et qu'un gros escadron de Parthes pleins de joie
Conduit ces deux amants, et court comme à la proie,
La reine, au désespoir de n'en rien obtenir,
Se résout de se perdre ou de le prévenir.
Elle oublie un mari qui veut cesser de l'être,
Qui ne veut plus la voir qu'en implacable maître ;
Et, changeant à regret son amour en horreur,
Elle abandonne tout à sa juste fureur.
Elle-même leur dresse une embûche au passage,
Se mêle dans les coups, porte partout sa rage,
En pousse jusqu'au bout les furieux effets.
Que vous dirai-je enfin ? les Parthes sont défaits ;

Le roi meurt, et, dit-on, par la main de la reine ;
Rodogune captive est livrée à sa haine.
Tous les maux qu'un esclave endure dans les fers
Alors sans moi, mon frère, elle les eût soufferts.
La reine, à la gêner prenant mille délices,
Ne commettait qu'à moi l'ordre de ses supplices ;
Mais, quoi que m'ordonnât cette âme toute en feu,
Je promettais beaucoup et j'exécutais peu.
Le Parthe cependant en jure la vengeance ;
Sur nous à main armée il fond en diligence,
Nous surprend, nous assiége, et fait un tel effort,
Que, la ville aux abois, on lui parle d'accord.
Il veut fermer l'oreille, enflé de l'avantage ;
Mais, voyant parmi nous Rodogune en otage,
Enfin il craint pour elle et nous daigne écouter ;
Et c'est ce qu'aujourd'hui l'on doit exécuter.
La reine de l'Égypte a rappelé nos princes
Pour remettre à l'aîné son trône et ses provinces.
Rodogune a paru, sortant de sa prison,
Comme un soleil levant dessus notre horizon.
Le Parthe a décampé, pressé par d'autres guerres
Contre l'Arménien qui ravage ses terres ;
D'un ennemi cruel il s'est fait notre appui ;
La paix finit la haine, et, pour comble aujourd'hui,
Dois-je dire de bonne ou mauvaise fortune ?
Nos deux princes tous deux adorent Rodogune.

TIMAGÈNE.

Sitôt qu'ils ont paru tous deux en cette cour,
Ils ont vu Rodogune, et j'ai vu leur amour ;
Mais comme étant rivaux nous les trouvons à plaindre,
Connaissant leur vertu je n'en vois rien à craindre.
Pour vous qui gouvernez cet objet de leurs vœux...

LAONICE.

Je n'ai point encor vu qu'elle aime aucun des deux.

TIMAGÈNE.

Vous me trouvez mal propre à cette confidence ;
Et peut-être à dessein je la vois qui s'avance.
Adieu : je dois au rang qu'elle est prête à tenir
Du moins la liberté de vous entretenir.

SCÈNE V. — RODOGUNE, LAONICE.

RODOGUNE.
Je ne sais quel malheur aujourd'hui me menace,
Et coule dans ma joie une secrète glace :
Je tremble, Laonice, et te voulais parler,
Ou pour chasser ma crainte, ou pour m'en consoler.

LAONICE.
Quoi! madame, en ce jour pour vous si plein de gloire?

RODOGUNE.
Ce jour m'en promet tant, que j'ai peine à tout croire.
La fortune me traite avec trop de respect;
Et le trône et l'hymen, tout me devient suspect.
L'hymen semble à mes yeux cacher quelque supplice,
Le trône sous mes pas creuser un précipice;
Je vois de nouveaux fers après les miens brisés,
Et je prends tous ces biens pour des maux déguisés :
En un mot, je crains tout de l'esprit de la reine.

LAONICE.
La paix qu'elle a jurée en a calmé la haine.

RODOGUNE.
La haine entre les grands se calme rarement;
La paix souvent n'y sert que d'un amusement;
Et, dans l'état où j'entre, à te parler sans feinte,
Elle a lieu de me craindre, et je crains cette crainte.
Non qu'enfin je ne donne au bien des deux États
Ce que j'ai dû de haine à de tels attentats :
J'oublie et pleinement toute mon aventure;
Mais une grande offense est de cette nature,
Que toujours son auteur impute à l'offensé
Un vif ressentiment dont il le croit blessé;
Et, quoiqu'en apparence on les réconcilie,
Il le craint, il le hait, et jamais ne s'y fie;
Et, toujours alarmé de cette illusion,
Sitôt qu'il peut le perdre il prend l'occasion.
Telle est pour moi la reine.

LAONICE.
Ah! madame, je jure
Que par ce faux soupçon vous lui faites injure.
Vous devez oublier un désespoir jaloux

Où força son courage un infidèle époux.
Si, teinte de son sang et toute furieuse,
Elle vous traita lors en rivale odieuse;
L'impétuosité d'un premier mouvement
Engageait sa vengeance à ce dur traitement;
Il fallait un prétexte à vaincre sa colère,
Il y fallait du temps, et, pour ne rien vous taire,
Quand je me dispensais à lui mal obéir,
Quand en votre faveur je semblais la trahir,
Peut-être qu'en son cœur plus douce et repentie
Elle en dissimulait la meilleure partie;
Que, se voyant tromper, elle fermait les yeux,
Et qu'un peu de pitié la satisfaisait mieux.
A présent que l'amour succède à la colère,
Elle ne vous voit plus qu'avec des yeux de mère;
Et si de cet amour on la voyait sortir,
Je jure de nouveau de vous en avertir :
Vous savez comme quoi je vous suis tout acquise.
Le roi souffrirait-il d'ailleurs quelque surprise?

RODOGUNE.

Qui que ce soit des deux qu'on couronne aujourd'hui,
Elle sera sa mère, et pourra tout sur lui.

LAONICE.

Qui que ce soit des deux, je sais qu'il vous adore :
Connaissant leur amour, pouvez-vous craindre encore?

RODOGUNE.

Oui, je crains leur hymen, et d'être à l'un des deux.

LAONICE.

Quoi! sont-ils des sujets indignes de vos feux?

RODOGUNE.

Comme ils ont même sang avec pareil mérite,
Un avantage égal pour eux me sollicite;
Mais il est malaisé dans cette égalité
Qu'un esprit combattu ne penche d'un côté.
Il est nœuds secrets, il est des sympathies,
Dont par le doux rapport les âmes assorties
S'attachent l'une à l'autre, et se laissent piquer
Par ces je ne sais quoi qu'on ne peut expliquer.
C'est par là que l'un d'eux obtient la préférence;
Je crois voir l'autre encore avec indifférence;
Mais cette indifférence est une aversion.

Lorsque je la compare avec ma passion.
Étrange effet d'amour! incroyable chimère!
Je voudrais être à lui si je n'aimais son frère;
Et le plus grand des maux toutefois que je crains,
C'est que mon triste sort me livre entre ses mains.

LAONICE.

Ne pourrai-je servir une si belle flamme?

RODOGUNE.

Ne crois pas en tirer le secret de mon âme :
Quelque époux que le ciel veuille me destiner,
C'est à lui pleinement que je veux me donner.
De celui que je crains si je suis le partage,
Je saurai l'accepter avec même visage;
L'hymen me le rendra précieux à son tour,
Et le devoir fera ce qu'aurait fait l'amour,
Sans crainte qu'on reproche à mon humeur forcée
Qu'un autre qu'un mari règne sur ma pensée.

LAONICE.

Vous craignez que ma foi vous l'ose reprocher!

RODOGUNE.

Que ne puis-je à moi-même aussi bien le cacher!

LAONICE.

Quoi que vous me cachiez, aisément je devine;
Et, pour vous dire enfin ce que je m'imagine,
Le prince...

RODOGUNE.

Garde-toi de nommer mon vainqueur :
Ma rougeur trahirait les secrets de mon cœur
Et je te voudrais mal de cette violence
Que ta dextérité ferait à mon silence;
Même, de peur qu'un mot par hasard échappé
Te fasse voir ce cœur et quels traits l'ont frappé,
Je romps un entretien dont la suite me blesse :
Adieu : mais souviens-toi que c'est sur ta promesse
Que mon esprit reprend quelque tranquillité.

LAONICE.

Madame, assurez-vous sur ma fidélité.

ACTE SECOND.

SCÈNE I. — CLÉOPATRE.

Serments fallacieux, salutaire contrainte,
Que m'imposa la force et qu'accepta ma crainte,
Heureux déguisements d'un immortel courroux,
Vains fantômes d'État, évanouissez-vous !
Si d'un péril pressant la terreur vous fit naître,
Avec ce péril même il vous faut disparaître,
Semblables à ces vœux dans l'orage formés,
Qu'efface un prompt oubli quand les flots sont calmés.
Et vous, qu'avec tant d'art cette feinte a voilée,
Recours des impuissants, haine dissimulée,
Digne vertu des rois, noble secret de cour,
Éclatez, il est temps, et voici notre jour.
Montrons-nous toutes deux, non plus comme sujettes,
Mais telle que je suis et telle que vous êtes.
Le Parthe est éloigné, nous pouvons tout oser :
Nous n'avons rien à craindre et rien à déguiser ;
Je hais, je règne encor. Laissons d'illustres marques
En quittant, s'il le faut, ce haut rang des monarques :
Faisons-en avec gloire un départ éclatant,
Et rendons-le funeste à celle qui l'attend.
C'est encor, c'est encor cette même ennemie
Qui cherchait ses honneurs dedans mon infamie,
Dont la haine à son tour croit me faire la loi,
Et régner par mon ordre et sur vous et sur moi.
Tu m'estimes bien lâche, imprudente rivale,
Si tu crois que mon cœur jusque-là se ravale,
Qu'il souffre qu'un hymen qu'on t'a promis en vain
Te mette ta vengeance et mon sceptre à la main.
Vois jusqu'où m'emporta l'amour du diadème,
Vois quel sang il me coûte, et tremble pour toi-même :
Tremble, te dis-je ; et songe, en dépit du traité,
Que, pour t'en faire un don, je l'ai trop acheté.

SCÈNE II. — CLÉOPATRE, LAONICE.

CLÉOPATRE.

Laonice, vois-tu que le peuple s'apprête
Au pompeux appareil de cette grande fête?

LAONICE.

La joie en est publique, et les princes tous deux
Des Syriens ravis emportent tous les vœux :
L'un et l'autre fait voir un mérite si rare
Que le souhait confus entre les deux s'égare;
Et ce qu'en quelques-uns on voit d'attachement
N'est qu'un faible ascendant d'un premier mouvement.
Ils penchent d'un côté, prêts à tomber de l'autre :
Leur choix pour s'affermir attend encor le vôtre;
Et de celui qu'ils font ils sont si peu jaloux,
Que votre secret su les réunira tous.

CLÉOPATRE.

Sais-tu que mon secret n'est pas ce que l'on pense?

LAONICE.

J'attends avec eux tous celui de leur naissance.

CLÉOPATRE.

Pour un esprit de cour et nourri chez les grands,
Tes yeux dans leurs secrets sont bien peu pénétrants.
Apprends, ma confidente, apprends à me connaître.
Si je cache en quel rang le sang les a fait naître,
Vois, vois que, tant que l'ordre en demeure douteux,
Aucun des deux ne règne, et je règne pour eux :
Quoique ce soit un bien que l'un et l'autre attende,
De crainte de le perdre aucun ne le demande;
Cependant je possède, et leur droit incertain
Me laisse avec leur sort leur sceptre dans la main :
Voilà mon grand secret. Sais-tu par quel mystère
Je les laissais tous deux en dépôt chez mon frère?

LAONICE.

J'ai cru qu'Antiochus les tenait éloignés
Pour jouir des États qu'il avait regagnés.

CLÉOPATRE.

Il occupait leur trône, et craignait leur présence,
Et cette juste crainte assurait ma puissance.
Mes ordres en étaient de point en point suivis

Quand je le menaçais du retour de mes fils :
Voyant ce foudre prêt à suivre ma colère,
Quoi qu'il me plût oser, il n'osait me déplaire;
Et, content malgré lui du vain titre de roi,
S'il régnait au lieu d'eux, ce n'était que sous moi.
Je te dirai bien plus : sans violence aucune
J'aurais vu Nicanor épouser Rodogune,
Si, content de lui plaire et de me dédaigner,
Il eût vécu chez elle en me laissant régner.
Son retour me fâchait plus que son hyménée,
Et j'aurais pu l'aimer s'il ne l'eût couronnée.
Tu vis comme il y fit des efforts superflus :
Je fis beaucoup alors, et ferais encor plus
S'il était quelque voie, infâme ou légitime,
Que m'enseignât la gloire, ou que m'ouvrît le crime,
Qui me pût conserver un bien que j'ai chéri
Jusqu'à verser pour lui tout le sang d'un mari.
Dans l'état pitoyable où m'en réduit la suite,
Délices de mon cœur, il faut que je te quitte;
On m'y force, il le faut : mais on verra quel fruit
En recevra bientôt celle qui m'y réduit.
L'amour que j'ai pour toi tourne en haine pour elle :
Autant que l'un fut grand l'autre sera cruelle;
Et, puisqu'en te perdant j'ai sur qui m'en venger,
Ma perte est supportable et mon mal est léger.

LAONICE.

Quoi! vous parlez encor de vengeance et de haine
Pour celle dont vous-même allez faire une reine!

CLÉOPATRE.

Quoi! je ferais un roi pour être son époux,
Et m'exposer aux traits de son juste courroux!
N'apprendras-tu jamais, âme basse et grossière,
A voir par d'autres yeux que les yeux du vulgaire?
Toi qui connais ce peuple, et sais qu'aux champs de Mars
Lâchement d'une femme il suit les étendards;
Que, sans Antiochus, Tryphon m'eût dépouillée;
Que sous lui son ardeur fut soudain réveillée;
Ne saurais-tu juger que, si je nomme un roi,
C'est pour le commander, et combattre pour moi?
J'en ai le choix en main avec le droit d'aînesse;
Et, puisqu'il en faut faire une aide à ma faiblesse,

Que la guerre sans lui ne peut se rallumer,
J'userai bien du droit que j'ai de le nommer,
On ne montera point au rang dont je dévale
Qu'en épousant ma haine au lieu de ma rivale :
Ce n'est qu'en me vengeant qu'on me le peut ravir;
Et je ferai régner qui me voudra servir.

LAONICE.

Je vous connaissais mal.

CLÉOPATRE.

Connais-moi tout entière.
Quand je mis Rodogune en tes mains prisonnière,
Ce ne fut ni pitié, ni respect de son rang,
Qui m'arrêta le bras et conserva son sang.
La mort d'Antiochus me laissait sans armée,
Et d'une troupe en hâte à me suivre animée
Beaucoup dans ma vengeance ayant fini leurs jours
M'exposaient à son frère, et faible et sans secours.
Je me voyais perdue à moins d'un tel otage :
Il vint, et sa fureur craignit pour ce cher gage;
Il m'imposa des lois, exigea des serments,
Et moi, j'accordai tout pour obtenir du temps.
Le temps est un trésor plus grand qu'on ne peut croire :
J'en obtins, et je crus obtenir la victoire.
J'ai pu reprendre haleine, et, sous de faux apprêts...
Mais voici mes deux fils que j'ai mandés exprès.
Écoute, et tu verras quel est cet hyménée
Où se doit terminer cette illustre journée.

SCÈNE III. — CLÉOPATRE, ANTIOCHUS, SÉLEUCUS,
LAONICE.

CLÉOPATRE.

Mes enfants, prenez place. Enfin voici le jour
Si doux à mes souhaits, si cher à mon amour,
Où je puis voir briller sur une de vos têtes
Ce que j'ai conservé parmi tant de tempêtes,
Et vous remettre un bien, après tant de malheurs,
Qui m'a coûté pour vous tant de soins et de pleurs.
Il peut vous souvenir quelles furent mes larmes
Quand Tryphon me donna de si rudes alarmes,
Que, pour ne vous pas voir exposés à ses coups,

Il fallut me résoudre à me priver de vous.
Quelles peines depuis, grands dieux! n'ai-je souffertes!
Chaque jour redoubla mes douleurs et mes pertes.
Je vis votre royaume entre ces murs réduit;
Je crus mort votre père; et sur un si faux bruit
Le peuple mutiné voulut avoir un maître.
J'eus beau le nommer lâche, ingrat, parjure, traître,
Il fallut satisfaire à son brutal désir,
Et, de peur qu'il n'en prît, il m'en fallut choisir.
Pous vous sauver l'État que n'eussé-je pu faire?
Je choisis un époux avec des yeux de mère,
Votre oncle Antiochus, et j'espérai qu'en lui
Votre trône tombant trouverait un appui :
Mais à peine son bras en relève la chute,
Que par lui de nouveau le sort me persécute;
Maître de votre État par sa valeur sauvé,
Il s'obstine à remplir ce trône relevé :
Qui lui parle de vous attire sa menace.
Il n'a défait Tryphon que pour prendre sa place :
Et de dépositaire et de libérateur
Il s'érige en tyran et lâche usurpateur.
Sa main l'en a puni : pardonnons à son ombre;
Aussi bien en un seul voici des maux sans nombre.
Nicanor, votre père et mon premier époux...
Mais pourquoi lui donner encor des noms si doux,
Puisque, l'ayant cru mort, il sembla ne revivre
Que pour s'en dépouiller afin de nous poursuivre?
Passons; je ne me puis souvenir sans trembler
Du coup dont j'empêchai qu'il nous pût accabler :
Je ne sais s'il est digne ou d'honneur ou d'estime,
S'il plut aux dieux ou non, s'il fut justice ou crime;
Mais, soit crime ou justice, il est certain, mes fils,
Que mon amour pour vous fit tout ce que je fis :
Ni celui des grandeurs, ni celui de la vie,
Ne jeta dans mon cœur cette aveugle furie.
J'étais lasse d'un trône où d'éternels malheurs
Me comblaient chaque jour de nouvelles douleurs.
Ma vie est presque usée, et ce reste inutile
Chez mon frère avec vous trouvait un sûr asile :
Mais voir, après douze ans et de soins et de maux,
Un père vous ôter le fruit de mes travaux!

Mais voir votre couronne après lui destinée
Aux enfants qui naîtraient d'un second hyménée !
A cette indignité je ne connus plus rien ;
Je me crus tout permis pour garder votre bien.
Recevez donc, mes fils, de la main d'une mère,
Un trône racheté par le malheur d'un père.
Je crus qu'il fit lui-même un crime en vous l'ôtant,
Et si j'en ai fait un en vous le rachetant,
Daigne du juste ciel la bonté souveraine,
Vous en laissant le fruit, m'en réserver la peine,
Ne lancer que sur moi les foudres mérités,
Et n'épandre sur vous que des prospérités !

ANTIOCHUS.

Jusques ici, madame, aucun ne met en doute,
Les longs et grands travaux que notre amour vous coûte ;
Et nous croyons tenir des soins de cet amour
Ce doux espoir du trône aussi bien que le jour ;
Le récit nous en charme, et nous fait mieux comprendre
Quelles grâces tous deux nous vous en devons rendre ;
Mais, afin qu'à jamais nous les puissions bénir,
Épargnez le dernier à notre souvenir ;
Ce sont fatalités dont l'âme embarrassée
A plus qu'elle ne veut se voit souvent forcée.
Sur les noires couleurs d'un si triste tableau
Il faut passer l'éponge, ou tirer le rideau :
Un fils est criminel quand il les examine ;
Et, quelque suite enfin que le ciel y destine,
J'en rejette l'idée, et crois qu'en ces malheurs
Le silence ou l'oubli nous sied mieux que les pleurs.
Nous attendons le sceptre avec même espérance :
Mais, si nous l'attendons, c'est sans impatience ;
Nous pouvons sans régner vivre tous deux contents ;
C'est le fruit de vos soins, jouissez-en longtemps :
Il tombera sur nous quand vous en serez lasse ;
Nous le recevrons lors de bien meilleure grâce ;
Et l'accepter sitôt semble nous reprocher
De n'être revenus que pour vous l'arracher.

SÉLEUCUS.

J'ajouterai, madame, à ce qu'à dit mon frère
Que, bien qu'avec plaisir et l'un et l'autre espère,
L'ambition n'est pas notre plus grand désir.

Régnez, nous le verrons tous deux avec plaisir ;
Et c'est bien la raison que pour tant de puissance
Nous vous rendions du moins un peu d'obéissance,
Et que celui de nous dont le ciel a fait choix
Sous votre illustre exemple apprenne l'art des rois.
CLÉOPATRE.
Dites tout, mes enfants : vous fuyez la couronne,
Non que son trop d'éclat ou son poids vous étonne ;
L'unique fondement de cette aversion,
C'est la honte attachée à sa possession.
Elle passe à vos yeux pour la même infamie,
S'il faut la partager avec notre ennemie,
Et qu'un indigne hymen la fasse retomber
Sur celle qui venait pour vous la dérober.
O nobles sentiments d'une âme généreuse !
O fils vraiment mes fils ! ô mère trop heureuse !
Le sort de votre père enfin est éclairci ;
Il était innocent, et je puis l'être aussi ;
Il vous aima toujours, et ne fut mauvais père
Que charmé par la sœur, ou forcé par le frère ;
Et dans cette embuscade où son effort fut vain,
Rodogune, mes fils, le tua par ma main.
Ainsi de cet amour la fatale puissance
Vous coûte votre père, à moi mon innocence ;
Et, si ma main pour vous n'avait tout attenté,
L'effet de cet amour vous aurait tout coûté.
Ainsi vous me rendrez l'innocence et l'estime,
Lorsque vous punirez la cause de mon crime.
De cette même main qui vous a tout sauvé,
Dans son sang odieux je l'aurais bien lavé ;
Mais, comme vous aviez votre part aux offenses,
Je vous ai réservé votre part aux vengeances ;
Et, pour ne tenir plus en suspens vos esprits,
Si vous voulez régner, le trône est à ce prix.
Entre deux fils que j'aime avec même tendresse
Embrasser ma querelle est le seul droit d'aînesse ;
La mort de Rodogune en nommera l'aîné.
Quoi ! vous montrez tous deux un visage étonné !
Redoutez-vous son frère ? après la paix infâme
Que même en la jurant je détestais dans l'âme,
J'ai fait lever des gens par des ordres secrets

Qu'à vous suivre en tous lieux vous trouverez tout prêts ;
Et, tandis qu'il fait tête aux princes d'Arménie,
Nous pouvons sans péril briser sa tyrannie.
Qui vous fait donc pâlir à cette juste loi ?
Est-ce pitié pour elle, est-ce haine pour moi ?
Voulez-vous l'épouser afin qu'elle me brave,
Et mettre mon destin aux mains de mon esclave ?
Vous ne répondez point ! Allez, enfants ingrats,
Pour qui je crus en vain conserver ces États :
J'ai fait votre oncle roi, j'en ferai bien un autre ;
Et mon nom peut encore ici plus que le vôtre.

SÉLEUCUS.

Mais, madame, voyez que pour premier exploit...

CLÉOPATRE.

Mais que chacun de vous pense à ce qu'il me doit.
Je sais bien que le sang qu'à vos mains je demande
N'est pas le digne essai d'une valeur bien grande ;
Mais si vous me devez et le sceptre et le jour,
Ce doit être envers moi le sceau de votre amour :
Sans ce gage ma haine à jamais s'en défie ;
Ce n'est qu'en m'imitant que l'on me justifie.
Rien ne vous sert ici de faire les surpris ;
Je vous le dis encor, le trône est à ce prix ;
Je puis en disposer comme de ma conquête ;
Point d'aîné, point de roi, qu'en m'apportant sa tête ;
Et, puisque mon seul choix vous y peut élever,
Pour jouir de mon crime il le faut achever.

SCÈNE IV. — SÉLEUCUS, ANTIOCHUS.

SÉLEUCUS.

Est-il une constance à l'épreuve du foudre
Dont ce cruel arrêt met notre espoir en poudre ?

ANTIOCHUS.

Est-il un coup de foudre à comparer aux coups
Que ce cruel arrêt vient de lancer sur nous ?

SÉLEUCUS.

O haines, ô fureurs dignes d'une mégère !
O femme, que je n'ose appeler encor mère !
Après que tes forfaits ont régné pleinement,
Ne saurais-tu souffrir qu'on règne innocemment ?

Quels attraits penses-tu qu'ait pour nous la couronne,
S'il faut qu'un crime égal par ta main nous la donne?
Et de quelles horreurs nous doit-elle combler,
Si pour monter au trône il faut te ressembler?

ANTIOCHUS.

Gardons plus de respect aux droits de la nature,
Et n'imputons qu'au sort notre triste aventure :
Nous le nommions cruel; mais il nous était doux
Quand il ne nous donnait à combattre que nous,
Confidents tout ensemble et rivaux l'un de l'autre,
Nous ne concevions point de mal pareil au nôtre;
Cependant, à nous voir l'un de l'autre rivaux,
Nous ne concevions pas la moitié de nos maux.

SÉLEUCUS.

Une douleur si sage et si respectueuse,
Ou n'est guère sensible, ou guère impétueuse,
Et c'est en de tels maux avoir l'esprit bien fort
D'en connaître la cause, et l'imputer au sort.
Pour moi, je sens les miens avec plus de faiblesse;
Plus leur cause m'est chère, et plus l'effet m'en blesse :
Non que pour m'en venger j'ose entreprendre rien;
Je donnerais encor tout mon sang pour le sien :
Je sais ce que je dois : mais dans cette contrainte,
Si je retiens mon bras, je laisse aller ma plainte,
Et j'estime qu'au point qu'elle nous a blessés
Qui ne fait que s'en plaindre a du respect assez.
Voyez-vous bien quel est le ministère infâme
Qu'ose exiger de nous la haine d'une femme?
Voyez-vous qu'aspirant à des crimes nouveaux,
De deux princes ses fils elle fait ses bourreaux?
Si vous pouvez le voir, pouvez-vous vous en taire?

ANTIOCHUS.

Je vois bien plus encor, je vois qu'elle est ma mère;
Et plus je vois son crime indigne de ce rang,
Plus je lui vois souiller la source de mon sang.
J'en sens de ma douleur croître la violence;
Mais ma confusion m'impose le silence,
Lorsque dans ses forfaits sur nos fronts imprimés
Je vois les traits honteux dont nous sommes formés.
Je tâche à cet objet d'être aveugle ou stupide;
J'ose me déguiser jusqu'à son parricide;

Je me cache à moi-même un excès de malheur
Où notre ignominie égale ma douleur ;
Et, détournant les yeux d'une mère cruelle,
J'impute tout au sort qui m'a fait naître d'elle.
Je conserve pourtant encore un peu d'espoir :
Elle est mère, et le sang a beaucoup de pouvoir ;
Et, le sort l'eût-il faite encor plus inhumaine,
Une larme d'un fils peut amollir sa haine.

SÉLEUCUS.

Ah ! mon frère, l'amour n'est guère véhément
Pour des fils élevés dans un bannissement,
Et qu'ayant fait nourrir presque dans l'esclavage
Elle n'a rappelés que pour servir sa rage.
De ses pleurs tant vantés je découvre le fard ;
Nous avons en son cœur vous et moi peu de part :
Elle fait bien sonner ce grand amour de mère ;
Mais elle seule enfin s'aime et se considère ;
Et, quoi que nous étale un langage si doux,
Elle a tout fait pour elle, et n'a rien fait pour nous.
Ce n'est qu'un faux amour que la haine domine ;
Nous ayant embrassés, elle nous assassine,
En veut au cher objet dont nous sommes épris,
Nous demande son sang, met le trône à ce prix.
Ce n'est plus de sa main qu'il nous le faut attendre
Il est, il est à nous si nous osons le prendre
Notre révolte ici n'a rien que d'innocent ;
Il est à l'un de nous si l'autre le consent :
Régnons, et son courroux ne sera que faiblesse ;
C'est l'unique moyen de sauver la princesse :
Allons la voir, mon frère, et demeurons unis,
C'est l'unique moyen de voir nos maux finis.
Je forme un beau dessein que son amour m'inspire ;
Mais il faut qu'avec lui notre union conspire :
Notre amour, aujourd'hui si digne de pitié,
Ne saurait triompher que par notre amitié.

ANTIOCHUS.

Cet avertissement marque une défiance
Que la mienne pour vous souffre avec patience.
Allons, et soyez sûr que même le trépas
Ne peut rompre des nœuds que l'amour ne rompt pas.

ACTE TROISIÈME.

SCÈNE I. — RODOGUNE, ORONTE, LAONICE.

RODOGUNE.

Voilà comme l'amour succède à la colère,
Comme elle ne me voit qu'avec des yeux de mère,
Comme elle aime la paix, comme elle fait un roi,
Et comme elle use enfin de ses fils et de moi !
Et tantôt mes soupçons lui faisaient une offense?
Elle n'avait rien fait qu'en sa juste défense?
Lorsque tu la trompais elle fermait les yeux?
Ah! que ma défiance en jugeait beaucoup mieux!
Tu le vois, Laonice.

LAONICE.

       Et vous voyez, madame,
Quelle fidélité vous conserve mon âme,
Et qu'ayant reconnu sa haine et mon erreur,
Le cœur gros de soupirs et frémissant d'horreur,
Je romps une foi due aux secrets de ma reine,
Et vous viens découvrir mon erreur et sa haine.

RODOGUNE.

Cet avis salutaire est l'unique secours
A qui je crois devoir le reste de mes jours.
Mais ce n'est pas assez de m'avoir avertie;
Il faut de ces périls m'aplanir la sortie;
Il faut que tes conseils m'aident à repousser...

LAONICE.

Madame, au nom des dieux, veuillez m'en dispenser;
C'est assez que pour vous je lui sois infidèle,
Sans m'engager encore à des conseils contre elle.
Oronte est avec vous, qui, comme ambassadeur,
Devait de cet hymen honorer la splendeur;
Comme c'est en ses mains que le roi votre frère
A déposé le soin d'une tête si chère,
Je vous laisse avec lui pour en délibérer.

Quoi que vous résolviez, laissez-moi l'ignorer.
Au reste, assurez-vous de l'amour des deux princes :
Plutôt que de vous perdre ils perdront leurs provinces ;
Mais je ne réponds pas que ce cœur inhumain
Ne veuille à leur refus s'armer d'une autre main.
Je vous parle en tremblant : si j'étais ici vue,
Votre péril croîtrait, et je serais perdue.
Fuyez, grande princesse, et souffrez cet adieu.

RODOGUNE.

Va, je reconnaîtrai ce service en son lieu.

SCÈNE II. — RODOGUNE, ORONTE.

RODOGUNE.

Que ferons-nous, Oronte, en ce péril extrême,
Où l'on fait de mon sang le prix d'un diadème?
Fuirons-nous chez mon frère ? attendrons-nous la mort?
Ou ferons-nous contre elle un généreux effort?

ORONTE.

Notre fuite, madame, est assez difficile ;
J'ai vu des gens de guerre épandus par la ville.
Si l'on veut votre perte, on vous fait observer :
Ou, s'il vous est permis encor de vous sauver,
L'avis de Laonice est sans doute une adresse ;
Feignant de vous servir elle sert sa maîtresse.
La reine, qui surtout craint de vous voir régner,
Vous donne ces terreurs pour vous faire éloigner ;
Et, pour rompre un hymen qu'avec peine elle endure,
Elle en veut à vous-même imputer la rupture.
Elle obtiendra par vous le but de ses souhaits,
Et vous accusera de violer la paix ;
Et le roi, plus piqué contre vous que contre elle,
Vous voyant lui porter une guerre nouvelle,
Blâmera vos frayeurs et nos légèretés,
D'avoir osé douter de la foi des traités,
Et peut-être, pressé des guerres d'Arménie,
Vous laissera moquée, et la reine impunie.
A ces honteux moyens gardez de recourir.
C'est ici qu'il vous faut ou régner ou périr.
Le ciel pour vous ailleurs n'a point fait de couronne ;
Et l'on s'en rend indigne alors qu'on l'abandonne.

ACTE III, SCÈNE III.

RODOGUNE.

Ah! que de vos conseils j'aimerais la vigueur
Si nous avions la force égale à ce grand cœur!
Mais pourrons-nous braver une reine en colère
Avec ce peu de gens que m'a laissés mon frère?

ORONTE.

J'aurais perdu l'esprit si j'osais me vanter
Qu'avec ce peu de gens nous pussions résister.
Nous mourrons à vos pieds, c'est toute l'assistance
Que vous peut en ces lieux offrir notre impuissance :
Mais pouvez-vous trembler quand dans ces mêmes lieux
Vous portez le grand maître et des rois et des dieux?
L'amour fera lui seul tout ce qu'il vous faut faire.
Faites-vous un rempart des fils contre la mère;
Ménagez bien leur flamme, ils voudront tout pour vous;
Et ces astres naissants sont adorés de tous.
Quoi que puisse en ces lieux une reine cruelle,
Pouvant tout sur ses fils, vous y pouvez plus qu'elle.
Cependant trouvez bon qu'en ces extrémités
Je tâche à rassembler nos Parthes écartés;
Ils sont peu, mais vaillants, et peuvent de sa rage
Empêcher la surprise et le premier outrage.
Craignez moins, et surtout, madame, en ce grand jour,
Si vous voulez régner, faites régner l'amour.

SCÈNE III. — RODOGUNE.

Quoi! je pourrais descendre à ce lâche artifice
D'aller de mes amants mendier le service,
Et, sous l'indigne appât d'un coup d'œil affété,
J'irais jusqu'en leur cœur chercher ma sûreté!
Celles de ma naissance ont horreur des bassesses;
Leur sang tout généreux hait ces molles adresses.
Quel que soit le secours qu'ils me puissent offrir,
Je croirai faire assez de le daigner souffrir :
Je verrai leur amour, j'éprouverai sa force,
Sans flatter leurs désirs, sans leur jeter d'amorce;
Et, s'il est assez fort pour me servir d'appui,
Je le ferai régner, mais en régnant sur lui.
Sentiments étouffés de colère et de haine,
Rallumez vos flambeaux à celles de la reine,

Et d'un oubli contraint rompez la dure loi,
Pour rendre enfin justice aux mânes d'un grand roi;
Rapportez à mes yeux son image sanglante,
D'amour et de fureur encore étincelante,
Telle que je le vis, quand tout percé de coups
Il me cria : « Vengeance ! Adieu ; je meurs pour vous ! »
Chère ombre, hélas ! bien loin de l'avoir poursuivie,
J'allais baiser la main qui t'arracha la vie,
Rendre un respect de fille à qui versa ton sang?
Mais pardonne au devoir que m'impose mon rang :
Plus la haute naissance approche des couronnes,
Plus cette grandeur même asservit nos personnes;
Nous n'avons point de cœur pour aimer ni haïr;
Toutes nos passions ne savent qu'obéir.
Après avoir armé pour venger cet outrage,
D'une paix mal conçue on m'a faite le gage;
Et moi, fermant les yeux sur ce noir attentat,
Je suivais mon destin en victime d'État :
Mais aujourd'hui qu'on voit cette main parricide,
Des restes de ta vie insolemment avide,
Vouloir encor percer ce sein infortuné
Pour y chercher le cœur que tu m'avais donné,
De la paix qu'elle rompt je ne suis plus le gage;
Je brise avec honneur mon illustre esclavage;
J'ose reprendre un cœur pour aimer et haïr,
Et ce n'est plus qu'à toi que je veux obéir.
Le consentiras-tu cet effort sur ma flamme,
Toi, son vivant portrait, que j'adore dans l'âme,
Cher prince, dont je n'ose en mes plus doux souhaits
Fier encor le nom aux murs de ce palais ?
Je sais quelles seront tes douleurs et tes craintes;
Je vois déjà tes maux, j'entends déjà tes plaintes :
Mais pardonne aux devoirs qu'exige enfin un roi
A qui tu dois le jour qu'il a perdu pour moi.
J'aurai mêmes douleurs, j'aurai mêmes alarmes;
S'il t'en coûte un soupir, j'en verserai des larmes.
Mais, dieux ! que je me trouble en les voyant tous deux!
Amour, qui me confonds, cache du moins tes feux;
Et, content de mon cœur dont je te fais le maître,
Dans mes regards surpris garde-toi de paraître.

SCÈNE IV. — ANTIOCHUS, SÉLEUCUS, RODOGUNE.

ANTIOCHUS.

Ne vous offensez pas, princesse, de nous voir
De vos yeux à vous-même expliquer le pouvoir.
Ce n'est pas d'aujourd'hui que nos cœurs en soupirent ;
A vos premiers regards tous deux ils se rendirent :
Mais un profond respect nous fit taire et brûler ;
Et ce même respect nous force de parler.
L'heureux moment approche où votre destinée
Semble être aucunement à la nôtre enchaînée,
Puisque d'un droit d'aînesse incertain parmi nous
La nôtre attend un sceptre, et la vôtre un époux.
C'est trop d'indignité que notre souveraine
De l'un de ses captifs tienne le nom de reine ;
Notre amour s'en offense, et, changeant cette loi,
Remet à notre reine à nous choisir un roi.
Ne vous abaissez plus à suivre la couronne ;
Donnez-la, sans souffrir qu'avec elle on vous donne ;
Réglez notre destin qu'ont mal réglé les dieux ;
Notre seul droit d'aînesse est de plaire à vos yeux :
L'ardeur qu'allume en nous une flamme si pure
Préfère votre choix au choix de la nature,
Et vient sacrifier à votre élection
Toute notre espérance et notre ambition.
Prononcez donc, madame, et faites un monarque :
Nous céderons sans honte à cette illustre marque ;
Et celui qui perdra votre divin objet
Demeurera du moins votre premier sujet :
Son amour immortel saura toujours lui dire
Que ce rang près de vous vaut ailleurs un empire ;
Il y mettra sa gloire, et, dans un tel malheur,
L'heur de vous obéir flattera sa douleur.

RODOGUNE.

Princes, je dois beaucoup à cette déférence
De votre ambition et de votre espérance ;
Et j'en recevrais l'offre avec quelque plaisir,
Si celles de mon rang avaient droit de choisir.
Comme sans leur avis les rois disposent d'elles
Pour affermir leur trône ou finir leurs querelles,

Le destin des États est arbitre du leur,
Et l'ordre des traités règle tout dans leur cœur.
C'est lui que suit le mien, et non pas la couronne :
J'aimerai l'un de vous, parce qu'il me l'ordonne ;
Du secret révélé j'en prendrai le pouvoir,
Et mon amour pour naître attendra mon devoir.
N'attendez rien de plus, ou votre attente est vaine.
Le choix que vous m'offrez appartient à la reine ;
J'entreprendrais sur elle à l'accepter de vous.
Peut-être on vous a tu jusqu'où va son courroux ;
Mais je dois par épreuve assez bien le connaître
Pour fuir l'occasion de le faire renaître.
Que n'en ai-je souffert, et que n'a-t-elle osé !
Je veux croire avec vous que tout est apaisé ;
Mais craignez avec moi que ce choix ne ranime
Cette haine mourante à quelque nouveau crime :
Pardonnez-moi ce mot qui viole un oubli
Que la paix entre nous doit avoir établi.
Le feu qui semble éteint souvent dort sous la cendre ;
Qui l'ose réveiller peut s'en laisser surprendre ;
Et je mériterais qu'il me pût consumer,
Si je lui fournissais de quoi se rallumer.

SÉLEUCUS.

Pouvez-vous redouter sa haine renaissante,
S'il est en votre main de la rendre impuissante ?
Faites un roi, madame, et régnez avec lui ;
Son courroux désarmé demeure sans appui,
Et toutes ses fureurs sans effet rallumées
Ne pousseront en l'air que de vaines fumées.
Mais a-t-elle intérêt au choix que vous ferez,
Pour en craindre les maux que vous vous figurez ?
La couronne est à nous ; et, sans lui faire injure,
Sans manquer de respect aux droits de la nature,
Chacun de nous à l'autre en peut céder sa part,
Et rendre à votre choix ce qu'il doit au hasard.
Qu'un si faible scrupule en notre faveur cesse :
Votre inclination vaut bien un droit d'aînesse,
Dont vous seriez traitée avec trop de rigueur,
S'il se trouvait contraire aux vœux de votre cœur.
On vous applaudirait quand vous seriez à plaindre.
Pour vous faire régner ce serait vous contraindre,

Vous donner la couronne en vous tyrannisant,
Et verser du poison sur ce noble présent.
Au nom de ce beau feu qui tous deux nous consume,
Princesse, à notre espoir ôtez cette amertume;
Et permettez que l'heur qui suivra votre époux
Se puisse redoubler à le tenir de vous.

RODOGUNE.

Ce beau feu vous aveugle autant comme il vous brûle;
Et, tâchant d'avancer, son effort vous recule.
Vous croyez que ce choix que l'un et l'autre attend
Pourra faire un heureux sans faire un mécontent;
Et moi, quelque vertu que votre cœur prépare,
Je crains d'en faire deux si le mien se déclare :
Non que de l'un et l'autre il dédaigne les vœux;
Je tiendrais à bonheur d'être à l'un de vous deux :
Mais souffrez que je suive enfin ce qu'on m'ordonne :
Je me mettrai trop haut s'il faut que je me donne;
Quoique aisément je cède aux ordres de mon roi,
Il n'est pas bien aisé de m'obtenir de moi.
Savez-vous quels devoirs, quels travaux, quels services,
Voudront de mon orgueil exiger les caprices ?
Par quels degrés de gloire on me peut mériter ?
En quels affreux périls il faudra vous jeter ?
Ce cœur vous est acquis après le diadème,
Princes; mais gardez-vous de le rendre à lui-même.
Vous y renoncerez peut-être pour jamais
Quand je vous aurai dit à quel prix je le mets.

SÉLEUCUS.

Quels seront les devoirs, quels travaux, quels services,
Dont nous ne vous fassions d'amoureux sacrifices ?
Et quels affreux périls pourrons-nous redouter,
Si c'est par ces degrés qu'on vous peut mériter ?

ANTIOCHUS.

Princesse, ouvrez ce cœur, et jugez mieux du nôtre;
Jugez mieux du beau feu qui brûle l'un et l'autre;
Et dites hautement à quel prix votre choix
Veut faire l'un de nous le plus heureux des rois.

RODOGUNE.

Princes, le voulez-vous ?

ANTIOCHUS.

C'est notre unique envie.

RODOGUNE.
Je verrai cette ardeur d'un repentir suivie.
SÉLEUCUS.
Avant ce repentir tous deux nous périrons.
RODOGUNE.
Enfin vous le voulez?
SÉLEUCUS.
Nous vous en conjurons.
RODOGUNE.
Eh bien, donc il est temps de me faire connaître.
J'obéis à mon roi, puisqu'un de vous doit l'être ;
Mais, quand j'aurai parlé, si vous vous en plaignez,
J'atteste tous les dieux que vous m'y contraignez,
Et que c'est malgré moi qu'à moi-même rendue
J'écoute une chaleur qui m'était défendue,
Qu'un devoir rappelé me rend un souvenir
Que la foi des traités ne doit plus retenir.
Tremblez, princes, tremblez au nom de votre père;
Il est mort, et pour moi, par les mains d'une mère :
Je l'avais oublié, sujette à d'autres lois;
Mais, libre, je lui rends enfin ce que je dois.
C'est à vous de choisir mon amour ou ma haine.
J'aime les fils du roi, je hais ceux de la reine :
Réglez-vous là-dessus ; et, sans plus me presser,
Voyez auquel des deux vous voulez renoncer.
Il faut prendre parti ; mon choix suivra le vôtre :
Je respecte autant l'un que je déteste l'autre.
Mais ce que j'aime en vous du sang de ce grand roi,
S'il n'est digne de lui, n'est pas digne de moi.
Ce sang que vous portez, ce trône qu'il vous laisse,
Valent bien que pour lui votre cœur s'intéresse.
Votre gloire le veut, l'amour vous le prescrit.
Qui peut contre elle et lui soulever votre esprit?
Si vous leur préférez une mère cruelle,
Soyez cruels, ingrats, parricides comme elle :
Vous devez la punir, si vous la condamnez;
Vous devez l'imiter, si vous la soutenez.
Quoi! cette ardeur s'éteint! l'un et l'autre soupire!
J'avais su le prévoir, j'avais su le prédire...
ANTIOCHUS.
Princesse...

ACTE III, SCÈNE V.

RODOGUNE.

Il n'est plus temps, le mot en est lâché :
Quand j'ai voulu me taire, en vain je l'ai tâché.
Appelez ce devoir haine, rigueur, colère,
Pour gagner Rodogune il faut venger un père ;
Je me donne à ce prix : osez me mériter,
Et voyez qui de vous daignera m'accepter.
Adieu, princes.

SCÈNE V. — ANTIOCHUS, SÉLEUCUS.

ANTIOCHUS.

Hélas! c'est donc ainsi qu'on traite
Les plus profonds respects d'une amour si parfaite?

SÉLEUCUS.

Elle nous fuit, mon frère; après cette rigueur.

ANTIOCHUS.

Elle fuit, mais en Parthe, en nous perçant le cœur.

SÉLEUCUS.

Que le ciel est injuste! Une âme si cruelle
Méritait notre mère, et devait naître d'elle.

ANTIOCHUS.

Plaignons-nous sans blasphème.

SÉLEUCUS.

Ah! que vous me gênez
Par cette retenue où vous vous obstinez!
Faut-il encor régner? faut-il l'aimer encore?

ANTIOCHUS.

Il faut plus de respect pour celle qu'on adore.

SÉLEUCUS.

C'est ou d'elle ou du trône être ardemment épris
Que vouloir ou l'aimer ou régner à ce prix.

ANTIOCHUS.

C'est et d'elle et de lui tenir bien peu de compte,
Que faire une révolte et si pleine et si prompte.

SÉLEUCUS.

Lorsque l'obéissance a tant d'impiété,
La révolte devient une nécessité.

ANTIOCHUS.

La révolte, mon frère, est bien précipitée
Quand la loi qu'elle rompt peut être rétractée;

9.

Et c'est à nos désirs trop de témérité
De vouloir de tels biens avec facilité :
Le ciel par les travaux veut qu'on monte à la gloire ;
Pour gagner un triomphe il faut une victoire.
Mais que je tâche en vain de flatter nos tourments !
Nos malheurs sont plus forts que ces déguisements.
Leur excès à mes yeux paraît un noir abîme
Où la haine s'apprête à couronner le crime,
Où la gloire est sans nom, la vertu sans honneur,
Où sans un parricide il n'est point de bonheur ;
Et, voyant de ces maux l'épouvantable image,
Je me sens affaiblir quand je vous encourage ;
Je frémis, je chancelle, et mon cœur abattu
Suit tantôt sa douleur et tantôt sa vertu.
Mon frère, pardonnez à des discours sans suite,
Qui font trop voir le trouble où mon âme est réduite.

SÉLEUCUS.

J'en ferais comme vous, si mon esprit troublé
Ne secouait le joug dont il est accablé.
Dans mon ambition, dans l'ardeur de ma flamme,
Je vois ce qu'est un trône, et ce qu'est une femme ;
Et, jugeant par leur prix de leur possession,
J'éteins enfin ma flamme et mon ambition ;
Et je vous céderais l'un et l'autre avec joie,
Si, dans la liberté que le ciel me renvoie,
La crainte de vous faire un funeste présent
Ne me jetait dans l'âme un remords trop cuisant.
Dérobons-nous, mon frère, à ces âmes cruelles,
Et laissons-les sans nous achever leurs querelles.

ANTIOCHUS.

Comme j'aime beaucoup, j'espère encore un peu.
L'espoir ne peut s'éteindre où brûle tant de feu ;
Et son reste confus me rend quelques lumières
Pour juger mieux que vous de ces âmes si fières.
Croyez-moi, l'une et l'autre a redouté nos pleurs :
Leur fuite à nos soupirs a dérobé leur cœurs ;
Et, si tantôt leur haine eût attendu nos larmes,
Leur haine à nos douleurs aurait rendu les armes.

SÉLEUCUS.

Pleurez donc à leurs yeux, gémissez, soupirez,
Et je craindrai pour vous ce que vous espérez.

ACTE III, SCÈNE VI.

Quoi qu'en votre faveur vos pleurs obtiennent d'elles,
Il vous faudra parer leurs haines mutuelles,
Sauver l'une de l'autre ; et peut-être leurs coups,
Vous trouvant au milieu, ne perceront que vous :
C'est ce qu'il faut pleurer. Ni maîtresse ni mère
N'ont plus de choix ici ni de lois à nous faire ;
Quoi que leur rage exige ou de vous ou de moi,
Rodogune est à vous, puisque je vous fais roi.
Épargnez vos soupirs près de l'une et de l'autre.
J'ai trouvé mon bonheur, saisissez-vous du vôtre :
Je n'en suis point jaloux ; et ma triste amitié
Ne le verra jamais que d'un œil de pitié.

SCÈNE VI. — ANTIOCHUS.

Que je serais heureux si je n'aimais mon frère !
Lorsqu'il ne veut pas voir le mal qu'il se veut faire,
Mon amitié s'oppose à son aveuglement :
Elle agira pour vous, mon frère, également,
Et n'abusera point de cette violence
Que l'indignation fait à votre espérance.
La pesanteur du coup souvent nous étourdit ;
On le croit repoussé quand il s'approfondit ;
Et, quoi qu'un juste orgueil sur l'heure persuade,
Qui ne sent point son mal est d'autant plus malade ;
Ces ombres de santé cachent mille poisons,
Et la mort suit de près ces fausses guérisons.
Daignent les justes dieux rendre vain ce présage !
Cependant allons voir si nous vaincrons l'orage,
Et si, contre l'effort d'un si puissant courroux,
La nature et l'amour voudront parler pour nous.

ACTE QUATRIÈME.

SCÈNE I. — ANTIOCHUS, RODOGUNE.

RODOGUNE.
Prince, qu'ai-je entendu ? parce que je soupire,
Vous présumez que j'aime, et vous m'osez le dire !
Est-ce un frère, est-ce vous dont la témérité
S'imagine...

ANTIOCHUS.
　　　　Apaisez ce courage irrité,
Princesse ; aucun de nous ne serait téméraire
Jusqu'à s'imaginer qu'il eût l'heur de vous plaire :
Je vois votre mérite et le peu que je vaux,
Et ce rival si cher connaît mieux ses défauts.
Mais, si tantôt ce cœur parlait par votre bouche,
Il veut que nous croyions qu'un peu d'amour le touche,
Et qu'il daigne écouter quelques-uns de nos vœux,
Puisqu'il tient à bonheur d'être à l'un de nous deux.
Si c'est présomption de croire ce miracle,
C'est une impiété de douter de l'oracle,
Et mériter les maux où vous nous condamnez,
Qu'éteindre un bel espoir que vous nous ordonnez.
Princesse, au nom des dieux, au nom de cette flamme...

RODOGUNE.
Un mot ne fait pas voir jusques au fond d'une âme ;
Et votre espoir trop prompt prend trop de vanité
Des termes obligeants de ma civilité.
Je l'ai dit, il est vrai ; mais, quoi qu'il en puisse être,
Méritez cet amour que vous voulez connaître.
Lorsque j'ai soupiré, ce n'était pas pour vous ;
J'ai donné ces soupirs aux mânes d'un époux ;
Et ce sont les effets du souvenir fidèle
Que sa mort à toute heure en mon âme rappelle.
Princes, soyez ses fils, et prenez son parti.

ACTE IV, SCÈNE I.

ANTIOCHUS.

Recevez donc son cœur en nous deux réparti ;
Ce cœur, qu'un saint amour rangea sous votre empire,
Ce cœur, pour qui le vôtre à tous moments soupire,
Ce cœur, en vous aimant indignement percé,
Reprend pour vous aimer le sang qu'il a versé ;
Il le reprend en nous, il revit, il vous aime,
Et montre, en vous aimant, qu'il est encor le même.
Ah ! princesse, en l'état où le sort nous a mis,
Pouvons-nous mieux montrer que nous sommes ses fils ?

RODOGUNE.

Si c'est son cœur en vous qui revit et qui m'aime,
Faites ce qu'il ferait s'il vivait en lui-même ;
A ce cœur qu'il vous laisse osez prêter un bras :
Pouvez-vous le porter et ne l'écouter pas ?
S'il vous explique mal ce qu'il en doit attendre,
Il emprunte ma voix pour se mieux faire entendre.
Une seconde fois il vous le dit par moi :
Prince, il faut le venger.

ANTIOCHUS.

J'accepte cette loi.
Nommez les assassins, et j'y cours.

RODOGUNE.

Quel mystère
Vous fait, en l'acceptant, méconnaître une mère ?

ANTIOCHUS.

Ah ! si vous ne voulez voir finir nos destins,
Nommez d'autres vengeurs ou d'autres assassins.

RODOGUNE.

Ah ! je vois trop régner son parti dans votre âme ;
Prince, vous le prenez.

ANTIOCHUS.

Oui, je le prends, madame ;
Et j'apporte à vos pieds le plus pur de son sang
Que la nature enferme en ce malheureux flanc.
Satisfaites-vous-même à cette voix secrète
Dont la vôtre envers nous daigne être l'interprète :
Exécutez son ordre ; et hâtez-vous sur moi
De punir une reine et de venger un roi :
Mais, quitte par ma mort d'un devoir si sévère,
Écoutez-en un autre en faveur de mon frère.

De deux princes unis à soupirer pour vous
Prenez l'un pour victime et l'autre pour époux
Punissez un des fils des crimes de la mère,
Mais payez l'autre aussi des services du père ;
Et laissez un exemple à la postérité
Et de rigueur entière et d'entière équité.
Quoi! n'écouterez-vous ni l'amour ni la haine?
Ne pourrai-je obtenir ni salaire ni peine ?
Ce cœur qui vous adore, et que vous dédaignez...

RODOGUNE.

Hélas! prince!

ANTIOCHUS.

Est-ce encor le roi que vous plaignez?
Ce soupir ne va-t-il que vers l'ombre d'un père?

RODOGUNE.

Allez, ou pour le moins rappelez votre frère :
Le combat pour mon âme était moins dangereux
Lorsque je vous avais à combattre tous deux :
Vous êtes plus fort seul que vous n'étiez ensemble;
Je vous bravais tantôt, et maintenant je tremble.
J'aime; n'abusez pas, prince, de mon secret :
Au milieu de ma haine il m'échappe à regret;
Mais enfin il m'échappe, et cette retenue
Ne peut plus soutenir l'effort de votre vue.
Oui, j'aime un de vous deux malgré ce grand courroux,
Et ce dernier soupir dit assez que c'est vous.
Un rigoureux devoir à cet amour s'oppose :
Ne m'en accusez point, vous en êtes la cause ;
Vous l'avez fait renaître en me pressant d'un choix
Qui rompt de vos traités les favorables lois.
D'un père mort pour moi voyez le sort étrange :
Si vous me laissez libre, il faut que je le venge;
Et mes feux dans mon âme ont beau s'en mutiner,
Ce n'est qu'à ce prix seul que je puis me donner :
Mais ce n'est pas de vous qu'il faut que je l'attende,
Votre refus est juste autant que ma demande.
A force de respect votre amour s'est trahi.
Je voudrais vous haïr s'il m'avait obéi;
Et je n'estime pas l'honneur d'une vengeance
Jusqu'à vouloir d'un crime être la récompense.
Rentrons donc sous les lois que m'impose la paix,

ACTE IV, SCÈNE II.

Puisque m'en affranchir, c'est vous perdre à jamais.
Prince, en votre faveur je ne puis davantage :
L'orgueil de ma naissance enfle encor mon courage,
Et, quelque grand pouvoir que l'amour ait sur moi,
Je n'oublirai jamais que je me dois un roi.
Oui, malgré mon amour, j'attendrai d'une mère
Que le trône me donne où vous ou votre frère.
Attendant son secret vous aurez mes désirs;
Et, s'il le fait régner, vous aurez mes soupirs :
C'est tout ce qu'à mes feux ma gloire peut permettre,
Et tout ce qu'à vos feux les miens osent promettre.

ANTIOCHUS.

Que voudrais-je de plus? son bonheur est le mien;
Rendez heureux ce frère, et je ne perdrai rien.
L'amitié le consent, si l'amour l'appréhende :
Je bénirai le ciel d'une perte si grande;
Et, quittant les douceurs de cet espoir flottant,
Je mourrai de douleur, mais je mourrai content.

RODOGUNE.

Et moi, si mon destin entre ses mains me livre,
Pour un autre que vous s'il m'ordonne de vivre,
Mon amour... Mais adieu; mon esprit se confond.
Prince, si votre flamme à la mienne répond,
Si vous n'êtes ingrat à ce cœur qui vous aime,
Ne me revoyez point qu'avec le diadème.

SCÈNE II. — ANTIOCHUS.

Les plus doux de mes vœux enfin sont exaucés.
Tu viens de vaincre, amour; mais ce n'est pas assez :
Si tu veux triompher en cette conjoncture,
Après avoir vaincu, fais vaincre la nature;
Et prête-lui pour nous ces tendres sentiments
Que ton ardeur inspire aux cœurs des vrais amants,
Cette pitié qui force, et ces dignes faiblesses
Dont la vigueur détruit les fureurs vengeresses.
Voici la reine; amour, nature, justes dieux,
Faites-la-moi fléchir, ou mourir à ses yeux.

SCÈNE III. — CLÉOPATRE, ANTIOCHUS, LAONICE.

CLÉOPATRE.
Eh bien, Antiochus, vous dois-je la couronne?

ANTIOCHUS.
Madame, vous savez si le ciel me la donne.

CLÉOPATRE.
Vous savez mieux que moi si vous la méritez.

ANTIOCHUS.
Je sais que je péris si vous ne m'écoutez.

CLÉOPATRE.
Un peu trop lent peut-être à servir ma colère,
Vous vous êtes laissé prévenir par un frère;
Il a su me venger quand vous délibériez,
Et je dois à son bras ce que vous espériez.
Je vous en plains, mon fils, ce malheur est extrême;
C'est périr en effet que perdre un diadème.
Je n'y sais qu'un remède, encore est-il fâcheux,
Étonnant, incertain, et triste pour tous deux;
Je périrai moi-même avant que de le dire :
Mais enfin on perd tout quand on perd un empire.

ANTIOCHUS.
Le remède à nos maux est tout en votre main,
Et n'a rien de fâcheux, d'étonnant, d'incertain;
Votre seule colère a fait notre infortune.
Nous perdons tout, madame, en perdant Rodogune:
Nous l'adorons tous deux; jugez en quels tourments
Nous jette la rigueur de vos commandements.
L'aveu de cet amour sans doute vous offense ;
Mais enfin nos malheurs croissent par le silence;
Et votre cœur, qu'aveugle un peu d'inimitié,
S'il ignore nos maux, n'en peut prendre pitié.
Au point où je les vois, c'en est le seul remède.

CLÉOPATRE.
Quelle aveugle fureur vous-même vous possède!
Avez-vous oublié que vous parlez à moi?
Ou si vous présumez être déjà mon roi?

ANTIOCHUS.
Je tâche avec respect à vous faire connaître

ACTE IV, SCÈNE III.

Les forces d'un amour que vous avez fait naître.

CLÉOPATRE.

Moi, j'aurais allumé cet insolent amour?

ANTIOCHUS.

Et quel autre prétexte a fait notre retour?
Nous avez-vous mandés qu'afin qu'un droit d'aînesse
Donnât à l'un de nous le trône et la princesse?
Vous avez bien fait plus, vous nous l'avez fait voir;
Et c'était par vos mains nous mettre en son pouvoir.
Qui de nous deux, madame, eût osé s'en défendre,
Quand vous nous ordonniez à tous deux d'y prétendre?
Si sa beauté dès lors n'eût allumé nos feux,
Le devoir auprès d'elle eût attaché nos vœux;
Le désir de régner eût fait la même chose;
Et, dans l'ordre des lois que la paix nous impose,
Nous devions aspirer à sa possession
Par amour, par devoir, ou par ambition.
Nous avons donc aimé, nous avons cru vous plaire;
Chacun de nous n'a craint que le bonheur d'un frère :
Et, cette crainte enfin cédant à l'amitié,
J'implore pour tous deux un moment de pitié.
Avons-nous dû prévoir cette haine cachée
Que la foi des traités n'avait point arrachée?

CLÉOPATRE.

Non, mais vous avez dû garder le souvenir
Des hontes que pour vous j'avais su prévenir,
Et de l'indigne état où votre Rodogune
Sans moi, sans mon courage, eût mis votre fortune.
Je croyais que vos cœurs, sensibles à ces coups,
En sauraient conserver un généreux courroux;
Et je le retenais avec ma douceur feinte,
Afin que, grossissant sous un peu de contrainte,
Ce torrent de colère et de ressentiment
Fût plus impétueux en son débordement.
Je fais plus maintenant : je presse, sollicite,
Je commande, menace, et rien ne vous irrite.
Le sceptre, dont ma main vous doit récompenser,
N'a point de quoi vous faire un moment balancer;
Vous ne considérez ni lui ni mon injure;
L'amour étouffe en vous la voix de la nature :
Et je pourrais aimer des fils dénaturés!

ANTIOCHUS.
La nature et l'amour ont leurs droits séparés;
L'un n'ôte point à l'autre une âme qu'il possède.
CLÉOPATRE.
Non, non; où l'amour règne il faut que l'autre cède
ANTIOCHUS.
Leurs charmes à nos cœurs sont également doux.
Nous périrons tous deux s'il faut périr pour vous;
Mais aussi...
CLÉOPATRE.
Poursuivez, fils ingrat et rebelle.
ANTIOCHUS.
Nous périrons tous deux s'il faut périr pour elle.
CLÉOPATRE.
Périssez, périssez, votre rébellion
Mérite plus d'horreur que de compassion.
Mes yeux sauront le voir sans verser une larme,
Sans regarder en vous que l'objet qui vous charme;
Et je triompherai, voyant périr mes fils,
De ses adorateurs et de mes ennemis.
ANTIOCHUS.
Eh bien! triomphez-en, que rien ne vous retienne:
Votre main tremble-t-elle? y voulez-vous la mienne?
Madame, commandez, je suis prêt d'obéir;
Je percerai ce cœur qui vous ose trahir:
Heureux si par ma mort je puis vous satisfaire,
Et noyer dans mon sang toute votre colère!
Mais si la dureté de votre aversion
Nomme encor notre amour une rébellion,
Du moins souvenez-vous qu'elle n'a pris pour armes
Que de faibles soupirs et d'impuissantes larmes.
CLÉOPATRE.
Ah! que n'a-t-elle pris et la flamme et le fer!
Que bien plus aisément j'en saurais triompher!
Vos larmes dans mon cœur ont trop d'intelligence;
Elles ont presque éteint cette ardeur de vengeance:
Je ne puis refuser des soupirs à vos pleurs;
Je sens que je suis mère auprès de vos douleurs.
C'en est fait, je me rends, et ma colère expire.
Rodogune est à vous aussi bien que l'empire;

Rendez grâces aux dieux qui vous ont fait l'aîné :
Possédez-la, régnez.

ANTIOCHUS.

O moment fortuné !
O trop heureuse fin de l'excès de ma peine !
Je rends grâces aux dieux qui calment votre haine.
Madame, est-il possible ?

CLÉOPATRE.

En vain j'ai résisté,
La nature est trop forte, et mon cœur s'est dompté.
Je ne vous dis plus rien, vous aimez votre mère,
Et votre amour pour moi taira ce qu'il faut taire.

ANTIOCHUS.

Quoi ! je triomphe donc sur le point de périr !
La main qui me blessait a daigné me guérir !

CLÉOPATRE.

Oui ! je veux couronner une flamme si belle.
Allez à la princesse en porter la nouvelle ;
Son cœur comme le vôtre en deviendra charmé :
Vous n'aimeriez pas tant si vous n'étiez aimé.

ANTIOCHUS.

Heureux Antiochus ! heureuse Rodogune !
Oui, madame, entre nous la joie en est commune.

CLÉOPATRE.

Allez donc ; ce qu'ici vous perdez de moments
Sont autant de larcins à vos contentements ;
Et ce soir, destiné pour la cérémonie,
Fera voir pleinement si ma haine est finie.

ANTIOCHUS.

Et nous vous ferons voir tous nos désirs bornés
A vous donner en nous des sujets couronnés.

SCÈNE IV. — CLÉOPATRE, LAONICE.

LAONICE.

Enfin ce grand courage a vaincu sa colère.

CLÉOPATRE.

Que ne peut point un fils sur le cœur d'une mère !

LAONICE.

Vos pleurs coulent encore, et ce cœur adouci...

CLÉOPATRE.

Envoyez-moi son frère, et nous laissez ici.
Sa douleur sera grande, à ce que je présume;
Mais j'en saurai sur l'heure adoucir l'amertume.
Ne lui témoignez rien : il lui sera plus doux
D'apprendre tout de moi, qu'il ne serait de vous.

SCÈNE V. — CLÉOPATRE.

Que tu pénètres mal le fond de mon courage!
Si je verse des pleurs, ce sont des pleurs de rage;
Et ma haine, qu'en vain tu crois s'évanouir,
Ne les a fait couler qu'afin de t'éblouir.
Je ne veux plus que moi dedans ma confidence.
Et toi, crédule amant, que charme l'apparence,
Et dont l'esprit léger s'attache avidement
Aux attraits captieux de mon déguisement,
Va, triomphe en idée avec ta Rodogune,
Au sort des immortels préfère ta fortune,
Tandis que, mieux instruite en l'art de me venger,
En de nouveaux malheurs je saurai te plonger.
Ce n'est pas tout d'un coup que tant d'orgueil trébuche :
De qui se rend trop tôt on doit craindre une embûche;
Et c'est mal démêler le cœur d'avec le front,
Que prendre pour sincère un changement si prompt.
L'effet te fera voir comme je suis changée.

SCÈNE VI. — CLÉOPATRE, SÉLEUCUS.

CLÉOPATRE.
Savez-vous, Séleucus, que je me suis vengée?
SÉLEUCUS.
Pauvre princesse, hélas!
CLÉOPATRE.
     Vous déplorez son sort!
Quoi! l'aimiez-vous?
SÉLEUCUS.
     Assez pour regretter sa mort.
CLÉOPATRE.
Vous lui pouvez servir encor d'amant fidèle;
Si j'ai su me venger, ce n'a pas été d'elle.

ACTE IV, SCÈNE VI.

SÉLEUCUS.

O ciel! et de qui donc, madame?

CLÉOPATRE.

, C'est de vous,
Ingrat, qui n'aspirez qu'à vous voir son époux ;
De vous, qui l'adorez en dépit d'une mère ;
De vous, qui dédaignez de servir ma colère ;
De vous, de qui l'amour, rebelle à mes désirs,
S'oppose à ma vengeance et détruit mes plaisirs.

SÉLEUCUS.

De moi?

CLÉOPATRE.

De toi, perfide! Ignore, dissimule
Le mal que tu dois craindre et le feu qui te brûle ;
Et, si pour l'ignorer tu crois t'en garantir,
Du moins en l'apprenant commence à le sentir.
Le trône était à toi par le droit de naissance ;
Rodogune avec lui tombait en ta puissance ;
Tu devais l'épouser, tu devais être roi!
Mais, comme ce secret n'est connu que de moi,
Je puis, comme je veux, tourner le droit d'aînesse,
Et donne à ton rival ton sceptre et ta maîtresse.

SÉLEUCUS.

A mon frère?

CLÉOPATRE.

C'est lui que j'ai nommé l'aîné.

SÉLEUCUS.

Vous ne m'affligez point de l'avoir couronné :
Et, par une raison qui vous est inconnue,
Mes propres sentiments vous avaient prévenue :
Les biens que vous m'ôtez n'ont point d'attraits si doux,
Que mon cœur n'ait donnés à ce frère avant vous ;
Et, si vous bornez là toute votre vengeance,
Vos désirs et les miens seront d'intelligence.

CLÉOPATRE.

C'est ainsi qu'on déguise un violent dépit ;
C'est ainsi qu'une feinte au dehors l'assoupit,
Et qu'on croit amuser de fausses patiences
Ceux dont en l'âme on craint les justes défiances.

SÉLEUCUS.

Quoi! je conserverais quelque courroux secret!

10.

CLÉOPATRE.

Quoi! lâche, tu pourrais la perdre sans regret,
Elle de qui les dieux te donnaient l'hyménée,
Elle dont tu plaignais la perte imaginée!

SÉLEUCUS.

Considérer sa perte avec compassion,
Ce n'est pas aspirer à sa possession.

CLÉOPATRE.

Que la mort la ravisse, ou qu'un rival l'emporte,
La douleur d'un amant est également forte,
Et tel qui se console après l'instant fatal
Ne saurait voir son bien aux mains de son rival :
Piqué jusques au vif, il tâché à le reprendre;
Il fait de l'insensible, afin de mieux surprendre;
D'autant plus animé, que ce qu'il a perdu
Par rang ou par mérite à sa flamme était dû.

SÉLEUCUS.

Peut-être; mais enfin par quel amour de mère
Pressez-vous tellement ma douleur contre un frère?
Prenez-vous intérêt à la faire éclater?

CLÉOPATRE.

J'en prends à la connaître et la faire avorter;
J'en prends à conserver malgré toi mon ouvrage
Des jaloux attentats de ta secrète rage.

SÉLEUCUS.

Je le veux croire ainsi; mais quel autre intérêt
Nous fait tous deux aînés quand et comme il vous plaît?
Qui des deux vous doit croire, et par quelle justice
Faut-il que sur moi seul tombe tout le supplice;
Et que du même amour dont nous sommes blessés
Il soit récompensé, quand vous m'en punissez?

CLÉOPATRE.

Comme reine, à mon choix je fais justice ou grâce,
Et je m'étonne fort d'où vous vient cette audace,
D'où vient qu'un fils, vers moi noirci de trahison,
Ose de mes faveurs me demander raison.

SÉLEUCUS.

Vous pardonnerez donc ces chaleurs indiscrètes;
Je ne suis point jaloux du bien que vous lui faites;
Et je vois quel amour vous avez pour tous deux,
Plus que vous ne pensez, et plus que je ne veux;

Le respect me défend d'en dire davantage.
Je n'ai ni faute d'yeux, ni faute de courage,
Madame; mais enfin n'espérez voir en moi
Qu'amitié pour mon frère et zèle pour mon roi.
Adieu.

SCÈNE VII. — CLÉOPATRE.

De quel malheur suis-je encore capable?
Leur amour m'offensait, leur amitié m'accable;
Et contre mes fureurs je trouve en mes deux fils
Deux enfants révoltés et deux rivaux unis.
Quoi! sans émotion perdre trône et maîtresse!
Quel est ici ton charme odieuse princesse?
Et par quel privilége, allumant de tels feux,
Peux-tu n'en prendre qu'un, et m'ôter tous les deux?
N'espère pas pourtant triompher de ma haine :
Pour régner sur deux cœurs, tu n'és pas encor reine.
Je sais bien qu'en l'état où tous deux je les voi
Il me les faut percer pour aller jusqu'à toi :
Mais n'importe; mes mains sur le père enhardies
Pour un bras refusé sauront prendre deux vies;
Leurs jours également sont pour moi dangereux ;
J'ai commencé par lui, j'achèverai par eux.
Sors de mon cœur, nature, ou fais qu'ils m'obéissent :
Fais-les servir ma haine, ou consens qu'ils périssent.
Mais déjà l'un a vu que je les veux punir.
Souvent qui tarde trop se laisse prévenir.
Allons chercher le temps d'immoler nos victimes,
Et de me rendre heureuse à force de grands crimes.

ACTE CINQUIÈME.

SCÈNE I. — CLÉOPATRE.

Enfin, grâces aux dieux, j'ai moins d'un ennemi.
La mort de Séleucus m'a vengée à demi.
Son ombre, en attendant Rodogune et son frère,
Peut déjà de ma part les promettre à son père :
Ils le suivront de près, et j'ai tout préparé
Pour réunir bientôt ce que j'ai séparé.
O toi, qui n'attends plus que la cérémonie
Pour jeter à mes pieds ma rivale punie,
Et par qui deux amants vont d'un seul coup du sort
Recevoir l'hyménée, et le trône, et la mort,
Poison, me sauras-tu rendre mon diadème?
Le fer m'a bien servie, en feras-tu de même?
Me seras-tu fidèle? Et toi, que me veux-tu,
Ridicule retour d'une sotte vertu,
Tendresse dangereuse autant comme importune?
Je ne veux point pour fils l'époux de Rodogune,
Et ne vois plus en lui les restes de mon sang,
S'il m'arrache du trône et la met en mon rang.
Reste du sang ingrat d'un époux infidèle,
Héritier d'une flamme envers moi criminelle,
Aime mon ennemie et péris comme lui.
Pour la faire tomber j'abattrai son appui :
Aussi bien sous mes pas, c'est creuser un abîme
Que retenir ma main sur la moitié du crime;
Et, te faisant mon roi, c'est trop me négliger,
Que te laisser sur moi frère et père à venger.
Qui se venge à demi court lui-même à sa peine :
Il faut ou condamner ou couronner sa haine.
Dût le peuple en fureur pour ses maîtres nouveaux
De mon sang odieux arroser leurs tombeaux,
Dût le Parthe vengeur me trouver sans défense,

Dût le ciel égaler le supplice à l'offense,
Trône, à t'abandonner je ne puis consentir;
Par un coup de tonnerre il vaut mieux en sortir;
Il vaut mieux mériter le sort le plus étrange.
Tombe sur moi le ciel pourvu que je me venge!
J'en recevrai le coup d'un visage remis :
Il est doux de périr après ses ennemis :
Et, de quelque rigueur que le destin me traite,
Je perds moins à mourir qu'à vivre leur sujette.
Mais voici Laonice; il faut dissimuler
Ce que le seul effet doit bientôt révéler.

SCÈNE II. — CLÉOPATRE, LAONICE.

CLÉOPATRE.

Viennent-ils, nos amants?

LAONICE.

Ils approchent, madame :
On lit dessus leur front l'allégresse de l'âme;
L'amour s'y fait paraître avec la majesté;
Et, suivant le vieil ordre en Syrie usité,
D'une grâce en tous deux tout auguste et royale,
Ils viennent prendre ici la coupe nuptiale,
Pour s'en aller au temple, au sortir du palais,
Par les mains du grand prêtre être unis à jamais :
C'est là qu'il les attend pour bénir l'alliance.
Le peuple tout ravi par ses vœux les devance,
Et pour eux à grands cris demande aux immortels
Tout ce qu'on leur souhaite au pied de leurs autels,
Impatient pour eux que la cérémonie
Ne commence bientôt, ne soit bientôt finie.
Les Parthes à la foule aux Syriens mêlés,
Tous nos vieux différends de leur âme exilés,
Font leur suite assez grosse, et d'une voix commune
Bénissent à l'envi le prince et Rodogune.
Mais je les vois déjà : madame; c'est à vous
A commencer ici des spectacles si doux.

SCÈNE III. — CLÉOPATRE, ANTIOCHUS, RODOGUNE, ORONTE, LAONICE, troupe de parthes et de syriens.

CLÉOPATRE.

Approchez, mes enfants; car l'amour maternelle,
Madame, dans mon cœur, vous tient déjà pour telle;
Et je crois que ce nom ne vous déplaira pas.

RODOGUNE.

Je le chérirai même au delà du trépas.
Il m'est trop doux, madame; et tout l'heur que j'espère,
C'est de vous obéir et respecter en mère.

CLÉOPATRE.

Aimez-moi seulement; vous allez être rois,
Et s'il faut du respect, c'est moi qui vous le dois.

ANTIOCHUS.

Ah! si nous recevons la suprême puissance,
Ce n'est pas pour sortir de votre obéissance :
Vous régnerez ici quand nous y régnerons,
Et ce seront vos lois que nous y donnerons.

CLÉOPATRE.

J'ose le croire ainsi : mais prenez votre place;
Il est temps d'avancer ce qu'il faut que je fasse.

(Ici Antiochus s'assied dans un fauteuil; Rodogune à sa gauche, en même rang, et Cléopâtre à sa droite, mais en rang inférieur et qui marque quelque inégalité. Oronte s'assied aussi à la gauche de Rodogune, avec la même différence; et Cléopâtre, cependant qu'ils prennent leurs places, parle à l'oreille de Laonice, qui s'en va querir une coupe pleine de vin empoisonné. Après qu'elle est partie, Cléopâtre continue :)

Peuple qui m'écoutez, Parthes et Syriens,
Sujets du roi son frère, ou qui fûtes les miens,
Voici de mes deux fils celui qu'un droit d'aînesse
Élève dans le trône et donne à la princesse.
Je lui rends cet État que j'ai sauvé pour lui,
Je cesse de régner; il commence aujourd'hui.
Qu'on ne me traite plus ici de souveraine :
Voici votre roi, peuple, et voilà votre reine.
Vivez pour les servir, respectez-les tous deux,
Aimez-les, et mourez, s'il est besoin, pour eux.
Oronte, vous voyez avec quelle franchise
Je leur rends ce pouvoir dont je me suis démise :

ACTE V, SCÈNE IV.

Prêtez les yeux au reste, et voyez les effets
Suivre de point en point les traités de la paix.
(Laonice revient avec une coupe à la main.)

ORONTE.

Votre sincérité s'y fait assez paraître,
Madame, et j'en ferai récit au roi mon maître.

CLÉOPATRE.

L'hymen est maintenant notre plus cher souci.
L'usage veut, mon fils, qu'on le commence ici :
Recevez de ma main la coupe nuptiale,
Pour être après unis sous la foi conjugale;
Puisse-t-elle être un gage envers votre moitié,
De votre amour ensemble et de mon amitié!

ANTIOCHUS, prenant la coupe.

Ciel! que ne dois-je point aux bontés d'une mère!

CLÉOPATRE.

Le temps presse, et votre heur d'autant plus se diffère.

ANTIOCHUS, à Rodogune.

Madame, hâtons donc ces glorieux moments :
Voici l'heureux essai de nos contentements.
Mais si mon frère était le témoin de ma joie...

CLÉOPATRE.

C'est être trop cruel de vouloir qu'il la voie :
Ce sont des déplaisirs qu'il fait bien d'épargner;
Et sa douleur secrète a droit de l'éloigner.

ANTIOCHUS.

Il m'avait assuré qu'il la verrait sans peine.
Mais n'importe, achevons.

SCÈNE IV. — CLÉOPATRE, ANTIOCHUS, RODOGUNE, ORONTE, TIMAGÈNE, LAONICE, TROUPE.

TIMAGÈNE.

Ah! seigneur!

CLÉOPATRE.

Timagène!
Quelle est votre insolence!

TIMAGÈNE.

Ah! madame!

ANTIOCHUS, rendant la coupe à Laonice.

Parlez.

TIMAGÈNE.

Souffrez pour un moment que mes sens rappelés...

ANTIOCHUS.

Qu'est-il donc arrivé ?

TIMAGÈNE.

Le prince votre frère...

ANTIOCHUS.

Quoi ! se voudrait-il rendre à mon bonheur contraire ?

TIMAGÈNE.

L'ayant cherché longtemps afin de divertir
L'ennui que de sa perte il pouvait ressentir,
Je l'ai trouvé, seigneur, au bout de cette allée
Où la clarté du ciel semble toujours voilée.
Sur un lit de gazon, de faiblesse étendu,
Il semblait déplorer ce qu'il avait perdu ;
Son âme à ce penser paraissait attachée ;
Sa tête sur un bras languissamment penchée,
Immobile et rêveur, en malheureux amant...

ANTIOCHUS.

Enfin que faisait-il ? achevez promptement.

TIMAGÈNE.

D'une profonde plaie en l'estomac ouverte
Son sang à gros bouillons sur cette couche verte...

CLÉOPATRE.

Il est mort !

TIMAGÈNE.

Oui, madame.

CLÉOPATRE.

Ah ! destins ennemis,
Qui m'enviez le bien que je m'étais promis !
Voilà le coup fatal que je craignais dans l'âme,
Voilà le désespoir où l'a réduit sa flamme.
Pour vivre en vous perdant il avait trop d'amour,
Madame, et de sa main il s'est privé du jour.

TIMAGÈNE, à Cléopâtre.

Madame, il a parlé, sa main est innocente.

CLÉOPATRE, à Timagène.

La tienne est donc coupable, et ta rage insolente,
Par une lâcheté qu'on ne peut égaler,
L'ayant assassiné, le fait encor parler !

ANTIOCHUS.

Timagène, souffrez la douleur d'une mère,
Et les premiers soupçons d'une aveugle colère.
Comme ce coup fatal n'a point d'autres témoins,
J'en ferais autant qu'elle, à vous connaître moins.
Mais que vous a-t-il dit? achevez, je vous prie.

TIMAGÈNE.

Surpris d'un tel spectacle, à l'instant je m'écrie;
Et soudain à mes cris, ce prince, en soupirant,
Avec assez de peine entr'ouvre un œil mourant;
Et ce reste égaré de lumière incertaine
Lui peignant son cher frère au lieu de Timagène,
Rempli de votre idée, il m'adresse pour vous
Ces mots où l'amitié règne sur le courroux :
« Une main qui nous fut bien chère
« Venge ainsi le refus d'un coup trop inhumain.
« Régnez; et surtout, mon cher frère,
« Gardez-vous de la même main.
« C'est... » La parque à ce mot lui coupe la parole;
Sa lumière s'éteint, et son âme s'envole :
Et moi, tout effrayé d'un si tragique sort,
J'accours pour vous en faire un funeste rapport.

ANTIOCHUS.

Rapport vraiment funeste, et sort vraiment tragique,
Qui va changer en pleurs l'allégresse publique.
O frère, plus aimé que la clarté du jour!
O rival, aussi cher que m'était mon amour!
Je te perds, et je trouve en ma douleur extrême
Un malheur dans ta mort plus grand que ta mort même.
O de ses derniers mots fatale obscurité!
En quel gouffre d'horreur m'as-tu précipité!
Quand j'y pense chercher la main qui l'assassine,
Je m'impute à forfait tout ce que j'imagine;
Mais aux marques enfin que tu m'en viens donner,
Fatale obscurité! qui dois-je en soupçonner?
« Une main qui nous fut bien chère! »
Madame, est-ce la vôtre, ou celle de ma mère?
Vous vouliez toutes deux un coup trop inhumain;
Nous vous avons tous deux refusé notre main :
Qui de vous s'est vengée? est-ce l'une, est-ce l'autre,
Qui fait agir la sienne au refus de la nôtre?

Est-ce vous qu'en coupable il me faut regarder ?
Est-ce vous désormais dont je me dois garder ?

CLÉOPATRE.

Quoi ! vous me soupçonnez ?

RODOGUNE.

Quoi ! je vous suis suspecte ?

ANTIOCHUS.

Je suis amant et fils, je vous aime et respecte ;
Mais, quoi que sur mon cœur puissent des noms si doux,
A ces marques enfin je ne connais que vous.
As-tu bien entendu ? dis-tu vrai, Timagène ?

TIMAGÈNE.

Avant qu'en soupçonner la princesse ou la reine,
Je mourrais mille fois ; mais enfin mon récit
Contient, sans rien de plus, ce que le prince a dit.

ANTIOCHUS.

D'un et d'autre côté l'action est si noire,
Que, n'en pouvant douter, je n'ose encor la croire.
O quiconque des deux avez versé son sang,
Ne vous préparez plus à me percer le flanc.
Nous avons mal servi vos haines mutuelles,
Aux jours l'une de l'autre également cruelles ;
Mais, si j'ai refusé ce détestable emploi,
Je veux bien vous servir toutes deux contre moi :
Qui que vous soyez donc, recevez une vie
Que déjà vos fureurs m'ont à demi ravie.

Il tire son épée, et veut se tuer.

RODOGUNE.

Ah ! seigneur, arrêtez.

TIMAGÈNE.

Seigneur, que faites-vous ?

ANTIOCHUS.

Je sers ou l'une ou l'autre, et je préviens ses coups.

CLÉOPATRE.

Vivez, régnez heureux.

ANTIOCHUS.

Otez-moi donc de doute,
Et montrez-moi la main qu'il faut que je redoute,
Qui pour m'assassiner ose me secourir,
Et me sauve de moi pour me faire périr.
Puis-je vivre et traîner cette gêne éternelle,

Confondre l'innocente avec la criminelle,
Vivre, et ne pouvoir plus vous voir sans m'alarmer,
Vous craindre toutes deux, toutes deux vous aimer?
Vivre avec ce tourment, c'est mourir à toute heure.
Tirez-moi de ce trouble ou souffrez que je meure,
Et que mon déplaisir, par un coup généreux,
Épargne un parricide à l'une de vous deux.

CLÉOPATRE.

Puisque le même jour que ma main vous couronne
Je perds un de mes fils, et l'autre me soupçonne,
Qu'au milieu de mes pleurs, qu'il devrait essuyer,
Son peu d'amour me force à me justifier;
Si vous n'en pouvez mieux consoler une mère
Qu'en la traitant d'égal avec une étrangère,
Je vous dirai, seigneur, car ce n'est plus à moi
A nommer autrement et mon juge et mon roi,
Que vous voyez l'effet de cette vieille haine
Qu'en dépit de la paix me garde l'inhumaine,
Qu'en son cœur du passé soutient le souvenir,
Et que j'avais raison de vouloir prévenir.
Elle a soif de mon sang, elle a voulu l'épandre :
J'ai prévu d'assez loin ce que j'en viens d'apprendre ;
Mais je vous ai laissé désarmer mon courroux.

A Rodogune.

Sur la foi de ces pleurs je n'ai rien craint de vous,
Madame; mais, ô dieux! quelle rage est la vôtre!
Quand je vous donne un fils, vous assassinez l'autre,
Et m'enviez soudain l'unique et faible appui
Qu'une mère opprimée eût pu trouver en lui!
Quand vous m'accablerez, où sera mon refuge?
Si je m'en plains au roi, vous possédez mon juge;
Et s'il m'ose écouter, peut-être, hélas! en vain
Il voudra se garder de cette même main.
Enfin je suis leur mère, et vous leur ennemie;
J'ai recherché leur gloire, et vous leur infamie
Et si je n'eusse aimé ces fils que vous m'ôtez,
Votre abord en ces lieux les eût déshérités.
C'est à lui maintenant, en cette concurrence,
A régler ses soupçons sur cette différence,
A voir de qui des deux il doit se défier,
Si vous n'avez un charme à vous justifier.

RODOGUNE, à Cléopâtre.

Je me défendrai mal : l'innocence étonnée
Ne peut s'imaginer qu'elle soit soupçonnée;
Et n'ayant rien prévu d'un attentat si grand,
Qui l'en veut accuser sans peine la surprend.
Je ne m'étonne point de voir que votre haine
Pour me faire coupable a quitté Timagène.
Au moindre jour ouvert de tout jeter sur moi,
Son récit s'est trouvé digne de votre foi.
Vous l'accusiez pourtant, quand votre âme alarmée
Craignait qu'en expirant ce fils vous eût nommée :
Mais, de ces derniers mots voyant le sens douteux,
Vous avez pris soudain le crime entre nous deux.
Certes, si vous voulez passer pour véritable
Que l'une de nous deux de sa mort soit coupable,
Je veux bien par respect ne vous imputer rien;
Mais votre bras au crime est plus fait que le mien;
Et qui sur un époux fit son apprentissage
A bien pu sur un fils achever son ouvrage.
Je ne dénîrai point, puisque vous les savez,
De justes sentiments dans mon âme élevés :
Vous demandiez mon sang; j'ai demandé le vôtre :
Le roi sait quels motifs ont poussé l'une et l'autre,
Comme par sa prudence il a tout adouci;
Il vous connaît peut-être, et me connaît aussi.

A Antiochus.

Seigneur, c'est un moyen de vous être bien chère
Que pour don nuptial vous immoler un frère :
On fait plus, on m'impute un coup si plein d'horreur,
Pour me faire un passage à vous percer le cœur.

A Cléopâtre.

Où fuirais-je de vous après tant de furie,
Madame? et que ferait toute votre Syrie,
Où seule et sans appui contre mes attentats,
Je verrais?... Mais, seigneur, vous ne m'écoutez pas!

ANTIOCHUS.

Non, je n'écoute rien; et dans la mort d'un frère
Je ne veux point juger entre vous et ma mère :
Assassinez un fils, massacrez un époux,
Je ne veux me garder ni d'elle ni de vous.
Suivons aveuglément ma triste destinée;

ACTE V, SCÈNE IV.

Pour m'exposer à tout achevons l'hyménée.
Cher frère, c'est pour moi le chemin du trépas;
La main qui t'a percé ne m'épargnera pas;
Je cherche à te rejoindre et non à m'en défendre,
Et lui veux bien donner tout lieu de me surprendre :
Heureux si sa fureur qui me prive de toi
Se fait bientôt connaître en achevant sur moi,
Et si du ciel, trop lent à la réduire en poudre,
Son crime redoublé peut arracher la foudre !
Donnez-moi...

RODOGUNE, l'empêchant de prendre la coupe.

Quoi, seigneur !

ANTIOCHUS.

Vous m'arrêtez en vain :
Donnez.

RODOGUNE.

Ah ! gardez-vous de l'une et l'autre main !
Cette coupe est suspecte, elle vient de la reine;
Craignez de toutes deux quelque secrète haine.

CLÉOPATRE.

Qui m'épargnait tantôt ose enfin m'accuser !

RODOGUNE.

De toutes deux, madame, il doit tout refuser.
Je n'accuse personne, et vous tiens innocente;
Mais il en faut sur l'heure une preuve évidente :
Je veux bien à mon tour subir les mêmes lois.
On ne peut craindre trop pour le salut des rois.
Donnez donc cette preuve; et, pour toute réplique,
Faites faire un essai par quelque domestique.

CLÉOPATRE, prenant la coupe.

Je le ferai moi-même. Eh bien, redoutez-vous
Quelque sinistre effet encor de mon courroux?
J'ai souffert cet outrage avecque patience.

ANTIOCHUS, prenant la coupe des mains de Cléopâtre, après qu'elle a bu.

Pardonnez-lui, madame, un peu de défiance :
Comme vous l'accusez, elle fait son effort
A rejeter sur vous l'horreur de cette mort;
Et soit amour pour moi, soit adresse pour elle,
Ce soin la fait paraître un peu moins criminelle.
Pour moi, qui ne vois rien, dans le trouble où je suis,

Qu'un gouffre de malheurs, qu'un abîme d'ennuis,
Attendant qu'en plein jour ces vérités paraissent,
J'en laisse la vengeance aux dieux qui les connaissent,
Et vais sans plus tarder...

RODOGUNE.

Seigneur, voyez ces yeux
Déjà tout égarés, troubles et furieux,
Cette affreuse sueur qui court sur son visage,
Cette gorge qui s'enfle. Ah! bons dieux! quelle rage!
Pour vous perdre après elle, elle a voulu périr.

ANTIOCHUS, *rendant la coupe à Laonice ou à quelque autre.*

N'importe, elle est ma mère, il faut la secourir.

CLÉOPATRE.

Va, tu me veux en vain rappeler à la vie;
Ma haine est trop fidèle, et m'a trop bien servie :
Elle a paru trop tôt pour te perdre avec moi;
C'est le seul déplaisir qu'en mourant je reçoi :
Mais j'ai cette douceur dedans cette disgrâce
De ne voir point régner ma rivale en ma place.
Règne; de crime en crime enfin te voilà roi.
Je t'ai défait d'un père, et d'un frère, et de moi :
Puisse le ciel tous deux vous prendre pour victimes,
Et laisser choir sur vous les peines de mes crimes!
Puissiez-vous ne trouver dedans votre union
Qu'horreur, que jalousie et que confusion!
Et, pour vous souhaiter tous les malheurs ensemble,
Puisse naître de vous un fils qui me ressemble!

ANTIOCHUS.

Ah! vivez pour changer cette haine en amour.

CLÉOPATRE.

Je maudirais les dieux s'ils me rendaient le jour.
Qu'on m'emporte d'ici : je me meurs. Laonice,
Si tu veux m'obliger par un dernier service,
Après les vains efforts de mes inimitiés,
Sauve-moi de l'affront de tomber à leurs pieds.

Elle s'en va, et Laonice lui aide à marcher.

ORONTE.

Dans les justes rigueurs d'un sort si déplorable,
Seigneur, le juste ciel vous est bien favorable :
Il vous a préservé, sur le point de périr,
Du danger le plus grand que vous puissiez courir;

Et par un digne effet de ses faveurs puissantes,
La coupable est punie, et vos mains innocentes.

ANTIOCHUS.

Oronte, je ne sais, dans son funeste sort,
Qui m'afflige le plus, ou sa vie, ou sa mort;
L'une et l'autre a pour moi des malheurs sans exemple'
Plaignez mon infortune. Et vous, allez au temple
Y changer l'allégresse en un deuil sans pareil,
La pompe nuptiale en funèbre appareil,
Et nous verrons après, par d'autres sacrifices,
Si les dieux voudront être à nos vœux plus propices.

FIN DE RODOGUNE.

HÉRACLIUS

TRAGÉDIE — 1674

A MONSEIGNEUR SÉGUIER

CHANCELIER DE FRANCE.

Monseigneur,

Je sais que cette tragédie n'est pas d'un genre assez relevé pour espérer légitimement que vous y daigniez jeter les yeux, et que, pour offrir quelque chose à Votre Grandeur qui n'en fût pas entièrement indigne, j'aurais eu besoin d'une parfaite peinture de toute la vertu d'un Caton ou d'un Sénèque ; mais, comme je tâchais d'amasser des forces pour ce grand dessein, les nouvelles faveurs que j'ai reçues de vous m'ont donné une juste impatience de les publier ; et les applaudissements qui ont suivi les représentations de ce poëme m'ont fait présumer que sa bonne fortune pourrait suppléer à son peu de mérite. La curiosité que son récit a laissée dans les esprits pour sa lecture m'a flatté aisément, jusques à me persuader que je ne pouvais prendre une plus heureuse occasion de leur faire savoir combien je vous suis redevable ; et j'ai précipité ma reconnaissance, quand j'ai considéré qu'autant que je la différerais pour m'en acquitter plus dignement, autant je demeurerais dans les apparences d'une ingratitude inexcusable envers vous ; mais, quand même les dernières obligations que je vous ai ne m'auraient pas fait cette glorieuse violence, il faut que je vous avoue ingénument que les intérêts de ma propre réputation m'en imposaient une très-pressante nécessité. Le bonheur de mes ouvrages ne la porte en aucun lieu où elle ne demeure fort douteuse, et où l'on ne se défie, avec raison, de ce qu'en dit la voix publique, parce qu'aucun d'eux n'y fait connaître l'honneur que j'ai d'être connu de vous. Cependant on sait par toute l'Europe l'accueil favorable que Votre Grandeur fait aux gens de lettres ; que l'accès auprès de vous est ouvert et libre à tous ceux que les sciences ou les talents de l'esprit élèvent au dessus du commun ; que les caresses dont vous les honorez sont les marques les plus indubitables et les plus solides de ce qu'ils valent ; et qu'enfin nos plus belles muses, que feu monseigneur le cardinal de Richelieu avait choisies de sa main pour en composer un corps tout d'esprits, seraient encore inconsolables de sa perte, si elles n'avaient trouvé chez Votre Grandeur la même protection qu'elles rencontraient chez Son Éminence. Quelle apparence donc qu'en quelque climat où notre langue puisse avoir entrée on puisse croire qu'un homme mérite quelque véritable estime, si ses travaux n'y portent les assurances de l'état que vous en faites dans les hommages qu'il vous en doit ? Trouvez bon, monseigneur, que celui-ci, plus heureux que le reste des miens, affranchisse mon nom de ne vous en avoir point encore rendu, et que, pour affermir ce peu de réputation qu'ils m'ont acquis, il tire mes lecteurs d'un doute si légitime, en leur apprenant non-seulement que je ne vous suis pas tout à fait inconnu, mais aussi même que votre bonté ne dédaigne pas de répandre sur moi votre bienveillance et vos grâces : de sorte que, quand votre vertu ne me donnerait pas toutes les passions imaginables pour votre service, je serais le plus ingrat de tous les hommes si je n'étais, toute ma vie, très-véritablement,

Monseigneur,

Votre très-humble, très-obéissant et très fidèle serviteur,

CORNEILLE.

AU LECTEUR.

Voici une hardie entreprise sur l'histoire, dont vous ne reconnaîtrez aucune chose dans cette tragédie, que l'ordre de la succession des empereurs Tibère, Maurice, Phocas et Héraclius. J'ai falsifié la naissance de ce dernier ; mais ce n'a été qu'en sa faveur et pour lui en donner une plus illustre, le faisant fils de l'empereur Maurice, bien qu'il ne le fût que d'un préteur d'Afrique de même nom que lui. J'ai prolongé la durée de l'empire de son prédécesseur de douze années, et lui ai donné un fils, quoique l'histoire n'en parle point, mais seulement d'une fille nommée Domitia, qu'il maria à un Priscus ou Crispus. J'ai prolongé de même la vie de l'impératrice Constantine, et, comme j'ai fait régner ce tyran vingt ans au lieu de huit, je n'ai fait mourir cette princesse que dans la quinzième année de sa tyrannie, quoiqu'il l'eût sacrifiée à sa sûreté avec ses filles dès la cinquième. Je ne me mettrai pas en peine de justifier cette licence que j'ai prise ; l'événement l'a assez justifiée, et les exemples des anciens que j'ai rapportés sur *Rodogune* semblent l'autoriser suffisamment ; mais, à parler sans fard, je ne voudrais pas conseiller à personne de la tirer en exemple. C'est beaucoup hasarder, et l'on n'est pas toujours heureux ; et, dans un dessein de cette nature, ce qu'un bon succès fait passer pour une ingénieuse hardiesse, un mauvais le fait prendre pour une témérité ridicule.

Baronius, parlant de la mort de l'empereur Maurice et de celle de ses fils, que Phocas faisait immoler à sa vue, rapporte une circonstance très-rare, dont j'ai pris l'occasion de former le nœud de cette tragédie, à qui elle sert de fondement. Cette nourrice eut tant de zèle pour ce malheureux prince, qu'elle exposa son propre fils au supplice, au lieu d'un des siens qu'on lui avait donné à nourrir. Maurice reconnut l'échange, et l'empêcha par une considération pieuse, que cette extermination de toute sa famille était un juste jugement de Dieu, auquel il n'eût pas cru satisfaire s'il eût souffert que le sang d'un autre eût payé pour celui d'un de ses fils. Mais, quant à ce qui était de la mère, elle avait surmonté l'affection maternelle en faveur de son prince, et l'on peut dire que son enfant était mort pour son regard. Comme j'ai cru que cette action était assez généreuse pour mériter une personne plus illustre à la produire, j'ai fait de cette nourrice une gouvernante. J'ai supposé que l'échange avait eu son effet ; et, de cet enfant sauvé par la supposition d'un autre, j'en ai fait Héraclius, le successeur de Phocas. Bien plus, j'ai feint que cette Léontine, ne croyant pas pouvoir cacher longtemps cet enfant que Maurice avait commis à sa fidélité, vu la recherche exacte que Phocas en faisait faire, et se voyant même déjà soupçonnée et prête à être découverte, se voulut mettre dans les bonnes grâces de ce tyran, en lui allant offrir ce petit prince dont il était en peine, au lieu duquel elle lui livra son propre fils Léonce. J'ai ajouté que, par cette action, Phocas fut tellement gagné, qu'il crut ne pouvoir remettre son fils Martian aux mains d'une personne qui lui fût plus acquise, d'autant que ce qu'elle venait de faire l'avait jetée, à ce qu'il croyait, dans une haine irréconciliable avec les amis de Maurice, qu'ils avaient seuls à craindre. Cette faveur où je la mets auprès de lui donne lieu à un second échange d'Héraclius, qu'elle nourrissait comme son fils sous le nom de Léonce, avec Martian, que Phocas lui avait confié. Je lui fais prendre l'occasion de l'éloignement de ce tyran, que j'arrête trois ans, sans revenir, à la guerre contre les Perses ; et, à son retour, je fais qu'elle lui donne Héraclius pour fils, qui est dorénavant élevé auprès de lui sous le nom de Martian, cependant qu'elle retient le vrai Martian auprès d'elle, et le nourrit sous le nom de son Léonce, qu'elle avait exposé pour l'autre. Comme ces deux princes sont grands, et que Phocas, abusé par ce dernier échange, pressé Héraclius d'épouser Pulchérie, fille de Maurice, qu'il avait réservée exprès seule de toute sa famille, afin qu'elle portât, par ce mariage, le droit et les titres de l'empire dans sa maison, Léontine, pour empêcher cette alliance incestueuse du frère et de la sœur, avertit Héraclius de sa naissance. Je serais trop long, si je voulais ici toucher le reste des incidents d'un poëme si embarrassé, et me contenterai de vous avoir donné ces lumières, afin que vous en puissiez commencer la lecture avec moins d'obscurité. Vous vous souviendrez seulement qu'Héraclius passe pour Martian, fils de Phocas, et Martian pour Léonce, fils de Léontine, et qu'Héraclius sait qui il est, et qui est ce faux Léonce ; mais que le vrai Martian, Phocas, ni Pulchérie n'en savent rien, non plus que le reste des acteurs, hormis Léontine et sa fille Eudoxe.

On m'a fait quelque scrupule de ce qu'il n'est pas vraisemblable qu'une mère expose son fils à la mort pour en préserver un autre ; à quoi j'ai deux réponses à faire : la première, que notre unique docteur Aristote nous permet de mettre quelquefois des choses qui même soient contre la raison et l'apparence, pourvu que ce soit hors de l'action, ou, pour me servir des termes latins de ses interprètes, *extra fabulam*, comme est ici cette supposition d'enfant, et nous donne pour exemple Œdipe, qui, ayant tué un roi de Thèbes, l'ignore encore vingt ans après ; l'autre, que l'action étant vraie du côté de la mère, comme j'ai remarqué tantôt, il ne faut plus s'informer si elle est vraisemblable, étant certain que toutes les vérités sont recevables dans la poésie, quoiqu'elle ne soit pas obligée à les suivre. La liberté qu'elle a de s'en écarter n'est pas une nécessité, et la vraisemblance n'est qu'une condition nécessaire à la disposition, et non pas au choix du sujet, ni des incidents qui sont appuyés de l'histoire. Tout ce qui entre dans le poëme doit être croyable ; et il l'est, selon Aristote, par l'un de ces trois moyens : la vérité, la vraisemblance, ou l'opinion commune. J'irai plus outre ; et, quoique peut-être on voudra prendre cette proposition pour un paradoxe, je ne craindrai point d'avancer que le sujet d'une belle tragédie doit n'être pas vraisemblable. La preuve en est aisée par le même Aristote, qui ne veut pas qu'on en compose une d'un ennemi qui tue son ennemi, parce que, bien que cela soit vraisemblable, il n'excite dans l'âme des spectateurs ni pitié ni crainte, qui sont les deux passions de la tragédie ; mais il nous renvoie la choisir dans les événements extraordinaires qui se passent entre personnes proches, comme d'un père qui tue son fils, une femme son mari, un frère sa sœur; ce qui, n'étant jamais vraisemblable, doit avoir l'autorité de l'histoire ou de l'opinion commune pour être cru; si bien qu'il n'est pas permis d'inventer un sujet de cette nature. C'est la raison qu'il donne de ce que les anciens traitaient presque les mêmes sujets, d'autant qu'ils rencontraient peu de familles où fussent arrivés de pareils désordres, qui font les belles et puissantes oppositions du devoir et de la passion.

Ce n'est pas ici le lieu de m'étendre plus au long sur cette matière; j'en ai dit ces deux mots en passant, par une nécessité de me défendre d'une objection qui détruirait tout mon ouvrage, puisqu'elle va à en saper le fondement, et non par ambition d'étaler mes maximes, qui peut-être ne sont pas généralement avouées des savants. Aussi ne donné-je ici mes opinions qu'à la mode de M. de Montaigne, non pour bonnes, mais pour miennes. Je m'en suis bien trouvé jusqu'à présent; mais je ne tiens pas impossible qu'on réussisse mieux en suivant les contraires.

EXAMEN D'HÉRACLIUS.

Cette tragédie a encore plus d'effort d'invention que celle de *Rodogune*, et je puis dire que c'est un heureux original dont il s'est fait beaucoup de belles copies sitôt qu'il a paru. Sa conduite diffère de celle-là en ce que les narrations qui lui donnent jour sont pratiquées par occasion en divers lieux avec adresse, et toujours dites et écoutées avec intérêt, sans qu'il y en ait pas une de sang-froid, comme celle de Laonice. Elles sont éparses ici dans tout le poëme, et ne font connaître à la fois que ce qu'il est besoin qu'on sache pour l'intelligence de la scène qui suit. Ainsi, dès la première, Phocas, alarmé du bruit qui court qu'Héraclius est vivant, récite les particularités de sa mort pour montrer la fausseté de ce bruit; et Crispe, son gendre, en lui proposant un remède aux troubles qu'il appréhende, fait connaître comme, en perdant toute la famille de Maurice il a réservé Pulchérie pour la faire épouser à son fils Martian, et le pousse d'autant plus à presser ce mariage, que ce prince court chaque jour de grands périls à la guerre, et que sans Léonce il fût demeuré au dernier combat. C'est par là qu'il instruit les auditeurs de l'obligation qu'a le vrai Héraclius, qui passe pour Martian, au vrai Martian, qui passe pour Léonce; et cela sert de fondement à l'offre volontaire qu'il fait de sa vie au quatrième acte, pour le sauver du péril où l'expose cette erreur des noms. Sur cette proposition, Phocas, se plaignant de l'aversion que les deux parties témoignent à ce mariage, impute celle de Pulchérie à l'instruction qu'elle a reçue de sa mère, et apprend ainsi aux spectateurs, comme en passant, qu'il la laissée trop vivre après la mort de l'empereur Maurice, son mari. Il fallait tout cela pour faire entendre la scène qui suit entre Pulchérie et lui ; mais je n'ai pu avoir assez d'adresse pour faire entendre les équivoques ingénieux dont est rempli tout ce que dit Héraclius à la fin de ce premier acte ; et on ne les peut comprendre que par une réflexion après que la pièce est finie, et qu'il est entièrement reconnu, ou dans une seconde représentation.

Surtout, la manière dont Eudoxe fait connaître, au second acte, le double échange que sa mère a fait des deux princes, est une des choses les plus spirituelles qui soient sorties de ma plume. Léontine l'accuse d'avoir révélé le secret d'Héraclius et d'être cause du bruit qui court, qui le met en péril de sa vie ; pour s'en justifier, elle explique tout ce qu'elle en sait, et conclut que, puisqu'on n'en publie pas tant, il faut que ce bruit ait pour auteur quelqu'un qui n'en sache pas tant qu'elle. Il est vrai que cette narration est si courte, qu'elle laisserait beaucoup d'obscurité si Héraclius ne l'expliquait plus au long, au quatrième acte, quand il est besoin que cette vérité fasse son plein effet ; mais elle n'en pouvait pas dire davantage à une personne qui savait cette histoire mieux qu'elle, et ce peu qu'elle en dit suffit à jeter une lumière imparfaite de ces échanges, qu'il n'est pas besoin alors d'éclaircir plus entièrement.

L'artifice de la dernière scène de ce quatrième acte passe encore celui-ci : Exupère y fait connaître tout son dessein à Léontine, mais d'une façon qui n'empêche point cette femme avisée de le soupçonner de fourberie, et de n'avoir d'autre dessein que de tirer d'elle le secret d'Héraclius pour le perdre. L'auditeur lui-même en demeure dans la défiance et ne sait qu'en juger ; mais, après que la conspiration a eu son effet par la mort de Phocas, cette confidence anticipée exempte Exupère de se purger de tous les justes soupçons qu'on avait eus de lui, et délivre l'auditeur d'un récit qui lui aurait été fort ennuyeux après le dénoûment de la pièce, où toute la patience que peut avoir sa curiosité se borne à savoir qui est le vrai Héraclius des deux qui prétendent l'être.

Le stratagème d'Exupère, avec toute son industrie, a quelque chose un peu délicat, et d'une nature à ne se faire qu'au théâtre, où l'auteur est maître des événements qu'il tient dans sa main, et non pas dans la vie civile, où les hommes en disposent selon leurs intérêts et leur pouvoir. Quand il découvre Héraclius à Phocas, et le fait arrêter prisonnier, son intention est fort bonne et lui réussit; mais il n'y avait que moi qui lui pût répondre du succès. Il acquiert la confiance du tyran par là, et se fait remettre entre les mains la garde d'Héraclius et sa conduite au supplice; mais le contraire pouvait arriver, et Phocas, au lieu de déférer à ses avis qui le résolvent à faire couper la tête à ce prince en place publique, pouvait s'en défaire sur l'heure, et se défier de lui et de ses amis comme de gens qu'il avait offensés et dont il ne devait jamais espérer un zèle bien sincère à le servir. La mutinerie qu'il excite, dont il lui amène les chefs comme prisonniers pour le poignarder, est imaginée avec justesse; mais, jusque-là, toute sa conduite est de ces choses qu'il faut souffrir au théâtre, parce qu'elles ont un éclat dont la suprise éblouit, et qu'il ne ferait pas bon tirer en exemple pour conduire une action véritable sur leur plan.

Je ne sais si on voudra me pardonner d'avoir fait une pièce d'invention sous des noms véritables; mais je ne crois pas qu'Aristote le défende, et j'en trouve assez d'exemples chez les anciens. Les deux *Électres* de Sophocle et d'Euripide aboutissent à la même action par des moyens si divers, qu'il faut de nécessité que l'une des deux soit entièrement inventée; l'*Iphigénie in Tauris* a la mine d'être de même nature; et l'*Hélène*, où Euripide suppose qu'elle n'a jamais été à Troie, et que Pâris n'y a enlevé qu'un fantôme qui lui ressemblait, ne peut avoir aucune action épisodique ni principale qui ne parte de la seule imagination de son auteur.

Je n'ai conservé ici, pour toute vérité historique, que l'ordre de la succession des empereurs Tibère, Maurice, Phocas et Héraclius; j'ai falsifié la naissance de ce dernier pour lui en donner une plus illustre, en le faisant fils de Maurice, bien qu'il ne le fût que d'un préteur d'Afrique qui portait même nom que lui. J'ai prolongé de douze ans la durée de l'empire de Phocas, et lui ai donné Martian pour fils, quoique l'histoire ne parle que d'une fille nommée Domitia, qu'il maria à Crispe, dont je fais un de mes personnages. Ce fils et Héraclius, qui sont confondus l'un avec l'autre par les échanges de Léontine, n'auraient pas été en état d'agir, si je ne l'eusse fait régner que les huit ans qu'il régna, puisque, pour faire ces échanges, il fallait qu'ils fussent tous deux au berceau quand il commença de régner. C'est par cette même raison que j'ai prolongé la vie de l'impératrice Constantine, que je n'ai fait mourir qu'en la quinzième année de sa tyrannie, bien qu'il l'eût immolée à sa sûreté dès la cinquième; et je l'ai fait, afin qu'elle pût avoir une fille capable de recevoir ses instructions en mourant, et d'un âge proportionné à celui du prince qu'on lui voulait faire épouser.

La supposition que fait Léontine d'un de ses fils pour mourir au lieu d'Héraclius n'est point vraisemblable, mais elle est historique, et n'a point besoin de vraisemblance, puisqu'elle a l'appui de la vérité qui la rend croyable, quelque répugnance qu'y veuillent apporter les difficiles. Baronius attribue cette action à une nourrice, et je l'ai trouvée assez généreuse pour la faire produire à une personne plus illustre et qui soutient mieux la dignité du théâtre. L'empereur Maurice reconnut cette supposition et l'empêcha d'avoir son effet, pour ne s'opposer pas au juste jugement de Dieu, qui voulait exterminer toute sa famille; mais, quant à ce qui est de la mère, elle avait surmonté l'affection maternelle en faveur de son prince ; et, comme on pouvait dire que son fils était mort pour son regard, je me suis cru assez autorisé par ce qu'elle avait voulu faire à rendre cet échange effectif et à le faire servir de fondement aux nouveautés surprenantes de ce sujet.

Il lui faut la même indulgence pour l'unité de lieu qu'à *Rodogune*. La plupart des poëmes qui suivent en ont besoin, et je me dispenserai de le répéter en les examinant. L'unité de jour n'a rien de violenté, et l'action se pourrait passer en cinq ou six heures ; mais le poëme est si embarrassé, qu'il demande une merveilleuse attention. J'ai vu de fort bons esprits et des personnes des plus qualifiées de la cour se plaindre de ce que sa représentation fatiguait autant l'esprit qu'une étude sérieuse. Elle n'a pas laissé de plaire ; mais je crois qu'il l'a fallu voir plus d'une fois pour en remporter une entière intelligence.

PERSONNAGES.

PHOCAS, empereur d'Orient.
HÉRACLIUS, fils de l'empereur Maurice, cru Martian, fils de Phocas, amant d'Eudoxe.
MARTIAN, fils de Phocas, cru Léonce, fils de Léontine, amant de Pulchérie.
PULCHÉRIE, fille de l'empereur Maurice, maîtresse de Martian.
LÉONTINE, dame de Constantinople, autrefois gouvernante d'Héraclius et de Martian.
EUDOXE, fille de Léontine, et maîtresse d'Héraclius.
CRISPE, gendre de Phocas.
EXUPÈRE, patricien de Constantinople.
AMINTAS, ami d'Exupère.
Un Page de Léontine.

La scène est à Constantinople.

ACTE PREMIER.

SCÈNE I. — PHOCAS, CRISPE.

PHOCAS.

Crispe, il n'est que trop vrai, la plus belle couronne
N'a que de faux brillants dont l'éclat l'environne;
Et celui dont le ciel pour un sceptre fait choix,
Jusqu'à ce qu'il le porte en ignore le poids.
Mille et mille douceurs y semblent attachées,
Qui ne sont qu'un amas d'amertumes cachées;
Qui croit les posséder les sent s'évanouir;
Et la peur de les perdre empêche d'en jouir :
Surtout, qui, comme moi, d'une obscure naissance,
Monte par la révolte à la toute-puissance,
Qui de simple soldat à l'empire élevé,
Ne l'a que par le crime acquis et conservé,
Autant que sa fureur s'est immolé de têtes,
Autant dessus la sienne il croit voir de tempêtes;
Et, comme il n'a semé qu'épouvante et qu'horreur
Il n'en recueille enfin que trouble et que terreur.
J'en ai semé beaucoup; et depuis quatre lustres
Mon trône n'est fondé que sur des morts illustres;
Et j'ai mis au tombeau, pour régner sans effroi,
Tout ce que j'en ai vu de plus digne que moi.
Mais le sang répandu de l'empereur Maurice,
Ses cinq fils à ses yeux envoyés au supplice,
En vain en ont été les premiers fondements,
Si pour m'ôter ce trône ils servent d'instruments.
On en fait revivre un au bout de vingt années :
Byzance ouvre, dis-tu, l'oreille à ces menées;
Et le peuple, amoureux de tout ce qui me nuit,
D'une croyance avide embrasse ce faux bruit,
Impatient déjà de se laisser séduire
Au premier imposteur armé pour me détruire,
Qui, s'osant revêtir de ce fantôme aimé,

ACTE I, SCÈNE I.

Voudra servir d'idole à son zèle charmé.
Mais sais-tu sous quel nom ce fâcheux bruit s'excite ?
CRISPE.
Il nomme Héraclius celui qu'il ressuscite.
PHOCAS.
Quiconque en est l'auteur devait mieux l'inventer.
Le nom d'Héraclius doit peut m'épouvanter ;
Sa mort est trop certaine, et fut trop remarquable,
Pour craindre un grand effet d'une si vaine fable.
Il n'avait que six mois ; et, lui perçant le flanc,
On en fit dégoutter plus de lait que de sang ;
Et ce prodige affreux, dont je tremblai dans l'âme,
Fut aussitôt suivi de la mort de ma femme.
Il me souvient encor qu'il fut deux jours caché,
Et que sans Léontine, on l'eût longtemps cherché :
Il fut livré par elle, à qui, pour récompense,
Je donnai de mon fils à gouverner l'enfance,
Du jeune Martian, qui d'âge presque égal,
Était resté sans mère en ce moment fatal.
Juge par là combien ce conte est ridicule.
CRISPE.
Tout ridicule il plaît ; et le peuple est crédule :
Mais avant qu'à ce conte il se laisse emporter,
Il vous est trop aisé de le faire avorter.
Quand vous fîtes périr Maurice et sa famille,
Il vous en plut, seigneur, réserver une fille,
Et résoudre dès lors qu'elle aurait pour époux
Ce prince destiné pour régner après vous.
Le peuple en sa personne aime encore et révère
Et son père Maurice et son aïeul Tibère,
Et vous verra sans trouble en occuper le rang
S'il voit tomber leur sceptre au reste de leur sang.
Non, il ne courra plus après l'ombre du frère,
S'il voit monter la sœur dans le trône du père.
Mais pressez cet hymen : le prince aux champs de Mars,
Chaque jour, chaque instant, s'offre à mille hasards,
Et n'eût été Léonce, en la dernière guerre,
Ce dessein avec lui serait tombé par terre,
Puisque, sans la valeur de ce jeune guerrier,
Martian demeurait ou mort ou prisonnier.
Avant que d'y périr, s'il faut qu'il y périsse,

Qu'il vous laisse un neveu qui le soit de Maurice,
Et qui, réunissant l'une et l'autre maison,
Tire chez vous l'amour qu'on garde pour son nom.

PHOCAS.

Hélas! de quoi me sert ce dessein salutaire,
Si pour en voir l'effet tout me devient contraire?
Pulchérie et mon fils ne se montrent d'accord
Qu'à fuir cet hyménée à l'égal de la mort;
Et les aversions entre eux deux mutuelles
Les font d'intelligence à se montrer rebelles.
La princesse surtout frémit à mon aspect;
Et, quoiqu'elle étudie un peu de faux respect,
Le souvenir des siens, l'orgueil de sa naissance,
L'emporte à tous moments à braver ma puissance.
Sa mère, que longtemps je voulus épargner,
Et qu'en vain par douceur j'espérai de gagner,
L'a de la sorte instruite; et ce que je vois suivre
Me punit bien du trop que je la laissai vivre.

CRISPE.

Il faut agir de force avec de tels esprits,
Seigneur, et qui les flatte endurcit leurs mépris.
La violence est juste où la douceur est vaine.

PHOCAS.

C'est par là qu'aujourd'hui je veux dompter sa haine.
Je l'ai mandée exprès, non plus pour la flatter,
Mais pour prendre mon ordre et pour l'exécuter.

CRISPE.

Elle entre.

SCÈNE II. — PHOCAS, PULCHÉRIE, CRISPE.

PHOCAS.

Enfin, madame, il est temps de vous rendre.
Le besoin de l'État défend de plus attendre;
Il lui faut des Césars, et je me suis promis
D'en voir naître bientôt de vous et de mon fils.
Ce n'est pas exiger grande reconnaissance
Des soins que mes bontés ont pris de votre enfance,
De vouloir qu'aujourd'hui, pour prix de mes bienfaits,
Vous daigniez accepter les dons que je vous fais.
Ils ne font point de honte au rang le plus sublime;

Ma couronne et mon fils valent bien quelque estime :
Je vous les offre encore après tant de refus ;
Mais apprenez aussi que je n'en souffre plus,
Que de force ou de gré je veux me satisfaire,
Qu'il me faut craindre en maître, ou me chérir en père,
Et que, si votre orgueil s'obstine à me haïr,
Qui ne peut être aimé se peut faire obéir.

PULCHÉRIE.

J'ai rendu jusqu'ici cette reconnaissance
A ces soins tant vantés d'élever mon enfance,
Que, tant qu'on m'a laissée en quelque liberté,
J'ai voulu me défendre avec civilité ;
Mais, puisqu'on usé enfin d'un pouvoir tyrannique,
Je vois bien qu'à mon tour il faut que je m'explique,
Que je me montre entière à l'injuste fureur,
Et parle à mon tyran en fille d'empereur.
Il fallait me cacher avec quelque artifice
Que j'étais Pulchérie, et fille de Maurice,
Si tu faisais dessein de m'éblouir les yeux
Jusqu'à prendre tes dons pour des dons précieux.
Vois quels sont ces présents dont le refus t'étonne :
Tu me donnes, dis-tu, ton fils et ta couronne ;
Mais, que me donnes-tu, puisque l'une est à moi,
Et l'autre en est indigne, étant sorti de toi ?
Ta libéralité me fait peine à comprendre :
Tu parles de donner quand tu ne fais que rendre ;
Et puisque avecque moi tu veux le couronner,
Tu ne me rends mon bien que pour te le donner.
Tu veux que cet hymen que tu m'oses prescrire,
Porte dans ta maison les titres de l'empire,
Et de cruel tyran, d'infâme ravisseur,
Te fasse vrai monarque et juste possesseur.
Ne reproche donc plus à mon âme indignée
Qu'en perdant tous les miens tu m'as seule épargnée :
Cette feinte douceur, cette ombre d'amitié,
Vint de ta politique, et non de ta pitié.
Ton intérêt dès lors fit seul cette réserve :
Tu m'as laissé la vie afin qu'elle te serve ;
Et mal sûr dans un trône où tu crains l'avenir,
Tu ne m'y veux placer que pour t'y maintenir ;
Tu ne m'y fais monter que de peur d'en descendre :

Mais connais Pulchérie, et cesse de prétendre.
Je sais qu'il m'appartient, ce trône où tu te sieds,
Que c'est à moi d'y voir tout le monde à mes pieds :
Mais comme il est encor teint du sang de mon père,
S'il n'est lavé du tien, il ne saurait me plaire ;
Et ta mort, que mes vœux s'efforcent de hâter,
Est l'unique degré par où j'y veux monter :
Voilà quelle je suis et quelle je veux être.
Qu'un autre t'aime en père, ou te redoute en maître,
Le cœur de Pulchérie est trop haut et trop franc
Pour craindre ou pour flatter le bourreau de son sang.

PHOCAS.

J'ai forcé ma colère à te prêter silence,
Pour voir à quel excès irait ton insolence :
J'ai vu ce qui t'abuse et me fait mépriser,
Et t'aime encore assez pour te désabuser.
N'estime plus mon sceptre usurpé sur ton père,
Ni que pour l'appuyer ta main soit nécessaire.
Depuis vingt ans je règne, et je règne sans toi ;
Et j'en eus tout le droit du choix qu'on fit de moi.
Le trône où je me sieds n'est pas un bien de race :
L'armée a ses raisons pour remplir cette place ;
Son choix en est le titre ; et tel est notre sort,
Qu'une autre élection nous condamne à la mort.
Celle qu'on fit de moi fut l'arrêt de Maurice ;
J'en vis avec regret le triste sacrifice :
Au repos de l'État il fallut l'accorder ;
Mon cœur, qui résistait, fut contraint de céder ;
Mais, pour remettre un jour l'empire en sa famille,
Je fis ce que je pus, je conservai sa fille,
Et, sans avoir besoin de titres ni d'appui,
Je te fais part d'un bien qui n'était plus à lui.

PULCHÉRIE.

Un chétif centenier des troupes de Mysie,
Qu'un gros de mutinés élut par fantaisie,
Oser arrogamment se vanter à mes yeux
D'être juste seigneur du bien de mes aïeux !
Lui qui n'a pour l'empire autre droit que ses crimes,
Lui qui de tous les miens fit autant de victimes,
Croire s'être lavé d'un si noir attentat
En imputant leur perte au salut de l'État !

Il fait plus, il me croit digne de cette excuse !
Souffre, souffre à ton tour que je te désabuse :
Apprends que, si jadis quelques séditions
Usurpèrent le droit de ces élections,
L'empire était chez nous un bien héréditaire ;
Maurice ne l'obtint qu'en gendre de Tibère ;
Et l'on voit depuis lui remonter mon destin
Jusqu'au grand Théodose et jusqu'à Constantin.
Et je pourrais avoir l'âme assez abattue...

PHOCAS.

Eh bien ! si tu le veux, je te le restitue,
Cet empire, et consens encor que ta fierté
Impute à mes remords l'effet de ma bonté.
Dis que je te le rends et te fais des caresses
Pour apaiser des tiens les ombres vengeresses,
Et tout ce qui pourra sous quelque autre couleur
Autoriser ta haine et flatter ta douleur ;
Pour un dernier effort je veux souffrir la rage
Qu'allume dans ton cœur cette sanglante image.
Mais que t'a fait mon fils ? Était-il, au berceau,
Des tiens que je perdis le juge ou le bourreau ?
Tant de vertus qu'en lui le monde entier admire
Ne l'ont-elles pas fait trop dignes de l'empire ?
En ai-je eu quelque espoir qu'il n'ait assez rempli ?
Et voit-on sous le ciel prince plus accompli ?
Un cœur comme le tien, si grand, si magnanime...

PULCHÉRIE.

Va, je ne confonds point ses vertus et ton crime :
Comme ma haine est juste et ne m'aveugle pas,
J'en vois assez en lui pour les plus grands États ;
J'admire chaque jour les preuves qu'il en donne ;
J'honore sa valeur, j'estime sa personne,
Et penche d'autant plus à lui vouloir du bien,
Que, s'en voyant indigne, il ne demande rien,
Que ses longues froideurs témoignent qu'il s'irrite
De ce qu'on veut de moi par delà son mérite,
Et que de tes projets son cœur triste et confus
Pour m'en faire justice approuve mes refus.
Ce fils si vertueux d'un père si coupable,
S'il ne devait régner, me pourrait être aimable ;
Et cette grandeur même où tu veux le porter

Est l'unique motif qui m'y fait résister.
Après l'assassinat de ma famille entière,
Quand tu ne m'as laissé père, mère ni frère,
Que j'en fasse ton fils légitime héritier!
Que j'assure par là leur trône au meurtrier!
Non, non; si tu me crois le cœur si magnanime
Qu'il ose séparer ses vertus de ton crime,
Sépare tes présents, et ne m'offre aujourd'hui
Que ton fils sans le sceptre, ou le sceptre sans lui.
Avise; et, si tu crains qu'il te fût trop infâme
De remettre l'empire en la main d'une femme,
Tu peux dès aujourd'hui le voir mieux occupé.
Le ciel me rend un frère à ta rage échappé;
On dit qu'Héraclius est tout prêt de paraître:
Tyran, descends du trône, et fais place à ton maître.

PHOCAS.

A ce compte, arrogante, un fantôme nouveau,
Qu'un murmure confus fait sortir du tombeau,
Te donne cette audace et cette confiance!
Ce bruit s'est fait déjà digne de ta croyance!
Mais...

PULCHÉRIE.

Je sais qu'il est faux; pour t'assurer ce rang
Ta rage eut trop de soin de verser tout mon sang;
Mais la soif de ta perte en cette conjoncture
Me fait aimer l'auteur d'une belle imposture.
Au seul nom de Maurice il te fera trembler:
Puisqu'il se dit son fils, il veut lui ressembler;
Et cette ressemblance où son courage aspire
Mérite mieux que toi de gouverner l'empire.
J'irai par mon suffrage affermir cette erreur,
L'avouer pour mon frère et pour mon empereur,
Et dedans son parti jeter tout l'avantage
Du peuple convaincu par mon premier hommage.
Toi, si quelque remords te donne un juste effroi,
Sors du trône, et te laisse abuser comme moi;
Prends cette occasion de te faire justice.

PHOCAS.

Oui, je me la ferai bientôt par ton supplice:
Ma bonté ne peut plus arrêter mon devoir;
Ma patience a fait par delà son pouvoir.

Qui se laisse outrager mérite qu'on l'outrage;
Et l'audace impunie enfle trop un courage.
Tonne, menace, brave, espère en de faux bruits,
Fortifie, affermis ceux qu'ils auront séduits.
Dans ton âme à ton gré change ma destinée;
Mais choisis pour demain la mort ou l'hyménée.

PULCHÉRIE.

Il n'est pas pour ce choix besoin d'un grand effort
A qui hait l'hyménée et ne craint point la mort.

En ces deux scènes, Héraclius passe pour Martian, et Martian pour Léonce. Héraclius se connaît, mais Martian ne se connaît pas.

SCÈNE III. — PHOCAS, PULCHÉRIE, HÉRACLIUS, CRISPE.

PHOCAS, à Pulchérie.

Dis, si tu veux encor, que ton cœur la souhaite.

A Héraclius.

Approche, Martian, que je te le répète :
Cette ingrate furie, après tant de mépris,
Conspire encor la perte et du père et du fils;
Elle-même a semé cette erreur populaire
D'un faux Héraclius qu'elle accepte pour frère :
Mais, quoi qu'à ces mutins elle puisse imposer,
Demain ils la verront mourir ou t'épouser.

HÉRACLIUS.

Seigneur...

PHOCAS.

Garde sur toi d'attirer ma colère.

HÉRACLIUS.

Dussé-je mal user de cet amour de père,
Étant ce que je suis, je me dois quelque effort
Pour vous dire, seigneur, que c'est vous faire tort,
Et que c'est trop montrer d'injuste défiance
De ne pouvoir régner que par son alliance :
Sans prendre un nouveau droit du nom de son époux,
Ma naissance suffit pour régner après vous.
J'ai du cœur, et tiendrais l'empire même infâme
S'il fallait le tenir de la main d'une femme.

PHOCAS.

Eh bien! elle mourra, tu n'en a pas besoin.

HÉRACLIUS.
De vous-même, seigneur, daignez mieux prendre soin.
Le peuple aime Maurice; en perdre ce qui reste
Nous rendrait ce tumulte au dernier point funeste.
Au nom d'Héraclius à demi soulevé,
Vous verriez par sa mort le désordre achevé:
Il vaut mieux la priver du rang qu'elle rejette,
Faire régner une autre et la laisser sujette :
Et d'un parti plus bas punissant son orgueil...

PHOCAS.
Quand Maurice peut tout du creux de son cercueil,
A ce fils supposé, dont il me faut défendre,
Tu parles d'ajouter un véritable gendre !

HÉRACLIUS.
Seigneur, j'ai des amis chez qui cette moitié...

PHOCAS.
A l'épreuve d'un sceptre il n'est point d'amitié,
Point qui ne s'éblouisse à l'éclat de sa pompe,
Point qu'après son hymen sa haine ne corrompe.
Elle mourra, te dis-je.

PULCHÉRIE.
Ah ! ne m'empêchez pas
De rejoindre les miens par un heureux trépas.
La vapeur de mon sang ira grossir la foudre
Que Dieu tient déjà prête à le réduire en poudre ;
Et ma mort, en servant de comble à tant d'horreurs...

PHOCAS.
Par ses remercîments juge de ses fureurs.
J'ai prononcé l'arrêt, il faut que l'effet suive.
Résous-la de t'aimer, si tu veux qu'elle vive !
Sinon, j'en jure encore, et ne t'écoute plus,
Son trépas dès demain punira ses refus.

SCÈNE IV. — PULCHÉRIE, HÉRACLIUS, MARTIAN.

HÉRACLIUS.
En vain il se promet que sous cette menace
J'espère en votre cœur surprendre quelque place :
Votre refus est juste, et j'en sais les raisons.
Ce n'est pas à nous deux d'unir les deux maisons;
D'autres destins, madame, attendent l'un et l'autre :

ACTE I, SCÈNE IV.

Ma foi m'engage ailleurs aussi bien que la vôtre.
Vous aurez en Léonce un digne possesseur;
Je serai trop heureux d'en posséder la sœur
Ce guerrier vous adore, et vous l'aimez de même;
Je suis aimé d'Eudoxe autant comme je l'aime :
Léontine leur mère est propice à nos vœux;
Et, quelque effort qu'on fasse à rompre ces beaux nœuds,
D'un amour si parfait les chaînes sont si belles,
Que nos captivités doivent être éternelles.

PULCHÉRIE.

Seigneur, vous connaissez ce cœur infortuné :
Léonce y peut beaucoup; vous me l'avez donné,
Et votre main illustre augmente le mérite
Des vertus dont l'éclat pour lui me sollicite;
Mais à d'autres pensers il me faut recourir :
Il n'est plus temps d'aimer alors qu'il faut mourir;
Et quand à ce départ une âme se prépare...

HÉRACLIUS.

Redoutez un peu moins les rigueurs d'un barbare :
Pardonnez-moi ce mot; pour vous servir d'appui
J'ai peine à reconnaître encore un père en lui.
Résolu de périr pour vous sauver la vie,
Je sens tous mes respects céder à cette envie;
Je ne suis plus son fils s'il en veut à vos jours,
Et mon cœur tout entier vole à votre secours.

PULCHÉRIE.

C'est donc avec raison que je commence à craindre,
Non la mort, non l'hymen où l'on me veut contraindre,
Mais ce péril extrême où pour me secourir
Je vois votre grand cœur aveuglément courir.

MARTIAN.

Ah! mon prince! ah! madame, il vaut mieux vous résoudre
Par un heureux hymen à dissiper ce foudre.
Au nom de votre amour et de votre amitié,
Prenez de votre sort tous deux quelque pitié.
Que la vertu du fils, si pleine et si sincère,
Vainque la juste horreur que vous avez du père;
Et, pour mon intérêt, n'exposez pas tous deux...

HÉRACLIUS.

Que me dis-tu, Léonce? et qu'est-ce que tu veux?

Tu m'as sauvé la vie; et, pour reconnaissance,
Je voudrais à tes feux ôter leur récompense!
Et, ministre insolent d'un prince furieux,
Couvrir de cette honte un nom si glorieux!
Ingrat à mon ami, perfide à ce que j'aime,
Cruel à la princesse, odieux à moi-même!
Je te connais, Léonce, et mieux que tu ne crois;
Je sais ce que tu vaux et ce que je te dois.
Son bonheur est le mien, madame; et je vous donne
Léonce et Martian en la même personne;
C'est Martian en lui que vous favorisez.
Opposons la constance aux périls opposés.
Je vais près de Phocas essayer la prière;
Et si je n'en obtiens la grâce tout entière,
Malgré le nom de père et le titre de fils,
Je deviens le plus grand de tous ses ennemis.
Oui, si sa cruauté s'obstine à votre perte,
J'irai, pour l'empêcher, jusqu'à la force ouverte,
Et puisse, si le ciel m'y voit, rien épargner,
Un faux Héraclius en ma place régner!
Adieu, madame.

SCÈNE V. — PULCHÉRIE, MARTIAN.

PULCHÉRIE.

Adieu, prince trop magnanime,
Prince digne en effet d'un trône acquis sans crime,
Digne d'un autre père. Ah! Phocas! ah! tyran!
Se peut-il que ton sang ait formé Martian?
Mais allons, cher Léonce, admirant son courage,
Tâcher de notre part à repousser l'orage.
Tu t'es fait des amis, je sais des mécontents:
Le peuple est ébranlé; ne perdons point de temps;
L'honneur te le commande et l'amour t'y convie.

MARTIAN.

Pour otage en ses mains ce tigre a votre vie;
Et je n'oserai rien qu'avec un juste effroi
Qu'il ne venge sur vous ce qu'il craindra de moi.

PULCHÉRIE.

N'importe; à tout oser le péril doit contraindre.

Il ne faut craindre rien quand on a tout à craindre.
Allons examiner pour ce coup généreux
Les moyens les plus prompts et les moins dangereux.

ACTE DEUXIÈME.

SCÈNE I. — LÉONTINE, EUDOXE.

LÉONTINE.

Voilà ce que j'ai craint de son âme enflammée.

EUDOXE.

S'il m'eût caché son sort, il m'aurait mal aimée.

LÉONTINE.

Avec trop d'imprudence il vous l'a révélé.
Vous êtes fille, Eudoxe, et vous avez parlé :
Vous n'avez pu savoir cette grande nouvelle
Sans la dire à l'oreille à quelque âme infidèle,
A quelque esprit léger ou de votre heur jaloux,
A qui ce grand secret a pesé comme à vous.
C'est par là qu'il est su, c'est par là qu'on publie
Ce prodige étonnant d'Héraclius en vie ;
C'est par là qu'un tyran, plus instruit que troublé
De l'ennemi secret qui l'aurait accablé,
Ajoutera bientôt sa mort à tant de crimes,
Et se sacrifira pour nouvelles victimes
Ce prince dans son sein pour son fils élevé,
Vous qu'adore son âme, et moi qui l'ai sauvé.
Voyez combien de maux pour n'avoir su vous taire.

EUDOXE.

Madame, mon respect souffre tout d'une mère,
Qui, pour peu qu'elle veuille écouter la raison,
Ne m'accusera plus de cette trahison ;
Car c'en est une enfin bien digne de supplice
Qu'avoir d'un tel secret donné le moindre indice.

LÉONTINE.
Et qui donc aujourd'hui le fait connaître à tous?
Est-ce le prince, ou moi?

EUDOXE.
          Ni le prince ni vous.
De grâce, examinez ce bruit qui vous alarme.
On dit qu'il est en vie, et son nom seul les charme :
On ne dit point comment vous trompâtes Phocas,
Livrant un de vos fils pour ce prince au trépas,
Ni comme après, du sien étant la gouvernante,
Par une tromperie encor plus importante,
Vous en fîtes l'échange, et, prenant Martian,
Vous laissâtes pour fils ce prince à son tyran;
En sorte que le sien passe ici pour mon frère,
Cependant que de l'autre il croit être le père,
Et voit en Martian Léonce qui n'est plus,
Tandis que sous ce nom il aime Héraclius.
On dirait tout cela si, par quelque imprudence,
Il m'était échappé d'en faire confidence :
Mais pour toute nouvelle on dit qu'il est vivant;
Aucun n'ose pousser l'histoire plus avant.
Comme ce sont pour tous des routes inconnues,
Il semble à quelques-uns qu'il doit tomber des nues;
Et j'en sais tel qui croit dans sa simplicité
Que pour punir Phocas Dieu l'a ressuscité.
Mais le voici.

SCÈNE II. — HÉRACLIUS, LÉONTINE, EUDOXE.

HÉRACLIUS.
          Madame, il n'est plus temps de taire
D'un si profond secret le dangereux mystère;
Le tyran, alarmé du bruit qui le surprend,
Rend ma crainte trop juste et le péril trop grand.
Non que de ma naissance il fasse conjecture;
Au contraire, il prend tout pour grossière imposture.
Et me connaît si peu, que, pour la renverser,
A l'hymen qu'il souhaite il prétend me forcer.
Il m'oppose à mon nom qui le vient de surprendre :
Je suis fils de Maurice; il m'en veut faire gendre,
Et s'acquérir les droits d'un prince si chéri

ACTE II, SCÈNE II.

En me donnant moi-même à ma sœur pour mari.
En vain nous résistons à son impatience,
Elle par haine aveugle, et moi par connaissance,
Lui, qui ne conçoit rien de l'obstacle éternel
Qu'oppose la nature à ce nœud criminel,
Menace Pulchérie, au refus obstinée,
Lui propose à demain la mort ou l'hyménée
J'ai fait pour le fléchir un inutile effort;
Pour éviter l'inceste, elle n'a que la mort.
Jugez s'il n'est pas temps de montrer qui nous sommes,
De cesser d'être fils du plus méchant des hommes,
D'immoler mon tyran aux périls de ma sœur,
Et de rendre à mon père un juste successeur.

LÉONTINE.

Puisque vous ne craignez que sa mort ou l'inceste,
Je rends grâce, seigneur, à la bonté céleste
De ce qu'en ce grand bruit le sort nous est si doux,
Que nous n'avons encor rien à craindre pour vous,
Votre courage seul nous donne lieu de craindre :
Modérez-en l'ardeur, daignez vous y contraindre;
Et, puisqu'aucun soupçon ne dit rien à Phocas,
Soyez encor son fils, et ne vous montrez pas.
De quoi que ce tyran menace Pulchérie,
J'aurai trop de moyens d'arrêter sa furie,
De rompre cet hymen ou de le retarder,
Pourvu que vous veuillez ne vous point hasarder.
Répondez-moi de vous, et je vous réponds d'elle.

HÉRACLIUS.

Jamais l'occasion ne s'offrira si belle :
Vous voyez un grand peuple à demi révolté,
Sans qu'on sache l'auteur de cette nouveauté.
Il semble que de Dieu la main appesantie,
Se faisant du tyran l'effroyable partie,
Veuille avancer par là son juste châtiment;
Que, par un si grand bruit semé confusément,
Il dispose les cœurs à prendre un nouveau maître,
Et presse Héraclius de se faire connaître.
C'est à nous de répondre à ce qu'il en prétend :
Montrons Héraclius au peuple qui l'attend;
Évitons le hasard qu'un imposteur l'abuse,
Et qu'après s'être armé d'un nom que je refuse

13.

De mon trône, à Phocas sous ce titre arraché,
Il puisse me punir de m'être trop caché.
Il ne sera pas temps, madame, de lui dire
Qu'il me rende mon nom, ma naissance et l'empire,
Quand il se prévaudra de ce nom déjà pris
Pour me joindre au tyran dont je passe pour fils.

LÉONTINE.

Sans vous donner pour chef à cette populace,
Je romprai bien encor ce coup, s'il vous menace :
Mais gardons jusqu'au bout ce secret important;
Fiez-vous plus à moi qu'à ce peuple inconstant.
Ce que j'ai fait pour vous depuis votre naissance
Semble digne, seigneur, de cette confiance :
Je ne laisserai point mon ouvrage imparfait,
Et bientôt mes desseins auront leur plein effet.
Je punirai Phocas, je vengerai Maurice :
Mais aucun n'aura part à ce grand sacrifice;
J'en veux toute la gloire, et vous me la devez.
Vous régnerez par moi, si par moi vous vivez.
Laissez entre mes mains mûrir vos destinées,
Et ne hasardez point le fruit de vingt années.

EUDOXE.

Seigneur, si votre amour peut écouter mes pleurs,
Ne vous exposez point au dernier des malheurs.
La mort de ce tyran, quoique trop légitime,
Aura dedans vos mains l'image d'un grand crime :
Le peuple pour miracle osera maintenir
Que le ciel par son fils l'aura voulu punir;
Et sa haine obstinée après cette chimère
Vous croira parricide en vengeant votre père;
La vérité n'aura ni le nom ni l'effet
Que d'un adroit mensonge à couvrir ce forfait;
Et d'une telle erreur l'ombre sera trop noire
Pour ne pas obscurcir l'éclat de votre gloire.
Je sais bien que l'ardeur de venger vos parents...

HÉRACLIUS.

Vous en êtes aussi, madame, et je me rends;
Je n'examine rien, et n'ai pas la puissance
De combattre l'amour et la reconnaissance.
Le secret est à vous, et je serais ingrat
Si sans votre congé j'osais en faire éclat,

Puisque, sans votre aveu, toute mon aventure
Passerait pour un songe ou pour une imposture.
Je dirai plus : l'empire est plus à vous qu'à moi,
Puisqu'à Léonce mort tout entier je le doi ;
C'est le prix de son sang, c'est pour y satisfaire
Que je rends à la sœur ce que je tiens du frère :
Non que pour m'acquitter par cette élection
Mon devoir ait forcé mon inclination ;
Il présenta mon cœur aux yeux qui le charmèrent ;
Il prépara mon âme aux feux qu'ils allumèrent ;
Et ces yeux tout divins, par un soudain pouvoir,
Achevèrent sur moi l'effet de ce devoir.
Oui, mon cœur, chère Eudoxe, à ce trône n'aspire
Que pour vous voir bientôt maîtresse de l'empire.
Je ne me suis voulu jeter dans le hasard
Que par la seule soif de vous en faire part ;
C'était là tout mon but. Pour éviter l'inceste
Je n'ai qu'à m'éloigner de ce climat funeste ;
Mais si je me dérobe au rang qui vous est dû,
Ce sera par moi seul que vous l'aurez perdu ;
Seul je vous ôterai ce que je dois vous rendre,
Disposez des moyens et du temps de le prendre.
Quand vous voudrez régner, faites-m'en possesseur :
Mais, comme enfin j'ai lieu de craindre pour ma sœur,
Tirez-la dans ce jour de ce péril extrême,
Ou demain je ne prends conseil que de moi-même.

LÉONTINE.

Reposez-vous sur moi, seigneur, de tout son sort,
Et n'en appréhendez ni l'hymen ni la mort.

SCÈNE III. — LÉONTINE, EUDOXE.

LÉONTINE.

Ce n'est plus avec vous qu'il faut que je déguise ;
A ne vous rien cacher son amour m'autorise :
Vous saurez les desseins de tout ce que j'ai fait,
Et pourrez me servir à presser leur effet.
Notre vrai Martian adore la princesse :
Animons toutes deux l'amant pour la maîtresse ;
Faisons que son amour nous venge de Phocas,
Et de son propre fils arme pour nous le bras.

Si j'ai pris soin de lui, si je l'ai laissé vivre,
Si je perdis Léonce et ne le fis pas suivre,
Ce fut sur l'espoir seul qu'un jour, pour s'agrandir,
A ma pleine vengeance il pourrait s'enhardir.
Je ne l'ai conservé que pour ce parricide.

EUDOXE.

Ah! madame!

LÉONTINE.

Ce mot déjà vous intimide!
C'est à de telles mains qu'il nous faut recourir;
C'est par là qu'un tyran est digne de périr;
Et le courroux du ciel, pour en purger la terre,
Nous doit un parricide au refus du tonnerre.
C'est à nous qu'il remet de l'y précipiter :
Phocas le commettra s'il le peut éviter;
Et nous immolerons au sang de votre frère
Le père par le fils, ou le fils par le père.
L'ordre est digne de nous; le crime est digne d'eux :
Sauvons Héraclius au péril de tous deux.

EUDOXE.

Je sais qu'un parricide est digne d'un tel père;
Mais faut-il qu'un tel fils soit en péril d'en faire?
Et, sachant sa vertu, pouvez-vous justement
Abuser jusque-là de son aveuglement?

LÉONTINE.

Dans le fils d'un tyran l'odieuse naissance
Mérite que l'erreur arrache l'innocence,
Et que, de quelque éclat qu'il se soit revêtu,
Un crime qu'il ignore en souille la vertu.

SCÈNE IV. — LÉONTINE, EUDOXE, UN PAGE.

LE PAGE.

Exupère, madame, est là qui vous demande.

LÉONTINE.

Exupère! à ce nom que ma surprise est grande!
Qu'il entre. A quel dessein vient-il parler à moi,
Lui que je ne vois point, qu'à peine je connoi?
Dans l'âme il hait Phocas, qui s'immola son père,
Et sa venue ici cache quelque mystère.
Je vous l'ai déjà dit, votre langue nous perd.

SCÈNE V. — EXUPÈRE, LÉONTINE, EUDOXE.

EXUPÈRE.
Madame, Héraclius vient d'être découvert.

LÉONTINE, à Eudoxe.
Eh bien !

EUDOXE.
Si...

LÉONTINE.
A Eudoxe.   A Exupère.
Taisez-vous. Depuis quand ?

EXUPÈRE.
Tout à l'heure.

LÉONTINE.
Et déjà l'empereur a commandé qu'il meure ?

EXUPÈRE.
Le tyran est bien loin de s'en voir éclairci..

LÉONTINE.
Comment ?

EXUPÈRE.
Ne craignez rien, madame, le voici.

LÉONTINE.
Je ne vois que Léonce.

EXUPÈRE.
Ah ! quittez l'artifice.

SCÈNE VI. — MARTIAN, LÉONTINE, EXUPÈRE, EUDOXE.

MARTIAN.
Madame, dois-je croire un billet de Maurice ?
Voyez si c'est sa main, ou s'il est contrefait ;
Dites s'il me détrompe, on m'abuse en effet,
Si je suis votre fils ou s'il était mon père :
Vous en devez connaître encor le caractère.

LÉONTINE, lisant.
« Léontine a trompé Phocas,
« Et, livrant pour mon fils un des siens au trépas
« Dérobe à sa fureur l'héritier de l'empire.
« O vous qui me restez de fidèles sujets,

« Honorez son grand zèle, appuyez ses projets!
« Sous le nom de Léonce Héraclius respire.
« — MAURICE. »

Elle rend le billet à Exupère.

Seigneur, il vous dit vrai; vous étiez en mes mains
Quand on ouvrit Byzance au pire des humains.
Maurice m'honora de cette confiance;
Mon zèle y répondit par delà sa croyance :
Le voyant prisonnier et ses quatre autres fils,
Je cachai quelques jours ce qu'il m'avait commis;
Mais enfin, toute prête à me voir découverte,
Ce zèle sur mon sang détourna votre perte.
J'allai pour vous sauver vous offrir à Phocas;
Mais j'offris votre nom, et ne vous donnai pas.
La généreuse ardeur de sujette fidèle
Me rendit pour mon prince à moi-même cruelle :
Mon fils fut, pour mourir, le fils de l'empereur.
J'éblouis le tyran, je trompai sa fureur :
Léonce, au lieu de vous, lui servit de victime.

Elle fait un soupir.

Ah! pardonnez de grâce; il m'échappe sans crime.
J'ai pris pour vous sa vie et lui rends un soupir;
Ce n'est pas trop, seigneur, pour un tel souvenir.
A cet illustre effort par mon devoir réduite,
J'ai dompté la nature et ne l'ai pas détruite.
Phocas, ravi de joie à cette illusion,
Me combla de faveurs avec profusion,
Et nous fit de sa main cette haute fortune
Dont il n'est pas besoin que je vous importune.
Voilà ce que mes soins vous laissent ignorer;
Et j'attendais, seigneur, à vous le déclarer,
Que, par vos grands exploits, votre rare vaillance
Pût faire à l'univers croire votre naissance,
Et qu'une occasion pareille à ce grand bruit
Nous pût de son aveu promettre quelque fruit :
Car, comme j'ignorais que notre grand monarque
En eût pu rien savoir ou laisser quelque marque,
Je doutais qu'un secret, n'étant su que de moi,
Sous un tyran si craint pût trouver quelque foi.

EXUPÈRE.

Comme sa cruauté, pour mieux gêner Maurice,

Le forçait de ses fils à voir le sacrifice,
Ce prince vit l'échange et l'allait empêcher;
Mais l'acier des bourreaux fut plus prompt à trancher:
La mort de votre fils arrêta cette envie,
Et prévint d'un moment le refus de sa vie.
Maurice, à quelque espoir se laissant lors flatter,
S'en ouvrit à Félix qui vint le visiter,
Et trouva les moyens de lui donner ce gage
Qui vous en pût un jour rendre un plein témoignage.
Félix est mort, madame, et naguère en mourant
Il remit ce dépôt à son plus cher parent;
Et, m'ayant tout conté, « Tiens, dit-il, Exupère,
« Sers ton prince, et venge ton père. »
Armé d'un tel secret, seigneur, j'ai voulu voir
Combien parmi le peuple il aurait de pouvoir.
J'ai fait semer ce bruit sans vous faire connaître;
Et, voyant tous les cœurs vous souhaiter pour maître,
J'ai ligué du tyran les secrets ennemis,
Mais sans leur découvrir plus qu'il ne m'est permis.
Ils aiment votre nom, sans savoir davantage,
Et cette seule joie anime leur courage,
Sans qu'autres que les deux qui vous parlaient là-bas
De tout ce qu'elle a fait sachent plus que Phocas.
Vous venez de savoir ce que vous vouliez d'elle;
C'est à vous de répondre à son généreux zèle.
Le peuple est mutiné, vos amis assemblés,
Le tyran effrayé, ses confidents troublés.
Donnez l'aveu du prince à sa mort qu'on apprête,
Et ne dédaignez pas d'ordonner de sa tête.

MARTIAN.

Surpris des nouveautés d'un tel événement,
Je demeure à vos yeux muet d'étonnement.
Je sais ce que je dois, madame, au grand service
Dont vous avez sauvé l'héritier de Maurice.
Je croyais, comme fils, devoir tout à vos soins,
Et je vous dois bien plus lorsque je vous suis moins:
Mais pour vous expliquer toute ma gratitude,
Mon âme a trop de trouble et trop d'inquiétude.
J'aimais, vous le savez, et mon cœur enflammé
Trouve enfin une sœur dedans l'objet aimé.
Je perds une maîtresse en gagnant un empire;

Mon amour en murmure et mon cœur en soupire,
Et de mille pensers mon esprit agité
Paraît enseveli dans la stupidité.
Il est temps d'en sortir, l'honneur nous le commande.
Il faut donner un chef à votre illustre bande :
Allez, brave Exupère, allez, je vous rejoins ;
Souffrez que je lui parle un moment sans témoins.
Disposez cependant vos amis à bien faire :
Surtout sauvons le fils en immolant le père ;
Il n'eut rien du tyran qu'un peu de mauvais sang,
Dont la dernière guerre a trop purgé son flanc.

EXUPÈRE.
Nous vous rendrons, seigneur, entière obéissance,
Et vous allons attendre avec impatience.

SCÈNE VII. — MARTIAN, LÉONTINE, EUDOXE.

MARTIAN.
Madame, pour laisser toute sa dignité
A ce dernier effort de générosité,
Je crois que les raisons que vous m'avez données
M'en ont seules caché le secret tant d'années.
D'autres soupçonneraient qu'un peu d'ambition,
Du prince Martian voyant la passion,
Pour lui voir sur le trône élever votre fille,
Aurait voulu laisser l'empire en sa famille,
Et me faire trouver un tel destin bien doux
Dans l'éternelle erreur d'être sorti de vous :
Mais je tiendrais à crime une telle pensée.
Je me plains seulement d'une ardeur insensée,
D'un détestable amour que pour ma propre sœur
Vous-même vous avez allumé dans mon cœur.
Quel dessein faisiez-vous sur cet aveugle inceste ?

LÉONTINE.
Je vous aurais tout dit avant ce nœud funeste ;
Et je le craignais peu, trop sûre que Phocas,
Ayant d'autres desseins, ne le souffrirait pas.
Je voulais donc, seigneur, qu'une flamme si belle
Portât votre courage aux vertus dignes d'elle,
Et que, votre valeur l'ayant su mériter,
Le refus du tyran vous pût mieux irriter.

ACTE II, SCÈNE VII.

Vous n'avez pas rendu mon espérance vaine ;
J'ai vu dans votre amour une source de haine ;
Et j'ose dire encor qu'un bras si renommé
Peut-être aurait moins fait si le cœur n'eût aimé.
Achevez donc, seigneur ; et, puisque Pulchérie
Doit craindre l'attentat d'une aveugle furie...

MARTIAN.

Peut-être il vaudrait mieux moi-même la porter
A ce que le tyran témoigne en souhaiter ;
Son amour, qui pour moi résiste à la colère,
N'y résistera plus quand je serai son frère.
Pourrais-je lui trouver un plus illustre époux ?

LÉONTINE.

Seigneur, qu'allez-vous faire ? et que me dites-vous ?

MARTIAN.

Que peut-être pour rompre un si digne hyménée,
J'expose à tort sa tête avec ma destinée,
Et fais d'Héraclius un chef de conjurés
Dont je vois les complots encor mal assurés.
Aucun d'eux du tyran n'approche la personne :
Et quand même l'issue en pourrait être bonne,
Peut-être il m'est honteux de reprendre l'État
Par l'infâme succès d'un lâche assassinat ;
Peut-être il vaudrait mieux en tête d'une armée
Faire parler pour moi toute ma renommée,
Et trouver à l'empire un chemin glorieux
Pour venger mes parents d'un bras victorieux.
C'est dont je vais résoudre avec cette princesse,
Pour qui non plus l'amour, mais le sang m'intéresse.
Vous, avec votre Eudoxe...

LÉONTINE.

Ah ! seigneur ! écoutez.

MARTIAN.

J'ai besoin de conseils dans ces difficultés ;
Mais, à parler sans fard, pour écouter les vôtres,
Outre mes intérêts vous en avez trop d'autres.
Je ne soupçonne point vos vœux ni votre foi ;
Mais je ne veux d'avis que d'un cœur tout à moi.
Adieu.

SCÈNE VIII. — LÉONTINE, EUDOXE.

LÉONTINE.

Tout me confond, tout me devient contraire.
Je ne fais rien du tout, quand je pense tout faire;
Et, lorsque le hasard me flatte avec excès,
Tout mon dessein avorte au milieu du succès :
Il semble qu'un démon funeste à sa conduite
Des beaux commencements empoisonne la suite.
Ce billet, dont je vois Martian abusé,
Fait plus en ma faveur que je n'aurais osé;
Il arme puissamment le fils contre le père :
Mais, comme il a levé le bras en qui j'espère,
Sur le point de frapper je vois avec regret
Que la nature y forme un obstacle secret.
La vérité le trompe et ne peut le séduire;
Il sauve en reculant ce qu'il croit mieux détruire;
Il doute; et, du côté que je le vois pencher,
Il va presser l'inceste au lieu de l'empêcher.

EUDOXE.

Madame, pour le moins vous avez connaissance
De l'auteur de ce bruit, et de mon innocence;
Mais je m'étonne fort de voir à l'abandon
Du prince Héraclius les droits avec le nom.
Ce billet, confirmé par votre témoignage,
Pour monter dans le trône est un grand avantage.
Si Martian le peut sous ce titre occuper,
Pensez-vous qu'il se laisse aisément détromper,
Et qu'au premier moment qu'il vous verra dédire
Aux mains de son vrai maître il remette l'empire?

LÉONTINE.

Vous êtes curieuse, et voulez trop savoir.
N'ai-je pas déjà dit que j'y saurai pourvoir?
Tâchons sans plus tarder à revoir Exupère,
Pour prendre en ce désordre un conseil salutaire.

ACTE TROISIÈME.

SCÈNE I. — MARTIAN, PULCHÉRIE.

MARTIAN.
Je veux bien l'avouer, madame, car mon cœur
A de la peine encore à vous nommer ma sœur,
Quand malgré ma fortune à vos pieds abaissée,
J'osai jusques à vous élever ma pensée,
Plus plein d'étonnement que de timidité,
J'interrogeais ce cœur sur sa témérité ;
Et dans ses mouvements, pour secrète réponse,
Je sentais quelque chose au-dessus de Léonce,
Dont, malgré ma raison, l'impérieux effort
Emportait mes désirs au delà de mon sort.

PULCHÉRIE.
Moi-même assez souvent j'ai senti dans mon âme
Ma naissance en secret me reprocher ma flamme.
Mais quoi ! l'impératrice à qui je dois le jour
Avait innocemment fait naître cet amour :
J'approchais de quinze ans, alors qu'empoisonnée
Pour avoir contredit mon indigne hyménée,
Elle mêla ces mots à ses derniers soupirs :
« Le tyran veut suprendre ou forcer vos désirs,
« Ma fille, et sa fureur à son fils vous destine :
« Mais prenez un époux des mains de Léontine ;
« Elle garde un trésor qui vous sera bien cher. »
Cet ordre en sa faveur me sut si bien toucher,
Qu'au lieu de la haïr d'avoir livré mon frère
J'en tins le bruit pour faux, elle me devint chère ;
Et, confondant ces mots de trésor et d'époux,
Je crus les bien entendre, expliquant tout de vous.
J'opposais de la sorte à ma fière naissance
Les favorables lois de mon obéissance ;
Et je m'imputais même à trop de vanité
De trouver entre nous quelque inégalité.

La race de Léonce étant patricienne,
L'éclat de vos vertus l'égalait à la mienne;
Et je me laissais dire en mes douces erreurs :
« C'est de pareils héros qu'on fait les empereurs;
« Tu peux bien sans rougir aimer un grand courage
« A qui le monde entier peut rendre un juste hommage. »
J'écoutais sans dédain ce qui m'autorisait :
L'amour pensait le dire, et le sang le disait;
Et de ma passion la flatteuse imposture
S'emparait dans mon cœur des droits de la nature.

MARTIAN.

Ah! ma sœur, puisque enfin mon destin éclairci
Veut que je m'accoutume à vous nommer ainsi,
Qu'aisément l'amitié jusqu'à l'amour nous mène!
C'est un penchant si doux, qu'on y tombe sans peine;
Mais, quand il faut changer l'amour en amitié,
Que l'âme qui s'y force est digne de pitié!
Et qu'on doit plaindre un cœur qui, n'osant s'en défendre,
Se laisse déchirer avant que de se rendre!
Ainsi donc la nature à l'espoir le plus doux
Fait succéder l'horreur, et l'horreur d'être à vous!
Ce que je suis m'arrache à ce que j'aimais d'être!
Ah! s'il m'était permis de ne me pas connaître,
Qu'un si charmant abus serait à préférer
A l'âpre vérité qui vient de m'éclairer!

PULCHÉRIE.

J'eus pour vous trop d'amour pour ignorer ses forces.
Je sais quelle amertume aigrit de tels divorces;
Et la haine à mon gré les fait plus doucement
Que quand il faut aimer, mais aimer autrement.
J'ai senti comme vous une douleur bien vive
En brisant les beaux fers qui me tenaient captive;
Mais j'en condamnerais le plus doux souvenir
S'il avait à mon cœur coûté plus d'un soupir.
Ce grand coup m'a surprise, et ne m'a point troublée;
Mon âme l'a reçu sans en être accablée;
Et comme tous mes feux n'avaient rien que de saint,
L'honneur les alluma, le devoir les éteint.
Je ne vois plus d'amant où je rencontre un frère :
L'un ne peut me toucher ni l'autre me déplaire;
Et je tiendrai toujours mon bonheur infini

ACTE III, SCÈNE I.

Si les miens sont vengés et le tyran puni.
Vous, que va sur le trône élever la naissance,
Régnez sur votre cœur avant que sur Byzance ;
Et, domptant comme moi ce dangereux mutin,
Commencez à répondre à ce noble destin.

MARTIAN.

Ah ! vous fûtes toujours l'illustre Pulchérie,
En fille d'empereur dès le berceau nourrie ;
Et ce grand nom sans peine a pu vous enseigner
Comment dessus vous-même il vous fallait régner ;
Mais pour moi, qui, caché sous une autre aventure,
D'une âme plus commune ai pris quelque teinture,
Il n'est pas merveilleux si ce que je me crus
Mêle un peu de Léonce au cœur d'Héraclius.
A mes confus regrets soyez donc moins sévère :
C'est Léonce qui parle, et non pas votre frère ;
Mais, si l'un parle mal, l'autre va bien agir,
Et l'un ni l'autre enfin ne vous fera rougir.
Je vais des conjurés embrasser l'entreprise,
Puisqu'une âme si haute à frapper m'autorise,
Et tient que, pour répandre un si coupable sang,
L'assassinat est noble et digne de mon rang.
Pourrai-je cependant vous faire une prière ?

PULCHÉRIE.

Prenez sur Pulchérie une puissance entière.

MARTIAN.

Puisqu'un amant si cher ne peut plus être à vous,
Ni vous mettre l'empire en la main d'un époux,
Épousez Martian comme un autre moi-même ;
Ne pouvant être à moi, soyez à ce que j'aime.

PULCHÉRIE.

Ne pouvant être à vous, je pourrais justement
Vouloir n'être à personne et fuir tout autre amant ;
Mais on pourrait nommer cette fermeté d'âme
Un reste mal éteint d'incestueuse flamme.
Afin donc qu'à ce choix j'ose tout accorder,
Soyez mon empereur pour me le commander.
Martian vaut beaucoup, sa personne m'est chère ;
Mais purgez sa vertu des crimes de son père,
Et donnez à mes feux pour légitime objet
Dans le fils du tyran votre premier sujet.

14.

MARTIAN.

Vous le voyez, j'y cours; mais enfin, s'il arrive
Que l'issue en devienne ou funeste ou tardive,
Votre perte est jurée; et d'ailleurs nos amis
Au tyran immolé voudront joindre ce fils.
Sauvez d'un tel péril et sa vie et la vôtre;
Par cet heureux hymen conservez l'un et l'autre;
Garantissez ma sœur des fureurs de Phocas,
Et mon ami de suivre un tel père au trépas.
Faites qu'en ce grand jour la troupe d'Exupère
Dans un sang odieux respecte mon beau-frère;
Et donnez au tyran, qui n'en pourra jouir,
Quelques moments de joie afin de l'éblouir.

PULCHÉRIE.

Mais durant ces moments, unie à sa famille,
Il deviendra mon père, et je serai sa fille;
Je lui devrai respect, amour, fidélité;
Ma haine n'aura plus d'impétuosité;
Et tous mes vœux pour vous seront mous et timides
Quand mes vœux contre lui seront des parricides.
Outre que le succès est encore à douter,
Que l'on peut vous trahir, qu'il peut vous résister,
Si vous y succombez, pourrai-je me dédire
D'avoir porté chez lui les titres de l'empire?
Ah! combien ces moments de quoi vous me flattez
Alors pour mon supplice auraient d'éternités!
Votre haine voit peu l'erreur de sa tendresse;
Comme elle vient de naître, elle n'est que faiblesse :
La mienne a plus de force et les yeux mieux ouverts;
Et, se dût avec moi perdre tout l'univers,
Jamais un seul moment, quoi que l'on puisse faire,
Le tyran n'aura droit de me traiter de père.
Je ne refuse au fils ni mon cœur ni ma foi :
Vous l'aimez, je l'estime, il est digne de moi;
Tout son crime est un père à qui le sang l'attache;
Quand il n'en aura plus, il n'aura plus de tache;
Et cette mort, propice à former ces beaux nœuds,
Purifiant l'objet, justifira mes feux.
Allez donc préparer cette heureuse journée;
Et du sang du tyran signez cet hyménée.
Mais quel mauvais démon devers nous le conduit?

ACTE III, SCÈNE II.

MARTIAN.

Je suis trahi, madame; Exupère le suit.

SCÈNE II. — PHOCAS, EXUPÈRE, AMYNTAS, MARTIAN,
PULCHÉRIE, CRISPE.

PHOCAS.

Quel est votre entretien avec cette princesse?
Des noces que je veux?

MARTIAN.

C'est de quoi je la presse.

PHOCAS.

Et vous l'avez gagnée en faveur de mon fils?

MARTIAN.

Il sera son époux, elle me l'a promis.

PHOCAS.

C'est beaucoup obtenu d'une âme si rebelle.
Mais quand?

MARTIAN.

C'est un secret que je n'ai pas su d'elle.

PHOCAS.

Vous pouvez m'en dire un dont je suis plus jaloux,
On dit qu'Héraclius est fort connu de vous :
Si vous aimez mon fils, faites-le moi connaître.

MARTIAN.

Vous le connaissez trop, puisque je vois ce traître.

EXUPÈRE.

Je sers mon empereur, et je sais mon devoir.

MARTIAN.

Chacun te l'avoûra; tu le fais assez voir.

PHOCAS.

De grâce, éclaircissez ce que je vous propose.
Ce billet à demi m'en dit bien quelque chose;
Mais, Léonce, c'est peu si vous ne l'achevez.

MARTIAN.

Nommez-moi par mon nom, puisque vous le savez;
Dites Héraclius; il n'est plus de Léonce;
Et j'entends mon arrêt sans qu'on me le prononce.

PHOCAS.

Tu peux bien t'y résoudre après ton vain effort
Pour m'arracher le sceptre et conspirer ma mort.

MARTIAN.

J'ai fait ce que j'ai dû. Vivre sous ta puissance,
C'eût été démentir mon nom et ma naissance,
Et ne point écouter le sang de mes parents,
Qui ne crie en mon cœur que la mort des tyrans.
Quiconque pour l'empire eut la gloire de naître
Renonce à cet honneur s'il peut souffrir un maître :
Hors le trône ou la mort, il doit tout dédaigner;
C'est un lâche s'il n'ose ou se perdre ou régner.
J'entends donc mon arrêt sans qu'on me le prononce.
Héraclius mourra comme a vécu Léonce,
Bon sujet, meilleur prince, et ma vie et ma mort
Rempliront dignement et l'un et l'autre sort.
La mort n'a rien d'affreux pour une âme bien née :
A mes côtés pour toi je l'ai cent fois traînée;
Et mon dernier exploit contre tes ennemis
Fut d'arrêter son bras qui tombait sur ton fils.

PHOCAS.

Tu prends pour me toucher un mauvais artifice :
Héraclius n'eut point de part à ce service ;
J'en ai payé Léonce, à qui seul était dû
L'inestimable honneur de me l'avoir rendu :
Mais, sous des noms divers à soi-même contraire,
Qui conserva le fils attente sur le père;
Et, se désavouant d'un aveugle secours,
Sitôt qu'il se connaît il en veut à mes jours.
Je te devais sa vie, et je me dois justice.
Léonce est effacé par le fils de Maurice,
Contre un tel attentat rien n'est à balancer;
Et je saurai punir comme récompenser.

MARTIAN.

Je sais trop qu'un tyran est sans reconnaissance
Pour en avoir conçu la honteuse espérance,
Et suis trop au-dessus de cette indignité,
Pour te vouloir piquer de générosité.
Que ferais-tu pour moi de me laisser la vie,
Si pour moi sans le trône elle n'est qu'infamie?
Héraclius vivrait pour te faire la cour!
Rends-lui, rends-lui son sceptre, ou prive-le du jour.
Pour ton propre intérêt sois juge incorruptible ;
Ta vie avec la mienne est trop incompatible;

ACTE III, SCÈNE III.

Un si grand ennemi ne peut être gagné,
Et je te punirais de m'avoir épargné.
Si de ton fils sauvé j'ai rappelé l'image,
J'ai voulu de Léonce étaler le courage,
Afin qu'en le voyant tu ne doutasses plus
Jusques où doit aller celui d'Héraclius.
Je me tiens plus heureux de périr en monarque
Que de vivre en éclat sans en porter la marque;
Et puisque pour jouir d'un si glorieux sort
Je n'ai que ce moment qu'on destine à ma mort,
Je la rendrai si belle et si digne d'envie,
Que ce moment vaudra la plus illustre vie.
M'y faisant donc conduire, assure ton pouvoir,
Et délivre mes yeux de l'horreur de te voir.

PHOCAS.

Nous verrons la vertu de cette âme hautaine.
Faites-le retirer en la chambre prochaine,
Crispe; et qu'on me l'y garde, attendant que mon choix
Pour punir son forfait vous donne d'autres lois.

MARTIAN, à Pulchérie.

Adieu, madame, adieu, je n'ai pu davantage.
Ma mort va vous laisser encor dans l'esclavage :
Le ciel par d'autres mains vous en daigne affranchir!

SCÈNE III. — PHOCAS, PULCHÉRIE, EXUPÈRE,
AMYNTAS.

PHOCAS.

Et toi, n'espère pas désormais me fléchir.
Je tiens Héraclius, et n'ai plus rien à craindre;
Plus lieu de te flatter, plus lieu de me contraindre.
Ce frère et ton espoir vont entrer au cercueil,
Et j'abattrai d'un coup sa tête et ton orgueil.
Mais ne te contrains point dans ces rudes alarmes;
Laisse aller tes soupirs, laisse couler tes larmes.

PULCHÉRIE.

Moi pleurer! moi gémir, tyran! J'aurais pleuré
Si quelques lâchetés l'avaient déshonoré,
S'il n'eût pas emporté sa gloire tout entière,
S'il m'avait fait rougir par la moindre prière,
Si quelque infâme espoir qu'on lui dût pardonner

Eût mérité la mort que tu lui vas donner.
Sa vertu jusqu'au bout ne s'est point démentie.
Il n'a point pris le ciel ni le sort à partie,
Point querellé le bras qui fait ces lâches coups,
Point daigné contre lui perdre un juste courroux.
Sans te nommer ingrat, sans trop le nommer traître,
De tous deux, de soi-même il s'est montré le maître;
Et dans cette surprise il a bien su courir
A la nécessité qu'il voyait de mourir.
Je goûtais cette joie en un sort si contraire.
Je l'aimai comme amant, je l'aime comme frère;
Et dans ce grand revers je l'ai vu hautement
Digne d'être mon frère et d'être mon amant.

PHOCAS.

Explique, explique mieux le fond de ta pensée;
Et, sans plus te parer d'une vertu forcée,
Pour apaiser le père, offre le cœur au fils,
Et tâche à racheter ce cher frère à ce prix.

PULCHÉRIE.

Crois-tu que sur la foi de tes fausses promesses
Mon âme ose descendre à de telles bassesses?
Prends mon sang pour le sien; mais, s'il y faut mon cœur,
Périsse Héraclius avec sa triste sœur!

PHOCAS.

Eh bien, il va périr; ta haine en est complice.

PULCHÉRIE.

Et je verrai du ciel bientôt choir ton supplice.
Dieu, pour le réserver à ses puissantes mains,
Fait avorter exprès tous les moyens humains;
Il veut frapper le coup sans notre ministère.
Si l'on t'a bien donné Léonce pour mon frère,
Les quatre autres, peut-être, à tes yeux abusés,
Ont été comme lui des Césars supposés.
L'État, qui dans leur mort voyait trop sa ruine,
Avait des généreux autres que Léontine;
Ils trompaient d'un barbare aisément la fureur,
Qui n'avait jamais vu la cour ni l'empereur.
Crains, tyran, crains encor tous les quatre peut-être:
L'un après l'autre enfin se vont faire paraître;
Et, malgré tous tes soins, malgré tout ton effort,
Tu ne les connaîtras qu'en recevant la mort.

Moi-même à leur défaut je serai la conquête
De quiconque à mes pieds apportera ta tête ;
L'esclave le plus vil qu'on puisse imaginer
Sera digne de moi s'il peut t'assassiner.
Va perdre Héraclius, et quitte la pensée
Que je me pare ici d'une vertu forcée ;
Et, sans m'importuner de répondre à tes vœux,
Si tu prétends régner, défais-toi de tous deux.

SCÈNE IV. — PHOCAS, EXUPÈRE, AMYNTAS.

PHOCAS.

J'écoute avec plaisir ces menaces frivoles ;
Je ris d'un désespoir qui n'a que des paroles ;
Et, de quelque façon qu'elle m'ose outrager,
Le sang d'Héraclius m'en doit asser venger.
Vous donc, mes vrais amis, qui me tirez de peine,
Vous dont je vois l'amour quand j'en craignais la haine,
Vous qui m'avez livré mon secret ennemi,
Ne soyez point vers moi fidèles à demi :
Résolvez avec moi des moyens de sa perte :
La ferons-nous secrète, ou bien à force ouverte ?
Prendrons-nous le plus sûr, ou le plus glorieux ?

EXUPÈRE.

Seigneur, n'en doutez point, le plus sûr vaut le mieux ;
Mais le plus sûr pour vous est que sa mort éclate,
De peur qu'en l'ignorant le peuple ne se flatte,
N'attende encor ce prince, et n'ait quelque raison
De courir en aveugle à qui prendra son nom.

PHOCAS.

Donc, pour ôter tout doute à cette populace,
Nous enverrons sa tête au milieu de la place.

EXUPÈRE.

Mais, si vous la coupez dedans votre palais,
Ces obstinés mutins ne le croiront jamais ;
Et, sans que pas un d'eux à son erreur renonce,
Ils diront qu'on impute un faux nom à Léonce,
Qu'on en fait un fantôme afin de les tromper,
Prêts à suivre toujours qui voudra l'usurper.

PHOCAS.

Lors nous leur ferons voir ce billet de Maurice.

EXUPÈRE.

Ils le tiendront pour faux et pour un artifice :
Seigneur, après vingt ans vous espérez en vain
Que ce peuple ait des yeux pour connaître sa main.
Si vous voulez calmer toute cette tempête,
Il faut en pleine place abattre cette tête,
Et qu'il die en mourant à ce peuple confus :
« Peuple, n'en doute point, je suis Héraclius. »

PHOCAS.

Il le faut, je l'avoue ; et déjà je destine
A ce même échafaud l'infâme Léontine.
Mais si ces insolents l'arrachent de nos mains ?

EXUPÈRE.

Qui l'osera, seigneur ?

PHOCAS.

Le peuple que je crains.

EXUPÈRE.

Ah ! souvenez-vous mieux des désordres qu'enfante
Dans un peuple sans chef la première épouvante.
Le seul bruit de ce prince au palais arrêté
Dispersera soudain chacun de son côté ;
Les plus audacieux craindront votre justice,
Et le reste en tremblant ira voir son supplice.
Mais ne leur donnez pas, tardant trop à punir,
Le temps de se remettre et de se réunir :
Envoyez des soldats à chaque coin des rues ;
Saisissez l'Hippodrome avec ses avenues :
Dans tous les lieux publics rendez-vous le plus fort.
Pour nous, qu'un tel indice intéresse à sa mort,
De peur que d'autres mains ne se laissent séduire,
Jusques à l'échafaud laissez-nous-le conduire.
Nous aurons trop d'amis pour en venir à bout ;
J'en réponds sur ma tête, et j'aurai l'œil à tout.

PHOCAS.

C'en est trop, Exupère : allez, je m'abandonne
Aux fidèles conseils que votre ardeur me donne.
C'est l'unique moyen de dompter nos mutins
Et d'éteindre à jamais ces troubles intestins.
Je vais, sans différer, pour cette grande affaire
Donner à tous mes chefs un ordre nécessaire.
Vous, pour répondre aux soins que vous m'avez promis,

Allez de votre part assembler vos amis,
Et croyez qu'après moi, jusqu'à ce que j'expire,
Ils seront, eux et vous, les maîtres de l'empire.

SCÈNE V. — EXUPÈRE, AMINTAS.

EXUPÈRE.

Nous sommes en faveur, ami, tout est à nous :
L'heur de notre destin va faire des jaloux.

AMINTAS.

Quelque allégresse ici que vous fassiez paraître,
Trouvez-vous doux les noms de perfide et de traître?

EXUPÈRE.

Je sais qu'aux généreux ils doivent faire horreur;
Ils m'ont frappé l'oreille, ils m'ont blessé le cœur :
Mais bientôt, par l'effet que nous devons attendre,
Nous serons en état de ne les plus entendre.
Allons; pour un moment qu'il faut les endurer,
Ne fuyons pas les biens qu'ils nous font espérer.

ACTE QUATRIÈME.

SCÈNE I. — HÉRACLIUS, EUDOXE.

HÉRACLIUS.

Vous avez grand sujet d'appréhender pour elle :
Phocas au dernier point la tiendra criminelle;
Et je le connais mal, ou, s'il la peut trouver,
Il n'est moyen humain qui puisse la sauver.
Je vous plains, chère Eudoxe, et non pas votre mère;
Elle a bien mérité ce qu'a fait Exupère;
Il trahit justement qui voulait me trahir.

EUDOXE.

Vous croyez qu'à ce point elle ait pu vous haïr,
Vous pour qui son amour a forcé la nature?

HÉRACLIUS.
Comment voulez-vous donc nommer son imposture ?
M'empêcher d'entreprendre, et, par un faux rapport,
Confondre en Martian et mon nom et mon sort ;
Abuser d'un billet que le hasard lui donne ;
Attacher de sa main mes droits à sa personne,
Et le mettre en état, dessous sa bonne foi,
De régner en ma place ou de périr pour moi :
Madame, est-ce en effet me rendre un grand service ?

EUDOXE.
Eût-elle démenti ce billet de Maurice ?
Et l'eût-elle pu faire, à moins que révéler
Ce que surtout alors il lui fallait céler ?
Quand Martian par là n'eût pas connu son père,
C'était vous hasarder sur la foi d'Exupère :
Elle en doutait, seigneur ; et, par l'événement,
Vous voyez que son zèle en doutait justement.
Sûre en soi des moyens de vous rendre l'empire,
Qu'à vous-même jamais elle n'a voulu dire,
Elle a sur Martian tourné le coup fatal
De l'épreuve d'un cœur qu'elle connaissait mal.
Seigneur, où seriez-vous sans ce nouveau service ?

HÉRACLIUS.
Qu'importe qui des deux on destine au supplice ?
Qu'importe, Martian, vu ce que je te dois,
Qui trahisse mon sort, d'Exupère ou de moi ?
Si l'on ne me découvre, il faut que je m'expose ;
Et l'un et l'autre enfin ne sont que même chose,
Sinon qu'étant trahi je mourrais malheureux,
Et que, m'offrant pour toi, je mourrai généreux.

EUDOXE.
Quoi ! pour désabuser une aveugle furie,
Rompre votre destin et donner votre vie !

HÉRACLIUS.
Vous êtes plus aveugle encore en votre amour.
Périra-t-il pour moi quand je lui dois le jour ?
Et lorsque sous mon nom il se livre à sa perte,
Tiendrai-je sous le sien ma fortune couverte ?
S'il s'agissait ici de le faire empereur,
Je pourrais lui laisser mon nom et son erreur :
Mais conniver en lâche à ce nom qu'on me vole,

Quand son père à mes yeux au lieu de moi l'immole !
Souffrir qu'il se trahisse aux rigueurs de mon sort !
Vivre par son supplice, et régner par sa mort !
EUDOXE.
Ah ! ce n'est pas, seigneur, ce que je vous demande ;
De cette lâcheté l'infamie est trop grande.
Montrez-vous pour sauver ce héros du trépas ;
Mais montrez-vous en maître et ne vous perdez pas :
Rallumez cette ardeur où s'opposait ma mère,
Garantissez le fils par la perte du père ;
Et, prenant à l'empire un chemin éclatant,
Montrez Héraclius au peuple qui l'attend.
HÉRACLIUS.
Il n'est plus temps, madame ; un autre a pris ma place.
Sa prison a rendu le peuple tout de glace :
Déjà préoccupé d'un autre Héraclius,
Dans l'effroi qui le trouble il ne me croira plus ;
Et, ne me regardant que comme un fils perfide,
Il aura de l'horreur de suivre un parricide.
Mais, quand même il voudrait seconder mes desseins,
Le tyran tient déjà Martian en ses mains.
S'il voit qu'en sa faveur je marche à force ouverte,
Piqué de ma révolte, il hâtera sa perte,
Et croira qu'en m'ôtant l'espoir de le sauver
Il m'ôtera l'ardeur qui me fait soulever.
N'en parlons plus : en vain votre amour me retarde,
Le sort d'Héraclius tout entier me regarde.
Soit qu'il faille régner, soit qu'il faille périr,
Au tombeau comme au trône on me verra courir.
Mais voici le tyran et son traître Exupère.

SCÈNE II. — PHOCAS, HÉRACLIUS, EXUPÈRE, EUDOXE,
TROUPE DE GARDES.

PHOCAS, montrant Eudoxe à ses gardes.
Qu'on la tienne en lieu sûr en attendant sa mère.
HÉRACLIUS.
A-t-elle quelque part ?...
PHOCAS.
Nous verrons à loisir ;
Il est bon cependant de la faire saisir.

EUDOXE, s'en allant.
Seigneur, ne croyez rien de ce qu'il vous va dire.
PHOCAS, à Eudoxe.
Je croirai ce qu'il faut pour le bien de l'empire.

SCÈNE III. — PHOCAS, HÉRACLIUS, EXUPÈRE, GARDES.

PHOCAS, à Héraclius.
Ses pleurs pour ce coupable imploraient ta pitié?
HÉRACLIUS.
Seigneur...
PHOCAS.
Je sais pour lui quelle est ton amitié;
Mais je veux que toi-même, ayant bien vu son crime,
Tiennes ton zèle injuste et sa mort légitime.
Aux gardes.
Qu'on le fasse venir. Pour en tirer l'aveu
Il ne sera besoin ni du fer ni du feu.
Loin de s'en repentir, l'orgueilleux en fait gloire.
Mais que me diras-tu qu'il ne me faut pas croire?
Eudoxe m'en conjure, et l'avis me surprend.
Aurais-tu découvert quelque crime plus grand?
HÉRACLIUS.
Oui, sa mère a plus fait contre votre service
Que ne sait Exupère, et que n'a vu Maurice.
PHOCAS.
La perfide! Ce jour lui sera le dernier.
Parle.
HÉRACLIUS.
J'achèverai devant le prisonnier.
Trouvez bon qu'un secret d'une telle importance,
Puisque vous le mandez, s'explique en sa présence.
PHOCAS.
Le voici. Mais surtout ne me dis rien pour lui.

SCÈNE IV. — PHOCAS, HÉRACLIUS, MARTIAN,
EXUPÈRE, TROUPE DE GARDES.

HÉRACLIUS.
Je sais qu'en ma prière il aurait peu d'appui;
Et, loin de me donner une inutile peine,

Tout ce que je demande à votre juste haine,
C'est que de tels forfaits ne soient pas impunis.
Perdez Héraclius et sauvez votre fils :
Voilà tout mon souhait et toute ma prière.
M'en refuserez-vous ?

PHOCAS.
 Tu l'obtiendras entière :
Ton salut en effet est douteux sans sa mort.

MARTIAN.
Ah ! prince ! j'y courrai sans me plaindre du sort ;
Son indigne rigueur n'est pas ce qui me touche :
Mais en ouïr l'arrêt sortir de votre bouche !
Je vous ai mal connu jusques à mon trépas.

HÉRACLIUS.
Et même en ce moment tu ne me connais pas.
Écoute, père aveugle, et toi, prince crédule,
Ce que l'honneur défend que plus je dissimule.
Phocas, connais ton sang et tes vrais ennemis ;
Je suis Héraclius, et Léonce est ton fils.

MARTIAN.
Seigneur, que dîtes-vous ?

HÉRACLIUS.
 Que je ne puis plus taire
Que deux fois Léontine osa tromper ton père ;
Et, semant de nos noms un insensible abus,
Fit un faux Martian du jeune Héraclius.

PHOCAS.
Maurice te dément, lâche ! tu n'as qu'à lire :
« Sous le nom de Léonce Héraclius respire. »
Tu fais après cela des contes superflus.

HÉRACLIUS.
Si ce billet fut vrai, seigneur, il ne l'est plus.
J'étais Léonce alors, et j'ai cessé de l'être
Quand Maurice immolé n'en a pu rien connaître.
S'il laissa par écrit ce qu'il avait pu voir,
Ce qui suivit sa mort fut hors de son pouvoir.
Vous portâtes soudain la guerre dans la Perse,
Où vous eûtes trois ans la fortune diverse :
Cependant Léontine, étant dans le château
Reine de nos destins et de notre berceau,
Pour me rendre le rang qu'occupait votre race,

Prit Martian pour elle et me mit en sa place.
Ce zèle en ma faveur lui succéda si bien,
Que vous-même au retour vous n'en connûtes rien;
Et, ces informes traits qu'à six mois a l'enfance
Ayant mis entre nous fort peu de différence,
Le faible souvenir en trois ans s'en perdit :
Vous prîtes aisément ce qu'elle vous rendit.
Nous vécûmes tous deux sous le nom l'un de l'autre :
Il passa pour son fils, je passai pour le vôtre;
Et je ne jugeais pas ce chemin criminel
Pour remonter sans meurtre au trône paternel.
Mais, voyant cette erreur fatale à cette vie
Sans qui déjà la mienne aurait été ravie,
Je me croirais, seigneur, coupable infiniment
Si je souffrais encore un tel aveuglement.
Je viens reprendre un nom qui seul a fait son crime.
Conservez votre haine et changez de victime.
Je ne demande rien que ce qui m'est promis :
Perdez Héraclius et sauvez votre fils.

MARTIAN.

Admire de quel fils le ciel t'a fait le père,
Admire quel effort sa vertu vient de faire,
Tyran; et ne prends pas pour une vérité
Ce qu'invente pour moi sa générosité.

A Héraclius.

C'est trop, prince, c'est trop pour ce petit service
Dont honora mon bras ma fortune propice :
Je vous sauvai la vie, et ne la perdis pas;
Et pour moi vous cherchez un assuré trépas!
Ah! si vous m'en devez quelque reconnaissance,
Prince, ne m'ôtez pas l'honneur de ma naissance.
Avoir tant de pitié d'un sort si glorieux,
De crainte d'être ingrat, c'est m'être injurieux.

PHOCAS.

En quel trouble me jette une telle dispute!
A quels nouveaux malheurs m'expose-t-elle en butte!
Lequel croire, Exupère, et lequel démentir?
Tombé-je dans l'erreur, ou si j'en vais sortir?
Si ce billet est vrai, le reste est vraisemblable.

EXUPÈRE.

Mais qui sait si ce reste est faux ou véritable?

ACTE IV, SCÈNE IV.

PHOCAS.

Léontine deux fois a pu tromper Phocas.

EXUPÈRE.

Elle a pu les changer et ne les changer pas;
Et plus que vous, seigneur, dedans l'inquiétude,
Je ne vois que du trouble et de l'incertitude.

HÉRACLIUS.

Ce n'est pas d'aujourd'hui que je sais qui je suis :
Vous voyez quels effets en ont été produits.
Depuis plus de quatre ans vous voyez quelle adresse
J'apporte à rejeter l'hymen de la princesse,
Où sans doute aisément mon cœur eût consenti
Si Léontine alors ne m'en eût averti.

MARTIAN.

Léontine?

HÉRACLIUS.

Elle-même.

MARTIAN.

Ah! ciel! quelle est sa ruse!
Martian aime Eudoxe, et sa mère l'abuse.
Par l'horreur d'un hymen qu'il croit incestueux,
De ce prince à sa fille elle assure les vœux;
Et son ambition, adroite à le séduire,
Le plonge en une erreur dont elle attend l'empire.
Ce n'est que d'aujourd'hui que je sais qui je suis :
Mais de mon ignorance elle espérait ces fruits,
Et me tiendrait encor la vérité cachée,
Si tantôt ce billet ne l'en eût arrachée.

PHOCAS.

La méchante l'abuse aussi bien que Phocas.

EXUPÈRE.

Elle a pu l'abuser et ne l'abuser pas.

PHOCAS.

Tu vois comme la fille a part au stratagème.

EXUPÈRE.

Et que la mère a pu l'abuser elle-même.

PHOCAS.

Que de pensers divers! que de soucis flottants!

EXUPÈRE.

Je vous en tirerai, seigneur, dans peu de temps.

PHOCAS.

Dis-moi, tout est-il prêt pour ce juste supplice?

EXUPÈRE.

Oui, si nous connaissions le vrai fils de Maurice.

HÉRACLIUS.

Pouvez-vous en douter après ce que j'ai dit?

MARTIAN.

Donnez-vous à l'erreur encor quelque crédit?

HÉRACLIUS, à Martian.

Ami, rends-moi mon nom : la faveur n'est pas grande;
Ce n'est que pour mourir que je te le demande.
Reprends ce triste jour que tu m'as racheté,
Ou rends-moi cet honneur que tu m'as presque ôté.

MARTIAN.

Pourquoi, de mon tyran volontaire victime,
Précipiter vos jours pour me noircir d'un crime?
Prince, qui que je sois, j'ai conspiré sa mort,
Et nos noms au dessein donnent un divers sort.
Dedans Héraclius il a gloire solide,
Et dedans Martian il devient parricide.
Puisqu'il faut que je meure illustre ou criminel,
Couvert ou de louanges ou d'opprobre éternel,
Ne souillez point ma mort; et ne veuillez pas faire
Du vengeur de l'empire un assassin d'un père.

HÉRACLIUS.

Mon nom seul est coupable, et, sans plus disputer,
Pour te faire innocent tu n'as qu'à le quitter.
Il conspira lui seul, tu n'en es point complice.
Ce n'est qu'Héraclius qu'on envoie au supplice;
Sois son fils, tu vivras.

MARTIAN.

Si je l'avais été,
Seigneur, ce traître en vain m'aurait sollicité;
Et, lorsque contre vous il m'a fait entreprendre,
La nature en secret aurait su m'en défendre.

HÉRACLIUS.

Apprends donc qu'en secret mon cœur t'a prévenu.
J'ai voulu conspirer, mais on m'a retenu;
Et dedans mon péril Léontine timide...

ACTE IV, SCÈNE IV.

MARTIAN.

N'a pu voir Martian commettre un parricide.

HÉRACLIUS.

Toi, que de Pulchérie elle a fait amoureux,
Juge sous les deux noms ton dessein et tes feux.
Elle a rendu pour toi l'un et l'autre funeste,
Martian parricide, Héraclius inceste,
Et n'eût pas eu pour moi d'horreur d'un grand forfait,
Puisque dans ta personne elle en pressait l'effet.
Mais elle m'empêchait de hasarder ma tête,
Espérant par ton bras me livrer ma conquête.
Ce favorable aveu dont elle t'a séduit
T'exposait aux périls pour m'en donner le fruit ;
Et c'était ton succès qu'attendait sa prudence,
Pour découvrir au peuple ou cacher ma naissance.

PHOCAS.

Hélas ! je ne puis voir qui des deux est mon fils ;
Et je vois que tous deux ils sont mes ennemis.
En ce piteux état quel conseil dois-je suivre ?
J'ai craint un ennemi, mon bonheur me le livre ;
Je sais que de mes mains il ne peut se sauver,
Je sais que je le vois, et ne puis le trouver.
La nature tremblante, incertaine, étonnée,
D'un nuage confus couvre sa destinée :
L'assassin sous cette ombre échappe à ma rigueur,
Et, présent à mes yeux, il se cache en mon cœur.
Martian, à ce nom aucun ne veut répondre,
Et l'amour paternel ne sert qu'à me confondre.
Trop d'un Héraclius en mes mains est remis ;
Je tiens mon ennemi, mais je n'ai plus de fils.
Que veux-tu donc, nature, et que prétends-tu faire ?
Si je n'ai plus de fils, puis-je encore être père ?
De quoi parle à mon cœur ton murmure imparfait ?
Ne me dis rien du tout, ou parle tout à fait.
Qui que ce soit des deux que mon sang ait fait naître,
Ou laisse-moi le perdre, ou fais-le-moi connaître.
O toi, qui que tu sois, enfant dénaturé,
Et trop digne du sort que tu t'es procuré,
Mon trône est-il pour toi plus honteux qu'un supplice ?
O malheureux Phocas ! ô trop heureux Maurice !
Tu recouvres deux fils pour mourir après toi,

Et je n'en puis trouver pour régner après moi!
Qu'aux honneurs de ta mort je dois porter envie,
Puisque mon propre fils les préfère à sa vie!

SCÈNE V. — PHOCAS, HÉRACLIUS, MARTIAN, CRISPE,
EXUPÈRE, LÉONTINE, GARDES.

CRISPE, à Phocas.

Seigneur, ma diligence enfin à réussi;
J'ai trouvé Léontine, et je l'amène ici.

PHOCAS, à Léontine.

Approche, malheureuse!

HÉRACLIUS, à Léontine.

Avouez tout, madame.
J'ai tout dit.

LÉONTINE, à Héraclius.

Quoi, seigneur?

PHOCAS.

Tu l'ignores, infâme!
Qui des deux est mon fils?

LÉONTINE.

Qui vous en fait douter?

HÉRACLIUS, à Léontine.

Le nom d'Héraclius que son fils veut porter :
Il en croit ce billet et votre témoignage;
Mais ne le laissez pas dans l'erreur davantage.

PHOCAS.

N'attends pas les tourments, ne me déguise rien.
M'as-tu livré ton fils? as-tu changé le mien?

LÉONTINE.

Je t'ai livré mon fils, et j'en aime la gloire.
Si je parle du reste, oseras-tu m'en croire?
Et qui t'assurera que pour Héraclius,
Moi qui t'ai tant trompé, je ne te trompe plus?

PHOCAS.

N'importe, fais-nous voir quelle haute prudence
En des temps si divers leur en fait confidence,
A l'un depuis quatre ans, à l'autre d'aujourd'hui.

LÉONTINE.

Le secret n'en est su ni de lui, ni de lui;

ACTE IV, SCÈNE V.

Tu n'en sauras non plus les véritables causes :
Devine si tu peux, et choisis si tu l'oses.
L'un des deux est ton fils, l'autre est ton empereur.
Tremble dans ton amour, tremble dans ta fureur.
Je te veux toujours voir, quoi que ta rage fasse,
Craindre ton ennemi dedans ta propre race,
Toujours aimer ton fils dedans ton ennemi,
Sans être ni tyran, ni père qu'à demi.
Tandis qu'autour des deux tu perdras ton étude,
Mon âme jouira de ton inquiétude :
Je rirai de ta peine; ou, si tu m'en punis,
Tu perdras avec moi le secret de ton fils.

PHOCAS.

Et si je les punis tous deux sans les connaître,
L'un comme Héraclius, l'autre pour vouloir l'être?

LÉONTINE.

Je m'en consolerai quand je verrai Phocas
Croire affermir son sceptre en se coupant le bras,
Et de la même main son ordre tyrannique
Venger Héraclius dessus son fils unique.

PHOCAS.

Quelle reconnaissance, ingrate, tu me rends
Des bienfaits répandus sur toi, sur tes parents,
De t'avoir confié ce fils que tu me caches,
D'avoir mis en tes mains ce cœur que tu m'arraches,
D'avoir mis à tes pieds ma cour qui t'adorait !
Rends-moi mon fils, ingrate !

LÉONTINE.

Il m'en désavouerait ;
Et ce fils, quel qu'il soit, que tu ne peux connaître,
A le cœur assez bon pour ne vouloir pas l'être.
Admire sa vertu qui trouble ton repos.
C'est du fils d'un tyran que j'ai fait ce héros ;
Tant ce qu'il a reçu d'heureuse nourriture
Dompte ce mauvais sang qu'il eut de la nature !
C'est assez dignement répondre à tes bienfaits
Que d'avoir dégagé ton fils de tes forfaits.
Séduit par ton exemple et par sa complaisance,
Il t'aurait ressemblé s'il eût su sa naissance ;
Il serait lâche, impie, inhumain comme toi !
Et tu me dois ainsi plus que je ne te doi.

EXUPÈRE.
L'impudence et l'orgueil suivent les impostures.
Ne vous exposez plus à ce torrent d'injures,
Qui, ne faisant qu'aigrir votre ressentiment,
Vous donne peu de jour pour ce discernement.
Laissez-la-moi, seigneur, quelques moments en garde;
Puisque j'ai commencé, le reste me regarde :
Malgré l'obscurité de son illusion,
J'espère démêler cette confusion.
Vous savez à quel point l'affaire m'intéresse.

PHOCAS.
Achève, si tu peux, par force ou par adresse,
Exupère; et sois sûr que je te devrai tout
Si l'ardeur de ton zèle en peut venir à bout.
Je saurai cependant prendre à part l'un et l'autre;
Et peut-être qu'enfin nous trouverons le nôtre.
Agis de ton côté; je la laisse avec toi :
Gêne, flatte, surprends. Vous autres, suivez-moi.

SCÈNE VI. — EXUPÈRE, LÉONTINE.

EXUPÈRE.
On ne peut nous entendre. Il est juste, madame,
Que je vous ouvre enfin jusqu'au fond de mon âme;
C'est passer trop longtemps pour traître auprès de vous.
Vous haïssez Phocas; nous le haïssons tous...

LÉONTINE.
Oui, c'est bien lui montrer ta haine et ta colère,
Que lui vendre ton prince et le sang de ton père.

EXUPÈRE.
L'apparence vous trompe, et je suis en effet...

LÉONTINE.
L'homme le plus méchant que la nature ait fait.

EXUPÈRE.
Ce qui passe à vos yeux pour une perfidie...

LÉONTINE.
Cache une intention fort noble et fort hardie!

EXUPÈRE.
Pouvez-vous en juger, puisque vous l'ignorez?
Considérez l'état de tous nos conjurés :
Il n'est aucun de nous à qui sa violence

ACTE IV, SCÈNE VI.

N'ait donné trop de lieu d'une juste vengeance;
Et, nous en croyant tous dans notre âme indignés,
Le tyran du palais nous a tous éloignés.
Il y fallait rentrer par quelque grand service.

LÉONTINE.
Et tu crois m'éblouir avec cet artifice?

EXUPÈRE.
Madame, apprenez tout. Je n'ai rien hasardé.
Vous savez de quel nombre il est toujours gardé;
Pouvions-nous le surprendre, ou forcer les cohortes
Qui de jour et de nuit tiennent toutes ses portes?
Pouvions-nous mieux sans bruit nous approcher de lui?
Vous voyez la posture où j'y suis aujourd'hui;
Il me parle, il m'écoute, il me croit; et lui-même
Se livre entre mes mains, aide à mon stratagème.
C'est par mes seuls conseils qu'il veut publiquement
Du prince Héraclius faire le châtiment,
Que sa milice éparse à chaque coin des rues
A laissé du palais les portes presque nues :
Je puis en un moment m'y rendre le plus fort;
Mes amis sont tout prêts : c'en est fait, il est mort;
Et j'userai si bien de l'accès qu'il me donne,
Qu'aux pieds d'Héraclius je mettrai sa couronne.
Mais après mes desseins pleinement découverts,
De grâce, faites-moi connaître qui je sers;
Et ne le cachez plus à ce cœur qui n'aspire
Qu'à le rendre aujourd'hui maître de tout l'empire.

LÉONTINE.
Esprit lâche et grossier, quelle brutalité
Te fait juger en moi tant de crédulité?
Va, d'un piége si lourd l'appât est inutile,
Traître, et si tu n'as point de ruse plus subtile...

EXUPÈRE.
Je vous dis vrai, madame, et vous dirai de plus...

LÉONTINE.
Ne me fais point ici de contes superflus :
L'effet à tes discours ôte toute croyance.

EXUPÈRE.
Eh bien, demeurez donc dans votre défiance.
Je ne demande plus, et ne vous dis plus rien;
Gardez votre secret, je garderai le mien.

Puisque je passe encor pour homme à vous séduire,
Venez dans la prison où je vais vous conduire :
Si vous ne me croyez, craignez ce que je puis.
Avant la fin du jour vous saurez qui je suis.

ACTE CINQUIÈME.

SCÈNE I. — HÉRACLIUS.

Quelle confusion étrange
De deux princes fait un mélange
Qui met en discord deux amis !
Un père ne sait où se prendre ;
Et plus tous deux s'osent défendre
Du titre infâme de son fils,
Plus eux-mêmes cessent d'entendre
Les secrets qu'on leur a commis.

Léontine avec tant de ruse
Ou me favorise ou m'abuse,
Qu'elle brouille tout notre sort :
Ce que j'en eus de connaissance
Brave une orgueilleuse puissance
Qui n'en croit pas mon vain effort ;
Et je doute de ma naissance
Quand on me refuse la mort.

Ce fier tyran qui me caresse
Montre pour moi tant de tendresse,
Que mon cœur s'en laisse alarmer ;
Lorsqu'il me prie et me conjure,
Son amitié paraît si pure,
Que je ne saurais présumer
Si c'est par instinct de nature,
Ou par coutume de m'aimer.

ACTE V, SCÈNE II.

Dans cette croyance incertaine,
J'ai pour lui des transports de haine
Que je ne conserve pas bien :
Cette grâce qu'il veut me faire
Étonne et trouble ma colère ;
Et je n'ose résoudre rien,
Quand je trouve un amour de père
En celui qui m'ôta le mien.

Retiens, grande ombre de Maurice,
Mon âme au bord du précipice
Que cette obscurité lui fait,
Et m'aide à faire mieux connaître
Qu'en ton fils Dieu n'a pas fait naître
Un prince à ce point imparfait,
Ou que je méritais de l'être,
Si je ne le suis en effet.

Soutiens ma haine qui chancelle ;
Et, redoublant pour ta querelle
Cette noble ardeur de mourir,
Fais voir... Mais il m'exauce, on vient me secourir.

SCÈNE II. — HÉRACLIUS, PULCHÉRIE.

HÉRACLIUS.
O ciel ! quel bon démon devers moi vous envoie,
Madame ?
PULCHÉRIE.
Le tyran, qui veut que je vous voie,
Et met tout en usage afin de s'éclaircir.
HÉRACLIUS.
Par vous-même en ce trouble il pense réussir !
PULCHÉRIE.
Il le pense, seigneur, et ce brutal espère
Mieux qu'il ne trouve un fils que je découvre un frère ;
Comme si j'étais fille à ne lui rien celer
De tout ce que le sang pourrait me révéler !
HÉRACLIUS.
Puisse-t-il par un trait de lumière fidèle
Vous le mieux révéler qu'il ne me le révèle !

Aidez-moi cependant, madame, à repousser
Les indignes frayeurs dont je me sens presser...
PULCHÉRIE.
Ah! prince, il ne faut point d'assurance plus claire;
Si vous craignez la mort, vous n'êtes point mon frère :
Ces indignes frayeurs vous ont trop découvert.
HÉRACLIUS.
Moi, la craindre, madame! Ah! je m'y suis offert.
Qu'il me traite en tyran, qu'il m'envoie au supplice,
Je suis Héraclius, je suis fils de Maurice;
Sous ces noms précieux je cours m'ensevelir;
Et m'étonne si peu, que je l'en fais pâlir :
Mais il me traite en père, il me flatte, il m'embrasse;
Je n'en puis arracher une seule menace :
J'ai beau faire et beau dire afin de l'irriter,
Il m'écoute si peu, qu'il me force à douter.
Malgré moi comme fils toujours il me regarde;
Au lieu d'être en prison, je n'ai pas même un garde.
Je ne sais qui je suis, et crains de le savoir;
Je veux ce que je dois, et cherche mon devoir :
Je crains de le haïr, si j'en tiens la naissance;
Je le plains de m'aimer, si je m'en dois vengeance;
Et mon cœur, indigné d'une telle amitié,
En frémit de colère et tremble de pitié.
De tous ses mouvements mon esprit se défie;
Il condamne aussitôt tout ce qu'il justifie.
La colère, l'amour, la haine et le respect,
Ne me présentent rien qui ne me soit suspect.
Je crains tout, je fuis tout; et, dans cette aventure,
Des deux côtés en vain j'écoute la nature.
Secourez donc un frère en ces perplexités.
PULCHÉRIE.
Ah! vous ne l'êtes point, puisque vous en doutez.
Celui qui, comme vous, prétend à cette gloire,
D'un courage plus ferme en croit ce qu'il doit croire.
Comme vous on le flatte, il y sait résister;
Rien ne le touche assez pour le faire douter :
Et le sang, par un double et secret artifice,
Parle en vous pour Phocas, comme en lui pour Maurice.
HÉRACLIUS.
A ces marques en lui connaissez Martian;

ACTE V, SCÈNE II.

Il a le cœur plus dur étant fils d'un tyran.
La générosité suit la belle naissance :
La pitié l'accompagne et la reconnaissance.
Dans cette grandeur d'âme un vrai prince affermi
Est sensible aux malheurs même d'un ennemi ;
La haine qu'il lui doit ne saurait le défendre,
Quand il s'en voit aimé, de s'en laisser surprendre ;
Et trouve assez souvent son devoir arrêté
Par l'effort naturel de sa propre bonté.
Cette digne vertu de l'âme la mieux née,
Madame, ne doit pas souiller ma destinée.
Je doute ; et, si ce doute a quelque crime en soi,
C'est assez m'en punir que douter comme moi ;
Et mon cœur, qui sans cesse en sa faveur se flatte,
Cherche qui le soutienne, et non pas qui l'abatte ;
Il demande secours pour mes sens étonnés,
Et non le coup mortel dont vous m'assassinez.

PULCHÉRIE.

L'œil le mieux éclairé sur de telles matières
Peut prendre de faux jours pour de vives lumières ;
Et comme notre sexe ose assez promptement
Suivre l'impression d'un premier mouvement,
Peut-être qu'en faveur de ma première idée
Ma haine pour Phocas m'a trop persuadée.
Son amour est pour vous un poison dangereux ;
Et, quoique la pitié montre un cœur généreux,
Celle qu'on a pour lui de ce rang dégénère.
Vous le devez haïr, et fût-il votre père :
Si ce titre est douteux, son crime ne l'est pas.
Qu'il vous offre sa grâce ou vous livre au trépas,
Il n'est pas moins tyran quand il vous favorise,
Puisque c'est ce cœur même alors qu'il tyrannise ;
Et que votre devoir, par là mieux combattu,
Prince, met en péril jusqu'à votre vertu.
Doutez, mais haïssez ; et, quoi qu'il exécute,
Je douterai d'un nom qu'un autre vous dispute :
En douter lorsqu'en moi vous cherchez quelque appui,
Si c'est trop peu pour vous, c'est assez contre lui.
L'un de vous est mon frère, et l'autre y peut prétendre :
Entre tant de vertus mon choix se peut méprendre ;
Mais je ne puis faillir, dans votre sort douteux,

16.

A chérir l'un et l'autre et vous plaindre tous deux.
J'espère encor pourtant ; on murmure, on menace ;
Un tumulte, dit-on, s'élève dans la place :
Exupère est allé fondre sur ces mutins,
Et peut-être de là dépendent nos destins.
Mais Phocas entre.

SCÈNE III. — PHOCAS, HÉRACLIUS, MARTIAN, PULCHÉRIE, GARDES.

PHOCAS.
Eh bien, se rendra-t-il, madame ?

PULCHÉRIE.
Quelque effort que je fasse à lire dans son âme,
Je n'en vois que l'effet que je m'étais promis :
Je trouve trop d'un frère, et vous trop peu d'un fils.

PHOCAS.
Ainsi le ciel vous veut enrichir de ma perte.

PULCHÉRIE.
Il tient en ma faveur leur naissance couverte :
Ce frère qu'il me rend serait déjà perdu,
Si dedans votre sang il ne l'eût confondu.

PHOCAS, à Pulchérie.
Cette confusion peut perdre l'un et l'autre.
En faveur de mon sang je ferai grâce au vôtre :
Mais je veux le connaître ; et ce n'est qu'à ce prix
Qu'en lui donnant la vie il me rendra mon fils.

A Héraclius.
Pour la dernière fois, ingrat, je t'en conjure ;
Car enfin c'est vers toi que penche la nature ;
Et je n'ai point pour lui ces doux empressements
Qui d'un cœur paternel font les vrais mouvements.
Ce cœur s'attache à toi par d'invincibles charmes.
En crois-tu mes soupirs ? en croiras-tu mes larmes ?
Songe avec quel amour mes soins t'ont élevé,
Avec quelle valeur son bras t'a conservé ;
Tu nous dois à tous deux.

HÉRACLIUS.
Et pour reconnaissance
Je vous rends votre fils, je lui rends sa naissance.

ACTE V, SCÈNE III.

PHOCAS.

Tu me l'ôtes, cruel, et le laisses mourir.

HÉRACLIUS.

Je meurs pour vous le rendre et pour le secourir.

PHOCAS.

C'est me l'ôter assez que ne vouloir plus l'être.

HÉRACLIUS.

C'est vous le rendre assez que le faire connaître.

PHOCAS.

C'est me l'ôter assez que me le supposer.

HÉRACLIUS.

C'est vous le rendre assez que vous désabuser.

PHOCAS.

Laisse-moi mon erreur, puisqu'elle m'est si chère.
Je t'adopte pour fils, accepte-moi pour père :
Fais vivre Héraclius sous l'un ou l'autre sort;
Pour moi, pour toi, pour lui, fais-toi ce peu d'effort.

HÉRACLIUS.

Ah! c'en est trop enfin, et ma gloire blessée
Dépouille un vieux respect où je l'avais forcée.
De quelle ignominie osez-vous me flatter?
Toutes les fois, tyran, qu'on se laisse adopter,
On veut une maison illustre autant qu'amie,
On cherche de la gloire et non de l'infamie;
Et ce serait un monstre horrible à vos États,
Que le fils de Maurice adopté par Phocas.

PHOCAS.

Va, cesse d'espérer la mort que tu mérites;
Ce n'est que contre lui, lâche, que tu m'irrites;
Tu te veux rendre en vain indigne de ce rang;
Je m'en prends à la cause, et j'épargne mon sang.
Puisque ton amitié de ma foi se défie
Jusqu'à prendre son nom pour lui sauver la vie,
Soldats, sans plus tarder, qu'on l'immole à ses yeux;
Et sois après sa mort mon fils, si tu le veux.

HÉRACLIUS.

Perfides, arrêtez!

MARTIAN.

Ah! que voulez-vous faire,
Prince?

HÉRACLIUS.
Sauver le fils de la fureur du père.

MARTIAN.
Conservez-lui ce fils qu'il ne cherche qu'en vous;
Ne troublez point un sort qui lui semble si doux.
C'est avec assez d'heur qu'Héraclius expire,
Puisque c'est en vos mains que tombe son empire.
Le ciel daigne bénir votre sceptre et vos jours!

PHOCAS.
C'est trop perdre de temps à souffrir ces discours.
Dépêche, Octavian.

HÉRACLIUS.
N'attente rien, barbare!
Je suis...

PHOCAS.
Avoue enfin.

HÉRACLIUS.
Je tremble, je m'égare,
Et mon cœur...

PHOCAS, à Héraclius.
Tu pourras à loisir y penser.
A Octavian.
Frappe.

HÉRACLIUS.
Arrête! je suis... Puis-je le prononcer?

PHOCAS.
Achève, ou...

HÉRACLIUS.
Je suis donc, s'il faut que je le die,
Ce qu'il faut que je sois pour lui sauver la vie.
Oui, je lui dois assez, seigneur, quoi qu'il en soit,
Pour vous payer pour lui de l'amour qu'il vous doit;
Et je vous le promets entier, ferme, sincère,
Et tel qu'Héraclius l'aurait pour son vrai père.
J'accepte en sa faveur ses parents pour les miens;
Mais sachez que vos jours me répondront des siens;
Vous me serez garant des hasards de la guerre,
Des ennemis secrets, de l'éclat du tonnerre;
Et, de quelque façon que le courroux des cieux
Me prive d'un ami qui m'est si précieux,
Je vengerai sur vous, et fussiez-vous mon père,

Ce qu'aura fait sur lui leur injuste colère.

PHOCAS.

Ne crains rien : de tous deux je ferai mon appui ;
L'amour qu'il a pour toi m'assure trop de lui :
Mon cœur pâme de joie, et mon âme n'aspire
Qu'à vous associer l'un et l'autre à l'empire,
J'ai retrouvé mon fils : mais sois-le tout à fait,
Et donne-m'en pour marque un véritable effet ;
Ne laisse plus de place à la supercherie ;
Pour achever ma joie, épouse Pulchérie.

HÉRACLIUS.

Seigneur, elle est ma sœur.

PHOCAS.

     Tu n'es donc point mon fils,
Puisque si lâchement déjà tu t'en dédis ?

PULCHÉRIE.

Qui te donne, tyran, une attente si vaine ?
Quoi ! son consentement étoufferait ma haine !
Pour l'avoir étonné tu m'aurais fait changer !
J'aurais pour cette honte un cœur assez léger !
Je pourrais épouser ou ton fils ou mon frère !

SCÈNE IV. — PHOCAS, HÉRACLIUS, PULCHÉRIE,
MARTIAN, CRISPE, GARDES.

CRISPE.

Soigneur, vous devez tout au grand cœur d'Exupère :
Il est l'unique auteur de nos meilleurs destins,
Lui seul et ses amis ont dompté vos mutins ;
Il a fait prisonniers leurs chefs, qu'il vous amène.

PHOCAS.

Dis-lui qu'il me les garde en la salle prochaine ;
Je vais de leurs complots m'éclaircir avec eux.

SCÈNE V. — PHOCAS, HÉRACLIUS, PULCHÉRIE,
MARTIAN, GARDES.

PHOCAS, à Héraclius.

Toi cependant, ingrat, sois mon fils si tu veux.
En l'état où je suis, je n'ai plus lieu de feindre,

Les mutins sont domptés, et je cesse de craindre.
A Pulchérie.
Je vous laisse tous trois. Use bien du moment
Que je prends pour en faire un juste châtiment;
Et, si tu n'aimes mieux que l'un et l'autre meure,
Trouve ou choisis mon fils, et l'épouse sur l'heure;
Autrement, si leur sort demeure encor douteux,
Je jure à mon retour qu'ils périront tous deux.
Je ne veux point d'un fils dont l'implacable haine
Prend ce nom pour affront et mon amour pour gêne.
Toi...

PULCHÉRIE.
Ne menace point, je suis prête à mourir.

PHOCAS.
A mourir! jusque-là je pourrais te chérir!
N'espère pas de moi cette faveur suprême;
Et pense...

PULCHÉRIE.
A quoi, tyran?

PHOCAS.
A m'épouser moi-même
Au milieu de leur sang à tes pieds répandu.

PULCHÉRIE.
Quel supplice!

PHOCAS.
Il est grand pour toi; mais il t'est dû.
Tes mépris de la mort bravaient trop ma colère.
Il est en toi de perdre ou de sauver ton frère;
Et du moins, quelque erreur qui puisse me troubler,
J'ai trouvé les moyens de te faire trembler.

SCÈNE VI. — HÉRACLIUS, MARTIAN, PULCHÉRIE.

PULCHÉRIE.
Le lâche! il vous flattait lorsqu'il tremblait dans l'âme.
Mais tel est d'un tyran le naturel infâme:
Sa douceur n'a jamais qu'un mouvement contraint;
S'il ne craint, il opprime; et, s'il n'opprime, il craint.
L'une et l'autre fortune en montre la faiblesse;
L'une n'est qu'insolence et l'autre que bassesse.
A peine est-il sorti de ses lâches terreurs,

ACTE V, SCÈNE VI.

Qu'il a trouvé pour moi le comble des horreurs.
Mes frères, puisque enfin vous voulez tous deux l'être,
Si vous m'aimez en sœur, faites-le moi paraître.

HÉRACLIUS.

Que pouvons-nous tous deux, lorsqu'on tranche nos jours?

PULCHÉRIE.

Un généreux conseil est un puissant secours.

MARTIAN.

Il n'est point de conseil qui vous soit salutaire
Que d'épouser le fils pour éviter le père;
L'horreur d'un mal plus grand vous y doit disposer.

PULCHÉRIE.

Qui me le montrera si je veux l'épouser?
Et, dans cet hyménée à ma gloire funeste,
Qui me garantira des périls de l'inceste?

MARTIAN.

Je le vois trop à craindre et pour vous et pour nous :
Mais, madame, on peut prendre un vain titre d'époux.
Abuser du tyran la rage forcenée,
Et vivre en frère et sœur sous un feint hyménée.

PULCHÉRIE.

Feindre et nous abaisser à cette lâcheté!

HÉRACLIUS.

Pour tromper un tyran c'est générosité,
Et c'est mettre, en faveur d'un frère qu'il vous donne,
Deux ennemis secrets auprès de sa personne,
Qui, dans leur juste haine animés et constants,
Sur l'ennemi commun sauront prendre leur temps,
Et terminer bientôt la feinte avec sa vie.

PULCHÉRIE.

Pour conserver vos jours et fuir mon infamie,
Feignons, vous le voulez et j'y résiste en vain.
Sus donc, qui de vous deux me prêtera la main?
Qui veut feindre avec moi? qui sera mon complice?

HÉRACLIUS.

Vous, prince, à qui le ciel inspire l'artifice.

MARTIAN.

Vous, que veut le tyran pour fils obstinément.

HÉRACLIUS.

Vous, qui depuis quatre ans la servez en amant.

MARTIAN.

Vous saurez mieux que moi surprendre sa tendresse.

HÉRACLIUS.

Vous saurez mieux que moi la traiter de maîtresse.

MARTIAN.

Vous aviez commencé tantôt d'y consentir.

PULCHÉRIE.

Ah! princes, votre cœur ne peut se démentir;
Et vous l'avez tous deux trop grand, trop magnanime,
Pour souffrir sans horreur l'ombre même d'un crime.
Je vous connaissais trop pour juger autrement
Et de votre conseil et de l'événement;
Et je n'y déférais que pour vous voir dédire.
Toute fourbe est honteuse aux cœurs nés pour l'empire.
Princes, attendons tout, sans consentir à rien.

HÉRACLIUS.

Admirez cependant quel malheur est le mien :
L'obscure vérité que de mon sang je signe
Du grand nom qui me perd ne me peut rendre digne;
On n'en croit pas ma mort; et je perds mon trépas,
Puisque, mourant pour lui, je ne le sauve pas.

MARTIAN.

Voyez d'autre côté quelle est ma destinée,
Madame : dans le cours d'une seule journée,
Je suis Héraclius; Léonce et Martian;
Je sors d'un empereur, d'un tribun, d'un tyran.
De tous trois ce désordre en un jour me fait naître,
Pour me faire mourir enfin sans me connaître.

PULCHÉRIE.

Cédez, cédez tous deux aux rigueurs de mon sort :
Il a fait contre vous un violent effort.
Votre malheur est grand; mais, quoi qu'il en succède,
La mort qu'on me refuse en sera le remède;
Et moi... Mais que nous veut ce perfide?

SCÈNE VII. — HÉRACLIUS, MARTIAN, PULCHÉRIE, AMINTAS.

AMINTAS.

                              Mon bras
Vient de laver ce nom dans le sang de Phocas.

ACTE V, SCÈNE VII.

HÉRACLIUS.

Que nous dis-tu?

AMINTAS.

Qu'à tort vous nous prenez pour traîtres;
Qu'il n'est plus de tyran; que vous êtes les maîtres.

HÉRACLIUS.

De quoi?

AMINTAS.

De tout l'empire!

MARTIAN.

Et par toi?

AMINTAS.

Non, seigneur;
Un autre en a la gloire, et j'ai part à l'honneur.

HÉRACLIUS.

Et quelle heureuse main finit notre misère?

AMINTAS.

Princes, l'auriez-vous cru? c'est la main d'Exupère.

MARTIAN.

Lui, qui me trahissait?

AMINTAS.

C'est de quoi s'étonner :
Il ne vous trahissait que pour vous couronner.

HÉRACLIUS.

N'a-t-il pas des mutins dissipé la furie?

AMINTAS.

Son ordre excitait seul cette mutinerie.

MARTIAN.

Il en a pris les chefs toutefois?

AMINTAS.

Admirez
Que ces prisonniers même avec lui conjurés
Sous cette illusion couraient à leur vengeance :
Tous contre ce barbare étant d'intelligence,
Suivis d'un gros d'amis nous passons librement
Au travers du palais à son appartement.
La garde y restait faible et sans aucun ombrage;
Crispe même à Phocas porte notre message :
Il vient; à ses genoux on met les prisonniers,
Qui tirent pour signal leurs poignards les premiers.
Le reste, impatient dans sa noble colère,

Enferme la victime; et soudain Exupère:
« Qu'on arrête, dit-il; le premier coup m'est dû:
« C'est lui qui me rendra l'honneur presque perdu. »
Il frappe, et le tyran tombe aussitôt sans vie,
Tant de nos mains la sienne est promptement suivie.
Il s'élève un grand bruit, et mille cris confus
Ne laissent discerner que Vive Héraclius!
Nous saisissons la porte, et les gardes se rendent.
Mêmes cris aussitôt de tous côtés s'entendent;
Et de tant de soldats qui lui servaient d'appui,
Phocas, après sa mort, n'en a pas un pour lui.

PULCHÉRIE.

Quel chemin Exupère a pris pour sa ruine!

AMINTAS.

Le voici qui s'avance avecque Léontine.

SCÈNE VIII. — HÉRACLIUS, MARTIAN, PULCHÉRIE, LÉONTINE, EUDOXE, EXUPÈRE, AMINTAS, gardes.

HÉRACLIUS, à Léontine.

Est-il donc vrai, madame? et changeons-nous de sort?
Amintas nous fait-il un fidèle rapport?

LÉONTINE.

Seigneur, un tel succès à peine est concevable;
Et d'un si grand dessein la conduite admirable...

HÉRACLIUS, à Exupère.

Perfide généreux, hâte-toi d'embrasser
Deux princes impuissants à te récompenser.

EXUPÈRE, à Héraclius.

Seigneur, il me faut grâce ou de l'un ou de l'autre :
J'ai répandu son sang, si j'ai vengé le vôtre.

MARTIAN.

Qui que ce soit des deux, il doit se consoler
De la mort d'un tyran qui voulait l'immoler :
Je ne sais quoi pourtant dans mon cœur en murmure.

HÉRACLIUS.

Peut-être en vous par là s'explique la nature :
Mais, prince, votre sort n'en sera pas moins doux;
Si l'empire est à moi, Pulchérie est à vous.

ACTE V, SCÈNE VIII.

Puisque le père est mort, le fils est digne d'elle.
A Léontine.
Terminez donc, madame, enfin notre querelle.
LÉONTINE.
Mon témoignage seul peut-il en décider ?
MARTIAN.
Quelle autre sûreté pourrions-nous demander ?
LÉONTINE.
Je vous puis être encor suspecte d'artifice.
Non, ne m'en croyez pas, croyez l'impératrice.
A Pulchérie, lui donnant un billet.
Vous connaissez sa main, madame; et c'est à vous
Que je remets le sort d'un frère et d'un époux.
Voyez ce qu'en mourant me laissa votre mère.
PULCHÉRIE.
J'en baise en soupirant le sacré caractère.
LÉONTINE.
Apprenez d'elle enfin quel sang vous a produits,
Princes.
HÉRACLIUS, à Eudoxe.
Qui que je sois, c'est à vous que je suis.
PULCHÉRIE, lisant.
« Parmi tant de malheurs mon bonheur est étrange :
« Après avoir donné son fils au lieu du mien,
« Léontine à mes yeux, par un second échange,
« Donne encore à Phocas mon fils au lieu du sien.
« Vous qui pourrez douter d'un si rare service,
« Sachez qu'elle a deux fois trompé notre tyran :
« Celui qu'on croit Léonce est le vrai Martian,
« Et le faux Martian est vrai fils de Maurice.
« CONSTANTINE. »
PULCHÉRIE, à Héraclius.
Ah! vous êtes mon frère !
HÉRACLIUS, à Pulchérie.
Et c'est heureusement
Que le trouble éclairci vous rend à votre amant.
LÉONTINE, à Héraclius.
Vous en saviez assez pour éviter l'inceste,

Et non pas pour vous rendre un tel secret funeste.
A Martian.
Mais pardonnez, seigneur, à mon zèle parfait
Ce que j'ai voulu faire, et ce qu'un autre fait.
MARTIAN.
Je ne m'oppose point à la commune joie :
Mais souffrez des soupirs que la nature envoie.
Quoique jamais Phocas n'ai mérité d'amour,
Un fils ne peut moins rendre à qui l'a mis au jour :
Ce n'est pas tout d'un coup qu'à ce titre on renonce.
HÉRACLIUS.
Donc, pour mieux l'oublier, soyez encor Léonce;
Sous ce nom glorieux aimez ses ennemis,
Et meure du tyran jusqu'au nom de son fils!
A Eudoxe.
Vous, madame, acceptez et ma main et l'empire
En échange d'un cœur pour qui le mien soupire.
EUDOXE, à Héraclius.
Seigneur, vous agissez en prince généreux.
HÉRACLIUS, à Exupère et Amintas.
Et vous dont la vertu me rend ce trouble heureux,
Attendant les effets de ma reconnaissance,
Reconnaissons, amis, la céleste puissance;
Allons lui rendre hommage, et, d'un esprit content,
Montrer Héraclius au peuple qui l'attend.

FIN D'HÉRACLIUS.

NICOMÈDE

TRAGÉDIE. — 1652.

AU LECTEUR.

Voici une pièce d'une constitution assez extraordinaire : aussi est-ce la vingt et unième que j'ai fait voir sur le théâtre ; et, après y avoir fait réciter quarante mille vers, il est bien malaisé de trouver quelque chose de nouveau sans s'écarter un peu du grand chemin et se mettre au hasard de s'égarer. La tendresse et les passions, qui doivent être l'âme des tragédies, n'ont aucune part en celle-ci ; la grandeur de courage y règne seule, et regarde son malheur d'un œil si dédaigneux, qu'il n'en saurait arracher une plainte. Elle y est combattue par la politique, et n'oppose à ses artifices qu'une prudence généreuse qui marche à visage découvert, qui prévoit le péril sans s'émouvoir, et ne veut point d'autre appui que celui de sa vertu et de l'amour qu'elle imprime dans les cœurs de tous les peuples. L'histoire qui m'a prêté de quoi la faire paraître en ce haut degré est tirée de Justin ; et voici comme il la raconte à la fin de son trente-quatrième livre :

« En même temps Prusias, roi de Bithynie, prit dessein de
« faire assassiner son fils Nicomède, pour avancer ses autres
« fils qu'il avait eus d'une autre femme, et qu'il faisait élever à
« Rome : mais ce dessein fut découvert à ce jeune prince par
« ceux mêmes qui l'avaient entrepris : ils firent plus, ils l'exhor-
« tèrent à rendre la pareille à un père si cruel, et faire retomber
« sur sa tête les embûches qu'il lui avait préparées, et n'eurent
« pas grande peine à le persuader. Sitôt donc qu'il fut entré
« dans le royaume de son père, qui l'avait appelé auprès de lui,
« il fut proclamé roi, et Prusias, chassé du trône et délaissé
« même de ses domestiques, quelque soin qu'il prit à se cacher,
« fut enfin tué par ce fils et perdit la vie par un crime aussi
« grand que celui qu'il avait commis en donnant les ordres de
« l'assassiner. »

AU LECTEUR.

J'ai ôté de ma scène l'horreur d'une catastrophe si barbare, et n'ai donné ni au père ni au fils aucun dessein de parricide. J'ai fait ce dernier amoureux de Laodice, afin que l'union d'une couronne voisine donnât plus d'ombrage aux Romains et leur fît prendre plus de soin d'y mettre un obstacle de leur part. J'ai approché de cette histoire celle de la mort d'Annibal, qui arriva un peu auparavant chez ce même roi, et dont le nom n'est pas un petit ornement à mon ouvrage; j'en ai fait Nicomède disciple, pour lui prêter plus de valeur et plus de fierté contre les Romains; et, prenant l'occasion de l'ambassade où Flaminius fut envoyé par eux vers ce roi leur allié pour demander qu'on remît entre leurs mains ce vieil ennemi de leur grandeur, je l'ai chargé d'une commission secrète de traverser ce mariage qui leur devait donner de la jalousie. J'ai fait que, pour gagner l'esprit de la reine, qui, suivant l'ordinaire des secondes femmes, avait tout pouvoir sur celui de son vieux mari, il lui ramène un de ses fils, que mon auteur m'apprend avoir été nourri à Rome. Cela fait deux effets : car d'un côté il obtient la perte d'Annibal par le moyen de cette mère ambitieuse, et, de l'autre, il oppose à Nicomède un rival appuyé de toute la faveur des Romains, jaloux de sa gloire et de sa grandeur naissante.

Les assassins qui découvrirent à ce prince les sanglants desseins de son père m'ont donné jour à d'autres artifices pour le faire tomber dans les embûches que sa belle-mère lui avait préparées; et, pour la fin, je l'ai réduite en sorte que tous mes personnages y agissent avec générosité, et que les uns rendant ce qu'ils doivent à la vertu, et les autres demeurant dans la fermeté de leur devoir, laissent un exemple assez illustre et une conclusion assez agréable.

La représentation n'en a point déplu; et comme ce ne sont pas les moindres vers qui soient partis de ma main, j'ai sujet d'espérer que la lecture n'ôtera rien à cet ouvrage de la réputation qu'il s'est acquise jusqu'ici et ne le fera point juger indigne de suivre ceux qui l'ont précédé. Mon principal but a été de peindre la politique des Romains au dehors, et comme ils agissaient impérieusement avec les rois leurs alliés, leurs maximes pour les empêcher de s'accroître, et les soins qu'ils prenaient de traverser leur grandeur quand elle commençait à leur devenir suspecte à force de s'augmenter et de se rendre considérable par de nouvelles conquêtes. C'est le caractère que j'ai donné à leur république en la personne de leur ambassadeur Flaminius, qui rencontre un prince intrépide qui voit sa perte assurée sans s'ébranler, et brave l'orgueilleuse masse de leur puissance, lors même qu'il en est accablé. Ce héros de ma façon sort un peu des règles de la tragédie, en ce qu'il ne cherche point à faire pitié par l'excès de ses malheurs; mais le succès a montré que la fermeté des grands cœurs, qui n'excite que de l'admiration dans l'âme du spectateur, est quelquefois aussi agréable que la compassion que notre art nous commande de mendier par leurs misères. Il est bon de hasarder un peu et ne s'attacher pas toujours si servilement à ses préceptes, ne fût-ce que pour pratiquer celui de notre Horace :

Et mihi res, non me rebus, submittere conor.

Mais il faut que l'événement justifie cette hardiesse ; et dans une liberté de cette nature on demeure coupable, à moins que d'être fort heureux.

EXAMEN DE NICOMÈDE.

Voici une pièce d'une constitution assez extraordinaire : aussi est-ce la vingt et unième que j'ai mise sur le théâtre ; et, après y avoir fait réciter quarante mille vers, il est bien malaisé de trouver quelque chose de nouveau sans s'écarter un peu du grand chemin et se mettre au hasard de s'égarer. La tendresse et les passions, qui doivent être l'âme des tragédies, n'ont aucune part en celle-ci ; la grandeur de courage y règne seule, et regarde son malheur d'un œil si dédaigneux, qu'il n'en saurait arracher une plainte. Elle y est combattue par la politique, et n'oppose à ses artifices qu'une prudence généreuse qui marche à visage découvert, qui prévoit le péril sans s'émouvoir, et qui ne veut point d'autre appui que celui de sa vertu et de l'amour qu'elle imprime dans les cœurs de tous les peuples.

L'histoire qui m'a prêté de quoi la faire paraître en ce haut degré est tirée du trente-quatrième livre de Justin. J'ai ôté de ma scène l'horreur de sa catastrophe, où le fils fait assassiner son père, qui lui en avait voulu faire autant ; et n'ai donné ni à Prusias ni à Nicomède aucun dessein de parricide. J'ai fait ce dernier amoureux de Laodice, reine d'Arménie, afin que l'union d'une couronne voisine à la sienne donnât plus d'ombrage aux Romains et leur fît prendre plus de soin d'y mettre un obstacle de leur part. J'ai approché de cette histoire celle de la mort d'Annibal, qui arriva un peu auparavant chez ce même roi, et dont le nom n'est pas un petit ornement à mon ouvrage. J'en ai fait Nicomède disciple, pour lui prêter plus de valeur et plus de fierté contre les Romains ; et, prenant l'occasion de l'ambassade où Flaminius fut envoyé par eux vers ce roi leur allié pour demander qu'on remît entre leurs mains ce vieil ennemi de leur grandeur, je l'ai chargé d'une commission secrète de traverser ce mariage qui leur devait donner de la jalousie. J'ai fait que, pour gagner l'esprit de la reine, qui, suivant l'ordinaire des secondes femmes, avait tout pouvoir sur celui de son vieux mari, il lui ramène un de ses fils, que mon auteur m'apprend avoir été nourri à Rome. Cela fait deux effets : car, d'un côté, il obtient la perte d'Annibal par le moyen de cette mère ambitieuse, et, de l'autre, il oppose à Nicomède un rival appuyé de toute la faveur des Romains, jaloux de sa gloire et de sa grandeur naissante.

Les assassins qui découvrirent à ce prince les sanglants desseins de son père m'ont donné jour à d'autres artifices pour le faire tomber dans les embûches que sa belle-mère lui avait préparées ; et, pour la fin, je l'ai réduite en sorte que tous mes personnages y agissent avec générosité, et que les uns rendant ce qu'ils doivent à la vertu, et les autres demeurant dans la fermeté de leur devoir, laissent un exemple assez illustre et une conclusion assez agréable.

La représentation n'en a point déplu, et ce ne sont pas les moindres vers qui soient partis de ma main. Mon principal but a été de peindre la politique des Romains au dehors, et comme ils agissaient impérieusement avec les rois leurs alliés, leurs maximes pour les empêcher de s'accroître, et les soins qu'ils prenaient de traverser leur grandeur quand elle commençait à leur devenir suspecte à force de s'augmenter et de se rendre considérable par de nouvelles conquêtes. C'est le caractère que j'ai donné à leur république en la personne de son ambassadeur Flaminius, à qui j'oppose un prince intrépide qui voit sa perte assurée sans s'ébranler, et qui brave l'orgueilleuse masse de leur puissance, lors même qu'il en est accablé. Ce héros de ma façon sort un peu des règles de la tragédie, en ce qu'il ne cherche point à faire pitié par l'excès de ses infortunes : mais le succès a montré que la fermeté des grands cœurs, qui n'excite que de l'admiration dans l'âme du spectateur, est quelquefois aussi agréable que la compassion que notre art nous ordonne d'y produire par la représentation de leurs malheurs. Il en fait naître toutefois quelqu'une, mais elle ne va pas jusqu'à tirer des larmes. Son effet se borne à mettre les auditeurs dans les intérêts de ce prince et à leur faire former des souhaits pour ses prospérités.

Dans l'admiration qu'on a pour sa vertu, je trouve une manière de purger les passions dont n'a point parlé Aristote, et qui est peut-être plus sûre que celle qu'il prescrit à la tragédie par le moyen de la pitié et de la crainte. L'amour qu'elle nous donne pour cette vertu que nous admirons nous imprime de la haine pour le vice contraire. La grandeur de courage de Nicomède nous laisse une aversion de la pusillanimité, et la généreuse reconnaissance d'Héraclius, qui expose sa vie pour Martian, à qui il est redevable de la sienne, nous jette dans l'horreur de l'ingratitude.

Je ne veux point dissimuler que cette pièce est une de celles pour qui j'ai le plus d'amitié. Aussi n'y remarquerai-je que ce défaut de la fin qui va trop vite, comme je l'ai dit ailleurs, et où l'on peut même trouver quelque inégalité de mœurs en Prusias et Flaminius, qui, après avoir pris la fuite sur la mer, s'avisent tout d'un coup de rappeler leur courage et viennent se ranger auprès de la reine Arsinoé pour mourir avec elle en la défendant. Flaminius y demeure en assez méchante posture, voyant réunir toute la famille royale, malgré les soins qu'il avait pris de la diviser, et les instructions qu'il en avait apportées de Rome. Il s'y voit enlever par Nicomède les affections de cette reine et du prince Attale, qu'il avait choisis pour instruments à traverser sa grandeur, et semble n'être revenu que pour être témoin du triomphe qu'il remporte sur lui. D'abord, j'avais fini la pièce sans les faire revenir, et je m'étais contenté de faire témoigner par Nicomède à sa belle-mère grand déplaisir de ce que la fuite du roi ne lui permettait pas de lui rendre ses obéissances.

Cela ne démentait point l'effet historique, puisqu'il laissait sa mort en incertitude; mais le goût des spectateurs, que nous avons accoutumés à voir rassembler tous nos personnages à la conclusion de cette sorte de poëmes, fut cause de ce changement, où je me résolus pour leur donner plus de satisfaction, bien qu'avec moins de régularité.

PERSONNAGES.

PRUSIAS, roi de Bithynie.
FLAMINIUS, ambassadeur de Rome.
ARSINOÉ, seconde femme de Prusias.
LAODICE, reine d'Arménie.
NICOMÈDE, fils aîné de Prusias, sorti du premier lit.
ATTALE, fils de Prusias et d'Arsinoé.
ARASPE, capitaine des gardes de Prusias.
CLÉONE, confidente d'Arsinoé.

La scène est à Nicomédie.

ACTE PREMIER.

SCÈNE I. — NICOMÈDE, LAODICE.

LAODICE.

Après tant de hauts faits, il m'est bien doux, seigneur,
De voir encor mes yeux régner sur votre cœur :
De voir, sous les lauriers qui vous couvrent la tête,
Un si grand conquérant être encor ma conquête,
Et de toute la gloire acquise à ses travaux
Faire un illustre hommage à ce peu que je vaux.
Quelques biens toutefois que le ciel me renvoie,
Mon cœur épouvanté se refuse à la joie :
Je vous vois à regret, tant mon cœur amoureux
Trouve la cour pour vous un séjour dangereux.
Votre marâtre y règne; et le roi votre père
Ne voit que par ses yeux, seule la considère,
Pour souveraine loi n'a que sa volonté :
Jugez après cela de votre sûreté.
La haine que pour vous elle a si naturelle
A mon occasion encor se renouvelle.
Votre frère, son fils, depuis peu de retour...

NICOMÈDE.

Je le sais, ma princesse, et qu'il vous fait la cour.
Je sais que les Romains, qui l'avaient en otage,
L'ont enfin renvoyé pour un plus digne ouvrage;
Que ce don à sa mère était le prix fatal
Dont leur Flaminius marchandait Annibal,
Que le roi par son ordre eût livré ce grand homme,
S'il n'eût par le poison lui-même évité Rome,
Et rompu par sa mort les spectacles pompeux
Où l'effroi de son nom le destinait chez eux.
Par mon dernier combat je voyais réunie
La Cappadoce entière avec la Bithynie,
Lorsqu'à cette nouvelle, enflammé de courroux

ACTE I, SCÈNE I.

D'avoir perdu mon maître et de craindre pour vous,
J'ai laissé mon armée aux mains de Théagène,
Pour voler en ces lieux au secours de ma reine.
Vous en aviez besoin, madame, et je le vois,
Puisque Flaminius obsède encor le roi.
Si de son arrivée Annibal fut la cause,
Lui mort, ce long séjour prétend quelque autre chose;
Et je ne vois que vous qui le puisse arrêter,
Pour aider à mon frère à vous persécuter.

LAODICE.

Je ne veux point douter que sa vertu romaine
N'embrasse avec chaleur l'intérêt de la reine.
Annibal, qu'elle vient de lui sacrifier,
L'engage en sa querelle, et m'en fait défier.
Mais, seigneur, jusqu'ici j'aurais tort de m'en plaindre :
Et, quoi qu'il entreprenne, avez-vous lieu de craindre?
Ma gloire et mon amour peuvent bien peu sur moi,
S'il faut votre présence à soutenir ma foi,
Et si je puis tomber en cette frénésie
De préférer Attale au vainqueur de l'Asie;
Attale, qu'en otage ont nourri les Romains,
Ou plutôt qu'en esclave ont façonné leurs mains,
Sans lui rien mettre au cœur qu'une crainte servile,
Qui tremble à voir un aigle et respecte un édile!

NICOMÈDE.

Plutôt, plutôt la mort, que mon esprit jaloux
Formé des sentiments si peu dignes de vous.
Je crains la violence et non votre faiblesse;
Et si Rome une fois contre nous s'intéresse…

LAODICE.

Je suis reine, seigneur; et Rome a beau tonner,
Elle ni votre roi n'ont rien à m'ordonner;
Si de mes jeunes ans il est dépositaire,
C'est pour exécuter les ordres de mon père :
Il m'a donnée à vous, et nul autre que moi
N'a droit de l'en dédire et me choisir un roi.
Par son ordre et le mien, la reine d'Arménie
Est due à l'héritier du roi de Bithynie;
Et ne prendra jamais un cœur assez abject
Pour se laisser réduire à l'hymen d'un sujet.
Mettez-vous en repos.

NICOMÈDE.
            Et le puis-je, madame,
Vous voyant exposée aux fureurs d'une femme
Qui, pouvant tout ici, se croira tout permis
Pour se mettre en état de voir régner son fils?
Il n'est rien de si saint qu'elle ne fasse enfreindre.
Qui livrait Annibal pourra bien vous contraindre,
Et saura vous garder même fidélité
Qu'elle a gardée aux droits de l'hospitalité.

LAODICE.
Mais ceux de la nature ont-ils un privilége
Qui vous assure d'elle après ce sacrilége?
Seigneur, votre retour, loin de rompre ces coups,
Vous expose vous-même, et m'expose après vous.
Comme il est fait sans ordre, il passera pour crime;
Et vous serez bientôt la première victime
Que la mère et le fils, ne pouvant m'ébranler,
Pour m'ôter mon appui se voudront immoler.
Si j'ai besoin de vous de peur qu'on me contraigne,
J'ai besoin que le roi, qu'elle-même vous craigne.
Retournez à l'armée, et pour me protéger
Montrez cent mille bras tout prêts à me venger.
Parlez la force en main et hors de leur atteinte:
S'ils vous tiennent ici, tout est pour eux sans crainte;
Et ne vous flattez point ni sur votre grand cœur,
Ni sur l'éclat d'un nom cent et cent fois vainqueur;
Quelque haute valeur que puisse être la vôtre,
Vous n'avez en ces lieux que deux bras comme un autre;
Et, fussiez-vous du monde et l'amour et l'effroi,
Quiconque entre au palais porte sa tête au roi.
Je vous le dis encor, retournez à l'armée,
Ne montrez à la cour que votre renommée;
Assurez votre sort pour assurer le mien;
Faites que l'on vous craigne, et je ne craindrai rien.

NICOMÈDE.
Retourner à l'armée! ah! sachez que la reine
La sème d'assassins achetés par sa haine.
Deux s'y sont découverts, que j'amène avec moi
Afin de la convaincre et détromper le roi.
Quoi qu'il soit son époux, il est encor mon père;
Et quand il forcera la nature à se taire,

Trois sceptres à son trône attachés par mon bras
Parleront au lieu d'elle et ne se tairont pas.
Que si notre fortune, à ma perte animée,
La prépare à la cour aussi bien qu'à l'armée,
Dans ce péril égal qui me suit en tous lieux,
M'envîrez-vous l'honneur de mourir à vos yeux?

LAODICE.

Non, je ne vous dis plus désormais que je tremble,
Mais que, s'il faut périr, nous périrons ensemble.
Armons-nous de courage, et nous ferons trembler
Ceux dont les lâchetés pensent nous accabler.
Le peuple ici vous aime et hait ces cœurs infâmes;
Et c'est être bien fort que régner sur tant d'âmes.
Mais votre frère Attale adresse ici ses pas.

NICOMÈDE.

Il ne m'a jamais vu; ne me découvrez pas.

SCÈNE II. — LAODICE, NICOMÈDE, ATTALE.

ATTALE.

Quoi! madame, toujours un front inexorable!
Ne pourrai-je surprendre un regard favorable,
Un regard désarmé de toutes ces rigueurs,
Et tel qu'il est enfin quand il gagne les cœurs?

LAODICE.

Si ce front est mal propre à m'acquérir le vôtre,
Quand j'en aurai dessein, j'en saurai prendre un autre.

ATTALE.

Vous ne l'acquerrez point, puisqu'il est tout à vous.

LAODICE.

Je n'ai donc pas besoin d'un visage plus doux.

ATTALE.

Conservez-le, de grâce, après l'avoir su prendre.

LAODICE.

C'est un bien mal acquis que j'aime mieux vous rendre.

ATTALE.

Vous l'estimez trop peu pour le vouloir garder.

LAODICE.

Je vous estime trop pour vouloir rien farder.
Votre rang et le mien ne sauraient le permettre:
Pour garder votre cœur je n'ai pas où le mettre;

La place est occupée : et je vous l'ai tant dit,
Prince, que ce discours vous dût être interdit :
On le souffre d'abord ; mais la suite importune.

ATTALE.

Que celui qui l'occupe a de bonne fortune !
Et que serait heureux qui pourrait aujourd'hui
Disputer cette place et l'emporter sur lui !

NICOMÈDE.

La place à l'emporter coûterait bien des têtes,
Seigneur : ce conquérant garde bien ses conquêtes,
Et l'on ignore encor parmi ses ennemis
L'art de reprendre un fort qu'une fois il a pris.

ATTALE.

Celui-ci toutefois peut s'attaquer de sorte
Que, tout vaillant qu'il est, il faudra qu'il en sorte.

LAODICE.

Vous pourriez vous méprendre.

ATTALE.

Et si le roi le veut ?

LAODICE.

Le roi, juste et prudent, ne veut que ce qu'il peut.

ATTALE.

Et que ne peut ici la grandeur souveraine ?

LAODICE.

Ne parlez pas si haut : s'il est roi, je suis reine ;
Et vers moi tout l'effort de son autorité
N'agit que par prière et par civilité.

ATTALE.

Non ; mais agir ainsi souvent c'est beaucoup dire
Aux reines comme vous qu'on voit dans son empire :
Et, si ce n'est assez des prières d'un roi,
Rome qui m'a nourri vous parlera pour moi.

NICOMÈDE.

Rome, seigneur !

ATTALE.

Oui, Rome ; en êtes-vous en doute ?

NICOMÈDE.

Seigneur, je crains pour vous qu'un Romain vous écoute ;
Et si Rome savait de quel feux vous brûlez,
Bien loin de vous prêter l'appui dont vous parlez,
Elle s'indignerait de voir sa créature

A l'éclat de son nom faire une telle injure,
Et vous dégraderait peut-être dès demain
Du titre glorieux de citoyen romain.
Vous l'a-t-elle donné pour mériter sa haine
En le déshonorant par l'amour d'une reine?
Et ne savez-vous plus qu'il n'est princes ni rois
Qu'elle daigne égaler à ses moindres bourgeois?
Pour avoir tant vécu chez ces cœurs magnanimes,
Vous en avez bientôt oublié les maximes.
Reprenez un orgueil digne d'elle et de vous;
Remplissez mieux un nom sous qui nous tremblons tous;
Et, sans plus l'abaisser à cette ignominie
D'idolâtrer en vain la reine d'Arménie,
Songez qu'il faut du moins, pour toucher votre cœur,
La fille d'un tribun ou celle d'un préteur;
Que Rome vous permet cette haute alliance,
Dont vous aurait exclu le défaut de naissance,
Si l'honneur souverain de son adoption
Ne vous autorisait à tant d'ambition.
Forcez, rompez, brisez de si honteuses chaînes;
Aux rois qu'elle méprise abandonnez les reines;
Et concevez enfin des vœux plus élevés,
Pour mériter les biens qui vous sont réservés.

ATTALE.

Si cet homme est à vous, imposez-lui silence,
Madame, et retenez une telle insolence.
Pour voir jusqu'à quel point elle pourrait aller,
J'ai forcé ma colère à le laisser parler;
Mais je crains qu'elle échappe, et que, s'il continue,
Je ne m'obstine plus à tant de retenue.

NICOMÈDE.

Seigneur, si j'ai raison, qu'importe à qui je sois?
Perd-elle de son prix pour emprunter ma voix?
Vous-même, amour à part, je vous en fais arbitre.
Ce grand nom de Romain est un précieux titre;
Et la reine et le roi l'ont assez acheté
Pour ne se plaire pas à le voir rejeté,
Puisqu'ils se sont privés, pour ce nom d'importance,
Des charmantes douceurs d'élever votre enfance.
Dès l'âge de quatre ans ils vous ont éloigné;
Jugez si c'est pour voir ce titre dédaigné,

Pour vous voir renoncer, par l'hymen d'une reine,
A la part qu'ils avaient à la grandeur romaine.
D'un si rare trésor l'un et l'autre jaloux...

ATTALE.

Madame, encor un coup, cet homme est-il à vous?
Et pour vous divertir est-il si nécessaire
Que vous ne lui puissiez ordonner de se taire?

LAODICE.

Puisqu'il vous a déplu vous traitant de Romain,
Je veux bien vous traiter de fils de souverain.
En cette qualité vous devez reconnaître
Qu'un prince votre aîné doit être votre maître,
Craindre de lui déplaire, et savoir que le sang
Ne vous empêche pas de différer de rang,
Lui garder le respect qu'exige sa naissance,
Et, loin de lui voler son bien en son absence...

ATTALE.

Si l'honneur d'être à vous est maintenant son bien,
Dites un mot, madame, et ce sera le mien;
Et, si l'âge à mon rang fait quelque préjudice,
Vous en corrigerez la fatale injustice.
Mais, si je lui dois tant en fils de souverain,
Permettez qu'une fois je vous parle en Romain.
Sachez qu'il n'en est point que le ciel n'ait fait naître
Pour commander aux rois et pour vivre sans maître;
Sachez que mon amour est un noble projet
Pour éviter l'affront de me voir son sujet;
Sachez...

LAODICE.

    Je m'en doutais, seigneur, que ma couronne
Vous charmait bien du moins autant que ma personne;
Mais, telle que je suis, et ma couronne et moi,
Tout est à cet aîné qui sera votre roi;
Et, s'il était ici, peut-être en sa présence
Vous penseriez deux fois à lui faire une offense.

ATTALE.

Que ne puis-je l'y voir! mon courage amoureux...

NICOMÈDE.

Faites quelques souhaits qui soient moins dangereux,
Seigneur; s'il les savait, il pourrait bien lui-même
Venir d'un tel amour venger l'objet qu'il aime.

ATTALE.
Insolent! est-ce enfin le respect qui m'est dû?
NICOMÈDE.
Je ne sais de nous deux, seigneur, qui l'a perdu.
ATTALE.
Peux-tu bien me connaître et tenir ce langage?
NICOMÈDE.
Je sais à qui je parle, et c'est mon avantage
Que, n'étant point connu, prince, vous ne savez
Si je vous dois respect, ou si vous m'en devez.
ATTALE.
Ah! madame, souffrez que ma juste colère...
LAODICE.
Consultez-en, seigneur, la reine votre mère:
Elle entre.

SCÈNE III. — NICOMÈDE, ARSINOÉ, LAODICE, ATTALE,
CLÉONE.

NICOMÈDE.
Instruisez mieux le prince votre fils,
Madame, et dites-lui, de grâce, qui je suis:
Faute de me connaître, il s'emporte, il s'égare;
Et ce désordre est mal dans une âme si rare:
J'en ai pitié.
ARSINOÉ.
Seigneur, vous êtes donc ici?
NICOMÈDE.
Oui, madame, j'y suis, et Métrobate aussi.
ARSINOÉ.
Métrobate! ah! le traître!
NICOMÈDE.
Il n'a rien dit, madame,
Qui vous doive jeter aucun trouble dans l'âme.
ARSINOÉ.
Mais qui cause, seigneur, ce retour surprenant?
Et votre armée?
NICOMÈDE.
Elle est sous un bon lieutenant;
Et quant à mon retour, peu de chose le presse.
J'avais ici laissé mon maître et ma maîtresse:

18.

Vous m'avez ôté l'un, vous, dis-je, ou les Romains;
Et je viens sauver l'autre et d'eux et de vos mains.
ARSINOÉ.
C'est ce qui vous amène?
NICOMÈDE.
Oui, madame; et j'espère
Que vous m'y servirez auprès du roi mon père.
ARSINOÉ.
Je vous y servirai comme vous l'espérez.
NICOMÈDE.
De votre bon vouloir nous sommes assurés.
ARSINOÉ.
Il ne tiendra qu'au roi qu'aux effets je ne passe.
NICOMÈDE.
Vous voulez à tous deux nous faire cette grâce?
ARSINOÉ.
Tenez-vous assuré que je n'oublirai rien.
NICOMÈDE.
Je connais votre cœur, ne doutez pas du mien.
ATTALE.
Madame, c'est donc là le prince Nicomède?
NICOMÈDE.
Oui, c'est moi qui viens voir s'il faut que je vous cède.
ATTALE.
Ah! seigneur, excusez-si, vous connaissant mal...
NICOMÈDE.
Prince, faites-moi voir un plus digne rival:
Si vous aviez dessein d'attaquer cette place,
Ne vous départez point d'une si noble audace :
Mais, comme à son secours je n'amène que moi,
Ne la menacez plus de Rome ni du roi.
Je la défendrai seul; attaquez-la de même,
Avec tous les respects qu'on doit au diadème.
Je veux bien mettre à part, avec le nom d'aîné,
Le rang de votre maître où je suis destiné;
Et nous verrons ainsi qui fait mieux un brave homme,
Des leçons d'Annibal ou de celles de Rome.
Adieu; pensez-y bien, je vous laisse y rêver.

SCÈNE IV. — ARSINOÉ, ATTALE, CLÉONE.

ARSINOÉ.

Quoi! tu faisais excuse à qui m'osait braver!

ATTALE.

Que ne peut point, madame, une telle surprise?
Ce prompt retour me perd et rompt votre entreprise.

ARSINOÉ.

Tu l'entends mal, Attale; il la met dans ma main.
Va trouver de ma part l'ambassadeur romain;
Dedans mon cabinet amène-le sans suite,
Et de ton heureux sort laisse-moi la conduite.

ATTALE.

Mais, madame, s'il faut...

ARSINOÉ.

Va, n'appréhende rien;
Et pour avancer tout hâte cet entretien.

SCÈNE V. — ARSINOÉ, CLÉONE.

CLÉONE.

Vous lui cachez, madame, un dessein qui le touche!

ARSINOÉ.

Je crains qu'en l'apprenant son cœur ne s'effarouche;
Je crains qu'à la vertu par les Romains instruit
De ce que je prépare il ne m'ôte le fruit,
Et ne conçoive mal qu'il n'est fourbe ni crime
Qu'un trône acquis par là ne rende légitime.

CLÉONE.

J'aurais cru les Romains un peu moins scrupuleux,
Et la mort d'Annibal m'eût fait mal juger d'eux.

ARSINOÉ.

Ne leur impute pas une telle injustice;
Un Romain seul l'a faite, et par mon artifice.
Rome l'eût laissé vivre, et sa légalité
N'eût point forcé les lois de l'hospitalité.
Savante à ses dépens de ce qu'il savait faire,
Elle le souffrait mal auprès d'un adversaire;
Mais, quoique, par ce triste et prudent souvenir,
De chez Antiochus elle l'ait fait bannir,

Elle aurait vu couler sans crainte et sans envie
Chez un prince allié lès restes de sa vie.
Le seul Flaminius, trop piqué de l'affront
Que son père défait lui laisse sur le front;
Car je crois que tu sais que, quand l'aigle romaine
Vit choir ses légions au bord du Trasimène,
Flaminius son père en était général,
Et qu'il y tomba mort de la main d'Annibal;
Ce fils donc, qu'a pressé la soif de la vengeance,
S'est aisément rendu de mon intelligence :
L'espoir d'en voir l'objet entre ses mains remis
A pratiqué par lui le bonheur de mon fils;
Par lui j'ai jeté Rome en haute jalousie
De ce que Nicomède a conquis dans l'Asie,
Et de voir Laodice unir tous ses États,
Par l'hymen de ce prince, à ceux de Prusias :
Si bien que le sénat prenant un juste ombrage
D'un empire si grand sous un si grand courage,
Il s'en est fait nommer lui-même ambassadeur,
Pour rompre cet hymen et borner sa grandeur;
Et voilà le seul point où Rome s'intéresse.

CLÉONE.

Attale à ce dessein entrepend sa maîtresse!
Mais que n'agissait Rome avant que le retour
De cet amant si cher affermît son amour?

ARSINOÉ.

Irriter un vainqueur en tête d'une armée
Prête à suivre en tous lieux sa colère allumée,
C'était trop hasarder; et j'ai cru pour le mieux
Qu'il fallait de son fort l'attirer en ces lieux.
Métrobate l'a fait, par des terreurs paniques,
Feignant de lui trahir mes ordres tyranniques;
Et, pour l'assassiner se disant suborné,
Il l'a, grâces aux dieux, doucement amené.
Il vient s'en plaindre au roi, lui demander justice;
Et sa plainte le jette au bord du précipice.
Sans prendre aucun souci de m'en justifier,
Je saurai m'en servir à me fortifier.
Tantôt en le voyant j'ai fait de l'effrayée,
J'ai changé de couleur, je me suis écriée :
Il a cru me surprendre et l'a cru bien en vain,

Puisque son retour même est l'œuvre de ma main.
CLÉONE.
Mais, quoi que Rome fasse, et qu'Attale prétende,
Le moyen qu'à ses yeux Laodice se rende?
ARSINOÉ.
Et je n'engage aussi mon fils en cet amour
Qu'à dessein d'éblouir le roi, Rome et la cour.
Je n'en veux pas, Cléone, au sceptre d'Arménie :
Je cherche à m'assurer celui de Bythinie;
Et, si ce diadème une fois est à nous,
Que cette reine après se choisisse un époux.
Je ne la vais presser que pour la voir rebelle,
Que pour aigrir les cœurs de son amant et d'elle.
Le roi, que le Romain poussera vivement,
De peur d'offenser Rome agira chaudement;
Et ce prince, piqué d'une juste colère,
S'emportera sans doute et bravera son père.
S'il est prompt et bouillant, le roi ne l'est pas moins;
Et, comme à l'échauffer j'appliquerai mes soins,
Pour peu qu'à de tels coups cet amant soit sensible,
Mon entreprise est sûre et sa perte infaillible,
Voilà mon cœur ouvert et tout ce qu'il prétend.
Mais dans mon cabinet Flaminius m'attend.
Allons, et garde bien le secret de ta reine.
CLÉONE.
Vous me connaissez trop pour vous en mettre en peine.

ACTE SECOND.

SCÈNE I. — PRUSIAS, ARASPE.

PRUSIAS.
Revenir sans mon ordre et se montrer ici!
ARASPE.
Sire, vous auriez tort d'en prendre aucun souci,
Et la haute vertu du prince Nicomède
Pour ce qu'on peut en craindre est un puissant remède;

Mais tout autre que lui devrait être suspect :
Un retour si soudain manque un peu de respect
Et donne lieu d'entrer en quelque défiance
Des secrètes raisons de tant d'impatience.

PRUSIAS.

Je ne les vois que trop, et sa témérité
N'est qu'un pur attentat sur mon autorité :
Il n'en veut plus dépendre, et croit que ses conquêtes
Au-dessus de son bras ne laissent point de têtes ;
Qu'il est lui seul sa règle, et que sans se trahir
Des héros tels que lui ne sauraient obéir.

ARASPE.

C'est d'ordinaire ainsi que ses pareils agissent :
A suivre leur devoir leurs hauts faits se ternissent ;
Et ces grands cœurs, enflés du bruit de leurs combats,
Souverains dans l'armée et parmi leurs soldats,
Font du commandement une douce habitude,
Pour qui l'obéissance est un métier bien rude.

PRUSIAS.

Dis tout, Araspe ; dis que le nom de sujet
Réduit toute leur gloire en un rang trop abject ;
Que, bien que leur naissance au trône les destine
Si son ordre est trop lent, leur grand cœur s'en mutine ;
Qu'un père garde trop un bien qui leur est dû,
Et qui perd de son prix étant trop attendu ;
Qu'on voit naître de là mille sourdes pratiques
Dans le gros de son peuple et dans ses domestiques ;
Et que, si l'on ne va jusqu'à trancher le cours
De son règne ennuyeux et de ses tristes jours,
Du moins une insolente et fausse obéissance,
Lui laissant un vain titre, usurpe sa puissance.

ARASPE.

C'est ce que de tout autre il faudrait redouter,
Seigneur, et qu'en tout autre il faudrait arrêter.
Mais ce n'est pas pour vous un avis nécessaire ;
Le prince est vertueux et vous êtes bon père.

PRUSIAS.

Si je n'étais bon père, il serait criminel :
Il doit son innocence à l'amour paternel ;
C'est lui seul qui l'excuse et qui le justifie,
Ou lui seul qui me trompe et qui me sacrifie :

Car je dois craindre enfin que sa haute vertu
Contre l'ambition n'ait en vain combattu,
Qu'il ne force en son cœur la nature à se taire.
Qui se lasse d'un roi peut se lasser d'un père;
Mille exemples sanglants nous peuvent l'enseigner:
Il n'est rien qui ne cède à l'ardeur de régner;
Et depuis qu'une fois elle nous inquiète,
La nature est aveugle et la vertu muette.
Te le dirai-je, Araspe? il m'a trop bien servi;
Augmentant mon pouvoir, il me l'a tout ravi:
Il n'est plus mon sujet qu'autant qu'il le veut être;
Et qui me fait régner en effet est mon maître.
Pour paraître à mes yeux son mérite est trop grand :
On n'aime point à voir ceux à qui l'on doit tant.
Tout ce qu'il a fait parle au moment qu'il m'approche,
Et sa seule présence est un secret reproche :
Elle me dit toujours qu'il m'a fait trois fois roi;
Que je tiens plus de lui qu'il ne tiendra de moi;
Et que, si je lui laisse un jour une couronne,
Ma tête en porte trois que sa valeur me donne.
J'en rougis dans mon âme; et ma confusion,
Qui renouvelle et croît à chaque occasion,
Sans cesse offre à mes yeux cette vue importune,
Que qui m'en donne trois peut bien m'en ôter une;
Qu'il n'a qu'à l'entreprendre et peut tout ce qu'il veut.
Juge, Araspe, où j'en suis s'il veut tout ce qu'il peut.

ARASPE.

Pour tout autre que lui je sais comme s'explique
La règle de la vraie et saine politique.
Aussitôt qu'un sujet s'est rendu trop puissant,
Encor qu'il soit sans crime, il n'est pas innocent:
On n'attend point alors qu'il s'ose tout permettre;
C'est un crime d'État que d'en pouvoir commettre;
Et qui sait bien régner l'empêche prudemment
De mériter un juste et plus grand châtiment,
Et prévient, par un ordre à tous deux salutaire,
Ou les maux qu'il prépare, ou ceux qu'il pourrait faire.
Mais, seigneur, pour le prince, il a trop de vertu;
Je vous l'ai déjà dit.

PRUSIAS.

Et m'en répondras-tu?

Me seras-tu garant de ce qu'il pourra faire
Pour venger Annibal ou pour perdre son frère?
Et le prends-tu pour homme à voir d'un œil égal
Et l'amour de son frère et la mort d'Annibal?
Non, ne nous flattons point, il court à sa vengeance;
Il en a le prétexte, il en a la puissance;
Il est l'astre naissant qu'adorent mes États;
Il est le dieu du peuple et celui des soldats.
Sûr de ceux-ci, sans doute il vient soulever l'autre,
Fondre avec son pouvoir sur le reste du nôtre :
Mais ce peu qui m'en reste, encor que languissant,
N'est pas peut-être encor tout à fait impuissant.
Je veux bien toutefois agir avec adresse,
Joindre beaucoup d'honneur à bien peu de rudesse,
Le chasser avec gloire et mêler doucement
Le prix de son mérite à mon ressentiment;
Mais, s'il ne m'obéit ou s'il ose s'en plaindre,
Quoi qu'il ait fait pour moi, quoi que j'en voie à craindre,
Dussé-je voir par là tout l'État hasardé...

ARASPE.

Il vient.

SCÈNE II. — PRUSIAS, NICOMÈDE, ARASPE.

PRUSIAS.

Vous voilà, prince! et qui vous a mandé?

NICOMÈDE.

La seule ambition de pouvoir en personne
Mettre à vos pieds, seigneur, encore une couronne,
De jouir de l'honneur de vos embrassements
Et d'être le témoin de vos contentements.
Après la Cappadoce heureusement unie
Aux royaumes du Pont et de la Bithynie,
Je viens remercier et mon père et mon roi
D'avoir eu la bonté de s'y servir de moi,
D'avoir choisi mon bras pour une telle gloire,
Et fait tomber sur moi l'honneur de sa victoire.

PRUSIAS.

Vous pouviez vous passer de mes embrassements,
Me faire par écrit de tels remercîments;
Et vous ne deviez pas envelopper d'un crime

ACTE II, SCÈNE II.

Ce que votre victoire ajoute à votre estime.
Abandonner mon camp en est un capital,
Inexcusable en tous, et plus au général ;
Et tout autre que vous, malgré cette conquête,
Revenant sans mon ordre, eût payé de sa tête.

NICOMÈDE.

J'ai failli, je l'avoue, et mon cœur imprudent
A trop cru les transports d'un désir trop ardent :
L'amour que j'ai pour vous a commis cette offense,
Lui seul à mon devoir fait cette violence.
Si le bien de vous voir m'était moins précieux,
Je serais innocent, mais si loin de vos yeux,
Que j'aime mieux, seigneur, en perdre un peu d'estime,
Et qu'un bonheur si grand me coûte un petit crime,
Qui ne craindra jamais la plus sévère loi,
Si l'amour juge en vous ce qu'il a fait en moi.

PRUSIAS.

La plus mauvaise excuse est assez pour un père,
Et sous le nom d'un fils toute faute est légère.
Je ne veux voir en vous que mon unique appui :
Recevez tout l'honneur qu'on vous doit aujourd'hui.
L'ambassadeur romain me demande audience ;
Il verra ce qu'en vous je prends de confiance ;
Vous l'écouterez, prince, et répondrez pour moi.
Vous êtes aussi bien le véritable roi ;
Je n'en suis plus que l'ombre, et l'âge ne m'en laisse
Qu'un vain titre d'honneur qu'on rend à ma vieillesse ;
Je n'ai plus que deux jours peut-être à le garder :
L'intérêt de l'État vous doit seul regarder.
Prenez-en aujourd'hui la marque la plus haute :
Mais gardez-vous aussi d'oublier votre faute ;
Et, comme elle fait brèche au pouvoir souverain,
Pour la bien réparer, retournez dès demain.
Remettez en éclat la puissance absolue :
Attendez-la de moi comme je l'ai reçue,
Inviolable, entière ; et n'autorisez pas
De plus méchants que vous à la mettre plus bas.
Le peuple qui vous voit, la cour qui vous contemple,
Vous désobéiront sur votre propre exemple :
Donnez-leur-en un autre, et montrez à leurs yeux
Que nos premiers sujets obéissent le mieux.

NICOMÈDE.
J'obéirai, seigneur, et plus tôt qu'on ne pense;
Mais je demande un prix de mon obéissance.
La reine d'Arménie est due à ses États.
Et j'en vois les chemins ouverts par nos combats.
Il est temps qu'en son ciel cet astre aille reluire :
De grâce accordez-moi l'honneur de l'y conduire.
PRUSIAS.
Il n'appartient qu'à vous, et cet illustre emploi
Demande un roi lui-même, ou l'héritier d'un roi;
Mais pour la renvoyer jusqu'en son Arménie
Vous savez qu'il y faut quelque cérémonie.
Tandis que je ferai préparer son départ,
Vous irez dans mon camp l'attendre de ma part.
NICOMÈDE.
Elle est prête à partir sans plus grand équipage.
PRUSIAS.
Je n'ai garde à son rang de faire un tel outrage.
Mais l'ambassadeur entre, il le faut écouter;
Puis nous verrons quel ordre on y doit apporter.

SCÈNE III. — PRUSIAS, NICOMÈDE, FLAMINIUS,
ARASPE.

FLAMINIUS.
Sur le point de partir, Rome, seigneur, me mande
Que je vous fasse encor pour elle une demande.
Elle a nourri vingt ans un prince votre fils;
Et vous pouvez juger des soins qu'elle en a pris
Par les hautes vertus et les illustres marques
Qui font briller en lui le sang de vos monarques.
Surtout il est instruit en l'art de bien régner :
C'est à vous de le croire et de le témoigner.
Si vous faites état de cette nourriture,
Donnez ordre qu'il règne : elle vous en conjure;
Et vous offenseriez l'estime qu'elle en fait
Si vous le laissiez vivre et mourir en sujet.
Faites donc aujourd'hui que je lui puisse dire
Où vous lui destinez un souverain empire.
PRUSIAS.
Les soins qu'ont pris de lui le peuple et le sénat

ACTE II, SCÈNE III.

Ne trouveront en moi jamais un père ingrat :
Je crois que pour régner il en a les mérites,
Et n'en veux point douter après ce que vous dites ;
Mais vous voyez, seigneur, le prince son aîné,
Dont le bras généreux trois fois m'a couronné ;
Il ne fait que sortir encor d'une victoire ;
Et pour tant de hauts faits je lui dois quelque gloire :
Souffrez qu'il ait l'honneur de répondre pour moi.

NICOMÈDE.
Seigneur, c'est à vous seul de faire Attale roi.

PRUSIAS.
C'est votre intérêt seul que sa demande touche.

NICOMÈDE.
Le vôtre toutefois m'ouvrira seul la bouche.
De quoi se mêle Rome, et d'où prend le sénat,
Vous vivant, vous régnant, ce droit sur votre état ?
Vivez, régnez, seigneur, jusqu'à la sépulture,
Et laissez faire après, ou Rome, ou la nature.

PRUSIAS.
Pour de pareils amis il faut se faire effort.

NICOMÈDE.
Qui partage vos biens aspire à votre mort ;
Et de pareils amis, en bonne politique...

PRUSIAS.
Ah ! ne me brouillez point avec la république ;
Portez plus de respect à de tels alliés.

NICOMÈDE.
Je ne puis voir sous eux les rois humiliés ;
Et, quel que soit ce fils que Rome vous renvoie,
Seigneur, je lui rendrais son présent avec joie.
S'il est si bien instruit en l'art de commander,
C'est un rare trésor qu'elle devrait garder,
Et conserver chez soi sa chère nourriture,
Ou pour le consulat, ou pour la dictature.

FLAMINIUS, à Prusias.
Seigneur, dans ce discours qui nous traite si mal,
Vous voyez un effet des leçons d'Annibal ;
Ce perfide ennemi de la grandeur romaine
N'en a mis en son cœur que mépris et que haine.

NICOMÈDE.
Non, mais il m'a surtout laissé ferme en ce point,

D'estimer beaucoup Rome et ne la craindre point.
On me croit son disciple, et je le tiens à gloire;
Et quand Flaminius attaque sa mémoire,
Il doit savoir qu'un jour il me fera raison
D'avoir réduit mon maître au secours du poison,
Et n'oublier jamais qu'autrefois ce grand homme
Commença par son père à triompher de Rome.

FLAMINIUS.

Ah! c'est trop m'outrager!

NICOMÈDE.

N'outragez plus les morts.

PRUSIAS.

Et vous, ne cherchez point à former de discords;
Parlez et nettement sur ce qu'il me propose.

NICOMÈDE.

Eh bien! s'il est besoin de répondre autre chose,
Attale doit régner, Rome l'a résolu;
Et puisqu'elle a partout un pouvoir absolu,
C'est aux rois d'obéir alors, qu'elle commande.
Attale a le cœur grand, l'esprit grand, l'âme grande,
Et toutes les grandeurs dont se fait un grand roi.
Mais c'est trop que d'en croire un Romain sur sa foi;
Par quelque grand effet voyons s'il en est digne,
S'il a cette vertu, cette valeur insigne :
Donnez-lui votre armée, et voyons ces grands coups;
Qu'il en fasse pour lui ce que j'ai fait pour vous;
Qu'il règne avec éclat sur sa propre conquête,
Et que de sa victoire il couronne sa tête.
Je lui prête mon bras, et veux dès maintenant,
S'il daigne s'en servir, être son lieutenant:
L'exemple des Romains m'autorise à le faire;
Le fameux Scipion le fut bien de son frère;
Et lorsque Antiochus fut par eux détrôné,
Sous les lois du plus jeune on vit marcher l'aîné.
Les bords de l'Hellespont, ceux de la mer Égée,
Le reste de l'Asie à nos côtés rangée,
Offrent une matière à son ambition...

FLAMINIUS.

Rome prend tout ce reste en sa protection;
Et vous n'y pouvez plus étendre vos conquêtes
Sans attirer sur vous d'effroyables tempêtes.

ACTE II, SCÈNE III.

NICOMÈDE.

J'ignore sur ce point les volontés du roi :
Mais peut-être qu'un jour je dépendrai de moi ;
Et nous verrons alors l'effet de ces menaces.
Vous pouvez cependant faire munir ces places,
Préparer un obstacle à mes nouveaux desseins,
Disposer de bonne heure un secours de Romains :
Et si Flaminius en est le capitaine,
Nous pourrons lui trouver un lac de Trasimène.

PRUSIAS.

Prince, vous abusez trop tôt de ma bonté :
Le rang d'ambassadeur doit être respecté ;
Et l'honneur souverain qu'ici je vous défère...

NICOMÈDE.

Ou laissez-moi parler, sire, ou faites-moi taire.
Je ne sais point répondre autrement pour un roi
A qui dessus son trône on veut faire la loi.

PRUSIAS.

Vous m'offensez moi-même en parlant de la sorte,
Et vous devez dompter l'ardeur qui vous emporte.

NICOMÈDE.

Quoi ! je verrai, seigneur, qu'on borne vos États,
Qu'au milieu de ma course on m'arrête le bras,
Que de vous menacer on a même l'audace,
Et je ne rendrai point menace pour menace !
Et je remercîrai qui me dit hautement
Qu'il ne m'est plus permis de vaincre impunément !

PRUSIAS, à Flaminius.

Seigneur, vous pardonnez aux chaleurs de son âge ;
Le temps et la raison pourront le rendre sage.

NICOMÈDE.

La raison et le temps m'ouvrent assez les yeux,
Et l'âge ne fera que me les ouvrir mieux.
Si j'avais jusqu'ici vécu comme ce frère,
Avec une vertu qui fût imaginaire,
(Car je l'appelle ainsi quand elle est sans effets ;
Et l'admiration de tant d'hommes parfaits
Dont il a vu dans Rome éclater le mérite,
N'est pas grande vertu si l'on ne les imite ;)
Si j'avais donc vécu dans ce même repos
Qu'il a vécu dans Rome auprès de ces héros,

19.

Elle me laisserait la Bithynie entière,
Telle que de tous temps l'aîné la tient d'un père,
Et s'empresserait moins à le faire régner,
Si vos armes sous moi n'avaient su rien gagner :
Mais parce qu'elle voit avec la Bithynie
Par trois sceptres conquis trop de puissance unie,
Il faut la diviser ; et, dans ce beau projet,
Ce prince est trop bien né pour vivre mon sujet !
Puisqu'il peut la servir à me faire descendre,
Il a plus de vertu que n'en eut Alexandre ;
Et je lui dois quitter, pour le mettre en mon rang,
Le bien de mes aïeux, ou le prix de mon sang.
Grâces aux immortels, l'effort de mon courage
Et ma grandeur future ont mis Rome en ombrage :
Vous pouvez l'en guérir, seigneur, et promptement ;
Mais n'exigez d'un fils aucun consentement :
Le maître qui prit soin d'instruire ma jeunesse
Ne m'a jamais appris à faire une bassesse.

FLAMINIUS.

A ce que je puis voir, vous avez combattu,
Prince, par intérêt, plutôt que par vertu.
Les plus rares exploits que vous ayez pu faire
N'ont jeté qu'un dépôt sur la tête d'un père ;
Il n'est que gardien de leur illustre prix,
Et ce n'est que pour vous que vous avez conquis,
Puisque cette grandeur à son trône attachée
Sur nul autre que vous ne peut être épanchée.
Certes je vous croyais un peu plus généreux ;
Quand les Romains le sont, ils ne font rien pour eux.
Scipion, dont tantôt vous vantiez le courage,
Ne voulait point régner sur les murs de Carthage ;
Et de tout ce qu'il fit pour l'empire romain
Il n'en eut que la gloire et le nom d'Africain.
Mais on ne voit qu'à Rome une vertu si pure ;
Le reste de la terre est d'une autre nature.
Quant aux raisons d'État qui vous font concevoir
Que nous craignons en vous l'union du pouvoir,
Si vous en consultiez des têtes bien sensées,
Elles vous déferaient de ces belles pensées :
Par respect pour le roi, je ne dis rien de plus,
Prenez quelque loisir de rêver là-dessus ;

Laissez moins de fumée à vos feux militaires,
Et vous pourrez avoir des visions plus claires.
NICOMÈDE.
Le temps pourra donner quelque décision
Si la pensée est belle ou si c'est vision.
Cependant...
FLAMINIUS.
Cependant, si vous trouvez des charmes
A pousser plus avant la gloire de vos armes,
Nous ne la bornons point; mais, comme il est permis
Contre qui que ce soit de servir ses amis,
Si vous ne le savez, je veux bien vous l'apprendre,
Et vous en donne avis pour ne vous pas surprendre.
Au reste, soyez sûr que vous posséderez
Tout ce qu'en votre cœur déjà vous dévorez;
Le Pont sera pour vous avec la Galatie,
Avec la Cappadoce, avec la Bithynie.
Ce bien de vos aïeux, ce prix de votre sang,
Ne mettront point Attale en votre illustre rang;
Et, puisque leur partage est pour vous un supplice,
Rome n'a pas dessein de vous faire injustice.
Ce prince régnera sans rien prendre sur vous.
A Prusias.
La reine d'Arménie a besoin d'un époux ;
Seigneur, l'occasion ne peut être plus belle;
Elle vit sous vos lois, et vous disposez d'elle.
NICOMÈDE.
Voilà le vrai secret de faire Attale roi,
Comme vous l'avez dit, sans rien prendre sur moi.
La pièce est délicate, et ceux qui l'ont tissue
A de si longs détours font une digne issue.
Je n'y réponds qu'un mot, étant sans intérêt :
Traitez cette princesse en reine comme elle est;
Ne touchez point en elle aux droits du diadème;
Ou pour les maintenir je périrai moi-même.
Je vous en donne avis; et que jamais les rois,
Pour vivre en nos États, ne vivent sous nos lois;
Qu'elle seule en ces lieux d'elle-même dispose.
PRUSIAS.
N'avez-vous, Nicomède, à lui dire autre chose?

NICOMÈDE.
Non, seigneur, si ce n'est que la reine, après tout,
Sachant ce que je puis, me pousse trop à bout.

PRUSIAS.
Contre elle dans ma cour que peut votre insolence?

NICOMÈDE.
Rien du tout, que garder ou rompre le silence.
Une seconde fois avisez, s'il vous plaît,
A traiter Laodice en reine comme elle est;
C'est moi qui vous en prie.

SCÈNE IV. — PRUSIAS, FLAMINIUS, ARASPE.

FLAMINIUS.
Eh quoi! toujours obstacle?

PRUSIAS.
De la part d'un amant ce n'est pas grand miracle.
Cet orgueilleux esprit, enflé de ses succès,
Pense bien de son cœur nous empêcher l'accès;
Mais il faut que chacun suive sa destinée.
L'amour entre les rois ne fait pas l'hyménée;
Et les raisons d'État, plus fortes que ses nœuds,
Trouvent bien les moyens d'en éteindre les feux.

FLAMINIUS.
Comme elle a de l'amour, elle aura du caprice.

PRUSIAS.
Non, non; je vous réponds, seigneur, de Laodice :
Mais enfin elle est reine, et cette qualité
Semble exiger de nous quelque civilité.
J'ai sur elle après tout une puissance entière,
Mais j'aime à la cacher sous le nom de prière.
Rendons-lui donc visite; et, comme ambassadeur,
Proposez cet hymen vous-même à sa grandeur.
Je seconderai Rome, et veux vous introduire.
Puisqu'elle est en vos mains, l'amour ne vous peut nuire.
Allons de sa réponse à votre compliment
Prendre l'occasion de parler hautement.

ACTE TROISIÈME.

SCÈNE I. — PRUSIAS, FLAMINIUS, LAODICE.

PRUSIAS.
Reine, puisque ce titre a pour vous tant de charmes,
Sa perte vous devrait donner quelques alarmes :
Qui tranche trop du roi ne règne pas longtemps.
LAODICE.
J'observerai, seigneur, ces avis importants ;
Et, si jamais je règne, on verra la pratique
D'une si salutaire et noble politique.
PRUSIAS.
Vous vous mettez fort mal au chemin de régner.
LAODICE.
Seigneur, si je m'égare, on peut me l'enseigner.
PRUSIAS.
Vous méprisez trop Rome, et vous devriez faire
Plus d'estime d'un roi qui vous tient lieu de père.
LAODICE.
Vous verriez qu'à tous deux je rends ce que je doi,
Si vous vouliez mieux voir ce que c'est qu'être roi.
Recevoir ambassade en qualité de reine,
Ce serait à vos yeux faire la souveraine,
Entreprendre sur vous, et dedans votre État
Sur votre autorité commettre un attentat :
Je la refuse donc, seigneur, et me dénie
L'honneur qui ne m'est dû que dans mon Arménie.
C'est là que sur mon trône avec plus de splendeur
Je puis honorer Rome en son ambassadeur,
Faire réponse en reine, et comme le mérite
Et de qui l'on me parle, et qui m'en sollicite.
Ici c'est un métier que je n'entends pas bien :
Car hors de l'Arménie enfin je ne suis rien ;
Et ce grand nom de reine ailleurs ne m'autorise
Qu'à n'y voir point de trône à qui je sois soumise,

A vivre indépendante, et n'avoir en tous lieux
Pour souverains que moi, la raison et les dieux.
PRUSIAS.
Ces dieux vos souverains, et le roi votre père,
De leur pouvoir sur vous m'ont fait dépositaire;
Et vous pourrez peut-être apprendre une autre fois
Ce que c'est en tous lieux que la raison des rois.
Pour en faire l'épreuve allons en Arménie;
Je vais vous y remettre en bonne compagnie;
Partons; et dès demain, puisque vous le voulez,
Préparez-vous à voir vos pays désolés;
Préparez-vous à voir par toute votre terre
Ce qu'ont de plus affreux les fureurs de la guerre,
Des montagnes de morts, des rivières de sang.
LAODICE.
Je perdrai mes États, et garderai mon rang;
Et ces vastes malheurs où mon orgueil me jette
Me feront votre esclave et non votre sujette :
Ma vie est en vos mains, mais non ma dignité.
PRUSIAS.
Nous ferons bien changer ce courage indompté;
Et quand vos yeux, frappés de toutes ces misères,
Verront Attale assis au trône de vos pères,
Alors, peut-être, alors vous le prirez en vain
Que pour y remonter il vous donne la main.
LAODICE.
Si jamais jusque-là votre guerre m'engage,
Je serai bien changée et d'âme et de courage;
Mais peut-être, seigneur, vous n'irez pas si loin :
Les dieux de ma fortune auront un peu de soin;
Ils vous inspireront, ou trouveront un homme
Contre tant de héros que vous prêtera Rome.
PRUSIAS.
Sur un présomptueux vous fondez votre appui;
Mais il court à sa perte, et vous traîne avec lui.
Pensez-y bien, madame, et faites-vous justice,
Choisissez d'être reine, ou d'être Laodice;
Et, pour dernier avis que vous aurez de moi,
Si vous voulez régner, faites Attale roi.
Adieu.

SCÈNE II. — FLAMINIUS, LAODICE.

FLAMINIUS.

Madame, enfin une vertu parfaite...

LAODICE.

Suivez le roi, seigneur, votre ambassade est faite;
Et je vous dis encor, pour ne vous point flatter,
Qu'ici je ne la dois ni la veux écouter.

FLAMINIUS.

Et je vous parle aussi, dans ce péril extrême,
Moins en ambassadeur qu'en homme qui vous aime
Et qui, touché du sort que vous vous préparez,
Tâche à rompre le cours des maux où vous courez.
J'ose donc, comme ami, vous dire en confidence
Qu'une vertu parfaite a besoin de prudence,
Et doit considérer, pour son propre intérêt,
Et les temps où l'on vit, et les lieux où l'on est.
La grandeur de courage en une âme royale
N'est sans cette vertu qu'une vertu brutale,
Que son mérite aveugle, et qu'un faux jour d'honneur
Jette en un tel divorce avec le vrai bonheur,
Qu'elle-même se livre à ce qu'elle doit craindre,
Ne se fait admirer que pour se faire plaindre,
Que pour nous pouvoir dire, après un grand soupir,
« J'avais droit de régner, et n'ai su m'en servir. »
Vous irritez un roi dont vous voyez l'armée
Nombreuse, obéissante, à vaincre accoutumée;
Vous êtes en ses mains, vous vivez dans sa cour.

LAODICE.

Je ne sais si l'honneur eut jamais un faux jour,
Seigneur; mais je veux bien vous répondre en amie.
Ma prudence n'est pas tout à fait endormie;
Et, sans examiner par quel destin jaloux
La grandeur de courage est si mal avec vous,
Je veux vous faire voir que celle que j'étale
N'est pas tant qu'il vous semble une vertu brutale;
Que, si j'ai droit au trône, elle s'en veut servir,
Et sait bien repousser qui me le veut ravir.
Je vois sur la frontière une puissante armée,
Comme vous l'avez dit, à vaincre accoutumée

Mais par quelle conduite, et sous quel général?
Le roi, s'il s'en fait fort, pourrait s'en trouver mal;
Et, s'il voulait passer de son pays au nôtre,
Je lui conseillerais de s'assurer d'une autre.
Mais je vis dans sa cour, je suis dans ses États,
Et j'ai peu de raison de ne le craindre pas.
Seigneur, dans sa cour même, et hors de l'Arménie,
La vertu trouve appui contre la tyrannie.
Tout son peuple a des yeux pour voir quel attentat
Font sur le bien public les maximes d'État :
Il connaît Nicomède, il connaît sa marâtre,
Il en sait, il en voit la haine opiniâtre;
Il voit la servitude où le roi s'est soumis;
Et connaît d'autant mieux les dangereux amis.
Pour moi, que vous croyez au bord du précipice,
Bien loin de mépriser Attale par caprice,
J'évite les mépris qu'il recevrait de moi
S'il tenait de ma main la qualité de roi.
Je le regarderais comme une âme commune,
Comme un homme mieux né pour une autre fortune,
Plus mon sujet qu'époux; et le nœud conjugal
Ne le tirerait pas de ce rang inégal.
Mon peuple, à mon exemple, en ferait peu d'estime.
Ce serait trop, seigneur, pour un cœur magnanime :
Mon refus lui fait grâce, et, malgré ses désirs,
J'épargne à sa vertu d'éternels déplaisirs.

FLAMINIUS.

Si vous me dites vrai, vous êtes ici reine :
Sur l'armée et la cour je vous vois souveraine;
Le roi n'est qu'une idée, et n'a de son pouvoir
Que ce que par pitié vous lui laissez avoir.
Quoi! même vous allez jusques à faire grâce!
Après cela, madame, excusez mon audace;
Souffrez que Rome enfin vous parle par ma voix:
Recevoir ambassade est encor de vos droits;
Ou, si ce nom vous choque ailleurs qu'en Arménie,
Comme simple Romain souffrez que je vous die
Qu'être allié de Rome, et s'en faire un appui,
C'est l'unique moyen de régner aujourd'hui;
Que c'est par là qu'on tient ses voisins en contrainte,
Ses peuples en repos, ses ennemis en crainte;

Qu'un prince est dans son trône à jamais affermi,
Quand il est honoré du nom de son ami;
Qu'Attale avec ce titre est plus roi, plus monarque
Que tous ceux dont le front ose en porter la marque;
Et qu'enfin...

LAODICE.

Il suffit; je vois bien ce que c'est :
Tous les rois ne sont rois qu'autant comme il vous plaît;
Mais si de leurs États Rome à son gré dispose,
Certes pour son Attale elle fait peu de chose;
Et qui tient en sa main tant de quoi lui donner
A mendier pour lui devrait moins s'obstiner.
Pour un prince si cher sa réserve m'étonne.
Que ne me l'offre-t-elle avec une couronne?
C'est trop m'importuner en faveur d'un sujet,
Moi qui tiendrais un roi pour un indigne objet,
S'il venait par votre ordre, et si votre alliance
Souillait entre ses mains la suprême puissance.
Ce sont des sentiments que je ne puis trahir :
Je ne veux point de rois qui sachent obéir;
Et, puisque vous voyez mon âme tout entière,
Seigneur, ne perdez plus menace ni prière.

FLAMINIUS.

Puis-je ne pas vous plaindre en cet aveuglement?
Madame, encore un coup, pensez-y mûrement;
Songez mieux ce qu'est Rome et ce qu'elle peut faire;
Et, si vous vous aimez, craignez de lui déplaire.
Carthage étant détruite, Antiochus défait,
Rien de nos volontés ne peut troubler l'effet;
Tout fléchit sur la terre et tout tremble sur l'onde,
Et Rome est aujourd'hui la maîtresse du monde.

LAODICE.

La maîtresse du monde! Ah! vous me feriez peur,
S'il ne s'en fallait pas l'Arménie et mon cœur,
Si le grand Annibal n'avait qui lui succède,
S'il ne revivait pas au prince Nicomède,
Et s'il n'avait laissé dans de si dignes mains
L'infaillible secret de vaincre les Romains.
Un si vaillant disciple aura bien le courage
D'en mettre jusqu'au bout les leçons en usage :
L'Asie en fait l'épreuve, où trois sceptres conquis

Font voir en quelle école il en a tant appris.
Ce sont des coups d'essai, mais si grands que peut-être
Le Capitole a droit d'en craindre un coup de maître,
Et qu'il ne puisse un jour...

FLAMINIUS.

Ce jour est encor loin,
Madame, et quelques-uns vous diront, au besoin,
Quels dieux du haut en bas renversent les profanes,
Et que, même au sortir de Trébie et de Cannes,
Son ombre épouvanta votre grand Annibal.
Mais le voici ce bras à Rome si fatal.

SCÈNE III. — NICOMÈDE, LAODICE, FLAMINIUS.

NICOMÈDE.

Où Rome à ses agents donne un pouvoir bien large,
Ou vous êtes bien long à faire votre charge.

FLAMINIUS.

Je sais quel est mon ordre ; et, si j'en sors ou non,
C'est à d'autres qu'à vous que j'en rendrai raison.

NICOMÈDE.

Allez-y donc, de grâce, et laissez à ma flamme
Le bonheur à son tour d'entretenir madame :
Vous avez dans ce cœur fait de si grands progrès,
Et vos discours pour elle ont de si grands attraits,
Que sans de grands efforts je n'y pourrai détruire
Ce que votre harangue y voulait introduire.

FLAMINIUS.

Les malheurs où la plonge une indigne amitié
Me faisaient lui donner un conseil par pitié.

NICOMÈDE.

Lui donner de la sorte un conseil charitable,
C'est être ambassadeur et tendre et pitoyable.
Vous a-t-il conseillé beaucoup de lâchetés,
Madame ?

FLAMINIUS.

Ah ! c'en est trop ! et vous vous emportez.

NICOMÈDE.

Je m'emporte ?

FLAMINIUS.

Sachez qu'il n'est point de contrée

ACTE III, SCÈNE IV.

Où d'un ambassadeur la dignité sacrée...

NICOMÈDE.

Ne nous vantez plus tant son rang et sa splendeur ;
Qui fait le conseiller n'est plus ambassadeur ;
Il excède sa charge, et lui-même y renonce.
Mais, dites-moi, madame, a-t-il eu sa réponse ?

LAODICE.

Oui, seigneur.

NICOMÈDE.

Sachez donc que je ne vous prends plus
Que pour l'agent d'Attale, et pour Flaminius ;
Et, si vous me fâchiez, j'ajouterais peut-être
Que pour l'empoisonneur d'Annibal, de mon maître.
Voilà tous les honneurs que vous aurez de moi :
S'ils ne vous satisfont, allez vous plaindre au roi.

FLAMINIUS.

Il me fera justice, encor qu'il soit bon père ;
Ou Rome, à son refus, se la saura bien faire.

NICOMÈDE.

Allez de l'un et l'autre embrasser les genoux.

FLAMINIUS.

Les effets répondront ; prince, pensez à vous.

SCÈNE IV. — NICOMÈDE, LAODICE.

NICOMÈDE.

Cet avis est plus propre à donner à la reine.
Ma générosité cède enfin à sa haine ;
Je l'épargnais assez pour ne découvrir pas
Les infâmes projets de ses assassinats ;
Mais enfin on m'y force, et tout son crime éclate.
J'ai fait entendre au roi Zénon et Métrobate ;
Et, comme leur rapport a de quoi l'étonner,
Lui-même il prend le soin de les examiner.

LAODICE.

Je ne sais pas, seigneur, quelle en sera la suite ;
Mais je ne comprends point toute cette conduite,
Ni comme à cet éclat la reine vous contraint.
Plus elle vous doit craindre, et moins elle vous craint ;
Et plus vous la pouvez accabler d'infamie,
Plus elle vous attaque en mortelle ennemie.

NICOMÈDE.

Elle prévient ma plainte, et cherche adroitement
A la faire passer pour un ressentiment ;
Et ce masque trompeur de fausse hardiesse
Nous déguise sa crainte et couvre sa faiblesse.

LAODICE.

Les mystères de cour souvent sont si cachés,
Que les plus clairvoyants y sont bien empêchés.
Lorsque vous n'étiez point ici pour me défendre,
Je n'avais contre Attale aucun combat à rendre ;
Rome ne songeait point à troubler notre amour :
Bien plus, on ne vous souffre ici que ce seul jour ;
Et dans ce même jour, Rome, en votre présence,
Avec chaleur pour lui presse mon alliance.
Pour moi, je ne vois goutte en ce raisonnement
Qui n'attend point le temps de votre éloignement,
Et j'ai devant les yeux toujours quelque nuage
Qui m'offusque la vue et m'y jette un ombrage.
Le roi chérit sa femme, il craint Rome ; et, pour vous,
S'il ne voit vos hauts faits d'un œil un peu jaloux,
Du moins, à dire tout, je ne saurais vous taire
Qu'il est trop bon mari pour être assez bon père.
Voyez quel contre-temps Attale prend ici !
Qui l'appelle avec nous ? quel projet ? quel souci ?
Je conçois mal, seigneur, ce qu'il faut que j'en pense ;
Mais j'en romprai le coup, s'il y faut ma présence.
Je vous quitte.

SCÈNE V. — NICOMÈDE, ATTALE, LAODICE.

ATTALE.

Madame, un si doux entretien
N'est plus charmant pour vous quand j'y mêle le mien ?

LAODICE.

Votre importunité, que j'ose dire extrême,
Me peut entretenir en un autre moi-même :
Il connaît tout mon cœur, et répondra pour moi,
Comme à Flaminius il a fait pour le roi.

ACTE III, SCÈNE VI.

SCÈNE VI. — NICOMÈDE, ATTALE.

ATTALE.
Puisque c'est la chasser, seigneur, je me retire.
NICOMÈDE.
Non, non; j'ai quelque chose aussi bien à vous dire,
Prince. J'avais mis bas, avec le nom d'aîné,
L'avantage du trône où je suis destiné;
Et voulant seul ici défendre ce que j'aime,
Je vous avais prié de l'attaquer de même,
Et de ne mêler point surtout dans vos desseins
Ni le secours du roi, ni celui des Romains.
Mais, ou vous n'avez pas la mémoire fort bonne,
Ou vous n'y mettez rien de ce qu'on vous ordonne.
ATTALE.
Seigneur, vous me forcez à m'en souvenir mal,
Quand vous n'achevez pas de rendre tout égal.
Vous vous défaites bien de quelques droits d'aînesse;
Mais vous défaites-vous du cœur de la princesse,
De toutes les vertus qui vous en font aimer,
Des hautes qualités qui savent tout charmer,
De trois sceptres conquis, du gain de six batailles,
Des glorieux assauts de plus de cent murailles?
Avec de tels seconds rien n'est pour vous douteux.
Rendez donc la princesse égale entre nous deux :
Ne lui laissez plus voir ce long amas de gloire
Qu'à pleines mains sur vous a semé la victoire;
Et faites qu'elle puisse oublier une fois
Et vos rares vertus et vos fameux exploits;
Ou contre son amour, contre votre vaillance,
Souffrez Rome et le roi dedans l'autre balance :
Le peu qu'ils ont gagné vous fait assez juger
Qu'ils n'y mettront jamais qu'un contre-poids léger.
NICOMÈDE.
C'est n'avoir pas perdu tout votre temps à Rome,
Que vous savoir ainsi défendre en galant homme :
Vous avez de l'esprit, si vous n'avez du cœur.

SCÈNE VII. — ARSINOÉ, NICOMÈDE, ATTALE, ARASPE.

ARASPE.

Seigneur, le roi vous mande.

NICOMÈDE.

Il me mande?

ARASPE.

Oui, seigneur.

ARSINOÉ.

Prince, la calomnie est aisée à détruire.

NICOMÈDE.

J'ignore à quel sujet vous m'en venez instruire,
Moi qui ne doute point de cette vérité,
Madame.

ARSINOÉ.

Si jamais vous n'en aviez douté,
Prince, vous n'auriez pas, sous l'espoir qui vous flatte,
Amené de si loin Zénon et Métrobate.

NICOMÈDE.

Je m'obstinais, madame, à tout dissimuler;
Mais vous m'avez forcé de les faire parler.

ARSINOÉ.

La vérité les force, et mieux que vos largesses.
Ces hommes du commun tiennent mal leurs promesses;
Tous deux en ont plus dit qu'ils n'avaient résolu.

NICOMÈDE.

J'en suis fâché pour vous, mais vous l'avez voulu.

ARSINOÉ.

Je le veux bien encore, et je n'en suis fâchée
Que d'avoir vu par là votre vertu tachée,
Et qu'il faille ajouter à vos titres d'honneur
La noble qualité de mauvais suborneur.

NICOMÈDE.

Je les ai subornés contre vous à ce compte?

ARSINOÉ.

J'en ai le déplaisir, vous en aurez la honte.

NICOMÈDE.

Et vous pensez par là leur ôter tout crédit?

ARSINOÉ.

Non, seigneur; je me tiens à ce qu'ils en ont dit.

ACTE III, SCÈNE VIII. 239

NICOMÈDE.
Qu'ont-ils dit qui vous plaise, et que vous vouliez croire?
ARSINOÉ.
Deux mots de vérité qui vous comblent de gloire.
NICOMÈDE.
Peut-on savoir de vous ces deux mots importants?
ARASPE.
Seigneur, le roi s'ennuie, et vous tardez longtemps.
ARSINOÉ.
Vous les saurez de lui, c'est trop le faire attendre.
NICOMÈDE.
Je commence, madame, enfin à vous entendre :
Son amour conjugal, chassant le paternel,
Vous fera l'innocente, et moi le criminel;
Mais...
ARSINOÉ.
Achevez, seigneur; ce mais que veut-il dire?
NICOMÈDE.
Deux mots de vérité qui font que je respire.
ARSINOÉ.
Peut-on savoir de vous ces deux mots importants?
NICOMÈDE.
Vous les saurez du roi, je tarde trop longtemps.

SCÈNE VIII. — ARSINOÉ, ATTALE.

ARSINOÉ.
Nous triomphons, Attale; et ce grand Nicomède
Voit quelle digne issue à ses fourbes succède.
Les deux accusateurs que lui-même a produits,
Que pour l'assassiner je dois avoir séduits,
Pour me calomnier subornés par lui-même,
N'ont su bien soutenir un si noir stratagème :
Tous deux m'ont accusée, et tous deux avoué
L'infâme et lâche tour qu'un prince m'a joué.
Qu'en présence des rois les vérités sont fortes!
Que pour sortir d'un cœur elles trouvent de portes!
Qu'on en voit le mensonge aisément confondu!
Tous deux voulaient me perdre, et tous deux l'ont perdu.
ATTALE.
Je suis ravi de voir qu'une telle imposture

Ait laissé votre gloire et plus grande et plus pure;
Mais pour l'examiner, et bien voir ce que c'est,
Si vous pouviez vous mettre un peu hors d'intérêt,
Vous ne pourriez jamais, sans un peu de scrupule,
Avoir pour deux méchants une âme si crédule.
Ces perfides tous deux se sont dits aujourd'hui
Et subornés par vous, et subornés par lui :
Contre tant de vertus, contre tant de victoires,
Doit-on quelque croyance à des âmes si noires?
Qui se confesse traître est indigne de foi.

ARSINOÉ.

Vous êtes généreux, Attale, et, je le vois,
Même de vos rivaux la gloire vous est chère.

ATTALE.

Si je suis son rival, je suis aussi son frère;
Nous ne sommes qu'un sang, et ce sang dans mon cœur
A peine à le passer pour calomniateur.

ARSINOÉ.

Et vous en avez moins à me croire assassine,
Moi, dont la perte est sûre à moins que sa ruine?

ATTALE.

Si contre lui j'ai peine à croire ces témoins,
Quand ils vous accusaient je les croyais bien moins.
Votre vertu, madame, est au-dessus du crime.
Souffrez donc que pour lui je garde un peu d'estime :
La sienne dans la cour lui fait mille jaloux,
Dont quelqu'un a voulu le perdre auprès de vous;
Et ce lâche attentat n'est qu'un trait de l'envie
Qui s'efforce à noircir une si belle vie.
Pour moi, si par soi-même on peut juger d'autrui,
Ce que je sens en moi, je le présume en lui.
Contre un si grand rival j'agis à force ouverte,
Sans blesser son honneur, sans pratiquer sa perte.
J'emprunte du secours, et le fais hautement;
Je crois qu'il n'agit pas moins généreusement,
Qu'il n'a que les desseins où sa gloire l'invite,
Et n'oppose à mes vœux que son propre mérite.

ARSINOÉ.

Vous êtes peu du monde, et savez mal la cour.

ATTALE.

Est-ce autrement qu'en prince on doit traiter l'amour?

ARSINOÉ.
Vous le traitez, mon fils, et parlez en jeune homme.
ATTALE.
Madame, je n'ai vu que des vertus à Rome.
ARSINOÉ.
Le temps vous apprendra, par de nouveaux emplois,
Quelles vertus il faut à la suite des rois.
Cependant, si le prince est encor votre frère,
Souvenez-vous aussi que je suis votre mère;
Et, malgré les soupçons que vous avez conçus,
Venez savoir du roi ce qu'il croit là-dessus.

ACTE QUATRIÈME.

SCÈNE I. — PRUSIAS, ARSINOÉ, ARASPE.

PRUSIAS.
Faites venir le prince, Araspe.
Araspe rentre.
                        Et vous, madame,
Retenez des soupirs dont vous me percez l'âme.
Quel besoin d'accabler mon cœur de vos douleurs,
Quand vous y pouvez tout sans le secours des pleurs?
Quel besoin que ces pleurs prennent votre défense?
Douté-je de son crime ou de votre innocence?
Et reconnaissez-vous que tout ce qu'il m'a dit
Par quelque impression ébranle mon esprit?
ARSINOÉ.
Ah! seigneur, est-il rien qui répare l'injure
Que fait à l'innocence un moment d'imposture?
Et peut-on voir mensonge assez tôt avorté
Pour rendre à la vertu toute sa pureté?
Il en reste toujours quelque indigne mémoire
Qui porte une souillure à la plus haute gloire.
Combien en votre cour est-il de médisants?
Combien le prince a-t-il d'aveugles partisans,

Qui, sachant une fois qu'on m'a calomniée,
Croiront que votre amour m'a seul justifiée?
Et si la moindre tache en demeure à mon nom,
Si le moindre du peuple en conserve un soupçon,
Suis-je digne de vous? et de telles alarmes
Touchent-elles trop peu pour mériter mes larmes?

PRUSIAS.

Ah! c'est trop de scrupule, et trop mal présumer
D'un mari qui vous aime, et qui vous doit aimer.
La gloire est plus solide après la calomnie,
Et brille d'autant mieux qu'elle s'en vit ternie.
Mais voici Nicomède, et je veux qu'aujourd'hui...

SCÈNE II. — PRUSIAS, ARSINOÉ, NICOMÈDE, ARASPE,
GARDES.

ARSINOÉ.

Grâce, grâce, seigneur, à notre unique appui!
Grâce à tant de lauriers en sa main si fertiles!
Grace à ce conquérant, à ce preneur de villes!
Grâce...

NICOMÈDE.

De quoi, madame? est-ce d'avoir conquis
Trois sceptres, que ma perte expose à votre fils?
D'avoir porté si loin vos armes dans l'Asie,
Que même votre Rome en a pris jalousie?
D'avoir trop soutenu la majesté des rois?
Trop rempli votre cour du bruit de mes exploits?
Trop du grand Annibal pratiqué les maximes?
S'il faut grâce pour moi, choisissez de mes crimes;
Les voilà tous, madame; et si vous y joignez
D'avoir cru des méchants par quelque autre gagnés,
D'avoir une âme ouverte, une franchise entière,
Qui, dans leur artifice, a manqué de lumière,
C'est gloire et non pas crime à qui ne voit le jour
Qu'au milieu d'une armée, et loin de votre cour,
Qui n'a que la vertu de son intelligence,
Et, vivant sans remords, marche sans défiance.

ARSINOÉ.

Je m'en dédis, seigneur; il n'est point criminel.

ACTE IV, SCÈNE II.

S'il m'a voulu noircir d'un opprobre éternel,
Il n'a fait qu'obéir à la haine ordinaire
Qu'imprime à ses pareils le nom de belle-mère.
De cette aversion son cœur préoccupé
M'impute tous les traits dont il se sent frappé.
Que son maître Annibal, malgré la foi publique,
S'abandonne aux fureurs d'une terreur panique;
Que ce vieillard confie et gloire et liberté
Plutôt au désespoir qu'à l'hospitalité :
Ces terreurs, ces fureurs, sont de mon artifice.
Quelque appas que lui-même il trouve en Laodice,
C'est moi qui fais qu'Attale a des yeux comme lui;
C'est moi qui force Rome à lui servir d'appui;
De cette seule main part tout ce qui le blesse;
Et, pour venger ce maître et sauver sa maîtresse,
S'il a tâché, seigneur, de m'éloigner de vous,
Tout est trop excusable en un amant jaloux.
Ce faible et vain effort ne touche point mon âme.
Je sais que tout mon crime est d'être votre femme;
Que ce nom seul l'oblige à me persécuter :
Car enfin hors de là que peut-il m'imputer?
Ma voix, depuis dix ans qu'il commande une armée,
A-t-elle refusé d'enfler sa renommée?
Et lorsqu'il l'a fallu puissamment secourir,
Que la moindre longueur l'aurait laissé périr,
Quel autre a mieux pressé les secours nécessaires?
Qui l'a mieux dégagé de ses destins contraires?
A-t-il eu près de vous un plus soigneux agent
Pour hâter les renforts et d'hommes et d'argent?
Vous le savez, seigneur; et pour reconnaissance,
Après l'avoir servi de toute ma puissance,
Je vois qu'il a voulu me perdre auprès de vous :
Mais tout est excusable en un amant jaloux;
Je vous l'ai déjà dit.

PRUSIAS.
Ingrat! que peux-tu dire?
NICOMÈDE.
Que la reine a pour moi des bontés que j'admire.
Je ne vous dirai point que ces puissants secours
Dont elle a conservé mon honneur et mes jours,
Et qu'avec tant de pompe à vos yeux elle étale,

Travaillaient par ma main à la grandeur d'Attale ;
Que par mon propre bras elle amassait pour lui
Et préparait dès lors ce qu'on voit aujourd'hui.
Par quelques sentiments qu'elle aie été poussée,
J'en laisse le ciel juge, il connaît sa pensée ;
Il sait pour mon salut comme elle a fait des vœux ;
Il lui rendra justice, et peut-être à tous deux.
Cependant, puisque enfin l'apparence est si belle,
Elle a parlé pour moi, je dois parler pour elle,
Et pour son intérêt vous faire souvenir
Que vous laissez longtemps deux méchants à punir.
Envoyez Métrobate et Zénon au supplice.
Sa gloire attend de vous ce digne sacrifice :
Tous deux l'ont accusée ; et s'ils s'en sont dédits
Pour la faire innocente et charger votre fils,
Ils n'ont rien fait pour eux, et leur mort est trop juste
Après s'être joué d'une personne auguste.
L'offense une fois faite à ceux de notre rang
Ne se répare point que par des flots de sang :
On n'en fut jamais quitte ainsi pour s'en dédire.
Il faut sous les tourments que l'imposture expire ;
Ou vous exposeriez tout votre sang royal
A la légèreté d'un esprit déloyal.
L'exemple est dangereux, et hasarde nos vies
S'il met en sûreté de telles calomnies.

ARSINOÉ.

Quoi ! seigneur, les punir de la sincérité
Qui soudain dans leur bouche a mis la vérité,
Qui vous a contre moi sa fourbe découverte,
Qui vous rend votre femme et m'arrache à ma perte,
Qui vous a retenu d'en prononcer l'arrêt !
Et couvrir tout cela de mon seul intérêt !
C'est être trop adroit, prince, et trop bien l'entendre.

PRUSIAS.

Laisse là Métrobate, et songe à te défendre.
Purge-toi d'un forfait si honteux et si bas.

NICOMÈDE.

M'en purger ! moi, seigneur ! vous ne le croyez pas :
Vous ne savez que trop qu'un homme de ma sorte,
Quand il se rend coupable, un peu plus haut se porte ;
Qu'il lui faut un grand crime à tenter son devoir,

ACTE IV, SCÈNE II.

Où sa gloire se sauve à l'ombre du pouvoir,
Soulever votre peuple, et jeter votre armée
Dedans les intérêts d'une reine opprimée;
Venir, le bras levé, la tirer de vos mains,
Malgré l'amour d'Attale et l'effort des Romains,
Et fondre en vos pays contre leur tyrannie
Avec tous vos soldats et toute l'Arménie;
C'est ce que pourrait faire un homme tel que moi,
S'il pouvait se résoudre à vous manquer de foi.
La fourbe n'est le jeu que des petites âmes,
Et c'est là proprement le partage des femmes.
Punissez donc, seigneur, Métrobate et Zénon;
Pour la reine, ou pour moi, faites-vous-en raison.
A ce dernier moment la conscience presse;
Pour rendre compte aux dieux tout respect humain cesse;
Et ces esprits légers, approchant des abois,
Pourraient bien se dédire une seconde fois.

ARSINOÉ.

Seigneur...

NICOMÈDE.

Parlez, madame, et dites quelle cause
A leur juste supplice obstinément s'oppose;
Ou laissez-nous penser qu'aux portes du trépas
Ils auraient des remords qui ne vous plairaient pas.

ARSINOÉ.

Vous voyez à quel point sa haine m'est cruelle;
Quand je le justifie, il me fait criminelle.
Mais sans doute, seigneur, ma présence l'aigrit,
Et mon éloignement remettra son esprit;
Il rendra quelque calme à son cœur magnanime,
Et lui pourra sans doute épargner plus d'un crime.
Je ne demande point que par compassion
Vous assuriez un sceptre à ma protection;
Ni que, pour garantir la personne d'Attale,
Vous partagiez entre eux la puissance royale:
Si vos amis de Rome en ont pris quelque soin,
C'était sans mon aveu, je n'en ai pas besoin.
Je n'aime point si mal que de ne vous pas suivre,
Sitôt qu'entre mes bras vous cesserez de vivre;
Et sur votre tombeau mes premières douleurs
Verseront tout ensemble et mon sang et mes pleurs.

PRUSIAS.

Ah! madame!

ARSINOÉ.

Oui, seigneur, cette heure infortunée
Par vos derniers soupirs clora ma destinée;
Et, puisque ainsi jamais il ne sera mon roi,
Qu'ai-je à craindre de lui? que peut-il contre moi?
Tout ce que je demande en faveur de ce gage,
De ce fils qui déjà lui donne tant d'ombrage,
C'est que chez les Romains il retourne achever
Des jours que dans leur sein vous fîtes élever;
Qu'il retourne y traîner, sans péril et sans gloire,
De votre amour pour moi l'impuissante mémoire.
Ce grand prince vous sert, et vous servira mieux
Quand il n'aura plus rien qui lui blesse les yeux :
Et n'appréhendez point Rome, ni sa vengeance;
Contre tout son pouvoir il a trop de vaillance :
Il sait tous les secrets du fameux Annibal,
De ce héros à Rome en tous lieux si fatal,
Que l'Asie et l'Afrique admirent l'avantage
Qu'en tire Antiochus et qu'en reçut Carthage.
Je me retire donc afin qu'en liberté
Les tendresses du sang pressent votre bonté;
Et je ne veux plus voir ni qu'en votre présence
Un prince que j'estime indignement m'offense,
Ni que je sois forcée à vous mettre en courroux
Contre un fils si vaillant et si digne de vous.

SCÈNE III. — PRUSIAS, NICOMÈDE, ARASPE.

PRUSIAS.

Nicomède, en deux mots, ce désordre me fâche.
Quoi qu'on t'ose imputer, je ne te crois point lâche :
Mais donnons quelque chose à Rome qui se plaint,
Et tâchons d'assurer la reine qui te craint.
J'ai tendresse pour toi, j'ai passion pour elle;
Et je ne veux pas voir cette haine éternelle,
Ni que des sentiments que j'aime à voir durer
Ne règnent dans mon cœur que pour le déchirer.
J'y veux mettre d'accord l'amour et la nature;

ACTE IV, SCÈNE III.

Être père et mari dans cette conjoncture...
NICOMÈDE.
Seigneur, voulez-vous bien vous en fier à moi ?
Ne soyez l'un ni l'autre.
PRUSIAS.
Et que dois-je être ?
NICOMÈDE.
Roi.
Reprenez hautement ce noble caractère.
Un véritable roi n'est ni mari ni père ;
Il regarde son trône, et rien de plus. Régnez,
Rome vous craindra plus que vous ne la craignez.
Malgré cette puissance et si vaste et si grande,
Vous pouvez déjà voir comme elle m'appréhende,
Combien en me perdant elle espère gagner,
Parce qu'elle prévoit que je saurai régner.
PRUSIAS.
Je règne donc, ingrat ! puisque tu me l'ordonnes ;
Choisis, ou Laodice, ou mes quatre couronnes :
Ton roi fait ce partage entre ton frère et toi ;
Je ne suis plus ton père, obéis à ton roi.
NICOMÈDE.
Si vous étiez aussi le roi de Laodice,
Pour l'offrir à mon choix avec quelque justice,
Je vous demanderais le loisir d'y penser :
Mais enfin, pour vous plaire et ne pas l'offenser,
J'obéirai, seigneur, sans répliques frivoles,
A vos intentions, et non à vos paroles.
A ce frère si cher transportez tous mes droits,
Et laissez Laodice en liberté du choix.
Voilà quel est le mien.
PRUSIAS.
Quelle bassesse d'âme !
Quelle fureur t'aveugle en faveur d'une femme !
Tu la préfères, lâche ! à ces prix glorieux
Que ta valeur unit au bien de tes aïeux !
Après cette infamie es-tu digne de vivre ?
NICOMÈDE.
Je crois que votre exemple est glorieux à suivre :
Ne préférez-vous pas une femme à ce fils
Par qui tous ces États aux vôtres sont unis ?

PRUSIAS.
Me vois-tu renoncer pour elle au diadème ?
NICOMÈDE.
Me voyez-vous pour l'autre y renoncer moi-même ?
Que cédé-je à mon frère en cédant vos États ?
Ai-je droit d'y prétendre avant votre trépas ?
Pardonnez-moi ce mot, il est fâcheux à dire :
Mais un monarque enfin comme un autre homme expire ;
Et vos peuples alors, ayant besoin d'un roi,
Voudront choisir peut-être entre ce prince et moi.
Seigneur, nous n'avons pas si grande ressemblance,
Qu'il faille de bons yeux pour y voir différence ;
Et ce vieux droit d'aînesse est souvent si puissant,
Que pour remplir un trône il rappelle un absent.
Que si leurs sentiments se règlent sur les vôtres,
Sous le joug de vos lois j'en ai bien rangé d'autres ;
Et, dussent vos Romains en être encor jaloux,
Je ferai bien pour moi ce que j'ai fait pour vous.

PRUSIAS.
J'y donnerai bon ordre.

NICOMÈDE.
Oui, si leur artifice
De votre sang par vous se fait un sacrifice ;
Autrement vos États à ce prince livrés
Ne seront en ses mains qu'autant que vous vivrez.
Ce n'est point en secret que je vous le déclare ;
Je le dis à lui-même, afin qu'il s'y prépare :
Le voilà qui m'entend.

PRUSIAS.
Va, sans verser mon sang,
Je saurai bien, ingrat ! l'assurer en ce rang ;
Et demain...

SCÈNE IV. — PRUSIAS, NICOMÈDE, ATTALE, ARASPE,
FLAMINIUS, GARDES.

FLAMINIUS.
Si pour moi vous êtes en colère,
Seigneur, je n'ai reçu qu'une offense légère :
Le sénat, en effet, pourra s'en indigner ;
Mais j'ai quelques amis qui sauront le gagner.

ACTE IV, SCÈNE V.

PRUSIAS.

Je lui ferai raison; et dès demain Attale
Recevra de ma main la puissance royale :
Je le fais roi de Pont et mon seul héritier.
Et quant à ce rebelle, à ce courage fier,
Rome entre vous et lui jugera de l'outrage :
Je veux qu'au lieu d'Attale il lui serve d'otage;
Et pour l'y mieux conduire, il vous sera donné,
Sitôt qu'il aura vu son frère couronné.

NICOMÈDE.

Vous m'enverrez à Rome !

PRUSIAS.

On t'y fera justice.
Va, va lui demander ta chère Laodice.

NICOMÈDE.

J'irai, j'irai, seigneur, vous le voulez ainsi;
Et j'y serai plus roi que vous n'êtes ici.

FLAMINIUS.

Rome sait vos hauts faits, et déjà vous adore.

NICOMÈDE.

Tout beau, Flaminius! je n'y suis pas encore :
La route en est mal sûre, à tout considérer :
Et qui m'y conduira pourrait bien s'égarer.

PRUSIAS.

Qu'on le ramène, Araspe; et redoublez sa garde.

À Attale.

Toi, rends grâces à Rome, et sans cesse regarde
Que, comme son pouvoir est la source du tien,
En perdant son appui tu ne seras plus rien.
Vous, seigneur, excusez si, me trouvant en peine
De quelques déplaisirs que m'a fait voir la reine,
Je vais l'en consoler, et vous laisse avec lui.
Attale, encore un coup, rends grâce à ton appui.

SCÈNE V. — FLAMINIUS, ATTALE.

ATTALE.

Seigneur, que vous dirai-je après des avantages
Qui sont même trop grands pour les plus grands courages
Vous n'avez point de borne, et votre affection
Passe votre promesse et mon ambition.

21.

Je l'avoûrai pourtant, le trône de mon père
Ne fait pas le bonheur que plus je considère :
Ce qui touche mon cœur, ce qui charme mes sens,
C'est Laodice acquise à mes vœux innocents.
La qualité de roi qui me rend digne d'elle...

FLAMINIUS.

Ne rendra pas son cœur à vos vœux moins rebelle.

ATTALE.

Seigneur, l'occasion fait un cœur différent.
D'ailleurs, c'est l'ordre exprès de son père mourant ;
Et par son propre aveu la reine d'Arménie
Est due à l'héritier du roi de Bithynie.

FLAMINIUS.

Ce n'est pas loi pour elle ; et, reine comme elle est,
Cet ordre, à bien parler, n'est que ce qui lui plaît.
Aimerait-elle en vous l'éclat d'un diadème
Qu'on vous donne aux dépens d'un grand prince qu'elle aime ;
En vous qui la privez d'un si cher protecteur ;
En vous qui de sa chute êtes l'unique auteur ?

ATTALE.

Ce prince hors d'ici, seigneur, que fera-t-elle ?
Qui contre Rome et nous soutiendra sa querelle ?
Car j'ose me promettre encor votre secours.

FLAMINIUS.

Les choses quelquefois prennent un autre cours ;
Pour ne vous point flatter, je n'en veux pas répondre.

ATTALE.

Ce serait bien, seigneur, de tout point me confondre,
Et je serais moins roi qu'un objet de pitié
Si le bandeau royal m'ôtait votre amitié.
Mais je m'alarme trop, et Rome est plus égale :
N'en avez-vous pas l'ordre ?

FLAMINIUS.

Oui, pour le prince Attale,
Pour un homme en son sein nourri dès le berceau ;
Mais pour le roi de Pont il faut ordre nouveau.

ATTALE.

Il faut ordre nouveau ! Quoi ! se pourrait-il faire
Qu'à l'œuvre de ses mains Rome devînt contraire ;
Que ma grandeur naissante y fît quelques jaloux ?

ACTE IV, SCÈNE V.

FLAMINIUS.
Que présumez-vous, prince? et que me dites-vous?
ATTALE.
Vous-même dites-moi comme il faut que j'explique
Cette inégalité de votre république.
FLAMINIUS.
Je vais vous l'expliquer, et veux bien vous guérir
D'une erreur dangereuse où vous semblez courir
Rome, qui vous servait auprès de Laodice,
Pour vous donner son trône eût fait une injustice;
Son amitié pour vous lui faisait cette loi;
Mais par d'autres moyens elle vous a fait roi;
Et le soin de sa gloire à présent la dispense
De se porter pour vous à cette violence.
Laissez donc cette reine en pleine liberté,
Et tournez vos désirs de quelque autre côté.
Rome de votre hymen prendra soin elle-même.
ATTALE.
Mais s'il arrive enfin que Laodice m'aime?
FLAMINIUS.
Ce serait mettre encor Rome dans le hasard
Que l'on crût artifice ou force de sa part;
Cet hymen jetterait une ombre sur sa gloire.
Prince, n'y pensez plus, si vous m'en pouvez croire.
Ou, si de mes conseils vous faites peu d'état,
N'y pensez plus du moins sans l'aveu du sénat.
ATTALE.
A voir quelle froideur à tant d'amour succède,
Rome ne m'aime pas; elle hait Nicomède :
Et lorsqu'à mes désirs elle a feint d'applaudir,
Elle a voulu le perdre et non pas m'agrandir.
FLAMINIUS.
Pour ne vous faire pas de réponse trop rude
Sur ce beau coup d'essai de votre ingratitude,
Suivez votre caprice, offensez vos amis;
Vous êtes souverain, et tout vous est permis:
Mais puisque enfin ce jour vous doit faire connaître
Que Rome vous a fait ce que vous allez être,
Que, perdant son appui, vous ne serez plus rien,
Que le roi vous l'a dit, souvenez-vous-en bien.

SCÈNE VI. — ATTALE.

Attale, était-ce ainsi que régnaient tes ancêtres ?
Veux-tu le nom de roi pour avoir tant de maîtres ?
Ah ! ce titre à ce prix déjà m'est importun :
S'il nous en faut avoir, du moins n'en ayons qu'un.
Le ciel nous l'a donné trop grand, trop magnanime,
Pour souffrir qu'aux Romains il serve de victime.
Montrons-leur hautement que nous avons des yeux,
Et d'un si rude joug affranchissons ces lieux.
Puisqu'à leurs intérêts tout ce qu'ils font s'applique,
Que leur vaine amitié cède à leur politique,
Soyons à notre tour de leur grandeur jaloux,
Et comme ils font pour eux faisons aussi pour nous.

ACTE CINQUIÈME.

SCÈNE I. — ARSINOÉ, ATTALE.

ARSINOÉ.

J'ai prévu ce tumulte, et n'en vois rien à craindre :
Comme un moment l'allume, un moment peut l'éteindre,
Et, si l'obscurité laisse croître ce bruit,
Le jour dissipera les vapeurs de la nuit.
Je me fâche bien moins qu'un peuple se mutine
Que de voir que ton cœur dans son amour s'obstine,
Et, d'une indigne ardeur lâchement embrasé,
Ne rend point de mépris à qui t'a méprisé.
Venge-toi d'une ingrate, et quitte une cruelle,
A présent que le sort t'a mis au-dessus d'elle.
Son trône, et non ses yeux, avait dû te charmer :
Tu vas régner sans elle ; à quel propos l'aimer ?
Porte, porte ce cœur à de plus douces chaînes.
Puisque te voilà roi, l'Asie a d'autres reines,
Qui, loin de te donner des rigueurs à souffrir,

T'épargneront bientôt la peine de t'offrir.
ATTALE.
Mais, madame...
ARSINOÉ.
Eh bien! soit, je veux qu'elle se rende:
Prévois-tu les malheurs qu'ensuite j'appréhende?
Sitôt que d'Arménie elle t'aura fait roi,
Elle t'engagera dans sa haine pour moi.
Mais, ô dieux! pourra-t-elle y borner sa vengeance?
Pourras-tu dans son lit dormir en assurance?
Et refusera-t-elle à son ressentiment
Le fer ou le poison pour venger son amant?
Qu'est-ce qu'en sa fureur une femme n'essaie?
ATTALE.
Que de fausses raisons pour me cacher la vraie!
Rome, qui n'aime pas à voir un puissant roi,
L'a craint en Nicomède, et le craindrait en moi.
Je ne dois plus prétendre à l'hymen d'une reine,
Si je ne veux déplaire à notre souveraine;
Et puisque la fâcher ce serait me trahir,
Afin qu'elle me souffre, il vaut mieux obéir.
Je sais par quels moyens sa sagesse profonde
S'achemine à grands pas à l'empire du monde.
Aussitôt qu'un État devient un peu trop grand,
Sa chute doit guérir l'ombrage qu'elle en prend.
C'est blesser les Romains que faire une conquête,
Que mettre trop de bras sous une seule tête;
Et leur guerre est trop juste après cet attentat
Que fait sur leur grandeur un tel crime d'État.
Eux, qui pour gouverner sont les premiers des hommes,
Veulent que sous leur ordre on soit ce que nous sommes,
Veulent sur tous les rois un si haut ascendant
Que leur empire seul demeure indépendant.
Je les connais, madame, et j'ai vu cet ombrage
Détruire Antiochus et renverser Carthage.
De peur de choir comme eux, je veux bien m'abaisser,
Et cède à des raisons que je ne puis forcer.
D'autant plus justement mon impuissance y cède,
Que je vois qu'en leurs mains on livre Nicomède.
Un si grand ennemi leur répond de ma foi;
C'est un lion tout prêt à déchaîner sur moi.

ARSINOÉ.

C'est de quoi je voulais vous faire confidence :
Mais vous me ravissez d'avoir cette prudence.
Le temps pourra changer ; cependant prenez soin
D'assurer des jaloux dont vous avez besoin.

SCÈNE II. — FLAMINIUS, ARSINOÉ, ATTALE.

ARSINOÉ.

Seigneur, c'est remporter une haute victoire
Que de rendre un amant capable de me croire :
J'ai su le ramener aux termes du devoir,
Et sur lui la raison a repris son pouvoir.

FLAMINIUS.

Madame, voyez donc si vous serez capable
De rendre également ce peuple raisonnable.
Le mal croît ; il est temps d'agir de votre part,
Ou, quand vous le voudrez, vous le voudrez trop tard.
Ne vous figurez plus que ce soit le confondre
Que de le laisser faire et ne lui point répondre.
Rome autrefois a vu de ces émotions
Sans embrasser jamais vos résolutions.
Quand il fallait calmer toute une populace,
Le sénat n'épargnait promesse ni menace,
Et rappelait par là son escadron mutin
Et du mont Quirinal et du mont Aventin,
Dont il l'aurait vu faire une horrible descente,
S'il eût traité longtemps sa fureur d'impuissante,
Et l'eût abandonnée à sa confusion,
Comme vous semblez faire en cette occasion.

ARSINOÉ.

Après ce grand exemple en vain on délibère :
Ce qu'a fait le sénat montre ce qu'il faut faire ;
Et le roi... Mais il vient.

SCÈNE III. — PRUSIAS, ARSINOÉ, FLAMINIUS, ATTALE.

PRUSIAS.

Je ne puis plus douter,
Seigneur, d'où vient le mal que je vois éclater :
Ces mutins ont pour chefs les gens de Laodice.

FLAMINIUS.
J'en avais soupçonné déjà son artifice.
ATTALE.
Ainsi votre tendresse et vos soins sont payés!
FLAMINIUS.
Seigneur, il faut agir; et, si vous m'en croyez...

SCÈNE IV. — PRUSIAS, ARSINOÉ, FLAMINIUS, ATTALE, CLÉONE.

CLÉONE.
Tout est perdu, madame, à moins d'un prompt remède:
Tout le peuple à grands cris demande Nicomède;
Il commence lui-même à se faire raison,
Et vient de déchirer Métrobate et Zénon.
ARSINOÉ.
Il n'est donc plus à craindre, il a pris ses victimes:
Sa fureur sur leur sang va consumer ses crimes;
Elle s'applaudira de cet illustre effet,
Et croira Nicomède amplement satisfait.
FLAMINIUS.
Si ce désordre était sans chefs et sans conduite,
Je voudrais, comme vous, en craindre moins la suite;
Le peuple par leur mort pourrait s'être adouci;
Mais un dessein formé ne tombe pas ainsi:
Il suit toujours son but jusqu'à ce qu'il l'emporte;
Le premier sang versé rend sa fureur plus forte;
Il l'amorce, il l'acharne, il en éteint l'horreur,
Et ne lui laisse plus ni pitié ni terreur.

SCÈNE V. — PRUSIAS, FLAMINIUS, ARSINOÉ, ATTALE, CLÉONE, ARASPE.

ARASPE.
Seigneur, de tous côtés le peuple vient en foule;
De moment en moment votre garde s'écoule;
Et, suivant les discours qu'ici même j'entends,
Le prince entre mes mains ne sera pas longtemps;
Je n'en puis plus répondre.
PRUSIAS.
　　　　　　　　Allons, allons le rendre,
Ce précieux objet d'une amitié si tendre.

Obéissons, madame, à ce peuple sans foi,
Qui, las de m'obéir, en veut faire son roi ;
Et du haut d'un balcon, pour calmer la tempête,
Sur ses nouveaux sujets faisons voler sa tête.

ATTALE.

Ah ! seigneur !

PRUSIAS.

C'est ainsi qu'il lui sera rendu :
A qui le cherche ainsi, c'est ainsi qu'il est dû.

ATTALE.

Ah ! seigneur, c'est tout perdre, et livrer à sa rage
Tout ce qui de plus près touche votre courage ;
Et j'ose dire ici que votre majesté
Aura peine elle-même à trouver sûreté.

PRUSIAS.

Il faut donc se résoudre à tout ce qu'il m'ordonne,
Lui rendre Nicomède avecque ma couronne :
Je n'ai point d'autre choix ; et, s'il est le plus fort,
Je dois à son idole ou mon sceptre ou la mort.

FLAMINIUS.

Seigneur, quand ce dessein aurait quelque justice,
Est-ce à vous d'ordonner que ce prince périsse ?
Quel pouvoir sur ses jours vous demeure permis ?
C'est l'otage de Rome, et non plus votre fils :
Je dois m'en souvenir quand son père l'oublie.
C'est attenter sur nous qu'ordonner de sa vie ;
J'en dois compte au sénat, et n'y puis consentir.
Ma galère est au port toute prête à partir ;
Le palais y répond par la porte secrète :
Si vous le voulez perdre, agréez ma retraite ;
Souffrez que mon départ fasse connaître à tous
Que Rome a des conseils plus justes et plus doux ;
Et ne l'exposez pas à ce honteux outrage
De voir à ses yeux même immoler son otage.

ARSINOÉ.

Me croirez-vous, seigneur, et puis-je m'expliquer ?

PRUSIAS.

Ah ! rien de votre part ne saurait me choquer ;
Parlez.

ARSINOÉ.

Le ciel m'inspire un dessein dont j'espère

Et satisfaire Rome et ne vous pas déplaire.
S'il est prêt à partir, il peut en ce moment
Enlever avec lui son otage aisément :
Cette porte secrète ici nous favorise.
Mais, pour faciliter d'autant mieux l'entreprise,
Montrez-vous à ce peuple, et, flattant son courroux,
Amusez-le du moins à débattre avec vous ;
Faites-lui perdre temps, tandis qu'en assurance
La galère s'éloigne avec son espérance.
S'il force le palais et ne l'y trouve plus,
Vous ferez comme lui le surpris, le confus ;
Vous accuserez Rome et promettrez vengeance
Sur quiconque sera de son intelligence.
Vous enverrez après, sitôt qu'il sera jour,
Et vous lui donnerez l'espoir d'un prompt retour,
Où mille empêchements que vous ferez vous-même
Pourront de toutes parts aider au stratagème.
Quelque aveugle transport qu'il témoigne aujourd'hui,
Il n'attentera rien tant qu'il craindra pour lui,
Tant qu'il présumera son effort inutile.
Ici la délivrance en paraît trop facile ;
Et, s'il l'obtient, seigneur, il faut fuir vous et moi :
S'il le voit à sa tête, il en fera son roi ;
Vous le jugez vous-même.

PRUSIAS.

Ah ! j'avoûrai, madame,
Que le ciel a versé ce conseil dans votre âme.
Seigneur, se peut-il voir rien de mieux concerté ?

FLAMINIUS.

Il vous assure et vie, et gloire, et liberté ;
Et vous avez d'ailleurs Laodice en otage :
Mais qui perd temps ici perd tout son avantage.

PRUSIAS.

Il n'en faut donc plus perdre : allons-y de ce pas.

ARSINOÉ.

Ne prenez avec vous qu'Araspe et trois soldats :
Peut-être un plus grand nombre aurait quelque infidèle.
J'irai chez Laodice et m'assurerai d'elle.

NICOMÈDE.

SCÈNE VI. — ARSINOÉ, ATTALE, CLÉONE.

ARSINOÉ.
Attale, où courez-vous?
ATTALE.
Je vais de mon côté
De ce peuple mutin amuser la fierté,
A votre stratagème en ajouter quelque autre.
ARSINOÉ.
Songez que ce n'est qu'un que mon sort et le vôtre,
Que vos seuls intérêts me mettent en danger.
ATTALE.
Je vais périr, madame, ou vous en dégager.
ARSINOÉ.
Allez donc. J'aperçois la reine d'Arménie.

SCÈNE VII. — ARSINOÉ, LAODICE, CLÉONE.

ARSINOÉ.
La cause de nos maux doit-elle être impunie?
LAODICE.
Non, madame; et, pour peu qu'elle ait d'ambition,
Je vous réponds déjà de sa punition.
ARSINOÉ.
Vous qui savez son crime, ordonnez de sa peine.
LAODICE.
Un peu d'abaissement suffit pour une reine :
C'est déjà trop de voir son dessein avorté.
ARSINOÉ.
Dites, pour châtiment de sa témérité,
Qu'il lui faudrait du front tirer le diadème.
LAODICE.
Parmi les généreux il n'en va pas de même;
Ils savent oublier quand ils ont le dessus,
Et ne veulent que voir leurs ennemis confus.
ARSINOÉ.
Ainsi qui peut vous croire aisément se contente.
LAODICE.
Le ciel ne m'a pas fait l'âme plus violente.

ACTE V, SCÈNE VII.

ARSINOÉ.

Soulever des sujets contre leur souverain,
Leur mettre à tous le fer et la flamme en la main,
Jusque dans le palais pousser leur insolence,
Vous appelez cela fort peu de violence?

LAODICE.

Nous nous entendons mal, madame; et, je le voi,
Ce que je dis pour vous, vous l'expliquez pour moi.
Je suis hors de souci pour ce qui me regarde;
Et je viens vous chercher pour vous prendre en ma garde,
Pour ne hasarder pas en vous la majesté
Au manque de respect d'un grand peuple irrité.
Faites venir le roi, rappelez votre Attale;
Que je conserve en eux la dignité royale :
Ce peuple en sa fureur peut les connaître mal.

ARSINOÉ.

Peut-on voir un orgueil à votre orgueil égal!
Vous par qui seule ici tout ce désordre arrive;
Vous qui dans ce palais vous voyez ma captive;
Vous qui me répondrez au prix de votre sang
De tout ce qu'un tel crime attente sur mon rang,
Vous me parlez encore avec la même audace
Que si j'avais besoin de vous demander grâce!

LAODICE.

Vous obstiner, madame, à me parler ainsi,
C'est ne vouloir pas voir que je commande ici,
Que, quand il me plaira, vous serez ma victime.
Et ne m'imputez point ce grand désordre à crime :
Votre peuple est coupable, et dans tous vos sujets
Ces cris séditieux sont autant de forfaits;
Mais pour moi, qui suis reine, et qui, dans nos querelles,
Pour triompher de vous vous ai fait ces rebelles,
Par le droit de la guerre il fut toujours permis
D'allumer la révolte entre ses ennemis :
M'enlever mon époux, c'est vous faire la mienne.

ARSINOÉ.

Je la suis donc, madame; et, quoi qu'il en avienne,
Si ce peuple une fois enfonce le palais,
C'est fait de votre vie, et je vous le promets.

LAODICE.

Vous tiendrez mal parole, ou bientôt sur ma tombe

Tout le sang de vos rois servira d'hécatombe.
Mais avez-vous encor parmi votre maison
Quelque autre Métrobate ou quelque autre Zénon?
N'appréhendez-vous point que tous vos domestiques
Ne soient déjà gagnés par mes sourdes pratiques?
En savez-vous quelqu'un si prêt à se trahir,
Si las de voir le jour que de vous obéir?
Je ne veux point régner sur votre Bithynie:
Ouvrez-moi seulement les chemins d'Arménie;
Et, pour voir tout d'un coup vos malheurs terminés,
Rendez-moi cet époux qu'en vain vous retenez.

ARSINOÉ.

Sur le chemin de Rome il vous faut l'aller prendre;
Flaminius l'y mène et pourra vous le rendre:
Mais hâtez-vous, de grâce, et faites bien ramer,
Car déjà sa galère a pris le large en mer.

LAODICE.

Ah! si je le croyais!...

ARSINOÉ.

N'en doutez point, madame.

LAODICE.

Fuyez donc les fureurs qui saisissent mon âme:
Après le coup fatal de cette indignité,
Je n'ai plus ni respect ni générosité.
Mais plutôt demeurez pour me servir d'otage
Jusqu'à ce que ma main de ses fers le dégage.
J'irai jusque dans Rome en briser les liens,
Avec tous vos sujets, avecque tous les miens;
Aussi bien Annibal nommait une folie
De présumer la vaincre ailleurs qu'en Italie.
Je veux qu'elle me voie au cœur de ses États
Soutenir ma fureur d'un million de bras;
Et sous mon désespoir rangeant sa tyrannie...

ARSINOÉ.

Vous voulez donc enfin régner en Bithynie?
Et, dans cette fureur qui vous trouble aujourd'hui,
Le roi pourra souffrir que vous régniez pour lui?

LAODICE.

J'y régnerai, madame, et sans lui faire injure.
Puisque le roi veut bien n'être roi qu'en peinture,
Que lui doit importer qui donne ici la loi,

Et qui règne pour lui des Romains ou de moi?
Mais un second otage entre mes mains se jette.

SCÈNE VIII. — ARSINOÉ, LAODICE, ATTALE, CLÉONE.

ARSINOÉ.

Attale, avez-vous su comme ils ont fait retraite?

ATTALE.

Ah! madame!

ARSINOÉ.

Parlez.

ATTALE.

Tous les dieux irrités
Dans les derniers malheurs nous ont précipités.
Le prince est échappé.

LAODICE.

Ne craignez plus, madame:
La générosité déjà rentre en mon âme.

ARSINOÉ.

Attale, prenez-vous plaisir à m'alarmer?

ATTALE.

Ne vous flattez point tant que de le présumer.
Le malheureux Araspe, avec sa faible escorte,
L'avait déjà conduit à cette fausse porte;
L'ambassadeur de Rome était déjà passé,
Quand, dans le sein d'Araspe, un poignard enfoncé
Le jette aux pieds du prince. Il s'écrie; et sa suite,
De peur d'un pareil sort prend aussitôt la fuite.

ARSINOÉ.

Et qui dans cette porte a pu le poignarder?

ATTALE.

Dix ou douze soldats qui semblaient la garder.
Et ce prince...

ARSINOÉ.

Ah! mon fils! qu'il est partout de traîtres!
Qu'il est peu de sujets fidèles à leurs maîtres!
Mais de qui savez-vous un désastre si grand?

ATTALE.

Des compagnons d'Araspe, et d'Araspe mourant.
Mais écoutez encor ce qui me désespère.
J'ai couru me ranger auprès du roi mon père;

22.

Il n'en était plus temps : ce monarque étonné
A ses frayeurs déjà s'était abandonné,
Avait pris un esquif pour tâcher de rejoindre
Ce Romain, dont l'effroi peut-être n'est pas moindre.

SCÈNE IX. — PRUSIAS, FLAMINIUS, ARSINOÉ, LAODICE, ATTALE, CLÉONE.

PRUSIAS.

Non, non, nous revenons l'un et l'autre en ces lieux
Défendre votre gloire ou mourir à vos yeux.

ARSINOÉ.

Mourons, mourons, seigneur, et dérobons nos vies
A l'absolu pouvoir des fureurs ennemies ;
N'attendons pas leur ordre, et montrons-nous jaloux
De l'honneur qu'ils auraient à disposer de nous.

LAODICE.

Ce désespoir, madame, offense un si grand homme
Plus que vous n'avez fait en l'envoyant à Rome :
Vous devez le connaître ; et, puisqu'il a ma foi,
Vous devez présumer qu'il est digne de moi.
Je le désavouerais s'il n'était magnanime,
S'il manquait à remplir l'effort de mon estime,
S'il ne faisait paraître un cœur toujours égal.
Mais le voici ; voyez si je le connais mal.

SCÈNE X. — PRUSIAS, NICOMÈDE, ARSINOÉ, LAODICE, FLAMINIUS, ATTALE, CLÉONE.

NICOMÈDE.

Tout est calme, seigneur ; un moment de ma vue
A soudain apaisé la populace émue.

PRUSIAS.

Quoi ! me viens-tu braver jusque dans mon palais,
Rebelle ?

NICOMÈDE.

C'est un nom que je n'aurai jamais.
Je ne viens point ici montrer à votre haine
Un captif insolent d'avoir brisé sa chaîne ;
Je viens en bon sujet vous rendre le repos,
Que d'autres intérêts troublaient mal à propos.
Non que je veuille à Rome imputer quelque crime :

ACTE V, SCÈNE X.

Du grand art de régner elle suit la maxime;
Et son ambassadeur ne fait que son devoir,
Quand il veut entre nous partager le pouvoir.
Mais ne permettez pas qu'elle vous y contraigne;
Rendez-moi votre amour, afin qu'elle vous craigne;
Pardonnez à ce peuple un peu trop de chaleur
Qu'à sa compassion a donné mon malheur;
Pardonnez un forfait qu'il a cru nécessaire,
Et qui ne produira qu'un effet salutaire.
Faites-lui grâce aussi, madame, et permettez
Que jusques au tombeau j'adore vos bontés.
Je sais par quel motif vous m'êtes si contraire :
Votre amour maternel veut voir régner mon frère;
Et je contribuerai moi-même à ce dessein,
Si vous pouvez souffrir qu'il soit roi de ma main.
Oui, l'Asie à mon bras offre encor des conquêtes,
Et pour l'en couronner mes mains sont toutes prêtes.
Commandez seulement; choisissez en quels lieux,
Et j'en apporterai la couronne à vos yeux.

ARSINOÉ.

Seigneur, faut-il si loin pousser votre victoire,
Et qu'ayant en vos mains et mes jours et ma gloire,
La haute ambition d'un si puissant vainqueur
Veuille encor triompher jusque dedans mon cœur?
Contre tant de vertu je ne puis le défendre;
Il est impatient lui-même de se rendre.
Joignez cette conquête à trois sceptres conquis,
Et je croirai gagner en vous un second fils.

PRUSIAS.

Je me rends donc aussi, madame; et je veux croire
Qu'avoir un fils si grand est ma plus grande gloire.
Mais, parmi les douceurs qu'enfin nous recevons,
Faites-nous savoir, prince, à qui nous vous devons.

NICOMÈDE.

L'auteur d'un si grand coup m'a caché son visage;
Mais il m'a demandé mon diamant pour gage,
Et me le doit ici rapporter dès demain.

ATTALE.

Le voulez-vous, seigneur, reprendre de ma main?

NICOMÈDE.

Ah! laissez-moi toujours à cette digne marque

Reconnaître en mon sang un vrai sang de monarque.
Ce n'est plus des Romains l'esclave ambitieux,
C'est le libérateur d'un sang si précieux.
Mon frère, avec mes fers vous en brisez bien d'autres
Ceux du roi, de la reine, et les siens et les vôtres.
Mais pourquoi vous cacher en sauvant tout l'État?

ATTALE.

Pour voir votre vertu dans son plus haut éclat;
Pour la voir seule agir contre notre injustice,
Sans la préoccuper par ce faible service;
Et me venger enfin ou sur vous ou sur moi,
Si j'eusse mal jugé de tout ce que je vois.
Mais, madame...

ARSINOÉ.

Il suffit, voilà le stratagème
Que vous m'aviez promis pour moi contre moi-même.

A Nicomède.

Et j'ai l'esprit, seigneur, d'autant plus satisfait,
Que mon sang rompt le cours du mal que j'avais fait.

NICOMÈDE, à Flaminius.

Seigneur, à découvert, toute âme généreuse
D'avoir votre amitié doit se tenir heureuse;
Mais nous n'en voulons plus avec ces dures lois
Qu'elle jette toujours sur la tête des rois :
Nous vous la demandons hors de la servitude;
Ou le nom d'ennemis nous semblera moins rude.

FLAMINIUS, à Nicomède.

C'est de quoi le sénat pourra délibérer :
Mais cependant pour lui j'ose vous assurer,
Prince, qu'à ce défaut vous aurez son estime,
Telle que doit l'attendre un cœur si magnanime;
Et qu'il croira se faire un illustre ennemi,
S'il ne vous reçoit pas pour généreux ami.

PRUSIAS.

Nous autres, réunis sous de meilleurs auspices,
Préparons à demain de justes sacrifices;
Et demandons aux dieux, nos dignes souverains,
Pour comble de bonheur l'amitié des Romains.

FIN DE NICOMÈDE.

DISCOURS

PREMIER DISCOURS
SUR L'UTILITÉ ET SUR LES PARTIES DU POËME DRAMATIQUE.

Bien que, selon Aristote, le but seul de la poésie dramatique soit de plaire aux spectateurs, et que la plupart de ces poëmes leur aient plu, je veux bien avouer toutefois que beaucoup d'entre eux n'ont pas atteint le but de l'art. « Il ne faut pas « prétendre, dit ce philosophe, que ce genre de poésie nous « donne toute sorte de plaisir, mais seulement celui qui lui est « propre; » et, pour trouver ce plaisir qui lui est propre et le donner aux spectateurs, il faut suivre les préceptes de l'art, et leur plaire selon ses règles. Il est constant qu'il y a des préceptes, puisqu'il y a un art; mais il n'est pas constant quels ils sont. On convient du nom sans convenir de la chose, et on s'accorde sur les paroles pour contester sur leur signification. Il faut observer l'unité d'action, de lieu et de jour, personne n'en doute; mais ce n'est pas une petite difficulté de savoir ce que c'est que cette unité d'action, et jusques où peut s'étendre cette unité de jour et de lieu. Il faut que le poëte traite son sujet selon le vraisemblable et le nécessaire; Aristote le dit, et tous ses interprètes répètent les mêmes mots, qui leur semblent si clairs et si intelligibles, qu'aucun d'eux n'a daigné nous dire, non plus que lui, ce que c'est que ce vraisemblable et ce nécessaire. Beaucoup même ont si peu considéré ce dernier, qui accompagne toujours l'autre chez ce philosophe, hormis une seule fois, où il parle de la comédie, qu'on en est venu jusqu'à établir une maxime très-fausse, qu'*il faut que le sujet d'une tragédie soit vraisemblable;* appliquant ainsi aux conditions du sujet la moitié de ce qu'il a dit de la manière de le traiter. Ce n'est pas qu'on ne puisse faire une tragédie d'un sujet purement vraisemblable; il en donne pour exemple la *Fleur d'Agathon,* où les noms et les choses étaient de pure invention, aussi-

tant plus, qu'elle produit un effet véritable par les lettres des principaux de Rome que je lui fais porter à Sertorius, et que Perpenna remit entre les mains de Pompée, qui en usa comme je le marque. L'autre femme est une pure idée de mon esprit, mais qui ne laisse pas d'avoir aussi quelque fondement dans l'histoire. Elle nous apprend que les Lusitaniens appelèrent Sertorius d'Afrique pour être leur chef contre le parti de Sylla; mais elle ne nous dit point s'ils étaient en république ou sous une monarchie. Il n'y a donc rien qui répugne à leur donner une reine; et je ne la pouvais faire sortir d'un rang plus considérable que celui de Viriatus, dont je lui fais porter le nom, le plus grand homme que l'Espagne ait opposé aux Romains, et le dernier qui leur ait fait tête dans ces provinces avant Sertorius. Il n'était pas roi en effet, mais il en avait toute l'autorité; et les préteurs et consuls que Rome envoya pour le combattre, et qu'il défit souvent, l'estimèrent assez pour faire des traités de paix avec lui comme avec un souverain et juste ennemi. Sa mort arriva soixante et huit ans avant celle que je traite; de sorte qu'il aurait pu être aïeul ou bisaïeul de cette reine que je fais parler ici.

Il fut défait par le consul Q. Servilius, et non par Brutus, comme je l'ai fait dire à cette princesse, sur la foi de cet évêque espagnol que je viens de citer, et qui m'a jeté dans l'erreur après lui. Elle est aisée à corriger par le changement d'un mot dans ce vers unique qui en parle, et qu'il faut rétablir ainsi :

Et de Servilius l'astre prédominant.

Je sais bien que Sylla, dont je parle tant dans ce poëme, était mort six ans avant Sertorius; mais, à le prendre à la rigueur, il est permis de presser les temps pour faire l'unité de jour; et, pourvu qu'il n'y ait point d'impossibilité formelle, je puis faire arriver en six jours, voire en six heures, ce qui s'est passé en six ans. Cela posé, rien n'empêche que Sylla ne meure avant Sertorius, sans rien détruire de ce que je dis ici, puisqu'il a pu mourir depuis qu'Arcas est parti de Rome pour apporter la nouvelle de la démission de sa dictature; ce qu'il fait en même temps que Sertorius est assassiné. Je dis de plus que, bien que nous devions être assez scrupuleux observateurs de l'ordre des temps, néanmoins, pourvu que ceux que nous faisons parler se soient connus et aient eu ensemble quelques intérêts à démêler, nous ne sommes pas obligé à nous attacher si précisément à la durée de leur vie. Sylla était mort quand Sertorius fut tué, mais il pouvait vivre encore sans miracle; et l'auditeur, qui communément n'a qu'une teinture superficielle de l'histoire, s'offense rarement d'une pareille prolongation qui ne sort point de la vraisemblance. Je ne voudrais pas toutefois faire une règle générale de cette licence, sans y mettre quelque distinction. La mort de Sylla n'apporta aucun changement aux affaires de Sertorius en Espagne, et lui fut de si peu d'importance, qu'il est malaisé, en lisant la vie de ce héros chez Plutarque, de remarquer lequel des deux est mort le premier, si l'on n'en est instruit d'ailleurs. Autre chose est de celles qui renversent les États, détruisent les partis, et donnent une autre face aux affaires, comme a été celle de Pompée, qui ferait révolter tout l'auditoire contre un auteur, s'il avait l'impudence de la mettre après celle de César. D'ailleurs, il fallait colorer et excuser en quelque sorte la guerre que Pompée et les autres chefs romains continuaient contre Sertorius; car il est assez malaisé de comprendre pourquoi l'on s'y obstinait, après que la république semblait être rétablie par la démission volontaire et la mort de son tyran. Sans doute que son esprit de souveraineté qu'il avait fait revivre dans Rome n'y était pas mort avec lui, et que Pompée et beaucoup d'autres, aspirant dans l'âme à prendre sa place, craignaient que Sertorius ne leur y fût un puissant obstacle, ou par l'amour qu'il avait toujours pour sa patrie, ou par la grandeur de sa réputation et le mérite de ses actions, qui lui eussent fait donner la préférence, si ce grand ébranlement de la république l'eût mise en état de ne se pouvoir passer de maître. Pour ne pas déshonorer Pompée par cette jalousie secrète de son ambition, qui semait dès lors ce qu'on a vu depuis éclater si hautement, et qui peut-être était le véritable motif de cette guerre, je me suis persuadé qu'il était plus à propos de faire vivre Sylla, afin d'en attribuer l'injustice à la violence de sa domination. Cela m'a servi de plus à arrêter l'effet de ce puissant amour que je lui fais conserver pour son Aristie, avec qui il n'eût pu se défendre de renouer, s'il n'eût eu rien à craindre du côté de Sylla, dont le nom odieux, mais illustre, donne un grand poids aux raisonnements de la politique, qui fait l'âme de toute cette tragédie.

Le même Pompée semble s'écarter un peu de la prudence d'un général d'armée, lorsque, sur la foi de Sertorius, il vient conférer avec lui dans une ville dont le chef du parti contraire est maître absolu; mais c'est une confiance de généreux à généreux, et de Romain à Romain, qui lui donne quelque droit de ne craindre aucune supercherie de la part d'un si grand homme. Ce n'est pas que je ne veuille bien accorder aux critiques qu'il n'a pas assez pourvu à sa propre sûreté; mais il m'était impossible de garder l'unité de lieu sans lui faire faire cette échappée, qu'il faut imputer à l'incommodité de la règle, plus qu'à moi, qui l'ai bien vue. Si vous ne voulez le pardonner à l'impatience qu'il avait de voir sa femme, dont je le fais encore si passionné, et à la peur qu'elle ne prît un autre mari, faute de savoir ses intentions pour elle, vous le pardonnerez au plaisir qu'on a pris à cette conférence, que quelques-uns des premiers dans la cour et pour la naissance et pour l'esprit ont estimée autant qu'une pièce entière. Vous n'en serez pas désavoué par Aristote, qui souffre qu'on mette quelquefois des choses sans raison sur le théâtre, quand il y a apparence qu'elles seront bien reçues, et qu'on a lieu d'espérer que les avantages que le poëme en tirera pourront mériter cette grâce.

ACTE TROISIÈME.

SCÈNE I. — SERTORIUS, POMPÉE, suite.

SERTORIUS.

Seigneur, qui des mortels eût jamais osé croire
Que la trêve à tel point dût rehausser ma gloire;
Qu'un nom à qui la guerre a fait trop applaudir
Dans l'ombre de la paix trouvât à s'agrandir?
Certes, je doute encor si ma vue est trompée,
Alors que dans ces murs je vois le grand Pompée;
Et quand il lui plaira, je saurai quel bonheur
Comble Sertorius d'un tel excès d'honneur.

POMPÉE.

Deux raisons. Mais, seigneur, faites qu'on se retire,
Afin qu'en liberté je puisse vous les dire.
L'inimitié qui règne entre nos deux partis
N'y rend pas de l'honneur tous les droits amortis.
Comme le vrai mérite a ses prérogatives,
Qui prennent le dessus des haines les plus vives,
L'estime et le respect sont de justes tributs
Qu'aux plus fiers ennemis arrachent les vertus;
Et c'est ce que vient rendre à la haute vaillance
Dont je ne fais ici que trop d'expérience
L'ardeur de voir de près un si fameux héros,
Sans lui voir en la main piques ni javelots,
Et le front désarmé de ce regard terrible

Qui dans nos escadrons guide un bras invincible.
Je suis jeune et guerrier, et tant de fois vainqueur,
Que mon trop de fortune a pu m'enfler le cœur;
Mais, et ce franc aveu sied bien aux grands courages,
J'apprends plus contre vous par mes désavantages
Que les plus beaux succès qu'ailleurs j'aye emportés
Ne m'ont encore appris par mes prospérités.
Je vois ce qu'il faut faire, à voir ce que vous faites :
Les siéges, les assauts, les savantes retraites,
Bien camper, bien choisir à chacun son emploi;
Votre exemple est partout une étude pour moi.
Ah! si je vous pouvais rendre à la république,
Que je croirais lui faire un présent magnifique!
Et que j'irais, seigneur, à Rome avec plaisir,
Puisque la trêve enfin m'en donne le loisir,
Si j'y pouvais porter quelque faible espérance
D'y conclure un accord d'une telle importance!
Près de l'heureux Sylla ne puis-je rien pour vous?
Et près de vous, seigneur, ne puis-je rien pour tous?

SERTORIUS.

Vous me pourriez sans doute épargner quelque peine,
Si vous vouliez avoir l'âme toute romaine :
Mais, avant que d'entrer en ces difficultés,
Souffrez que je réponde à vos civilités.
Vous ne me donnez rien par cette haute estime
Que vous n'ayez déjà dans le degré sublime.
La victoire attachée à vos premiers exploits,
Un triomphe avant l'âge où le souffrent nos lois,
Avant la dignité qui permet d'y prétendre,
Font trop voir quels respects l'univers vous doit rendre.
Si dans l'occasion je ménage un peu mieux
L'assiette du pays et la faveur des lieux,
Si mon expérience en prend quelque avantage,
Le grand art de la guerre attend quelquefois l'âge;
Le temps y fait beaucoup; et de mes actions
S'il vous a plu tirer quelques instructions,
Mes exemples un jour ayant fait place aux vôtres,
Ce que je vous apprends, vous l'apprendrez à d'autres;
Et ceux qu'aura ma mort saisis de mon emploi
S'instruiront contre vous, comme vous contre moi.
Quant à l'heureux Sylla, je n'ai rien à vous dire.

Je vous ai montré l'art d'affaiblir son empire ;
Et, si je puis jamais y joindre des leçons
Dignes de vous apprendre à repasser les monts,
Je suivrai d'assez près votre illustre retraite
Pour traiter avec lui sans besoin d'interprète,
Et sur les bords du Tibre, une pique à la main,
Lui demander raison pour le peuple romain.

POMPÉE.

De si hautes leçons, seigneur, sont difficiles,
Et pourraient vous donner quelques soins inutiles,
Si vous faisiez dessein de me les expliquer,
Jusqu'à m'avoir appris à les bien pratiquer.

SERTORIUS.

Aussi me pourriez-vous épargner quelque peine,
Si vous vouliez avoir l'âme toute romaine ;
Je vous l'ai déjà dit.

POMPÉE.

Ce discours rebattu
Lasserait une austère et farouche vertu.
Pour moi, qui vous honore assez pour me contraindre
A fuir obstinément tout sujet de m'en plaindre,
Je ne veux rien comprendre en ces obscurités.

SERTORIUS.

Je sais qu'on n'aime point de telles vérités :
Mais, seigneur, étant seuls, je parle avec franchise ;
Bannissant les témoins, vous me l'avez permise ;
Et je garde avec vous la même liberté
Que si votre Sylla n'avait jamais été.
Est-ce être tout Romain qu'être chef d'une guerre
Qui veut tenir aux fers les maîtres de la terre ?
Ce nom, sans vous et lui, nous serait encor dû.
C'est par lui, c'est par vous, que nous l'avons perdu.
C'est vous qui sous le joug traînez des cœurs si braves ;
Ils étaient plus que rois, ils sont moindres qu'esclaves ;
Et la gloire qui suit vos plus nobles travaux
Ne fait qu'approfondir l'abîme de leurs maux :
Leur misère est le fruit de votre illustre peine :
Et vous pensez avoir l'âme toute romaine !
Vous avez hérité ce nom de vos aïeux ;
Mais, s'il vous était cher, vous le rempliriez mieux.

ACTE III, SCÈNE I.

POMPÉE.

Je crois le bien remplir quand tout mon cœur s'applique
Aux soins de rétablir un jour la république :
Mais vous jugez, seigneur, de l'âme par le bras ;
Et souvent l'un paraît ce que l'autre n'est pas.
Lorsque deux factions divisent un empire,
Chacun suit au hasard la meilleure ou la pire,
Suivant l'occasion ou la nécessité
Qui l'emporte vers l'un ou vers l'autre côté.
Le plus juste parti, difficile à connaître,
Nous laisse en liberté de nous choisir un maître ;
Mais, quand ce choix est fait, on ne s'en dédit plus.
J'ai servi sous Sylla du temps de Marius ;
Et servirai sous lui tant qu'un destin funeste
De nos divisions soutiendra quelque reste.
Comme je ne vois pas dans le fond de son cœur,
J'ignore quels projets peut former son bonheur.
S'il les pousse trop loin, moi-même je l'en blâme ;
Je lui prête mon bras sans engager mon âme ;
Je m'abandonne au cours de sa félicité,
Tandis que tous mes vœux sont pour la liberté ;
Et c'est ce qui me force à garder une place
Qu'usurperaient sans moi l'injustice et l'audace,
Afin que, Sylla mort, ce dangereux pouvoir
Ne tombe qu'en des mains qui sachent leur devoir.
Enfin je sais mon but, et vous savez le vôtre.

SERTORIUS.

Mais cependant, seigneur, vous servez comme un autre ;
Et nous, qui jugeons tout sur la foi de nos yeux,
Et laissons le dedans à pénétrer aux dieux,
Nous craignons votre exemple, et doutons si dans Rome
Il n'instruit point le peuple à prendre loi d'un homme ;
Et si votre valeur, sous le pouvoir d'autrui,
Ne sème point pour vous lorsqu'elle agit pour lui.
Comme je vous estime, il m'est aisé de croire
Que de la liberté vous feriez votre gloire,
Que votre âme en secret lui donne tous ses vœux ;
Mais, si je m'en rapporte aux esprits soupçonneux,
Vous aidez aux Romains à faire essai d'un maître,
Sous ce flatteur espoir qu'un jour vous pourrez l'être.
La main qui les opprime, et que vous soutenez

Les accoutume au joug que vous leur destinez ;
Et, doutant s'ils voudront se faire à l'esclavage,
Aux périls de Sylla vous tâtez leur courage.

POMPÉE.

Le temps détrompera ceux qui parlent ainsi ;
Mais justifira-t-il ce que l'on voit ici ?
Permettez qu'à mon tour je parle avec franchise ;
Votre exemple à la fois m'instruit et m'autorise :
Je juge, comme vous, sur la foi de mes yeux,
Et laisse le dedans à pénétrer aux dieux.
Ne vit-on pas ici sous les ordres d'un homme ?
N'y commandez-vous pas comme Sylla dans Rome ?
Du nom de dictateur, du nom de général,
Qu'importe, si des deux le pouvoir est égal ?
Les titres différents ne font rien à la chose ;
Vous imposez des lois ainsi qu'il en impose ;
Et, s'il est périlleux de s'en faire haïr,
Il ne serait pas sûr de vous désobéir.
Pour moi, si quelque jour je suis ce que vous êtes,
J'en userai peut-être alors comme vous faites ;
Jusque-là...

SERTORIUS.

Vous pourriez en douter jusque-là,
Et me faire un peu moins ressembler à Sylla.
Si je commande ici, le sénat me l'ordonne.
Mes ordres n'ont encore assassiné personne.
Je n'ai pour ennemis que ceux du bien commun ;
Je leur fais bonne guerre, et n'en proscris pas un.
C'est un asile ouvert que mon pouvoir suprême ;
Et, si l'on m'obéit, ce n'est qu'autant qu'on m'aime.

POMPÉE.

Et votre empire en est d'autant plus dangereux,
Qu'il rend de vos vertus les peuples amoureux,
Qu'en assujettissant vous avez l'art de plaire,
Qu'on croit n'être en vos fers qu'esclave volontaire,
Et que la liberté trouvera peu de jour
A détruire un pouvoir que fait régner l'amour.
Ainsi parlent, seigneur, les âmes soupçonneuses.
Mais n'examinons point ces questions fâcheuses,
Ni si c'est un sénat qu'un amas de bannis,
Que cet asile ouvert sous vous a réunis,

Une seconde fois, n'est-il aucune voie
Par où je puisse à Rome emporter quelque joie?
Elle serait extrême à trouver les moyens
De rendre un si grand homme à ses concitoyens.
Il est doux de revoir les murs de la patrie :
C'est elle par ma voix, seigneur, qui vous en prie ;
C'est Rome...

SERTORIUS.

Le séjour de votre potentat,
Qui n'a que ses fureurs pour maximes d'État ?
Je n'appelle plus Rome un enclos de murailles
Que ses proscriptions comblent de funérailles ;
Ces murs, dont le destin fut autrefois si beau,
N'en sont que la prison, ou plutôt le tombeau :
Mais, pour revivre ailleurs dans sa première force,
Avec les faux Romains elle a fait plein divorce ;
Et, comme autour de moi j'ai tous ses vrais appuis,
Rome n'est plus dans Rome, elle est toute où je suis.
Parlons pourtant d'accord. Je ne sais qu'une voie
Qui puisse avec honneur nous donner cette joie.
Unissons-nous ensemble, et le tyran est bas :
Rome à ce grand dessein ouvrira tous ses bras.
Ainsi nous ferons voir l'amour de la patrie,
Pour qui vont les grands cœurs jusqu'à l'idolâtrie ;
Et nous épargnerons ces flots de sang romain
Que versent tous les ans votre bras et ma main.

POMPÉE.

Ce projet, qui pour vous est tout brillant de gloire,
N'aurait-il rien pour moi d'une action trop noire ?
Moi qui commande ailleurs, puis-je servir sous vous ?

SERTORIUS.

Du droit de commander je ne suis point jaloux ;
Je ne l'ai qu'en dépôt, et je vous l'abandonne,
Non jusqu'à vous servir de ma seule personne ;
Je prétends un peu plus : mais dans cette union
De votre lieutenant m'enviriez-vous le nom ?

POMPÉE.

De pareils lieutenants n'ont des chefs qu'en idée ;
Leur nom retient pour eux l'autorité cédée ;
Ils n'en quittent que l'ombre ; et l'on ne sait que c'est
De suivre ou d'obéir que suivant qu'il leur plaît.

Je sais une autre voie, et plus noble et plus sûre.
Sylla, si vous voulez, quitte sa dictature ;
Et déjà de lui-même il s'en serait démis
S'il voyait qu'en ces lieux il n'eût plus d'ennemis.
Mettez les armes bas, je réponds de l'issue ;
J'en donne ma parole après l'avoir reçue.
Si vous êtes Romain, prenez l'occasion.

SERTORIUS.

Je ne m'éblouis point de cette illusion.
Je connais le tyran, j'en vois le stratagème ;
Quoi qu'il semble promettre, il est toujours lui-même.
Vous qu'à sa défiance il a sacrifié
Jusques à vous forcer d'être son allié...

POMPÉE.

Hélas ! ce mot me tue, et, je le dis sans feinte,
C'est l'unique sujet qu'il m'a donné de plainte.
J'aimais mon Aristie, il m'en vient d'arracher ;
Mon cœur frémit encore à me le reprocher :
Vers tant de biens perdus sans cesse il me rappelle ;
Et je vous rends, seigneur, mille grâces pour elle,
A vous, à ce grand cœur dont la compassion
Daigne ici l'honorer de sa protection.

SERTORIUS.

Protéger hautement les vertus malheureuses,
C'est le moindre devoir des âmes généreuses :
Aussi fais-je encor plus, je lui donne un époux.

POMPÉE.

Un époux ! dieux ! qu'entends-je ! Et qui, seigneur ?

SERTORIUS.

Moi.

POMPÉE.

Vous ?

Seigneur, toute son âme est à moi dès l'enfance ;
N'imitez point Sylla par cette violence ;
Mes maux sont assez grands sans y joindre celui
De voir tout ce que j'aime entre les bras d'autrui.

SERTORIUS.

Tout est encore à vous. Venez, venez, madame,
Faire voir quel pouvoir j'usurpe sur votre âme,
Et montrer, s'il se peut, à tout le genre humain

ACTE III, SCÈNE I.

La force qu'on vous fait pour me donner la main.

POMPÉE.

C'est elle-même, ô ciel!

SERTORIUS.

Je vous laisse avec elle,
Et sais que tout son cœur vous est encor fidèle.
Reprenez votre bien; ou ne vous plaignez plus,
Si j'ose m'enrichir, seigneur, de vos refus.

FIN DE SERTORIUS.

SERTORIUS

TRAGÉDIE[1] — 1662

AU LECTEUR.

Ne cherchez point dans cette tragédie les agréments qui sont en possession de faire réussir au théâtre les poëmes de cette nature; vous n'y trouverez ni tendresse d'amour, ni emportements de passions, ni descriptions pompeuses, ni narrations pathétiques. Je puis dire toutefois qu'elle n'a point déplu, et que la dignité des noms illustres, la grandeur de leurs intérêts, et la nouveauté de quelques caractères, ont suppléé au manque de ces grâces. Le sujet est simple et du nombre de ces événements connus, où il ne nous est pas permis de rien changer qu'autant que la nécessité indispensable de les réduire dans la règle nous force d'en resserrer les temps et les lieux. Comme il ne m'a fourni aucunes femmes, j'ai été obligé de recourir à l'invention pour en introduire deux, assez compatibles l'une et l'autre avec les vérités historiques à qui je me suis attaché. L'une a vécu de ce temps-là; c'est la première femme de Pompée, qu'il répudia pour entrer dans l'alliance de Sylla, par le mariage d'Émilie, fille de sa femme. Ce divorce est constant par le rapport de tous ceux qui ont écrit la vie de Pompée; mais aucun d'eux ne nous apprend ce que devint cette malheureuse, qu'ils appellent tous Antistie, à la réserve d'un Espagnol, évêque de Gironne, qui lui donne le nom d'Aristie, que j'ai préféré comme plus doux à l'oreille. Leur silence m'ayant laissé liberté entière de lui faire un refuge, j'ai cru ne lui en pouvoir choisir un avec plus de vraisemblance que chez les ennemis de ceux qui l'avaient outragée : cette retraite en a d'au-

---

[1] Nous ne donnons que la conférence de Pompée et de Sertorius, qui, à elle seule, est un magnifique chef-d'œuvre; mais nous avons cru devoir faire précéder ce morceau de la préface, qui met le lecteur au courant de la situation.

bien qu'en la comédie : mais les grands sujets qui remuent fortement les passions, et en opposent l'impétuosité aux lois du devoir ou aux tendresses du sang, doivent toujours aller au delà du vraisemblable, et ne trouveraient aucune croyance parmi les auditeurs s'ils n'étaient soutenus, ou par l'autorité de l'histoire qui persude avec empire, ou par la préoccupation de l'opinion commune qui nous donne ces mêmes auditeurs déjà tout persuadés. Il n'est pas vraisemblable que Médée tue ses enfants, que Clytemnestre assassine son mari, qu'Oreste poignarde sa mère; mais l'histoire le dit, et la représentation de ces grands crimes ne trouve point d'incrédules. Il n'est ni vrai ni vraisemblable qu'Andromède, exposée à un monstre marin, ait été garantie de ce péril par un cavalier volant qui avait des ailes aux pieds : mais c'est une fiction que l'antiquité a reçue ; et, comme elle l'a transmise jusqu'à nous, personne ne s'en offense quand on la voit sur le théâtre. Il ne serait pas permis toutefois d'inventer sur ces exemples. Ce que la vérité ou l'opinion fait accepter serait rejeté s'il n'avait point d'autre fondement qu'une ressemblance à cette vérité ou à cette opinion. C'est pourquoi notre docteur dit que *les sujets viennent de la fortune*, qui fait arriver les choses, *et non de l'art*, qui les imagine. Elle est maîtresse des événements, et le choix qu'elle nous donne de ceux qu'elle nous présente enveloppe une secrète défense d'entreprendre sur elle et d'en produire sur la scène qui ne soient pas de sa façon. Aussi « les anciennes tragédies se sont arrêtées « autour de peu de familles, parce qu'il était arrivé à peu de « familles des choses dignes de la tragédie. » Les siècles suivants nous en ont assez fourni pour franchir ces bornes et ne marcher plus sur les pas des Grecs : mais je ne pense pas qu'ils nous aient donné la liberté de nous écarter de leurs règles. Il faut, s'il se peut, nous accommoder avec elles, et les amener jusqu'à nous. Le retranchement que nous avons fait des chœurs nous oblige à remplir nos poëmes de plus d'épisodes qu'ils ne faisaient; c'est quelque chose de plus, mais qui ne doit pas aller au delà de leurs maximes, bien qu'il aille au delà de leur pratique.

Il faut donc savoir quelles sont ces règles ; mais notre malheur est qu'Aristote, et Horace après lui, en ont écrit assez obscurément pour avoir besoin d'interprètes, et que ceux qui leur en ont voulu servir jusques ici ne les ont souvent expliqués qu'en grammairiens ou en philosophes. Comme ils avaient plus d'étude et de spéculation que d'expérience du théâtre, leur lecture nous peut rendre plus doctes, mais non pas nous donner beaucoup de lumières fort sûres pour y réussir.

Je hasarderai quelque chose sur cinquante ans de travail pour la scène, et en dirai mes pensées tout simplement, sans esprit de contestation qui m'engage à les soutenir, et sans prétendre que personne renonce en ma faveur à celles qu'il en aura conçues.

Ainsi ce que j'ai avancé dès l'entrée de ce discours, que *la poésie dramatique a pour but le seul plaisir des spectateurs*, n'est pas pour l'emporter opiniâtrément sur ceux qui pensent ennoblir l'art en lui donnant pour objet de profiter aussi bien que de plaire. Cette dispute même serait très-inutile, puisqu'il est impossible de plaire selon les règles, qu'il ne s'y rencontre beaucoup d'utilité. Il est vrai qu'Aristote, dans tout son *Traité de la Poétique*, n'a jamais employé ce mot une seule fois; qu'il attribue l'origine de la poésie au plaisir que nous prenons à voir imiter les actions des hommes; qu'il préfère la partie du poëme qui regarde le sujet à celle qui regarde les mœurs, parce que cette première contient ce qui agrée le plus, comme les *agnitions* et les *péripéties*; qu'il fait entrer, dans la définition de la tragédie, l'agrément du discours dont elle est composée; et qu'il l'estime enfin plus que le poëme épique, en ce qu'elle a de plus la décoration extérieure et la musique, qui délectent puissamment, et qu'étant plus courte et moins diffuse, le plaisir qu'on y prend est plus parfait : mais il n'est pas moins vrai qu'Horace nous apprend que nous ne saurions plaire à tout le monde, si nous n'y mêlons l'utile; et que les gens graves et sérieux, les vieillards et les amateurs de la vertu, s'y ennuieront s'ils n'y trouvent rien à profiter.

Centuriæ seniorum agitant expertia frugis.

Ainsi, quoique l'utile n'y entre que sous la forme du délectable, il ne laisse pas d'y être nécessaire; et il vaut mieux examiner de quelle façon il y peut trouver sa place, que d'agiter, comme je l'ai déjà dit, une question inutile touchant l'utilité de cette sorte de poëmes. J'estime donc qu'il s'y en peut rencontrer de quatre sortes.

La première consiste aux sentences et instructions morales qu'on y peut semer presque partout : mais il en faut user sobrement, les mettre rarement en discours généraux, ou ne les pousser guère loin, surtout quand on fait parler un homme passionné ou qu'on lui fait répondre par un autre; car il ne doit avoir non plus de patience pour les entendre que de quiétude d'esprit pour les concevoir et les dire. Dans les délibérations d'État, où un homme d'importance consulté par un roi s'explique de sens rassis, ces sortes de discours trouvent lieu de plus d'étendue; mais enfin il est toujours bon de les réduire souvent de la thèse à l'hypothèse; et j'aime mieux faire dire à un acteur, *l'amour vous donne beaucoup d'inquiétudes*, que, l'amour donne beaucoup d'inquiétudes aux esprits qu'il possède.

Ce n'est pas que je voulusse entièrement bannir cette dernière façon de s'énoncer sur les maximes de la morale et de la politique. Tous mes poëmes demeureraient bien estropiés si on en retranchait ce que j'y en ai mêlé; mais, encore un coup, il ne les faut pas pousser loin sans les appliquer au particulier; autrement c'est un lieu commun, qui ne manque jamais d'ennuyer l'auditeur, parce qu'il fait languir l'action; et, quelque heureusement que réussisse cet étalage de moralités, il faut toujours craindre que ce ne soit un de ces ornements ambitieux qu'Horace nous ordonne de retrancher.

J'avouerai toutefois que les discours généraux ont souvent grâce quand celui qui les prononce et celui qui les écoute ont tous deux l'esprit assez tranquille pour se donner raisonnablement cette patience. Dans le quatrième acte de *Mélite*, la joie qu'elle a d'être aimée de Tircis lui fait souffrir sans chagrin la remontrance de sa nourrice, qui de son côté satisfait à cette démangeaison qu'Horace attribue aux vieilles gens de faire des leçons aux jeunes; mais, si elle savait que Tircis la crût infidèle et qu'il en fût au désespoir, comme elle l'apprend ensuite, elle n'en souffrirait pas quatre vers. Quelquefois même ces discours sont nécessaires pour appuyer des sentiments dont le raisonnement ne se peut fonder sur aucune des actions particulières de ceux dont on parle. Rodogune, au premier acte, ne saurait justifier la défiance qu'elle a de Cléopâtre que par le peu de sincérité qu'il y a d'ordinaire dans la réconciliation des grands après une offense signalée, parce que, depuis le traité de paix, cette reine n'a rien fait qui la doive rendre suspecte de cette haine qu'elle lui conserve dans le cœur. L'assurance que prend Mélisse, au quatrième de la *Suite du Menteur*, sur les premières protestations d'amour que lui fait Dorante, qu'elle n'a vu qu'une seule fois, ne se peut autoriser que sur la facilité et la promptitude que deux amants nés l'un pour l'autre ont à donner croyance à ce qu'ils s'entre-disent; et les douze vers qui expriment cette moralité en termes généraux ont tellement plu, que beaucoup de gens d'esprit n'ont pas dédaigné d'en charger leur mémoire. Vous en trouverez ici quelques autres de cette nature. La seule règle qu'on y peut établir, c'est qu'il les faut placer judicieusement, et surtout les mettre en la bouche de gens qui aient l'esprit sans embarras, et qui ne soient point emportés par la chaleur de l'action.

La seconde utilité du poëme dramatique se rencontre en la naïve peinture des vices et des vertus, qui ne manque jamais à faire son effet quand elle est bien achevée, et que les traits en sont si reconnaissables qu'on ne les peut confondre l'un dans l'autre ni prendre le vice pour la vertu. Celle-ci se fait alors toujours aimer, quoique malheureuse; et celui-là se fait toujours haïr, bien que triomphant. Les anciens se sont fort souvent contentés de cette peinture, sans se mettre en peine de faire récompenser les bonnes actions et punir les mauvaises: Clytemnestre et son adultère tuent Agamemnon impunément; Médée en fait autant de ses enfants, et Atrée de ceux de son frère Thyeste, qu'il lui fait manger. Il est vrai qu'à bien considérer ces actions, qu'ils choisissaient pour la catastrophe de leurs tragédies, c'étaient des criminels qu'ils faisaient punir, mais par des crimes plus grands que les leurs. Thyeste avait abusé de la femme de son frère; mais la vengeance qu'il en prend a quelque chose de plus affreux que ce premier crime. Jason était un perfide d'abandonner Médée, à qui il devait tout; mais massacrer ses enfants à ses yeux est quelque chose de plus. Clytemnestre se plaignait des concubines qu'Agamemnon ramenait de Troie; mais il n'avait point attenté sur sa vie comme elle fait sur la sienne: et ces maîtres de l'art ont trouvé le crime de son fils Oreste, qui la tue pour venger son père, encore plus grand que le sien, puisqu'ils lui ont donné des Furies vengeresses pour le tourmenter, et n'en ont point donné à sa mère, qu'ils font jouir paisiblement avec son Égisthe du royaume d'un mari qu'elle avait assassiné.

Notre théâtre souffre difficilement de pareils sujets. Le *Thyeste* de Sénèque n'y a pas été fort heureux: *Médée* y a trouvé plus de faveur; mais aussi, à le bien prendre, la perfidie de Jason et la violence du roi de Corinthe la font paraître si injustement opprimée, que l'auditeur entre aisément dans ses intérêts, et regarde sa vengeance comme une justice qu'elle se fait elle-même de ceux qui l'oppriment.

C'est cet intérêt qu'on aime à prendre pour les vertueux qui a obligé d'en venir à cette autre manière de finir le poëme dramatique par la punition des mauvaises actions et la récompense des bonnes, qui n'est pas un précepte de l'art, mais un usage que nous avons embrassé, dont chacun peut se départir à ses périls. Il était dès le temps d'Aristote, et peut-être qu'il ne plaisait pas trop à ce philosophe, puisqu'il dit « qu'il n'a eu « vogue que par l'imbécillité du jugement des spectateurs, et « que ceux qui le pratiquent s'accommodent au goût du peu- « ple, et écrivent selon les souhaits de leur auditoire. » En effet, il est certain que nous ne saurions voir un honnête homme sur notre théâtre sans lui souhaiter de la prospérité et nous fâcher de ses infortunes. Cela fait que, quand il en demeure accablé, nous sortons avec chagrin et remportons une espèce d'indignation contre l'auteur et les acteurs: mais, quand l'événement remplit nos souhaits, et que la vertu y est couronnée, nous sortons avec pleine joie, et remportons une entière satisfaction et de l'ouvrage et de ceux qui l'ont représenté. Le succès heureux de la vertu, en dépit des traverses et des périls, nous excite à l'embrasser, et le succès funeste du crime ou de l'injustice est capable de nous en augmenter l'horreur naturelle par l'appréhension d'un pareil malheur.

C'est en cela que consiste la troisième utilité du théâtre, comme la quatrième en la purgation des passions par le moyen de la pitié et de la crainte. Mais, comme cette utilité est particulière à la tragédie, je m'expliquerai sur cet article au second volume, où je traiterai de la tragédie en particulier, et passe à l'examen des parties qu'Aristote attribue au poëme dramatique. Je dis au poëme dramatique en général, bien qu'en traitant cette matière il ne parle que de la tragédie; parce que tout ce qu'il en dit convient aussi à la comédie, et que la différence de ces deux espèces de poëmes ne consiste qu'en la dignité des personnages et des actions qu'ils imitent, et non pas en la façon de les imiter, ni aux choses qui servent à cette imitation.

Le poëme est composé de deux sortes de parties. Les unes sont appelées parties de quantité ou d'extension; et Aristote en nomme quatre : le prologue, l'épisode, l'exode et le chœur. Les autres se peuvent nommer des parties intégrantes, qui se rencontrent dans chacune de ces premières pour former tout le corps avec elles. Ce philosophe y en trouve six : le sujet, les mœurs, les sentiments, la diction, la musique et la décoration du théâtre. De ces six il n'y a que le sujet dont la bonne constitution dépende proprement de l'art poétique; les autres ont besoin d'autres arts subsidiaires : les mœurs de la morale; les sentiments, de la rhétorique; la diction, de la grammaire; et les deux autres parties ont chacune leur art, dont il n'est pas besoin que le poëte soit instruit, parce qu'il y peut faire suppléer par d'autres que lui, ce qui fait qu'Aristote ne les traite pas. Mais comme il faut qu'il exécute lui-même ce qui concerne les quatre premières, la connaissance des arts dont elles dépendent lui est absolument nécessaire, à moins qu'il ait reçu de la nature un sens commun assez fort et assez profond pour suppléer à ce défaut.

Les conditions du sujet sont diverses pour la tragédie et pour la comédie. Je ne toucherai à présent qu'à ce qui regarde cette dernière, qu'Aristote définit simplement une *imitation de personnes basses et fourbes*. Je ne puis m'empêcher de dire que cette définition ne me satisfait point; et, puisque beaucoup de savants tiennent que son *Traité de la Poétique* n'est pas venu tout entier jusqu'à nous, je veux croire que dans ce que le temps nous en a dérobé il s'en rencontrait une plus achevée.

La poésie dramatique, selon lui, est une imitation des actions, et il s'arrête ici à la condition des personnes, sans dire quelles doivent être ces actions. Quoi qu'il en soit, cette définition avait du rapport à l'usage de son temps, où l'on ne faisait parler, dans la comédie, que des personnes d'une condition très-médiocre ; mais elle n'a pas une entière justesse pour le nôtre, où les rois mêmes y peuvent entrer quand leurs actions ne sont point au-dessus d'elle. Lorsqu'on met sur la scène un simple intrigue d'amour entre des rois, et qu'ils ne courent aucun péril, ni de leur vie, ni de leur État, je ne crois pas que, bien que les personnes soient illustres, l'action le soit assez pour s'élever jusqu'à la tragédie. Sa dignité demande quelque grand intérêt d'État, ou quelque passion plus noble et plus mâle que l'amour, telles que sont l'ambition ou la vengeance, et veut donner à craindre des malheurs plus grands que la perte d'une maîtresse. Il est à propos d'y mêler l'amour, parce qu'il a toujours beaucoup d'agrément, et peut servir de fondement à ces intérêts et à ces autres passions dont je parle ; mais il faut qu'il se contente du second rang dans le poëme, et leur laisse le premier.

Cette maxime semblera nouvelle d'abord ; elle est toutefois de la pratique des anciens, chez qui nous ne voyons aucune tragédie où il n'y ait qu'un intérêt d'amour à démêler. Au contraire, ils l'en bannissaient souvent ; et ceux qui voudront considérer les miennes reconnaîtront qu'à leur exemple je ne lui ai jamais laissé y prendre le pas devant, et que, dans le *Cid* même, qui est sans contredit la pièce la plus remplie d'amour que j'aie faite, le devoir de la naissance et le soin de l'honneur l'emportent sur toutes les tendresses qu'ils inspirent aux amants que j'y fais parler.

Je dirai plus. Bien qu'il y ait de grands intérêts d'État dans un poëme, et que le soin qu'une personne royale doit avoir de sa gloire fasse taire sa passion, comme en *Don Sanche*, s'il ne s'y rencontre point de péril de vie, de pertes d'États ou de bannissement, je ne pense pas qu'il ait droit de prendre un nom plus relevé que celui de comédie ; mais, pour répondre aucunement à la dignité des personnes dont celui-là représente les actions, je me suis hasardé d'y ajouter l'épithète d'héroïque, pour le distinguer d'avec les comédies ordinaires. Cela est sans exemple parmi les anciens ; mais aussi il est sans exemple parmi eux de mettre des rois sur le théâtre sans quelqu'un de ces grands périls. Nous ne devons pas nous attacher si servilement à leur imitation que nous n'osions essayer quelque chose de nous-mêmes quand cela ne renverse point les règles de l'art ; ne fût-ce que pour mériter cette louange que donnait Horace aux poëtes de son temps :

Nec minimum meruere decus, vestigia græca
  Ausi deserere ;

et n'avoir point de part en ce honteux éloge,

O imitatores, servum pecus!

« Ce qui nous sert maintenant d'exemple, dit Tacite, a été au-
« trefois sans exemple ; et ce que nous faisons sans exemple en
« pourra servir un jour. »

La comédie diffère donc en cela de la tragédie que celle-ci veut pour son sujet une action illustre, extraordinaire, sérieuse ; celle-là s'arrête à une action commune et enjouée : celle-ci demande de grands périls pour ses héros ; celle-là se contente de l'inquiétude et des déplaisirs de ceux à qui elle donne le premier rang parmi ses acteurs. Toutes les deux ont cela de commun, que cette action doit être complète et achevée ; c'est-à-dire que dans l'événement qui la termine, le spectateur doit être si bien instruit des sentiments de tous ceux qui y ont eu quelque part, qu'il sorte l'esprit en repos, et ne soit plus en doute de rien. Cinna conspire contre Auguste, sa conspiration est découverte, Auguste le fait arrêter. Si le poëme en demeurait là, l'action ne serait pas complète, parce que l'auditeur sortirait dans l'incertitude de ce que cet empereur aurait ordonné de cet ingrat favori. Ptolomée craint que César, qui vient en Égypte, ne favorise sa sœur dont il est amoureux, et ne le force à lui rendre sa part du royaume que son père lui a laissée par testament : pour attirer la faveur de son côté par un grand service, il lui immole Pompée ; ce n'est pas assez, il faut voir comment César recevra ce grand sacrifice. Il arrive, il s'en fâche, il menace Ptolomée, il le veut obliger d'immoler les conseillers de cet attentat à cet illustre mort ; ce roi, surpris de cette réception si peu attendue, se résout à prévenir César, et conspire contre lui pour éviter, par sa perte, le malheur dont il se voit menacé. Ce n'est pas encore assez, il faut savoir ce qui réussira de cette conspiration. César en a l'avis, et Ptolomée, périssant dans un combat avec ses ministres, laisse Cléopâtre en paisible possession du royaume dont elle demandait la moitié, et César hors de péril ; l'auditeur n'a plus rien à demander et sort satisfait parce que l'action est complète.

Je connais des gens d'esprit, et des plus savants en l'art poétique, qui m'imputent d'avoir négligé d'achever le *Cid* et quelques autres de mes poëmes, parce que je n'y conclus pas précisément le mariage des premiers acteurs, et que je ne les envoie point marier au sortir du théâtre. A quoi il est aisé de répondre que le mariage n'est point un achèvement nécessaire pour la tragédie heureuse, ni même pour la comédie. Quant à la première, c'est le péril d'un héros qui la constitue; et, lorsqu'il en est sorti, l'action est terminée. Bien qu'il ait de l'amour, il n'est point besoin qu'il parle d'épouser sa maîtresse quand la bienséance ne le permet pas; et il suffit d'en donner l'idée après en avoir levé tous les empêchements, sans lui en faire déterminer le jour. Ce serait une chose insupportable que Chimène en convînt avec Rodrigue dès le lendemain qu'il a tué son père, et Rodrigue serait ridicule s'il faisait la moindre démonstration de le désirer. Je dis la même chose d'Antiochus. Il ne pourrait dire de douceurs à Rodogune qui ne fussent de mauvaise grâce dans l'instant que sa mère se vient d'empoisonner à leurs yeux, et meurt dans la rage de n'avoir pu les faire périr avec elle. Pour la comédie, Aristote ne lui impose point d'autre devoir pour conclusion que *de rendre amis ceux qui étaient ennemis*. Ce qu'il faut entendre un peu plus généralement que les termes ne semblent porter, et l'étendre à la réconciliation de toute sorte de mauvaise intelligence; comme quand un fils rentre aux bonnes grâces d'un père qu'on a vu en colère contre lui pour ses débauches, ce qui est une fin assez ordinaire aux anciennes comédies; ou que deux amants, séparés par quelque fourbe qu'on leur a faite ou par quelque pouvoir dominant, se réunissent par l'éclaircissement de cette fourbe ou par le consentement de ceux qui y mettaient obstacle; ce qui arrive presque toujours dans les nôtres, qui n'ont que très-rarement une autre fin que des mariages. Nous devons toutefois prendre garde que ce consentement ne vienne pas par un simple changement de volonté, mais par un événement qui en fournisse l'occasion. Autrement il n'y aurait pas grand artifice au dénoûment d'une pièce, si, après l'avoir soutenue durant quatre actes, sur l'autorité d'un père qui n'approuve point les inclinations amoureuses de son fils ou de sa fille, il y consentait tout d'un coup au cinquième, par cette seule raison que c'est le cinquième et que l'auteur n'oserait en faire six. Il faut un effet considérable qui l'y oblige, comme si l'amant de sa fille lui sauvait la vie en quelque rencontre où il fût près d'être assassiné par ses ennemis, ou que, par quelque accident inespéré, il fût reconnu pour être de plus grande condition et mieux dans la fortune qu'il ne paraissait.

Comme il est nécessaire que l'action soit complète, il faut aussi n'ajouter rien au delà; parce que, quand l'effet est arrivé, l'auditeur ne souhaite plus rien et s'ennuie de tout le reste. Ainsi les sentiments de joie qu'ont deux amants qui se voient réunis après de longues traverses doivent être bien courts; et je ne sais pas quelle grâce a eue chez les Athéniens la contestation de Ménélas et de Teucer pour la sépulture d'Ajax, que Sophocle fait mourir au quatrième acte; mais je sais bien que, de notre temps, la dispute du même Ajax et d'Ulysse pour les armes d'Achille après sa mort lassa fort les oreilles, bien qu'elle partît d'une bonne main. Je ne puis déguiser même que j'ai peine encore à comprendre comment on a pu souffrir le cinquième acte de *Mélite* et de la *Veuve*. On n'y voit les premiers acteurs que réunis ensemble, et ils n'y ont plus d'intérêt qu'à savoir les auteurs de la fausseté ou de la violence qui les a séparés. Cependant ils en pouvaient être déjà instruits si je l'eusse voulu, et semblent n'être plus sur le théâtre que pour servir de témoins au mariage de ceux du second ordre ; ce qui fait languir toute cette fin, où ils n'ont point de part. Je n'ose attribuer le bonheur qu'eurent ces deux comédies à l'ignorance des préceptes, qui était assez générale en ce temps-là, d'autant que ces mêmes préceptes, bien ou mal observés, doivent faire leur effet, bon ou mauvais, sur ceux mêmes qui, faute de les savoir, s'abandonnent au courant des sentiments naturels : mais je ne puis que je n'avoue du moins que la vieille habitude qu'on avait alors à ne voir rien de mieux ordonné a été cause qu'on ne s'est point indigné contre ces défauts ; et que la nouveauté d'un genre de comédie très-agréable, et qui jusque-là n'avait point paru sur la scène, a fait qu'on a voulu trouver belles toutes les parties d'un corps qui plaisait à la vue, bien qu'il n'eût pas toutes ses proportions dans leur justesse.

La comédie et la tragédie se ressemblent encore en ce que l'action qu'elles choisissent pour imiter « doit avoir une juste « grandeur, c'est-à-dire qu'elle ne doit être, ni si petite qu'elle « échappe à la vue comme un atome, ni si vaste qu'elle con- « fonde la mémoire de l'auditeur et égare son imagination. » C'est ainsi qu'Aristote explique cette condition du poëme, et ajoute que, « pour être d'une juste grandeur, elle doit avoir un « commencement, un milieu et une fin. » Ces termes sont si généraux, qu'ils semblent ne signifier rien ; mais, à les bien entendre, ils excluent les actions momentanées qui n'ont point ces trois parties. Telle est peut-être la mort de la sœur d'Horace, qui se fait tout d'un coup sans aucune préparation dans les trois actes qui la précèdent ; et je m'assure que si Cinna attendait au cinquième à conspirer contre Auguste, et qu'il consumât les quatre autres en protestations d'amour à Émilie, ou en jalousie contre Maxime, cette conspiration surprenante ferait bien des révoltes dans les esprits, à qui ces quatre premiers auraient fait attendre tout autre chose.

Il faut donc qu'une action, pour être d'une juste grandeur, ait un commencement, un milieu et une fin. Cinna conspire contre Auguste et rend compte de sa conspiration à Émilie, voilà le commencement ; Maxime en fait avertir Auguste, voilà le milieu ; Auguste lui pardonne, voilà la fin. Ainsi, dans les comédies de ce premier volume, j'ai presque toujours établi deux amants en bonne intelligence; je les ai brouillés ensemble par quelque fourbe, et les ai réunis par l'éclaircissement de cette même fourbe qui les séparait.

A ce que je viens de dire de la juste grandeur de l'action, j'ajoute un mot touchant celle de sa représentation, que nous bornons d'ordinaire à un peu moins de deux heures. Quelques-uns réduisent le nombre des vers qu'on y récite à quinze cents, et veulent que les pièces de théâtre ne puissent aller jusqu'à dix-huit, sans laisser un chagrin capable de faire oublier les plus belles choses. J'ai été plus heureux que leur règle ne me le permet, en ayant donné pour l'ordinaire deux mille aux comédies, et un peu plus de dix-huit cents aux tragédies, sans avoir sujet de me plaindre que mon auditoire ait montré trop de chagrin pour cette longueur.

C'est assez parlé du sujet de la comédie et des conditions qui lui sont nécessaires. La vraisemblance en est une dont je parlerai en un autre lieu; il y a, de plus, que les événements en doivent toujours être heureux, ce qui n'est pas une obligation de la tragédie, où nous avons le choix de faire un changement de bonheur en malheur, ou de malheur en bonheur. Cela n'a pas besoin de commentaire. Je viens à la seconde partie du poëme, qui sont les mœurs.

Aristote leur prescrit quatre conditions : *qu'elles soient bonnes, convenables, semblables et égales*. Ce sont des termes qu'il a si peu expliqués, qu'il nous laisse grand lieu de douter de ce qu'il veut dire.

Je ne puis comprendre comment on a voulu entendre par ce mot de *bonnes* qu'il faut qu'elles soient vertueuses. La plupart des poëmes, tant anciens que modernes, demeureraient en un pitoyable état si l'on en retranchait tout ce qui s'y rencontre de personnages méchants, ou vicieux, ou tachés de quelque faiblesse qui s'accorde mal avec la vertu. Horace a pris soin de décrire en général les mœurs de chaque âge, et leur attribue plus de défauts que de perfections; et, quand il nous prescrit de peindre Médée fière et indomptable, Ixion perfide, Achille emporté de colère, jusqu'à maintenir que les lois ne sont pas faites pour lui, et ne vouloir prendre droit que par les armes, il ne nous donne pas de grandes vertus à exprimer. Il faut donc trouver une bonté compatible avec ces sortes de mœurs; et, s'il m'est permis de dire mes conjectures sur ce qu'Aristote nous demande par là, je crois que c'est le caractère brillant et élevé d'une habitude vertueuse ou criminelle, selon qu'elle est propre et convenable à la personne qu'on introduit. Cléopâtre, dans *Rodogune*, est très-méchante; il n'y a point de parricide qui lui fasse horreur, pourvu qu'il la puisse conserver sur un trône qu'elle préfère à

toutes choses, tant son attachement à la domination est violent ; mais tous ses crimes sont accompagnés d'une grandeur d'âme qui a quelque chose de si haut, qu'en même temps qu'on déteste ses actions on admire la source dont elles partent. J'ose dire la même chose du *Menteur*. Il est hors de doute que c'est une habitude vicieuse que de mentir ; mais il débite ses menteries avec une telle présence d'esprit et tant de vivacité, que cette imperfection a bonne grâce en sa personne et fait confesser aux spectateurs que le talent de mentir ainsi est un vice dont les sots ne sont point capables. Pour troisième exemple, ceux qui voudront examiner la manière dont Horace décrit la colère d'Achille ne s'éloigneront pas de ma pensée. Elle a pour fondement un passage d'Aristote, qui suit d'assez près celui que je tâche d'expliquer. « La poésie, dit-il, est une imitation
« de gens meilleurs qu'ils n'ont été ; et comme les peintres
« font souvent des portraits flattés, qui sont plus beaux que
« l'original et conservent toutefois la ressemblance, ainsi les
« poëtes, représentant des hommes colères ou fainéants, doivent
« tirer une haute idée de ces qualités qu'ils leur attribuent, en
« sorte qu'il s'y trouve un bel exemplaire d'équité ou de du-
« reté ; et c'est ainsi qu'Homère a fait Achille bon. » Ce dernier mot est à remarquer, pour faire voir qu'Homère a donné aux emportements de la colère d'Achille cette bonté nécessaire aux mœurs, que je fais consister en cette élévation de leur caractère, et dont Robortel parle ainsi : *Unumquodque genus per se supremos quosdam habet decoris gradus, et absolutissimam recipit formam, non tamen degenerans a sua natura et effigie pristina.*

Ce texte d'Aristote, que je viens de citer, peut faire de la peine, en ce qu'il porte « que les mœurs des hommes colères
« ou fainéants doivent être peintes dans un tel degré d'excel-
« lence, qu'il s'y rencontre un haut exemplaire d'équité ou
« de dureté. » Il y a du rapport de la dureté à la colère ; et c'est ce qu'attribue Horace à celle d'Achille, en ce vers :

. . . . Iracundus, inexorabilis, acer.

Mais il n'y en a point de l'équité à la fainéantise, et je ne puis voir quelle part elle peut avoir en son caractère. C'est ce qui me fait douter si le mot grec, ῥᾳθύμους, a été rendu dans le sens d'Aristote par les interprètes latins que j'ai suivis. Pacius le tourne *desides* ; Victorius, *inertes* ; Heinsius, *segnes* ; et le mot de *fainéants*, dont je me suis servi pour le mettre en notre langue, répond assez à ces trois versions : mais Castelvetro le rend en la sienne par celui de *mansueti, débonnaires*, ou *pleins de mansuétude* ; et non-seulement ce mot a une opposition plus juste à celui de *colère*, mais aussi il s'accorderait mieux avec cette habitude qu'Aristote appelle ἐπιείκειαν, dont il nous demande un bel exemplaire. Ces trois interprètes traduisent ce mot grec par celui d'*équité* ou de *probité*, qui répondrait mieux au *mansueti* de l'italien qu'à leurs *segnes, desides, inertes*, pourvu qu'on n'entendît par là qu'une bonté naturelle, qui ne se fâche que malaisément ; mais j'aimerais mieux encore celui de *piacevolezza*, dont l'autre se sert pour l'exprimer en sa langue ; et je crois que, pour lui laisser sa force en la nôtre, on le pourrait tourner en celui de *condescendance*, ou *facilité équitable d'approuver, excuser et supporter tout ce qui arrive*. Ce n'est pas que je me veuille faire juge entre de si grands hommes ; mais je ne puis dissimuler que la version italienne de ce passage me semble avoir quelque chose de plus juste que ces trois latines. Dans cette diversité d'interprétations chacun est en liberté de choisir, puisque même on a droit de les rejeter toutes, quand il s'en présente une nouvelle qui plaît davantage, et que les opinions des plus savants ne sont pas des lois pour nous.

Il me vient encore une autre conjecture, touchant ce qu'entend Aristote par cette bonté de mœurs qu'il leur impose pour première condition. C'est qu'elles doivent être vertueuses tant qu'il se peut, en sorte que nous n'exposions point de vicieux ou de criminels sur le théâtre si le sujet que nous traitons n'en a besoin. Il donne lieu lui-même à cette pensée, lorsque, voulant marquer un exemple d'une faute contre cette règle, il se sert de celui de Ménélas dans l'*Oreste* d'Euripide, dont le défaut ne consiste pas en ce qu'il est injuste, mais en ce qu'il l'est sans nécessité.

Je trouve dans Castelvetro une troisième explication qui pourrait ne déplaire pas, qui est que cette bonté de mœurs ne regarde que le premier personnage, qui doit toujours se faire aimer, et par conséquent être vertueux, et non pas ceux qui le persécutent, ou le font périr ; mais, comme c'est restreindre à un seul ce qu'Aristote dit en général, j'aimerais mieux m'arrêter, pour l'intelligence de cette première condition, à cette élévation ou perfection de caractère dont j'ai parlé, qui peut convenir à tous ceux qui paraissent sur la scène ; et je ne pourrais suivre cette dernière interprétation sans condamner le *Menteur*, dont l'habitude est vicieuse, bien qu'il tienne le premier rang dans la comédie qui porte ce titre.

En second lieu, les mœurs doivent être convenables. Cette condition est plus aisée à entendre que la première. Le poëte doit considérer l'âge, la dignité, la naissance, l'emploi, et le pays de ceux qu'il introduit : il faut qu'il sache ce qu'on doit à sa patrie, à ses parents, à ses amis, à son roi : quel est l'office d'un magistrat ou d'un général d'armée, afin qu'il puisse y conformer ceux qu'il veut faire aimer aux spectateurs, et en éloigner ceux qu'il leur veut faire haïr ; car c'est une maxime infaillible que, pour bien réussir, il faut intéresser l'auditoire pour les premiers acteurs. Il est bon de remarquer encore que ce qu'Horace dit des mœurs de chaque âge n'est pas une règle dont on ne se puisse dispenser sans scrupule. Il fait les jeunes gens prodigues et les vieillards avares : le contraire arrive tous les jours sans merveille ; mais il ne faut pas que l'un agisse à la manière de l'autre, bien qu'il ait quelquefois des habitudes et des passions qui conviendraient mieux à l'autre. C'est le propre d'un jeune homme d'être amoureux, et non pas d'un vieillard ; cela n'empêche pas qu'un vieillard ne le devienne : les exemples en sont assez souvent devant nos yeux ; mais il passerait pour fou s'il voulait faire l'amour en jeune homme, et s'il prétendait se faire aimer par les bonnes qualités de sa personne. Il peut espérer qu'on l'écoutera, mais cette espérance doit être fondée sur son bien, ou sur sa qualité, et non pas sur ses mérites ; et ses prétentions ne peuvent être raisonnables s'il ne croit avoir affaire à une âme assez intéressée pour déférer tout à l'éclat des richesses ou à l'ambition du rang.

La qualité de *semblables*, qu'Aristote demande aux mœurs, regarde particulièrement les personnes que l'histoire ou la fable nous fait connaître, et qu'il faut toujours peindre telles que nous les y trouvons. C'est ce que veut dire Horace par ce vers :

Sit Medea ferox invictaque.

Qui peindrait Ulysse en grand guerrier, ou Achille en grand discoureur, ou Médée en femme fort soumise, s'exposerait à la risée publique. Ainsi ces deux qualités, dont quelques interprètes ont beaucoup de peine à trouver la différence qu'Aristote veut qui soit entre elles, sans la désigner, s'accorderont aisément, pourvu qu'on les sépare, et qu'on donne celle de *convenables* aux personnes imaginées, qui n'ont jamais eu d'être que dans l'esprit du poëte, en réservant l'autre pour celles qui sont connues par l'histoire ou par la fable, comme je le viens de dire.

Il reste à parler de l'*égalité*, qui nous oblige à conserver jusqu'à la fin à nos personnages les mœurs que nous leur avons données au commencement :

Servetur ad imum
Qualis ab incepto processerit, et sibi constet.

L'inégalité y peut toutefois entrer sans défaut, non-seulement quand nous introduisons des personnes d'un esprit léger et inégal, mais encore lorsqu'en conservant l'égalité au dedans, nous donnons l'inégalité au dehors, selon l'occasion. Telle est celle de Chimène, du côté de l'amour : elle aime toujours fortement Rodrigue dans son cœur; mais cet amour agit autrement en la présence du roi, autrement en celle de l'infante, et autrement en celle de Rodrigue ; et c'est ce qu'Aristote appelle des mœurs inégalement égales.

Il se présente une difficulté à éclaircir sur cette matière, touchant ce qu'entend Aristote, lorsqu'il dit « que la tragédie se « peut faire sans mœurs, et que la plupart de celles des mo- « dernes de son temps n'en ont point. » Le sens de ce passage est assez malaisé à concevoir, vu que, selon lui-même, c'est par les mœurs qu'un homme est méchant ou homme de bien, spirituel ou stupide, timide ou hardi, constant ou irrésolu, bon ou mauvais politique, et qu'il est impossible qu'on en mette aucun sur le théâtre qui ne soit bon ou méchant, et qu'il n'ait quelqu'une de ces autres qualités. Pour accorder ces deux sentiments qui semblent opposés l'un à l'autre, j'ai remarqué que ce philosophe dit ensuite que « si un poëte a fait de belles « narrations morales et des discours bien sentencieux, il n'a « fait encore rien par là qui concerne la tragédie. » Cela m'a fait considérer que les mœurs ne sont pas seulement le principe des actions, mais aussi du raisonnement. Un homme de bien agit et raisonne en homme de bien, un méchant agit et raisonne en méchant, et l'un et l'autre étalent de diverses maximes de morale suivant cette diverse habitude. C'est donc de ces maximes, que cette habitude produit, que la tragédie peut se passer, et non pas de l'habitude même, puisqu'elle est le principe des actions, et que les actions sont l'âme de la tragédie, où l'on ne doit parler qu'en agissant et pour agir. Ainsi, pour expliquer ce passage d'Aristote par l'autre, nous pouvons dire que, quand il parle d'une tragédie sans mœurs, il entend une tragédie où les acteurs énoncent simplement leurs sentiments, ou ne les appuient que sur des raisonnements tirés du fait, comme Cléopâtre dans le second acte de *Rodogune*, et non pas sur des maximes de morale ou de politique, comme *Rodogune* dans son premier acte. Car, je le répète encore, faire un poëme de théâtre où aucun des acteurs ne soit ni bon ni méchant, prudent ni imprudent, cela est absolument impossible.

Après les mœurs viennent les sentiments, par où l'acteur fait connaître ce qu'il veut ou ne veut pas, en quoi il peut se contenter d'un simple témoignage de ce qu'il se propose de faire, sans le fortifier de raisonnements moraux, comme je le viens de dire. Cette partie a besoin de la rhétorique pour peindre les passions et les troubles de l'esprit, pour consulter, délibérer, exagérer ou exténuer ; mais il y a cette différence pour ce regard entre le poëte dramatique et l'orateur, que celui-ci peut étaler son art et le rendre remarquable avec pleine liberté, et que l'autre doit le cacher avec soin, parce que ce n'est jamais lui qui parle, et que ceux qu'il fait parler ne sont pas des orateurs.

La diction dépend de la grammaire. Aristote lui attribue les figures, que nous ne laissons pas d'appeler communément figures de rhétorique. Je n'ai rien à dire là-dessus, sinon que le langage doit être net, les figures placées à propos et diversifiées, et la versification aisée et élevée au-dessus de la prose, mais non pas jusqu'à l'enflure du poëme épique, puisque ceux que le poëte fait parler ne sont pas des poëtes.

Le retranchement que nous avons fait des chœurs a retranché la musique de nos poëmes. Une chanson y a quelquefois bonne grâce; et, dans les pièces de machines, cet ornement est redevenu nécessaire pour remplir les oreilles de l'auditeur pendant que les machines descendent.

La décoration du théâtre a besoin de trois arts pour la rendre belle : de la peinture, de l'architecture et de la perspective. Aristote prétend que cette partie, non plus que la précédente, ne regarde pas le poëte; et, comme il ne la traite point, je me dispenserai d'en dire plus qu'il ne m'en a appris.

Pour achever ce discours, je n'ai plus qu'à parler des parties de quantité, qui sont : le prologue, l'épisode, l'exode et le chœur. Le prologue est *ce qui se récite avant le premier chant du chœur;* l'épisode, *ce qui se récite entre les chants du chœur,* et l'exode, *ce qui se récite après le dernier chant du chœur.* Voilà tout ce que nous en dit Aristote, qui nous marque plutôt la situation de ces parties et l'ordre qu'elles ont entre elles dans la représentation, que la part de l'action qu'elles doivent contenir. Ainsi, pour les appliquer à notre usage, le prologue est notre premier acte, l'épisode fait les trois suivants, et l'exode le dernier.

Je dis que le prologue est ce qui se récite devant le premier chant du chœur, bien que la version ordinaire porte *devant la première entrée du chœur,* ce qui nous embarrasserait fort, vu que dans beaucoup de tragédies grecques le chœur parle le premier; et ainsi elle manquerait de cette partie, ce qu'Aristote n'eût pas manqué de remarquer. Pour m'enhardir à changer ce terme, afin de lever la difficulté, j'ai considéré qu'encore que le mot grec πάροδος, dont se sert ici ce philosophe, signifie communément l'entrée en un chemin ou place publique, qui était le lieu ordinaire où nos anciens faisaient parler leurs acteurs, en cet endroit toutefois il ne peut signifier que le premier chant du chœur. C'est ce qu'il m'apprend lui-même un peu après en disant que le πάροδος du chœur est la première chose que dit tout le chœur ensemble. Or, quand le chœur entier disait quelque chose, il chantait ; et quand il parlait sans chanter il n'y avait qu'un de ceux dont il était composé qui parlât au nom de tous. La raison en est que le chœur tenait alors lieu d'acteur, et que ce qu'il disait servait à l'action, et devait par conséquent être entendu ; ce qui n'eût pas été possible si tous ceux qui le composaient, et qui étaient quelquefois jusqu'au nombre de cinquante, eussent parlé ou chanté tous à la fois. Il faut donc rejeter ce premier πάροδος du chœur, qui est la borne du prologue, à la première fois qu'il demeurait seul sur le théâtre et chantait : jusque-là il n'y était introduit que parlant avec un acteur par une seule bouche ; ou, s'il y demeurait seul sans chanter, il se séparait en deux demi-chœurs, qui ne parlaient non plus chacun de leur côté que par un seul organe, afin que l'auditeur pût entendre ce qu'ils disaient, et s'instruire de ce qu'il fallait qu'il apprît pour l'intelligence de l'action.

Je réduis ce prologue à notre premier acte, suivant l'intention d'Aristote, et, pour suppléer en quelque façon à ce qu'il ne nous a pas dit, ou que les années nous ont dérobé de son livre, je dirai qu'il doit contenir les semences de tout ce qui doit arriver, tant pour l'action principale que pour les épisodiques ; en sorte qu'il n'entre aucun acteur dans les actes suivants qui ne soit connu par ce premier, ou du moins appelé par quelqu'un qui y aura été introduit. Cette maxime est nouvelle et assez sévère, et je ne l'ai pas toujours gardée ; mais j'estime qu'elle sert beaucoup à fonder une véritable unité d'action, par la liaison de toutes celles qui concurrent dans le poëme. Les anciens s'en sont fort écartés, particulièrement dans les agnitions, pour lesquelles ils se sont presque toujours servis de gens qui survenaient par hasard au cinquième acte, et ne seraient arrivés qu'au dixième si la pièce en eût eu dix. Tel est ce vieillard de Corinthe dans l'*Œdipe* de Sophocle et de Sénèque, où il semble tomber des nues par miracle, en un temps où les acteurs ne sauraient plus par où en prendre ni quelle posture tenir, s'il arrivait une heure plus tard. Je ne l'ai introduit qu'au cinquième acte non plus qu'eux ; mais j'ai préparé sa venue dès le premier en faisant dire à Œdipe qu'il attend dans le jour la nouvelle de la mort de son père. Ainsi, dans la *Veuve*, bien que Célidan ne paraisse qu'au troisième, il y est amené par Alcidon, qui est du premier. Il n'en est pas de même des Maures dans le *Cid*, pour lesquels il n'y a aucune préparation au premier acte. Le plaideur de Poitiers, dans le *Menteur*, avait le même défaut ; mais j'ai trouvé le moyen d'y remédier en cette édition, où le dénoûment se trouve préparé par Philiste, et non plus par lui.

Je voudrais donc que le premier acte contînt le fondement de toutes les actions, et fermât la porte à tout ce qu'on voudrait introduire d'ailleurs dans le reste du poëme. Encore que souvent il ne donne pas toutes les lumières nécessaires pour l'entière intelligence du sujet, et que tous les acteurs n'y paraissent pas, il suffit qu'on y parle d'eux, ou que ceux qu'on y fait paraître aient besoin de les aller chercher pour venir à bout de leurs intentions. Ce que je dis ne se doit entendre que des personnages qui agissent dans la pièce par quelque propre intérêt considérable, ou qui apportent une nouvelle importante qui produit un notable effet. Un domestique qui n'agit que par l'ordre de son maître, un confident qui reçoit le secret de son ami et le plaint dans son malheur, un père qui ne se montre que pour consentir ou contredire le mariage de ses enfants, une femme qui console et conseille son mari, en un mot tous ces gens sans actions n'ont point besoin d'être insinués au premier acte; et, quand je n'y aurais point parlé de Livie dans *Cinna*, j'aurais pu la faire entrer au quatrième sans pécher contre cette règle. Mais je souhaiterais qu'on l'observât inviolablement, quand on fait concurrer deux actions différentes, bien qu'ensuite elles se mêlent ensemble. La conspiration de Cinna et la consultation d'Auguste avec lui et Maxime n'ont aucune liaison entre elles, et ne font que concurrer d'abord, bien que le résultat de l'une produise de beaux effets pour l'autre et soit cause que Maxime en fait découvrir le secret à cet empereur. Il a été besoin d'en donner l'idée dès le premier acte, où Auguste mande Cinna et Maxime. On n'en sait pas la cause ; mais enfin il les mande, et cela suffit pour faire une surprise très-agréable de le voir délibérer s'il quittera l'empire ou non avec deux hommes qui ont conspiré contre lui. Cette surprise aurait perdu la moitié de ses grâces s'il ne les eût point mandés dès le premier acte, ou si on n'y eût point connu Maxime pour un des chefs de ce grand dessein. Dans *Don Sanche*, le choix que la reine de Castille doit faire d'un mari, et le rappel de celle d'Aragon dans ses États, sont deux choses tout à fait différentes : aussi sont-elles proposées toutes deux au premier acte ; et quand on introduit deux sortes d'amour il ne faut jamais y manquer.

Ce premier acte s'appelait prologue du temps d'Aristote, et communément on y faisait l'ouverture du sujet, pour instruire le spectateur de tout ce qui s'était passé avant le commencement de l'action qu'on allait représenter, et de tout ce qu'il fallait qu'il sût pour comprendre ce qu'il allait voir. La manière de donner cette intelligence a changé suivant les temps. Euripide en a usé assez grossièrement en introduisant tantôt un dieu dans une machine, par qui les spectateurs recevaient cet éclaircissement, et tantôt un de ses principaux personnages qui les en instruisait lui-même, comme dans son *Iphigénie* et dans son *Hélène*, où ces deux héroïnes racontent d'abord toute leur histoire, et l'apprennent à l'auditeur sans avoir aucun acteur avec elles à qui adresser leur discours.

Ce n'est pas que je veuille dire que quand un acteur parle seul il ne puisse instruire l'auditeur de beaucoup de choses; mais il faut que ce soit par les sentiments d'une passion qui l'agite et non pas par une simple narration. Le monologue d'Émilie, qui ouvre le théâtre dans *Cinna*, fait assez connaître qu'Auguste a fait mourir son père, et que, pour venger sa mort, elle engage son amant à conspirer contre lui ; mais c'est par le trouble et la crainte que le péril où elle expose Cinna jette dans son âme, que nous en avons la connaissance. Surtout le poëte se doit souvenir que, quand un acteur est seul sur le théâtre, il est présumé ne faire que s'entretenir en lui-même, et ne parle qu'afin que le spectateur sache de quoi il s'entretient et à quoi il pense. Ainsi ce serait une faute insupportable si un autre acteur apprenait par là ses secrets. On excuse cela dans une passion si violente qu'elle force d'éclater, bien qu'on n'ait personne à qui la faire entendre ; et je ne le voudrais pas condamner en un autre, mais j'aurais de la peine à me le souffrir.

Plaute a cru remédier à ce désordre d'*Euripide* en introduisant un prologue détaché, qui se récitait par un personnage qui n'avait quelquefois autre nom que celui de prologue, et n'était point du tout du corps de la pièce. Aussi ne parlait-il qu'aux spectateurs pour les instruire de ce qui avait précédé, et amener le sujet jusqu'au premier acte, où commençait l'action.

Térence, qui est venu depuis lui, a gardé ces prologues et en a changé la matière. Il les a employés à faire son apologie contre ses envieux, et, pour ouvrir son sujet, il a introduit une nouvelle sorte de personnages qu'on a appelés protatiques, parce qu'ils ne paraissent que dans la protase, où se doit faire la proposition et l'ouverture du sujet. Ils en écoutaient l'histoire, qui leur était racontée par un autre acteur ; et, par ce récit qu'on leur en faisait, l'auditeur demeurait instruit de ce qu'il devait savoir touchant les intérêts des premiers acteurs avant qu'ils parussent sur le théâtre. Tels sont Sosie dans son *Andrienne* et Davus dans son *Phormion*, qu'on ne voit plus après la narration, et qui ne servent qu'à l'écouter. Cette méthode est fort artificieuse ; mais je voudrais, pour sa perfection, que ces mêmes personnages servissent encore à quelque autre chose dans la pièce, et qu'ils y fussent introduits par quelque autre occasion que celle d'écouter ce récit. Pollux, dans *Médée*, est de cette nature. Il passe par Corinthe en allant au mariage de sa sœur, et s'étonne d'y rencontrer Jason qu'il croyait en Thessalie ; il apprend de lui sa fortune et son divorce avec Médée, pour épouser Créuse, qu'il aide ensuite à sauver des mains d'Ægée, qui l'avait fait enlever, et raisonne avec le roi sur la défiance qu'il doit avoir des présents de Médée. Toutes les pièces n'ont pas besoin de ces éclaircissements, et par conséquent on se peut passer souvent de ces personnages, dont Térence ne s'est servi que ces deux fois dans les six comédies que nous avons de lui.

Notre siècle a inventé une autre espèce de prologue pour les pièces de machines qui ne touche point au sujet, et n'est qu'une louange adroite du prince devant qui ces poëmes doivent être représentés. Dans l'*Andromède*, Melpomène emprunte au soleil ses rayons pour éclairer son théâtre en faveur du roi, pour qui elle a préparé un spectacle magnifique. Le prologue de la *Toison d'or*, sur le mariage de Sa Majesté et la paix avec l'Espagne, a quelque chose encore de plus éclatant. Ces prologues doivent avoir beaucoup d'invention, et je ne pense pas qu'on y puisse raisonnablement introduire que des dieux imaginaires de l'antiquité, qui ne laissent pas toutefois de parler des choses de notre temps par une fiction poétique qui fait un grand accommodement de théâtre.

L'épisode, selon Aristote, en cet endroit, sont nos trois actes du milieu ; mais comme il applique ce nom ailleurs aux actions qui sont hors de la principale, et qui lui servent d'un ornement dont elle se pourrait passer, je dirai que, bien que ces trois actes s'appellent épisode, ce n'est pas à dire qu'ils ne soient composés que d'épisodes. La consultation d'Auguste au second de *Cinna*, les remords de cet ingrat, ce qu'il en découvre à Émilie, et l'effort que fait Maxime pour persuader à cet objet de son amour caché de s'enfuir avec lui, ne sont que des épisodes ; mais l'avis que fait donner Maxime par Euphorbe à l'empereur, les irrésolutions de ce prince et les conseils de Livie, sont de l'action principale ; et dans *Héraclius* ces trois actes ont plus d'action principale que d'épisodes. Ces épisodes sont de deux sortes, et peuvent être composés des actions particulières des principaux acteurs, dont toutefois l'action principale pourrait se passer, ou des intérêts des seconds amants qu'on introduit, et qu'on appelle communément des personnages épisodiques. Les uns et les autres doivent avoir leur fondement dans le premier acte, et être attachés à l'action principale, c'est-à-dire y servir de quelque chose ; et particulièrement ces personnages épisodiques doivent s'embarrasser si bien avec les premiers, qu'un seul intrique brouille les uns et les autres. Aristote blâme fort les épisodes détachés, et dit « que les mauvais poëtes en « font par ignorance, et les bons en faveur des comédiens, « pour leur donner de l'emploi. » L'infante du *Cid* est de ce nombre, et on la pourra condamner ou lui faire grâce par ce texte d'Aristote, suivant le rang qu'on voudra me donner parmi nos modernes.

Je ne dirai rien de l'exode, qui n'est autre chose que notre cinquième acte. Je pense en avoir expliqué le principal emploi quand j'ai dit que l'action du poëme dramatique doit être complète. Je n'y ajouterai que ce mot, qu'il faut, s'il se peut, lui réserver toute la catastrophe, et même la reculer vers la fin autant qu'il est possible. Plus on la diffère, plus les esprits demeurent suspendus, et l'impatience qu'ils ont de savoir de quel côté elle tournera est cause qu'ils la reçoivent avec plus de plaisir, ce qui n'arrive pas quand elle commence avec cet acte. L'auditeur qui la sait trop tôt n'a plus de curiosité, et son attention languit durant tout le reste, qui ne lui apprend rien de nouveau. Le contraire s'est vu dans la *Mariamne*, dont la mort, bien qu'arrivée dans l'intervalle qui sépare le quatrième acte du cinquième, n'a pas empêché que les déplaisirs d'Hérode, qui occupent tout ce dernier, n'aient plu extraordinairement; mais je ne conseillerais à personne de s'assurer sur cet exemple. Il ne se fait pas des miracles tous les jours; et, quoique son auteur eût bien mérité ce beau succès par le grand effort d'esprit qu'il avait fait à peindre les désespoirs de ce monarque, peut-être que l'excellence de l'acteur qui en soutenait le personnage y contribuait beaucoup.

Voilà ce qui m'est venu en pensée touchant le but, les utilités et les parties du poëme dramatique. Quelques personnes de condition, qui peuvent tout sur moi, ont voulu que je donnasse mes sentiments au public sur les règles d'un art qu'il y a si longtemps que je pratique assez heureusement. Pour observer quelque ordre, j'ai séparé les principales matières en trois discours. Dans le premier, j'ai traité de l'utilité et des parties du poëme dramatique; je parle au second des conditions particulières de la tragédie, des qualités des personnes et des événements qui lui peuvent fournir de sujet, et de la manière de le traiter selon le vraisemblable ou le nécessaire. Je m'explique dans le troisième sur les trois unités d'action, de jour et de lieu.

Cette entreprise méritait une longue et très-exacte étude de tous les poëmes qui nous restent de l'antiquité et de tous ceux qui ont commenté les traités qu'Aristote et Horace ont faits de l'art poétique ou qui en ont écrit en particulier; mais je n'ai pu me résoudre à en prendre le loisir, et je m'assure que beaucoup de mes lecteurs me pardonneront aisément cette paresse, et ne seront pas fâchés que je donne à des productions nouvelles le temps qu'il m'eût fallu consumer à des remarques sur celles des autres siècles. J'y fais quelques courses et y prends des exemples quand ma mémoire m'en peut fournir. Je n'en cherche de modernes que chez moi, tant parce que je connais mieux mes ouvrages que ceux des autres, et en suis plus le maître, que parce que je ne veux pas m'exposer au péril de déplaire à ceux que je reprendrais en quelque chose, ou que je ne louerais pas assez en ce qu'ils ont fait d'excellent. J'écris sans ambition et sans esprit de contestation, je l'ai déjà dit. Je tâche de suivre toujours le sentiment d'Aristote dans les matières qu'il a traitées; et comme peut-être je l'entends à ma mode, je ne suis point jaloux qu'un autre l'entende à la sienne. Le commentaire dont je m'y sers le plus est l'expérience du théâtre et les réflexions sur ce que j'ai vu y plaire ou déplaire. J'ai pris pour m'expliquer un style simple, et me contente d'une expression nue de mes opinions, bonnes ou mauvaises, sans y chercher aucun enrichissement d'éloquence. Il me suffit de me faire entendre. Je ne prétends pas qu'on admire ici ma façon d'écrire, et ne fais point de scrupule de m'y servir souvent des mêmes termes, ne fût-ce que pour épargner le temps d'en chercher d'autres, dont peut-être la variété ne dirait pas si justement ce que je veux dire. J'ajoute à ces trois discours généraux l'examen de chacun de mes poëmes en particulier, afin de voir en quoi ils s'écartent ou se conforment aux règles que j'établis. Je n'en dissimulerai point les défauts, et en revanche je me donnerai la liberté de remarquer ce que j'y trouverai de moins imparfait. Balzac accorde ce privilége à une certaine espèce de gens, et soutient qu'ils peuvent dire d'eux-mêmes par franchise ce que d'autres diraient par vanité. Je ne sais si j'en suis; mais je veux avoir assez bonne opinion de moi pour n'en désespérer pas.

SECOND DISCOURS

SUR LA TRAGÉDIE ET SUR LES MOYENS DE LA TRAITER SELON LE VRAISEMBLABLE OU LE NÉCESSAIRE.

Outre les trois utilités du poëme dramatique dont j'ai parlé dans le discours précédent, la tragédie a celle-ci de particulière, que *par la pitié et la crainte elle purge de semblables passions.* Ce sont les termes dont Aristote se sert dans sa définition, et qui nous apprennent deux choses : l'une, qu'elle excite la pitié et la crainte; l'autre, que par leur moyen elle purge de semblables passions. Il explique la première assez au long, mais il ne dit pas un mot de la dernière; et de toutes les conditions qu'il emploie en cette définition c'est la seule qu'il n'éclaircit point. Il témoigne toutefois dans le dernier chapitre de ses Politiques un dessein d'en parler fort au long dans ce traité, et c'est ce qui fait que la plupart de ses interprètes veulent que nous ne l'ayons pas entier, parce que nous n'y voyons rien du tout sur cette matière. Quoi qu'il en puisse être, je crois qu'il est à propos de parler de ce qu'il a dit, avant que de faire effort pour deviner ce qu'il a voulu dire. Les maximes qu'il établit pour l'un pourront nous conduire à quelques conjectures pour l'autre; et sur la certitude de ce qui nous demeure, nous pourrons fonder une opinion probable de ce qui n'est point venu jusqu'à nous.

« Nous avons pitié, dit-il, de ceux que nous voyons souffrir
« un malheur qu'ils ne méritent pas, et nous craignons qu'il ne
« nous en arrive un pareil quand nous le voyons souffrir à nos
« semblables. » Ainsi la pitié embrasse l'intérêt de la personne que nous voyons souffrir, la crainte qui la suit regarde le nôtre, et ce passage seul nous donne assez d'ouverture pour trouver la manière dont se fait la purgation des passions dans la tragédie. La pitié d'un malheur où nous voyons tomber nos semblables nous porte à la crainte d'un pareil pour nous; cette crainte au désir de l'éviter, et ce désir à purger, modérer, rectifier, et même déraciner en nous la passion qui plonge à nos yeux dans ce malheur les personnes que nous plaignons, par cette raison commune, mais naturelle et indubitable, que, pour éviter l'effet, il faut retrancher a cause. Cette explication ne plaira pas à ceux qui s'attachent aux commentateurs de ce philosophe. Ils se gênent sur ce passage, et s'accordent si peu l'un avec l'autre, que Paul Beny marque jusqu'à douze ou quinze opinions diverses, qu'il réfute avant que de nous donner la sienne. Elle est conforme à celle-ci pour le raisonnement, mais elle diffère en ce point qu'elle n'en applique l'effet qu'aux rois et aux princes, peut-être par cette raison que la tragédie ne peut nous faire craindre que les maux que nous voyons arriver à nos semblables, et que, n'en faisant arriver qu'à des rois et à des princes, cette crainte ne peut faire d'effet que sur des gens de leur condition. Mais sans doute il a entendu trop littéralement ce mot de *nos semblables*, et n'a pas assez considéré qu'il n'y avait point de rois à Athènes, où se représentaient les poëmes dont Aristote tire ses exemples et sur lesquelles il forme ses règles. Ce philosophe n'avait garde d'avoir cette pensée qu'il lui attribue, et n'eût pas employé dans la définition de la tragédie une chose dont l'effet pût arriver si rarement, et dont l'utilité se fût restreinte à si peu de personnes. Il est vrai qu'on n'introduit d'ordinaire que des rois pour premiers acteurs dans la tragédie, et que les auditeurs n'ont point de sceptres par où leur ressembler, afin d'avoir lieu de craindre les malheurs qui leur arrivent : mais ces rois sont hommes comme les auditeurs, et tombent dans ces malheurs par l'emportement des passions dont les auditeurs sont capa-

bles. Ils prêtent même un raisonnement aisé à faire du plus grand au moindre; et le spectateur peut concevoir avec facilité que si un roi, pour trop s'abandonner à l'ambition, à l'amour, à la haine, à la vengeance, tombe dans un malheur si grand qu'il lui fait pitié, à plus forte raison lui, qui n'est qu'un homme du commun, doit tenir la bride à de telles passions, de peur qu'elles ne l'abîment dans un pareil malheur. Outre que ce n'est pas une nécessité de ne mettre que les infortunes des rois sur le théâtre, celles des autres hommes y trouveraient place, s'il leur en arrivait d'assez illustres et d'assez extraordinaires pour la mériter, et que l'histoire prît assez de soin d'eux pour nous les apprendre. Scédase n'était qu'un paysan de Leuctres, et je ne tiendrais pas la sienne indigne d'y paraître, si la pureté de notre scène pouvait souffrir qu'on y parlât du violement effectif de ses deux filles, après que l'idée de la prostitution n'y a pu être soufferte dans la personne d'une sainte qui en fut garantie.

Pour nous faciliter les moyens de faire naître cette pitié et cette crainte, où Aristote semble nous obliger, il nous aide à choisir les personnes et les événements qui peuvent exciter l'une et l'autre. Sur quoi je suppose, ce qui est très-véritable, que notre auditoire n'est composé ni de méchants ni de saints, mais de gens d'une probité commune, et qui ne sont pas si sévèrement retranchés dans l'exacte vertu, qu'ils ne soient susceptibles des passions et capables des périls où elles engagent ceux qui leur défèrent trop. Cela supposé, examinons ceux que ce philosophe exclut de la tragédie, pour en venir avec lui à ceux dans lesquels il fait consister sa perfection.

En premier lieu, il ne veut point « qu'un homme fort ver« tueux y tombe de la félicité dans le malheur, » et soutient que « cela ne produit ni pitié ni crainte, parce que c'est un évène« ment tout à fait injuste. » Quelques interprètes poussent la force de ce mot grec μιαρὸν, qu'il fait servir d'épithète à cet événement jusqu'à le rendre par celui d'*abominable*; à quoi j'ajoute qu'un tel succès excite plus d'indignation et de haine contre celui qui fait souffrir que de pitié pour celui qui souffre, et qu'ainsi ce sentiment, qui n'est pas le propre de la tragédie, à moins que d'être bien ménagé, peut étouffer celui qu'elle doit produire, et laisser l'auditeur mécontent par la colère qu'il remporte, et qui se mêle à la compassion, qui lui plairait s'il la remportait seule.

Il ne veut pas non plus « qu'un méchant homme passe du « malheur à la félicité, parce que non-seulement il ne peut « naître d'un tel succès aucune pitié ni crainte, mais il ne peut « pas même nous toucher par ce sentiment naturel de joie dont « nous remplit la prospérité d'un premier acteur à qui notre « faveur s'attache. » La chute d'un méchant dans le malheur a de quoi nous plaire par l'aversion que nous prenons pour lui ; mais comme ce n'est qu'une juste punition, elle ne nous fait point de pitié et ne nous imprime aucune crainte, d'autant que nous ne sommes pas si méchants que lui, pour être capables de ses crimes et en appréhender une aussi funeste issue.

Il reste donc à trouver un milieu entre ces deux extrémités par le choix d'un homme qui ne soit ni tout à fait bon, ni tout à fait méchant, et qui, par une faute ou faiblesse humaine, tombe dans un malheur qu'il ne mérite pas. Aristote en donne pour exemples Œdipe et Thyeste, en quoi véritablement je ne comprends point sa pensée. Le premier me semble ne faire aucune faute, bien qu'il tue son père, parce qu'il ne le connaît pas, et qu'il ne fait que disputer le chemin en homme de cœur contre un inconnu qui l'attaque avec avantage. Néanmoins, comme la signification du mot grec ἁμάρτημα peut s'étendre à une simple erreur de méconnaissance telle qu'était la sienne, admettons-le avec ce philosophe, bien que je ne puisse voir quelle passion il nous donne à purger, ni de quoi nous pouvons nous corriger sur son exemple. Mais pour Thyeste, je n'y puis découvrir cette probité commune, ni cette faute sans crime qui le plonge dans son malheur. Si nous le regardons avant la tragédie qui porte son nom, c'est un incestueux qui abuse de la femme de son frère : si nous le considérons dans la tragédie, c'est un homme de bonne foi qui s'assure sur la parole de son frère, avec qui il s'est réconcilié. En ce premier état il est très-criminel ; en ce dernier très-homme de bien. Si nous attribuons son malheur à son inceste, c'est un crime dont l'auditoire n'est point capable, et la pitié qu'il prendra de lui n'ira point jusqu'à cette crainte qui purge parce qu'il ne lui ressemble point. Si nous imputons son désastre à sa bonne foi, quelque crainte pourra suivre la pitié que nous en aurons, mais elle ne purgera qu'une facilité de confiance sur la parole d'un ennemi réconcilié, qui est plutôt une qualité d'honnête homme qu'une vicieuse habitude ; et cette purgation ne fera que bannir la sincérité des réconciliations. J'avoue donc avec franchise que je n'entends point l'application de cet exemple.

J'avouerai plus. Si la purgation des passions se fait dans la tragédie, je tiens qu'elle se doit faire de la manière que je l'explique, mais je doute si elle s'y fait jamais, et dans celles-là même qui ont les conditions que demande Aristote. Elles se rencontrent dans le *Cid* et en ont causé le grand succès. Rodrigue et Chimène y ont cette probité sujette aux passions, et ces passions font leur malheur, puisqu'ils ne sont malheureux qu'autant qu'ils sont passionnés l'un pour l'autre. Ils tombent dans l'infélicité par cette faiblesse humaine dont nous sommes capables comme eux ; leur malheur fait pitié, cela est constant, et il en a coûté assez de larmes aux spectateurs pour ne le point contester. Cette pitié nous doit donner une crainte de tomber dans un pareil malheur, et purger en nous ce trop d'amour qui cause leur infortune et nous les fait plaindre ; mais je ne sais si elle nous la donne ni si elle le purge, et j'ai bien peur que le raisonnement d'Aristote sur ce point ne soit qu'une belle idée qui n'ait jamais son effet dans la vérité. Je m'en rapporte à ceux qui en ont vu les représentations ; ils peuvent en demander compte au secret de leur cœur, et repasser sur ce qui les a touchés au théâtre, pour reconnaître s'ils en sont venus par là jusqu'à cette crainte réfléchie, et si elle a rectifié en eux la passion qui a causé la disgrâce qu'ils ont plainte. Un des interprètes d'Aristote veut qu'il n'ait parlé de cette purgation des passions dans la tragédie que parce qu'il écrivait après Platon, qui bannit les poëtes tragiques de sa république, parce qu'ils les remuent trop fortement. Comme il écrivait pour le contredire, et montrer qu'il n'est pas à propos de les bannir des États bien policés, il a voulu trouver cette utilité dans ces agitations de l'âme, pour les rendre recommandables par la raison même sur qui l'autre se fonde pour les bannir. Le fruit qui peut naître des impressions que fait la force de l'exemple lui manquait : la punition des méchantes actions et la récompense des bonnes n'étaient pas de l'usage de son siècle, comme nous les avons rendues de celui du nôtre ; et, n'y pouvant trouver une utilité solide, hors celle des sentences et des discours didactiques, dont la tragédie se peut passer, selon son avis, il en a substitué une qui peut-être n'est qu'imaginaire. Du moins, si pour la produire il faut les conditions qu'il demande, elles se rencontrent si rarement, que Robortel ne les trouve que dans le seul *Œdipe*, et soutient que ce philosophe ne nous les prescrit pas comme si nécessaires que leur manquement rende un ouvrage défectueux, mais seulement comme des idées de la perfection des tragédies. Notre siècle les a vues dans le *Cid*, mais je ne sais s'il les a vues en beaucoup d'autres ; et, si nous voulons rejeter un coup d'œil sur cette règle, nous avouerons que le succès a justifié beaucoup de pièces où elle n'est pas observée.

L'exclusion des personnes tout à fait vertueuses qui tombent dans le malheur bannit les martyrs de notre théâtre. Polyeucte y a réussi contre cette maxime, et Héraclius et Nicomède y ont plu, bien qu'ils n'impriment que de la pitié, et ne nous donnent rien à craindre, ni aucune passion à purger, puisque nous les y voyons opprimés et près de périr sans aucune faute de leur part dont nous puissions nous corriger sur leur exemple.

Le malheur d'un homme fort méchant n'excite ni pitié ni crainte, parce qu'il n'est pas digne de la première, et que les spectateurs ne sont pas méchants comme lui pour concevoir l'autre à la vue de sa punition. Mais il serait à propos de mettre quelque distinction entre les crimes : il en est dont les honnêtes gens sont capables par une violence de passion, dont le mauvais succès peut faire effet dans l'âme de l'auditeur. Un honnête homme ne va pas voler au coin d'un bois, ni faire un assassinat de sang-froid; mais, s'il est bien amoureux, il peut faire une supercherie à son rival; il peut s'emporter de colère et tuer dans un premier mouvement, et l'ambition le peut engager dans un crime, ou dans une action blâmable. Il est peu de mères qui voulussent assassiner ou empoisonner leurs enfants de peur de leur rendre leur bien, comme Cléopâtre dans *Rodogune*; mais il en est assez qui prennent goût à en jouir, et ne s'en dessaisissent qu'à regret et le plus tard qu'il leur est possible. Bien qu'elles ne soient pas capables d'une action si noire et si dénaturée que celle de cette reine de Syrie, elles ont en elles quelque teinture du principe qui l'y porta; et la vue de la juste punition qu'elle en reçoit leur peut faire craindre, non pas un pareil malheur, mais une infortune proportionnée à ce qu'elles sont capables de commettre. Il en est ainsi de quelques autres crimes qui ne sont pas de la portée de nos auditeurs. Le lecteur en pourra faire l'examen et l'application sur cet exemple.

Cependant, quelque difficulté qu'il y ait à trouver cette purgation effective et sensible des passions par le moyen de la pitié et de la crainte, il est aisé de nous accommoder avec Aristote. Nous n'avons qu'à dire que, par cette façon de s'énoncer, il n'a pas entendu que ces deux moyens y servissent toujours ensemble, et qu'il suffit, selon lui, de l'un des deux pour faire cette purgation, avec cette différence toutefois que la pitié n'y peut arriver sans la crainte, et que la crainte peut y parvenir sans la pitié. La mort du comte n'en fait aucune dans le *Cid*, et peut toutefois mieux purger en nous cette sorte d'orgueil envieux de la gloire d'autrui que toute la compassion que nous avons de Rodrigue et de Chimène ne purge les attachements de ce violent amour qui les rend à plaindre l'un et l'autre. L'auditeur peut avoir de la commisération pour Antiochus, pour Nicomède, pour Héraclius; mais s'il en demeure là, et qu'il ne puisse craindre de tomber dans un pareil malheur, il ne guérira d'aucune passion. Au contraire, il n'en a point pour Cléopâtre, ni pour Prusias, ni pour Phocas; mais la crainte d'une infortune semblable ou approchante peut purger en une mère l'opiniâtreté à ne se point dessaisir du bien de ses enfants, en un mari le trop de déférence à une seconde femme au préjudice de ceux de son premier lit, en tout le monde l'avidité d'usurper le bien ou la dignité d'autrui par la violence, et tout cela proportionnément à la condition d'un chacun et à ce qu'il est capable d'entreprendre. Les déplaisirs et les irrésolutions d'Auguste dans

Cinna peuvent faire ce dernier effet par la pitié et la crainte jointes ensemble ; mais, comme je l'ai déjà dit, il n'arrive pas toujours que ceux que nous plaignons soient malheureux par leur faute. Quand ils sont innocents, la pitié que nous en prenons ne produit aucune crainte ; et, si nous en concevons quelqu'une qui purge nos passions, c'est par le moyen d'une autre personne que de celle qui nous fait pitié, et nous la devons toute à la force de l'exemple.

Cette explication se trouvera autorisée par Aristote même, si nous voulons bien peser la raison qu'il rend de l'exclusion de ces événements qu'il désapprouve dans la tragédie. Il ne dit jamais : « Celui-là n'y est pas propre parce qu'il n'excite que la « pitié et ne fait point naître de crainte, et cet autre n'y est pas « supportable parce qu'il n'excite que de la crainte et ne fait « point naître de pitié ; mais il les rebute parce, dit-il, qu'ils « n'excitent ni pitié ni crainté, » et nous donne à connaître par là que c'est par le manque de l'une et de l'autre qu'ils ne lui plaisent pas, et que, s'ils produisaient l'une des deux, il ne leur refuserait point son suffrage. L'exemple d'Œdipe qu'il allègue me confirme dans cette pensée. Si nous l'en croyons, il a toutes les conditions requises en la tragédie. Néanmoins son malheur n'excite que de la pitié, et je ne pense pas qu'à le voir représenter aucun de ceux qui le plaignent s'avise de craindre de tuer son père ou d'épouser sa mère. Si sa représentation nous peut imprimer quelque crainte, et que cette crainte soit capable de purger en nous quelque inclination blâmable ou vicieuse, elle y purgera la curiosité de savoir l'avenir, et nous empêchera d'avoir recours à des prédictions qui ne servent d'ordinaire qu'à nous faire choir dans le malheur qu'on nous prédit par les soins mêmes que nous prenons de l'éviter, puisqu'il est certain qu'il n'eût jamais tué son père, ni épousé sa mère, si son père et sa mère, à qui l'oracle avait prédit que cela arriverait, ne l'eussent fait exposer de peur que cela n'arrivât. Ainsi, non-seulement ce seront Laïus et Jocaste qui feront naître cette crainte, mais elle ne naîtra que de l'image d'une faute qu'ils ont faite quarante ans avant l'action qu'on représente, et ne s'imprimera en nous que par un autre acteur que le premier et par une action hors de la tragédie.

Pour recueillir ce discours, ayant que de passer à une autre matière, établissons pour maxime que la perfection de la tragédie consiste bien à exciter de la pitié et de la crainte par le moyen d'un premier acteur, comme peut faire Rodrigue dans le *Cid*, et Placide dans *Théodore*, mais que cela n'est pas d'une nécessité si absolue qu'on ne se puisse servir de divers personnages pour faire naître ces deux sentiments, comme dans *Rodogune*, et même ne porter l'auditeur qu'à l'un des deux, comme dans *Polyeucte*, dont la représentation n'imprime que de la pitié sans aucune crainte. Cela posé, trouvons quelque modération à la rigueur de ces règles du philosophe, ou du moins quelque favorable interprétation, pour n'être pas obligés de condamner beaucoup de poëmes que nous avons vus réussir sur nos théâtres.

Il ne veut point qu'un homme tout à fait innocent tombe dans l'infortune, parce que, cela étant abominable, il excite plus d'indignation contre celui qui le persécute que de pitié pour son malheur; il ne veut pas non plus qu'un très-méchant y tombe, parce qu'il ne peut donner de pitié pour un malheur qu'il mérite, ni en faire craindre un pareil à des spectateurs qui ne lui ressemblent pas. Mais quand ces deux raisons cessent, en sorte qu'un homme de bien qui souffre excite plus de pitié pour lui que d'indignation contre celui qui le fait souffrir, ou que la punition d'un grand crime peut corriger en nous quelque imperfection qui a du rapport avec lui, j'estime qu'il ne faut point faire de difficulté d'exposer sur la scène des hommes très-vertueux ou très-méchants dans le malheur. En voici deux ou trois manières, que peut-être Aristote n'a su prévoir, parce qu'on n'en voyait pas d'exemples sur les théâtres de son temps.

La première est quand un homme très-vertueux est persécuté par un très-méchant, et qu'il échappe du péril où le méchant demeure enveloppé, comme dans *Rodogune* et dans *Héraclius*, qu'on n'aurait pu souffrir si Antiochus et Rodogune eussent péri dans la première, et Héraclius, Pulchérie et Martian dans l'autre, et que Cléopâtre et Phocas y eussent triomphé. Leur malheur y donne une pitié qui n'est point étouffée par l'aversion qu'on a pour ceux qui les tyrannisent, parce qu'on espère toujours que quelque heureuse révolution les empêchera de succomber; et, bien que les crimes de Phocas et de Cléopâtre soient trop grands pour faire craindre l'auditeur d'en commettre de pareils, leur funeste issue peut faire sur lui les effets dont j'ai déjà parlé. Il peut arriver d'ailleurs qu'un homme très-vertueux soit persécuté, et périsse même par les ordres d'un autre, qui ne soit pas assez méchant pour attirer trop d'indignation sur lui, et qui montre plus de faiblesse que de crime dans la persécution qu'il lui fait. Si Félix fait périr son gendre Polyeucte, ce n'est pas par cette haine enragée contre les chrétiens qui nous le rendrait exécrable, mais seulement par une lâche timidité qui n'ose le sauver en présence de Sévère, dont il craint la haine et la vengeance après les mépris qu'il en a faits durant son peu de fortune. On prend bien quelque aversion pour lui, on désapprouve sa manière d'agir; mais cette aversion ne l'emporte pas sur la pitié qu'on a de Polyeucte, et n'empêche pas que sa conversion miraculeuse, à la fin de la pièce, ne le réconcilie pleinement avec l'auditoire. On peut dire la même chose de Prusias dans *Nicomède* et de Valens dans *Théodore*. L'un maltraite son fils, bien que très-vertueux, et l'autre est cause de la perte du sien, qui ne l'est pas moins; mais tous les deux n'ont que des faiblesses qui ne vont point jusques au crime; et, loin d'exciter une indignation qui étouffe la pitié qu'on a pour ces fils généreux, la lâcheté de leur abaissement sous des puissances qu'ils redoutent et qu'ils devraient braver pour bien agir, fait qu'on a quelque compassion d'eux-mêmes et de leur honteuse politique.

Pour nous faciliter les moyens d'exciter cette pitié, qui fait de si beaux effets sur nos théâtres, Aristote nous donne une lumière. « Toute action, dit-il, se passe ou entre des amis ou entre « des ennemis, ou entre des gens indifférents l'un pour l'au- « tre. Qu'un ennemi tue ou veuille tuer son ennemi, cela ne « produit aucune commisération, sinon en tant qu'on s'émeut « d'apprendre ou de voir la mort d'un homme, quel qu'il soit. « Qu'un indifférent tue un indifférent, cela ne touche guère « davantage, d'autant qu'il n'excite aucun combat dans l'âme de « celui qui fait l'action; mais quand les choses arrivent entre « des gens que la naissance ou l'affection attache aux intérêts « l'un de l'autre, comme alors qu'un mari tue ou est près de « tuer sa femme, une mère ses enfants, un frère sa sœur, c'est « ce qui convient merveilleusement à la tragédie. » La raison en est claire. Les oppositions des sentiments de la nature aux emportements de la passion ou à la sévérité du devoir forment de puissantes agitations, qui sont reçues de l'auditeur avec plaisir; et il se porte aisément à plaindre un malheureux opprimé ou poursuivi par une personne qui devrait s'intéresser à sa conservation, et qui quelquefois ne poursuit sa perte qu'avec déplaisir ou du moins avec répugnance. Horace et Curiace ne seraient point à plaindre s'ils n'étaient point amis et beaux-frères, ni Rodrigue, s'il était poursuivi par un autre que par sa maîtresse; et le malheur d'Antiochus toucherait beaucoup moins si un autre que sa mère lui demandait le sang de sa maîtresse, ou qu'un autre que sa maîtresse lui demandât celui de sa mère; ou si, après la mort de son frère, qui lui donne sujet de craindre un pareil attentat sur sa personne, il avait à se défier d'autres que de sa mère et de sa maîtresse.

C'est donc un grand avantage pour exciter la commisération que la proximité du sang et les liaisons d'amour ou d'amitié entre le persécutant et le persécuté, le poursuivant et le poursuivi, celui qui fait souffrir et celui qui souffre; mais il y a quelque apparence que cette condition n'est pas d'une nécessité plus absolue que celle dont je viens de parler, et qu'elle ne regarde que les tragédies parfaites non plus que celles-là. Du moins les anciens ne l'ont pas toujours observée; je ne la vois point dans l'*Ajax* de Sophocle ni dans son *Philoctète;* et qui voudra parcourir ce qui nous reste d'Eschyle et d'Euripide y pourra rencontrer quelques exemples à joindre à ceux-ci. Quand je dis que ces deux conditions ne sont que pour les tragédies parfaites, je n'entends pas dire que celles où elles ne se rencontrent point soient imparfaites : ce serait les rendre d'une nécessité absolue et me contredire moi-même. Mais, par ce mot de tragédies parfaites, j'entends celles du genre le plus sublime et le plus touchant ; en sorte que celles qui manquent de l'une de ces deux conditions ou de toutes les deux, pourvu qu'elles soient régulières, à cela près ne laissent pas d'être parfaites en leur genre, bien qu'elles demeurent dans un rang moins élevé, et n'approchent pas de la beauté et de l'éclat des autres si elles n'en empruntent de la pompe des vers ou de la magnificence du spectacle, ou de quelque autre agrément qui vienne d'ailleurs que du sujet.

Dans ces actions tragiques qui se passent entre proches, il faut considérer si celui qui veut faire périr l'autre le connaît ou ne le connaît pas, et s'il achève ou n'achève pas. La diverse combinaison de ces deux manières d'agir forme quatre sortes de tragédies, à qui notre philosophe attribue divers degrés de perfection. « On connaît celui qu'on veut perdre, et on le fait périr « en effet, comme Médée tue ses enfants, Clytemnestre son « mari, Oreste sa mère ; » et la moindre espèce est celle-là. « On le fait périr sans le connaître, et on le reconnaît avec dé- « plaisir après l'avoir perdu ; et cela, dit-il, ou avant la tragé- « die, comme Œdipe, ou dans la tragédie, comme l'*Alcméon* « d'Astydamas, et Télégonus dans *Ulysse blessé*, » qui sont deux pièces que le temps n'a pas laissé venir jusqu'à nous ; et cette seconde espèce a quelque chose de plus élevé, selon lui, que la première. La troisième est dans le haut degré d'excellence, « quand on est prêt de faire périr un de ses proches sans le « connaître, et qu'on le reconnaît assez tôt pour le sauver, « comme Iphigénie reconnaît Oreste pour son frère, lorsqu'elle « devait le sacrifier à Diane, et s'enfuit avec lui. » Il en cite encore deux autres exemples, de Mérope dans *Cresphonte*, et de Hellé, dont nous ne connaissons ni l'un ni l'autre. Il condamne entièrement la quatrième espèce de ceux qui connaissent, entreprennent et n'achèvent pas, qu'il dit *avoir quelque chose de méchant et rien de tragique*, et en donne pour exemple Æmon qui tire l'épée contre son père dans l'*Antigone*, et ne s'en sert que pour se tuer lui-même. Mais si cette condamnation n'était modifiée, elle s'étendrait un peu loin et envelopperait non-seulement le *Cid*, mais *Cinna*, *Rodogune*, *Héraclius* et *Nicomède*.

Disons donc qu'elle ne doit s'entendre que de ceux qui connaissent la personne qu'ils veulent perdre, et s'en dédisent par un simple changement de volonté, sans aucun événement notable qui les y oblige, et sans aucun manque de pouvoir de leur part. J'ai déjà marqué cette sorte de dénoûment pour vicieux ; mais quand ils y font de leur côté tout ce qu'ils peuvent, et qu'ils sont empêchés d'en venir à l'effet par quelque puissance supérieure, ou par quelque changement de fortune qui les fait périr eux-mêmes ou les réduit sous le pouvoir de ceux qu'ils voulaient perdre, il est hors de doute que cela fait une tragédie d'un genre peut-être plus sublime que les trois qu'Aristote avoue ; et que, s'il n'en a point parlé, c'est qu'il n'en voyait point d'exemples sur les théâtres de son temps, où ce n'était pas la mode de sauver les bons par la perte des méchants, à moins que de les souiller eux-mêmes de quelque crime, comme Électre, qui se délivre d'oppression par la mort de sa mère, où elle encourage son frère et lui en facilite les moyens.

L'action de Chimène n'est donc pas défectueuse pour ne perdre pas Rodrigue après l'avoir entrepris, puisqu'elle y fait son possible, et que tout ce qu'elle peut obtenir de la justice de son roi, c'est un combat où la victoire de ce déplorable amant lui impose silence. Cinna et son Émilie ne pèchent point contre la règle en ne perdant point Auguste, puisque la conspiration découverte les en met dans l'impuissance, et qu'il faudrait qu'ils n'eussent aucune teinture d'humanité si une clémence si peu attendue ne dissipait toute leur haine. Qu'épargne Cléopâtre pour perdre Rodogune ? qu'oublie Phocas pour se défaire d'Héraclius ? Et si Prusias demeurait le maître, Nicomède n'irait-il pas servir d'otage à Rome, ce qui lui serait un plus rude supplice que la mort ? Les deux premiers reçoivent la peine de leurs crimes et succombent dans leurs entreprises sans s'en dédire ; et ce dernier est forcé de reconnaître son injustice après que le soulèvement de son peuple et la générosité de ce fils qu'il voulait agrandir aux dépens de son aîné ne lui permettent plus de la faire réussir.

Ce n'est pas démentir Aristote que de l'expliquer ainsi favorablement, pour trouver dans cette quatrième manière d'agir qu'il rébute une espèce de nouvelle tragédie plus belle que les trois qu'il recommande, et qu'il leur eût sans doute préférée s'il l'eût connue. C'est faire honneur à notre siècle, sans rien retrancher de l'autorité de ce philosophe ; mais je ne sais comment faire pour lui conserver cette autorité et renverser l'ordre de la préférence qu'il établit entre ces trois espèces. Cependant je pense être bien fondé sur l'expérience à douter si celle qu'il estime la moindre des trois n'est point la plus belle, et si celle qu'il tient la plus belle n'est point la moindre : la raison est que celle-ci ne peut exciter de pitié. Un père y veut perdre son fils sans le connaître, et ne le regarde que comme indifférent et peut-être comme ennemi : soit qu'il passe pour l'un ou pour l'autre, son péril n'est digne d'aucune commisération, selon Aristote même, et ne fait naître en l'auditeur qu'un certain mouvement de trépidation intérieure, qui le porte à craindre que ce fils ne périsse avant que l'erreur soit découverte, et à souhaiter qu'elle se découvre assez tôt pour l'empêcher de périr, ce qui part de l'intérêt qu'on ne manque jamais à prendre dans la fortune d'un homme assez vertueux pour se faire aimer; et, quand cette reconnaissance arrive, elle ne produit qu'un sentiment de conjouissance de voir arriver la chose comme on le souhaitait.

Quand elle ne se fait qu'après la mort de l'inconnu, la compassion qu'excitent les déplaisirs de celui qui le fait périr ne peut avoir grande étendue, puisqu'elle est reculée et renfermée dans la catastrophe; mais lorsqu'on agit à visage découvert, et qu'on sait à qui on en veut, le combat des passions contre la nature, ou du devoir contre l'amour, occupe la meilleure partie du poëme; et de là naissent les grandes et fortes émotions qui renouvellent à tous moments et redoublent la commisération. Pour justifier ce raisonnement par l'expérience, nous voyons que Chimène et Antiochus en excitent beaucoup plus que ne fait Œdipe de sa personne. Je dis de sa personne, parce que le poëme entier en excite peut-être autant que le *Cid* ou que *Rodogune*; mais il en doit une partie à Dircé, et ce qu'elle en fait naître n'est qu'une pitié empruntée d'un épisode.

Je sais que l'*agnition* est un grand ornement dans les tragédies: Aristote le dit; mais il est certain qu'elle a ses incommodités. Les Italiens l'affectent en la plupart de leurs poëmes et perdent quelquefois, par l'attachement qu'ils y ont, beaucoup d'occasions de sentiments pathétiques qui auraient des beautés plus considérables. Cela se voit manifestement en la *Mort de Crispe*, faite par un de leurs plus beaux esprits, Jean-Baptiste Ghirardelli, et imprimée à Rome en l'année 1653. Il n'a pas manqué d'y cacher sa naissance à Constantin et d'en faire seulement un grand capitaine, qu'il ne reconnaît pour son fils qu'après qu'il l'a fait mourir. Toute cette pièce est si pleine d'esprit et de beaux sentiments, qu'elle eût assez d'éclat pour obliger à écrire contre son auteur et à la censurer sitôt qu'elle parut. Mais combien cette naissance cachée sans besoin et contre la vérité d'une histoire connue lui a-t-elle dérobé de choses plus belles que les brillants dont il a semé cet ouvrage! Les ressentiments, le trouble, l'irrésolution et les déplaisirs de Constantin auraient été bien autres à prononcer un arrêt de mort contre son fils que contre un soldat de fortune. L'injustice de sa préoccupation aurait été bien plus sensible à Crispe de la part d'un père que de la part d'un maître; et la qualité de fils, augmentant la grandeur du crime qu'on lui imposait, eût en même temps augmenté la douleur d'en voir un père persuadé: Fauste même aurait eu plus de combats intérieurs pour entreprendre un inceste que pour se résoudre à un adultère ; ses remords en auraient été plus animés, et ses désespoirs plus violents. L'auteur a renoncé à tous ces avantages pour avoir dédaigné de traiter ce sujet comme l'a traité de notre temps le père Stéphonius, jésuite, et comme nos anciens ont traité celui d'*Hippolyte*; et, pour avoir cru l'élever d'un étage plus haut selon la pensée d'Aristote, je ne sais s'il ne l'a point fait tomber au-dessous de ceux que je viens de nommer.

Il y a grande apparence que ce qu'a dit ce philosophe de ces divers degrés de perfection pour la tragédie avait une entière justesse de son temps, et en la présence de ses compatriotes, je n'en veux point douter ; mais aussi je ne puis m'empêcher de dire que le goût de notre siècle n'est point celui du sien sur cette préférence d'une espèce à l'autre, ou du moins que ce qui plaisait au dernier point à ses Athéniens ne plaît pas également à nos Français; et je ne sais point d'autre moyen de trouver mes doutes supportables et de demeurer tout ensemble dans la vénération que nous devons à tout ce qu'il a écrit de la poétique.

Avant que de quitter cette matière, examinons son sentiment sur deux questions touchant ces sujets entre des personnes proches : l'une, si le poëte les peut inventer ; l'autre, s'il ne peut rien changer en ce qu'il tire de l'histoire ou de la fable.

Pour la première, il est indubitable que les anciens en prenaient si peu de liberté, qu'ils arrêtaient leurs tragédies autour de peu de familles, parce que ces sortes d'actions étaient arrivées en peu de familles ; ce qui fait dire à ce philosophe que la fortune leur fournissait des sujets et non pas l'art. Je pense l'avoir dit en d'autres discours. Il semble toutefois qu'il en accorde un plein pouvoir aux poëtes par ces paroles : *Ils doivent bien user de ce qui est reçu, ou inventer eux-mêmes.* Ces termes décideraient la question, s'ils n'étaient point si généraux ; mais, comme il a posé trois espèces de tragédies, selon les divers temps de connaître et les diverses façons d'agir, nous pouvons faire une revue sur toutes les trois, pour juger s'il n'est point à propos d'y faire quelque distinction qui resserre cette liberté. J'en dirai mon avis d'autant plus hardiment, qu'on ne pourra m'imputer de contredire Aristote, pourvu que je la laisse entière à quelqu'une des trois.

J'estime donc, en premier lieu, qu'en celles où l'on se propose de faire périr quelqu'un que l'on connaît, soit qu'on achève, soit qu'on soit empêché d'achever, il n'y a aucune liberté d'inventer la principale action, mais qu'elle doit être tirée de l'histoire ou de la fable. Ces entreprises contre les proches ont toujours quelque chose de si criminel et de si contraire à la nature, qu'elles ne sont pas croyables, à moins que d'être appuyées sur l'une ou sur l'autre ; et jamais elles n'ont cette vraisemblance sans laquelle ce qu'on invente ne peut être de mise.

Je n'ose décider si absolument de la seconde espèce. Qu'un homme prenne querelle avec un autre, et que, l'ayant tué, il vienne à le reconnaître pour son père ou pour son frère et en tombe au désespoir, cela n'a rien que de vraisemblable, et par conséquent on le peut inventer ; mais d'ailleurs cette circonstance de tuer son père ou son frère, sans le connaître, est si extraordinaire et si éclatante, qu'on a quelque droit de dire que l'histoire n'ose manquer à s'en souvenir quand elle arrive entre des personnes illustres, et de refuser toute croyance à de tels événements quand elle ne les marque point. Le théâtre ancien ne nous en fournit aucun exemple qu'*Œdipe ;* et je ne me souviens point d'en avoir vu aucun autre chez nos historiens. Je sais que cet événement sent plus la fable que l'histoire, et que par conséquent il peut avoir été inventé ou en tout ou en partie ; mais la fable et l'histoire de l'antiquité sont si mêlées ensemble, que, pour n'être pas en péril d'en faire un faux discernement, nous leur donnons une égale autorité sur nos théâtres. Il suffit que nous n'inventions pas ce qui de soi n'est point vraisemblable, et qu'étant inventé de longue main, il soit devenu si bien de la connaissance de l'auditeur, qu'il ne s'effarouche point à le voir sur la scène. Toute la métamorphose d'Ovide est manifestement d'invention ; on peut en tirer des sujets de tragédies, mais non pas inventer sur ce modèle, si ce n'est des épisodes de même trempe : la raison en est que, bien que nous ne devions rien inventer que de vraisemblable, et que ces sujets fabuleux, comme *Andromède* et *Phaéton* ne le soient point du tout, inventer des épisodes, ce n'est pas tant inventer qu'ajouter à ce qui est déjà inventé ; et ces épisodes trouvent une espèce de vraisemblance dans leur rapport avec l'action principale, en sorte qu'on peut dire que, supposé que cela se soit pu faire, il s'est pu faire comme le poëte le décrit.

De tels épisodes toutefois ne seraient pas propres à un sujet historique ou de pure invention, parce qu'ils manqueraient de rapport avec l'action principale et seraient moins vraisemblables qu'elle. Les apparitions de Vénus et d'Éole ont eu bonne grâce dans *Andromède ;* mais si j'avais fait descendre Jupiter pour réconcilier Nicomède avec son père, ou Mercure pour révéler à Auguste la conspiration de Cinna, j'aurais fait révolter tout mon auditoire, et cette merveille aurait détruit toute la croyance que le reste de l'action aurait obtenue. Ces dénoûments par des dieux de machine sont fort fréquents chez les Grecs, dans des tragédies qui paraissent historiques et qui sont vraisemblables à cela près : aussi Aristote ne les condamne pas tout à fait et se contente de leur préférer ceux qui viennent du sujet. Je ne sais ce qu'en décidaient les Athéniens, qui étaient leurs juges; mais les deux exemples que je viens de citer montrent suffisamment qu'il serait dangereux pour nous de les imiter en cette sorte de licence. On me dira que ces apparitions n'ont garde de nous plaire, parce que nous en savons manifestement la fausseté et qu'elles choquent notre religion, ce qui n'arrivait pas chez les Grecs : j'avoue qu'il faut s'accommoder aux mœurs de l'auditeur, et, à plus forte raison, à sa croyance; mais aussi doit-on m'accorder que nous avons du moins autant de foi pour l'apparition des anges et des saints que les anciens en avaient pour celle de leur Apollon et de leur Mercure : cependant qu'aurait-on dit si, pour démêler Héraclius d'avec Martian, après la mort de Phocas, je me fusse servi d'un ange? Ce poëme est entre des chrétiens, et cette apparition y aurait eu autant de justesse que celle des dieux de l'antiquité dans ceux des Grecs; c'eût été néanmoins un secret infaillible de rendre celui-là ridicule, et il ne faut qu'avoir un peu de sens commun pour en demeurer d'accord. Qu'on me permette donc de dire avec Tacite : *Non omnia apud priores meliora, sed nostra quoque ætas multa laudis et artium imitanda posteris tulit.*

Je reviens aux tragédies de cette seconde espèce, où l'on ne connaît un père ou un fils qu'après l'avoir fait périr; et, pour conclure en deux mots après cette digression, je ne condamnerai jamais personne pour en avoir inventé; mais je ne me le permettrai jamais.

Celles de la troisième espèce ne reçoivent aucune difficulté : non-seulement on les peut inventer, puisque tout y est vraisemblable et suit le train commun des affections naturelles, mais je doute même si ce ne serait point les bannir du théâtre que d'obliger les poëtes à en prendre les sujets dans l'histoire. Nous n'en voyons point de cette nature chez les Grecs qui n'aient la mine d'avoir été inventés par leurs auteurs : il se peut faire que la fable leur en ait prêté quelques-uns. Je n'ai pas les yeux assez pénétrants pour percer de si épaisses obscurités et déterminer si l'*Iphigénie in Tauris* est de l'invention d'Euripide, comme son *Hélène* et son *Ion*, ou s'il l'a prise d'un autre; mais je crois pouvoir dire qu'il est très-malaisé d'en trouver dans l'histoire, soit que de tels événements n'arrivent que très-rarement, soit qu'ils n'aient pas assez d'éclat pour y mériter une place : celui de Thésée, reconnu par le roi d'Athènes, son père, sur le point qu'il l'allait faire périr, est le seul dont il me souvienne. Quoi qu'il en soit, ceux qui aiment à les mettre sur la scène peuvent les inventer sans crainte de la censure : ils pourront produire par là quelque agréable suspension dans l'esprit de l'auditeur ; mais il ne faut pas qu'ils se promettent de lui tirer beaucoup de larmes.

L'autre question, s'il est permis de changer quelque chose aux sujets qu'on emprunte de l'histoire ou de la fable, semble décidée en termes assez formels par Aristote, lorsqu'il dit : « qu'il ne faut point changer les sujets reçus, et que Clytem-« nestre ne doit point être tuée par un autre qu'Oreste, ni « Ériphyle par un autre qu'Alcmæon. » Cette décision peut toutefois recevoir quelque distinction et quelque tempérament. Il est constant que les circonstances, ou, si vous l'aimez mieux, les moyens de parvenir à l'action, demeurent en notre pouvoir : l'histoire souvent ne les marque pas, ou en rapporte si peu, qu'il est besoin d'y suppléer pour remplir le poëme ; et même il y a quelque apparence de présumer que la mémoire de l'auditeur qui les aura lues autrefois ne s'y sera pas si fort attachée qu'il s'aperçoive assez du changement que nous y aurons fait, pour nous accuser de mensonge ; ce qu'il ne manquerait pas de faire s'il voyait que nous changeassions l'action principale. Cette falsification serait cause qu'il n'ajouterait aucune foi à tout le reste ; comme au contraire il croit aisément tout ce reste quand il le voit servir d'acheminement à l'effet qu'il sait véritable, et dont l'histoire lui a laissé une plus forte impression. L'exemple de la mort de Clytemnestre peut servir de preuve à ce que je viens d'avancer ; Sophocle et Euripide l'ont traitée tous deux, mais chacun avec un nœud et un dénoûment tout à fait différents l'un de l'autre ; et c'est cette différence qui empêche que ce ne soit la même pièce, bien que ce soit le même sujet, dont ils ont conservé l'action principale. Il faut donc la conserver comme eux ; mais il faut examiner en même temps si elle n'est point si cruelle ou si difficile à représenter qu'elle puisse diminuer quelque chose de la croyance que l'auditeur doit à l'histoire, et qu'il veut bien donner à la fable en se mettant à la place de ceux qui l'ont prise pour une vérité. Lorsque cet inconvénient est à craindre, il est bon de cacher l'événement à la vue, et de le faire savoir par un récit qui frappe moins que le spectacle, et nous impose plus aisément.

C'est par cette raison qu'Horace ne veut pas que Médée tue ses enfants, ni qu'Atrée fasse rôtir ceux de Thyeste à la vue du peuple. L'horreur de ces actions engendre une répugnance à les croire, aussi bien que la métamorphose de Progné en oiseau, et de Cadmus en serpent, dont la représentation, presque impossible, excite la même incrédulité quand on la hasarde aux yeux du spectateur :

Quodcumque ostendis mihi sic, incredulus odi.

Je passe plus outre : et, pour exténuer ou retrancher cette

horreur dangereuse d'une action historique, je voudrais la faire arriver sans la participation du premier acteur, pour qui nous devons toujours ménager la faveur de l'auditoire. Après que Cléopâtre eut tué Séleucus, elle présenta du poison à son autre fils Antiochus, à son retour de la chasse; et ce prince, soupçonnant ce qui en était, la contraignit de le prendre, et la força à s'empoisonner. Si j'eusse fait voir cette action sans y rien changer, c'eût été punir un parricide par un autre parricide; on eût pris aversion pour Antiochus; et il a été bien plus doux de faire qu'elle-même, voyant que sa haine et sa noire perfidie allaient être découvertes, s'empoisonne dans son désespoir, à dessein d'envelopper ces deux amants dans sa perte, en leur ôtant tout sujet de défiance. Cela fait deux effets. La punition de cette impitoyable mère laisse un plus fort exemple, puisqu'elle devient un effet de la justice du ciel, et non pas de la vengeance des hommes; d'autre côté, Antiochus ne perd rien de la compassion et de l'amitié qu'on avait pour lui, qui redoublent plutôt qu'elles ne diminuent; et enfin l'action historique s'y trouve conservée malgré ce changement, puisque Cléopâtre périt par le même poison qu'elle présente à Antiochus.

Phocas était un tyran, et sa mort n'était pas un crime; cependant il a été sans doute plus à propos de la faire arriver par la main d'Exupère que par celle d'Héraclius. C'est un soin que nous devons prendre de préserver nos héros du crime tant qu'il se peut, et les exempter même de tremper leurs mains dans le sang, si ce n'est en un juste combat. J'ai beaucoup osé dans *Nicomède* : Prusias son père l'avait voulu faire assassiner dans son armée ; sur l'avis qu'il en eut par les assasssins mêmes, il entra dans son royaume, s'en empara, et réduisit ce malheureux père à se cacher dans une caverne, où il le fit assassiner lui-même. Je n'ai pas poussé l'histoire jusque-là; et, après l'avoir peint trop vertueux pour l'engager dans un parricide, j'ai cru que je pouvais me contenter de le rendre maître de la vie de ceux qui le persécutaient, sans le faire passer plus avant.

Je ne saurais dissimuler une délicatesse que j'ai sur la mort de Clytemnestre, qu'Aristote nous propose pour exemple des actions qui ne doivent point être changées : je veux bien avec lui qu'elle ne meure que de la main de son fils Oreste ; mais je ne puis souffrir chez Sophocle que ce fils la poignarde de dessein formé cependant qu'elle est à genoux devant lui et le conjure de lui laisser la vie. Je ne puis même pardonner à Électre, qui passe pour une vertueuse opprimée dans le reste de la pièce, l'inhumanité dont elle encourage son frère à ce parricide. C'est un fils qui venge son père, mais c'est sur sa mère qu'il le venge. Séleucus et Antiochus avaient droit d'en faire autant dans *Rodogune*, mais je n'ai osé leur en donner la moindre pensée : aussi notre maxime de faire aimer nos principaux acteurs n'était pas de l'usage des anciens ; et ces républicains avaient une si forte haine des rois, qu'ils voyaient avec plaisir des crimes dans les plus innocents de leur race. Pour rectifier ce sujet à notre mode, il faudrait qu'Oreste n'eût dessein que contre Ægisthe ; qu'un reste de tendresse respectueuse pour sa mère lui en fît remettre la punition aux dieux ; que cette reine s'opiniâtrât à la protection de son adultère, et qu'elle se mît entre son fils et lui si malheureusement qu'elle reçût le coup que ce prince voudrait porter à cet assassin de son père : ainsi elle mourrait de la main de son fils, comme le veut Aristote, sans que la barbarie d'Oreste nous fît horreur, comme dans Sophocle, ni que son action méritât des Furies vengeresses pour le tourmenter, puisqu'il demeurerait innocent.

Le même Aristote nous autorise à en user de cette manière, lorsqu'il nous apprend que « le poëte n'est pas obligé de trai« ter les choses comme elles se sont passées, mais comme elles « ont pu ou dû se passer, selon le vraisemblable ou le néces« saire. » Il répète souvent ces derniers mots, et ne les explique jamais : je tâcherai d'y suppléer au moins mal qu'il me sera possible, et j'espère qu'on me pardonnera si je m'abuse.

Je dis donc premièrement que cette liberté qu'il nous laisse d'embellir les actions historiques par des inventions vraisemblables n'emporte aucune défense de nous écarter du vraisemblable dans le besoin. C'est un privilége qu'il nous donne, et non pas une servitude qu'il nous impose : cela est clair par ses paroles mêmes. Si nous pouvons traiter les choses selon le vraisemblable ou selon le nécessaire, nous pouvons quitter le vraisemblable pour suivre le nécessaire ; et cette alternative met en notre choix de nous servir de celui des deux que nous jugerons le plus à propos.

Cette liberté du poëte se trouve encore en termes plus formels dans le vingt-cinquième chapitre, qui contient les excuses ou plutôt les justifications dont il se peut servir contre la censure : « Il faut, dit-il, qu'il suive un de ces trois moyens « de traiter les choses, et qu'il les représente ou comme elles « ont été, ou comme on dit qu'elles ont été, ou comme elles ont dû être ; » par où il lui donne le choix, ou de la vérité historique, ou de l'opinion commune sur quoi la fable est fondée, ou de la vraisemblance. Il ajoute ensuite : « Si on le reprend de ce qu'il « n'a pas écrit les choses dans la vérité, qu'il réponde qu'il les a « écrites comme elles ont dû être : si on lui impute de n'avoir fait « ni l'un ni l'autre, qu'il se défende sur ce qu'en publie l'opinion « commune, comme en ce qu'on raconte des dieux, dont la plus « grande partie n'a rien de véritable. » Et un peu plus bas : « Quel-

« quefois ce n'est pas le meilleur qu'elles se soient passées de la
« manière qu'il les décrit ; néanmoins elles se sont passées
« effectivement de cette manière, » et par conséquent il est hors
de faute. Ce dernier passage montre que nous ne sommes point
obligés de nous écarter de la vérité pour donner une meilleure
forme aux actions de la tragédie par les ornements de la vraisemblance, et le montre d'autant plus fortement, qu'il demeure
pour constant, par le second de ces trois passages, que l'opinion commune suffit pour nous justifier quand nous n'avons
pas pour nous la vérité, et que nous pourrions faire quelque
chose de mieux que ce que nous faisons, si nous recherchions
les beautés de cette vraisemblance. Nous courons par là quelques
risques d'un plus faible succès ; mais nous ne péchons que
contre le soin que nous devons avoir de notre gloire, et non
pas contre les règles du théâtre.

Je fais une seconde remarque sur ces termes de *vraisemblable*
et de *nécessaire*, dont l'ordre se trouve quelquefois renversé
chez ce philosophe, qui tantôt dit *selon le nécessaire ou le vraisemblable*, et tantôt *selon le vraisemblable ou le nécessaire*. D'où
je tire une conséquence qu'il y a des occasions où il faut préférer le vraisemblable au nécessaire, et d'autres où il faut préférer le nécessaire au vraisemblable. La raison en est que ce qu'on
emploie le dernier dans les propositions alternatives y est placé
comme pis-aller dont il faut se contenter quand on ne peut arriver à l'autre, et qu'on doit faire effort pour le premier avant
que de se réduire au second, où l'on n'a droit de recourir qu'au
défaut de ce premier.

Pour éclaircir cette préférence mutuelle du vraisemblable au
nécessaire, et du nécessaire au vraisemblable, il faut distinguer
deux choses dans les actions qui composent la tragédie. La première consiste en ces actions mêmes, accompagnées des inséparables circonstances du temps et du lieu ; et l'autre en la
liaison qu'elles ont ensemble, qui les fait naître l'une de l'autre.
En la première, le vraisemblable est à préférer au nécessaire ;
et le nécessaire au vraisemblable, dans la seconde.

Il faut placer les actions où il est plus facile et mieux séant
qu'elles arrivent, et les faire arriver dans un loisir raisonnable
sans les presser extraordinairement, si la nécessité de les renfermer dans un lieu, et dans un jour ne nous y oblige. J'ai
déjà fait voir en l'autre discours que, pour conserver l'unité de
lieu, nous faisons parler souvent des personnes dans une place
publique, qui vraisemblablement s'entretiendraient dans une
chambre ; et je m'assure que si on racontait dans un roman ce
que je fais arriver dans le *Cid*, dans *Polyeucte*, dans *Pompée*, ou
dans le *Menteur*, on lui donnerait un peu plus d'un jour pour
l'étendue de sa durée. L'obéissance que nous devons aux règles

de l'unité de jour et de lieu nous dispense alors du vraisemblable, bien qu'elle ne nous permette pas l'impossible; mais nous ne tombons pas toujours dans cette nécessité; et la *Suivante*, *Cinna*, *Théodore* et *Nicomède* n'ont point eu besoin de s'écarter de la vraisemblance à l'égard du temps, comme ces autres poëmes.

Cette réduction de la tragédie au roman est la pierre de touche pour démêler les actions nécessaires d'avec les vraisemblables. Nous sommes gênés au théâtre par le lieu, par le temps, et par les incommodités de la représentation, qui nous empêchent d'exposer à la vue beaucoup de personnages tout à la fois, de peur que les uns ne demeurent sans action, ou ne troublent celle des autres. Le roman n'a aucune de ces contraintes : il donne aux actions qu'il décrit tout le loisir qu'il leur faut pour arriver; il place ceux qu'il fait parler, agir ou rêver, dans une chambre, dans une forêt, en place publique, selon qu'il est plus à propos pour leur action particulière ; il a pour cela tout un palais, toute une ville, tout un royaume, toute la terre où les promener, et s'il fait arriver ou raconter quelque chose en présence de trente personnes, il en peut décrire les divers sentiments l'un après l'autre. C'est pourquoi il n'a jamais aucune liberté de se départir de la vraisemblance, parce qu'il n'a jamais aucune raison ni excuse légitime pour s'en écarter.

Comme le théâtre ne nous laisse pas tant de facilité de réduire tout dans le vraisemblable, parce qu'il ne nous fait rien savoir que par des gens qu'il expose à la vue de l'auditeur en peu de temps, il nous en dispense aussi plus aisément. On peut soutenir que ce n'est pas tant nous en dispenser, que nous permettre une vraisemblance plus large; mais, puisque Aristote nous autorise à y traiter les choses selon le nécessaire, j'aime mieux dire que tout ce qui s'y passe d'une autre façon qu'il ne se passerait dans un roman n'a point de vraisemblance, à le bien prendre, et se doit ranger entre les actions nécessaires.

L'*Horace* en peut fournir quelques exemples : l'unité de lieu y est exacte, tout s'y passe dans une salle. Mais si on en faisait un roman avec les mêmes particularités de scène en scène que j'y ai employées, ferait-on tout passer dans cette salle ? A la fin du premier acte, Curiace et Camille sa maîtresse vont rejoindre le reste de la famille, qui doit être dans un autre appartement; entre les deux actes, ils y reçoivent la nouvelle de l'élection des trois Horaces; à l'ouverture du second, Curiace paraît dans cette même salle, pour l'en congratuler : dans le roman, il aurait fait cette congratulation au même lieu où l'on en reçoit la nouvelle, en présence de toute la famille, et il n'est point vraisemblable qu'ils s'écartent eux deux pour cette conjouissance; mais il est nécessaire pour le théâtre : et, à moins que cela, les sentiments des trois Horaces, de leur père, de leur sœur, de Curiace et de Sabine se fussent présentés à faire paraître tous à la fois. Le roman, qui ne fait rien voir, en fût aisément venu à bout ; mais sur la scène il a fallu les séparer pour y mettre quelque ordre, et les prendre l'un après l'autre, en commençant par ces deux-ci que j'ai été forcé de ramener dans cette salle sans vraisemblance. Cela passé, le reste de l'acte est tout à fait vraisemblable, et n'a rien qu'on fût obligé de faire arriver d'une autre manière dans le roman. A la fin de cet acte, Sabine et Camille, outrées de déplaisir, se retirent de cette salle avec un emportement de douleur, qui vraisemblablement va renfermer leurs larmes dans leur chambre, où le roman les ferait demeurer et y recevoir la nouvelle du combat. Cependant, par la nécessité de les faire voir aux spectateurs, Sabine quitte sa chambre au commencement du troisième acte, et revient entretenir ses douloureuses inquiétudes dans cette salle, où Camille la vient trouver. Cela fait, le reste de cet acte est vraisemblable comme en l'autre ; et, si vous voulez examiner avec cette rigueur les premières scènes des deux derniers, vous trouverez peut-être la même chose, et que le roman placerait ses personnages ailleurs qu'en cette salle, s'ils en étaient une fois sortis, comme ils en sortent à la fin de chaque acte.

Ces exemples peuvent suffire pour expliquer comme on peut traiter une action selon le nécessaire, quand on ne la peut traiter selon le vraisemblable, qu'on doit toujours préférer au nécessaire lorsqu'on ne regarde que les actions en elles-mêmes.

Il n'en va pas ainsi de leur liaison qui les fait naître l'une de l'autre : le nécessaire y est à préférer au vraisemblable ; non que cette liaison ne doive toujours être vraisemblable, mais parce qu'elle est beaucoup meilleure quand elle est vraisemblable et nécessaire tout ensemble. La raison en est aisée à concevoir. Lorsqu'elle n'est que vraisemblable sans être nécessaire, le poëme s'en peut passer, et elle n'y est pas de grande importance ; mais quand elle est vraisemblable et nécessaire, elle devient une partie essentielle du poëme, qui ne peut subsister sans elle. Vous trouverez dans *Cinna* des exemples de ces deux sortes de liaisons ; j'appelle ainsi la manière dont une action est produite par l'autre. Sa conspiration contre Auguste est causée nécessairement par l'amour qu'il a pour Émilie, parce qu'il la veut épouser, et qu'elle ne veut se donner à lui qu'à cette condition. De ces deux actions, l'une est vraie, l'autre est vraisemblable, et leur liaison est nécessaire. La bonté d'Auguste donne des remords et de l'irrésolution à Cinna : ces remords et cette irrésolution ne sont causés que vraisemblablement par cette bonté, et n'ont qu'une liaison vraisemblable avec elle, parce que Cinna pouvait demeurer dans la fermeté et arriver à son but, qui est d'épouser Émilie. Il la consulte dans cette irrésolution : cette consultation n'est que vraisemblable, mais elle est un effet nécessaire de son amour, parce que, s'il eût rompu la conjuration sans son aveu, il ne fût jamais arrivé à ce but qu'il s'était proposé; et par conséquent voilà une liaison nécessaire entre deux actions vraisemblables, ou, si vous l'aimez mieux, une production nécessaire d'une action vraisemblable par une autre pareillement vraisemblable.

Avant que d'en venir aux définitions et divisions du vraisemblable et du nécessaire, je fais encore une réflexion sur les actions qui composent la tragédie, et trouve que nous pouvons y en faire entrer de trois sortes, selon que nous le jugeons à propos : les unes suivent l'histoire, les autres ajoutent à l'histoire, les troisièmes falsifient l'histoire. Les premières sont vraies, les secondes quelquefois vraisemblables et quelquefois nécessaires, et les dernières doivent toujours être nécessaires.

Lorsqu'elles sont vraies, il ne faut point se mettre en peine de la vraisemblance, elles n'ont pas besoin de son secours. « Tout ce qui s'est fait manifestement s'est pu faire, dit Aris- « tote, parce que, s'il ne s'était pu faire, il ne se serait pas fait. » Ce que nous ajoutons à l'histoire, comme il n'est pas appuyé de son autorité, n'a pas cette prérogative. « Nous avons une pente « naturelle, ajoute ce philosophe, à croire que ce qui ne s'est « point fait n'a pu encore se faire ; » et c'est pourquoi ce que nous inventons a besoin de la vraisemblance la plus exacte qu'il est possible pour le rendre croyable.

A bien peser ces deux passages, je crois ne m'éloigner point de sa pensée quand j'ose dire, pour définir le vraisemblable, que c'est « une chose manifestement possible dans la bienséance « et qui n'est ni manifestement vraie ni manifestement fausse. » On en peut faire deux divisions, l'une en vraisemblable général et particulier, l'autre en ordinaire et extraordinaire.

Le vraisemblable général est ce que peut faire et qu'il est à propos que fasse un roi, un général d'armée, un amant, un ambitieux, etc. Le particulier est ce qu'a pu ou dû faire Alexandre, César, Alcibiade, compatible avec ce que l'histoire nous apprend de ses actions. Ainsi tout ce qui choque l'histoire sort de cette vraisemblance, parce qu'il est manifestement faux ; et il n'est pas vraisemblable que César, après la bataille de Pharsale, se soit remis en bonne intelligence avec Pompée, ou Auguste avec Antoine après celle d'Actium, bien qu'à parler en termes généraux il soit vraisemblable que, dans une guerre civile, après une grande bataille, les chefs des partis contraires se réconcilient, principalement lorsqu'ils sont généreux l'un et l'autre.

Cette fausseté manifeste, qui détruit la vraisemblance, se

peut rencontrer même dans les pièces qui sont toutes d'invention : on n'y peut falsifier l'histoire, puisqu'elle n'y a aucune part ; mais il y a des circonstances des temps et des lieux qui peuvent convaincre un auteur de fausseté quand il prend mal ses mesures. Si j'introduisais un roi de France ou d'Espagne sous un nom imaginaire, et que je choisisse pour le temps de mon action un siècle dont l'histoire eût marqué les véritables rois de ces deux royaumes, la fausseté serait toute visible ; et c'en serait une encore plus palpable si je plaçais Rome à deux lieues de Paris, afin qu'on pût y aller et revenir en un même jour. Il y a des choses sur qui le poëte n'a jamais aucun droit : il peut prendre quelque licence sur l'histoire, en tant qu'elle regarde les actions des particuliers, comme celle de César ou d'Auguste, et leur attribuer des actions qu'ils n'ont pas faites, ou les faire arriver d'une autre manière qu'ils ne les ont faites; mais il ne peut pas renverser la chronologie pour faire vivre Alexandre du temps de César, et moins encore changer la situation des lieux, ou les noms des royaumes, des provinces, des villes, des montagnes et des fleuves remarquables. La raison est que ces provinces, ces montagnes, ces rivières, sont des choses permanentes. Ce que nous savons de leur situation était dès le commencement du monde ; nous devons présumer qu'il n'y a point eu de changement, à moins que l'histoire ne le marque ; et la géographie nous en apprend tous les noms anciens et modernes. Ainsi un homme serait ridicule d'imaginer que, du temps d'Abraham, Paris fût au pied des Alpes, ou que la Seine traversât l'Espagne, et de mêler de pareilles grotesques dans une pièce d'invention. Mais l'histoire est des choses qui passent, et qui, succédant les unes aux autres, n'ont que chacune un moment pour leur durée, dont il en échappe beaucoup à la connaissance de ceux qui l'écrivent : aussi n'en peut-on montrer aucune qui contienne tout ce qui s'est passé dans les lieux dont elle parle, ni tout ce qu'ont fait ceux dont elle décrit la vie. Je n'en excepte pas même les *Commentaires de César*, qui écrivait sa propre histoire, et devait la savoir tout entière. Nous savons quels pays arrosaient le Rhône et la Seine avant qu'il vînt dans les Gaules ; mais nous ne savons que fort peu de chose, et peut-être rien du tout, de ce qui s'y est passé avant sa venue. Ainsi nous pouvons bien y placer des actions que nous feignons arrivées avant ce temps-là, mais non pas, sous ce prétexte de fiction poétique et d'éloignement des temps, y changer la distance naturelle d'un lieu à l'autre. C'est de cette façon que Barclay en a usé dans son *Argénis*, où il ne nomme aucune ville ni fleuve de Sicile, ni de nos provinces, que par des noms véritables, bien que ceux de toutes les personnes qu'il y met sur le tapis soient entièrement de son invention aussi bien que leurs actions.

Aristote semble plus indulgent sur cet article, puisqu'il « trouve le poëte excusable quand il pèche contre un autre art « que le sien, comme contre la médecine ou contre l'astrologie. » A quoi je réponds « qu'il ne l'excuse que sous cette condition, « qu'il arrive par là au but de son art, auquel il n'aurait pu « arriver autrement : encore avoue-t-il qu'il pèche en ce cas, « et qu'il est meilleur de ne pécher point du tout. » Pour moi, s'il faut recevoir cette excuse, je ferais distinction entre les arts qu'il peut ignorer sans honte, parce qu'il lui arrive rarement des occasions d'en parler sur son théâtre, tels que sont la médecine et l'astrologie que je viens de nommer, et les arts sans la connaissance desquels, ou en tout ou en partie, il ne saurait établir de justesse dans aucune pièce, tels que sont la géographie et la chronologie. Comme il ne saurait représenter aucune action sans la placer en quelque lieu et en quelque temps, il est inexcusable s'il fait paraître de l'ignorance dans le choix de ce lieu et de ce temps où il la place.

Je viens à l'autre division du vraisemblable en ordinaire et extraordinaire ; l'ordinaire est une action qui arrive plus souvent, ou du moins aussi souvent que sa contraire ; l'extraordinaire est une action qui arrive, à la vérité, moins souvent que sa contraire, mais qui ne laisse pas d'avoir sa possibilité assez aisée pour n'aller point jusqu'au miracle, ni jusqu'à ces événements singuliers qui servent de matière aux tragédies sanglantes par l'appui qu'ils ont de l'histoire ou de l'opinion commune et qui ne se peuvent tirer en exemple que pour les épisodes de la pièce dont ils font le corps, parce qu'ils ne sont pas croyables à moins que d'avoir cet appui. Aristote donne deux idées ou exemples généraux de ce vraisemblable extraordinaire : l'un, d'un homme subtil et adroit qui se trouve trompé par un moins subtil que lui ; l'autre, d'un faible qui se bat contre un plus fort que lui et en demeure victorieux, ce qui surtout ne manque jamais à être bien reçu quand la cause du plus simple ou du plus faible est la plus équitable. Il semble alors que la justice du ciel ait présidé au succès, qui trouve d'ailleurs une croyance d'autant plus facile qu'il répond aux souhaits de l'auditoire, qui s'intéresse toujours pour ceux dont le procédé est le meilleur. Ainsi la victoire du Cid contre le comte se trouverait dans la vraisemblance extraordinaire quand elle ne serait pas vraie. « Il est vraisemblable, dit notre docteur, que beau« coup de choses arrivent contre le vraisemblable ; » et, puisqu'il avoue par là que ces effets extraordinaires arrivent contre la vraisemblance, j'aimerais mieux les nommer simplement croyables et les ranger sous le nécessaire, attendu qu'on ne s'en doit jamais servir sans nécessité.

On peut m'objecter que le même philosophe dit « qu'au

« regard de la poésie on doit préférer l'impossible croyable au
« possible incroyable, » et conclure de là que j'ai peu de raison
d'exiger du vraisemblable par la définition que j'en ai faite,
qu'il soit manifestement possible pour être croyable, puisque, selon Aristote, il y a des choses impossibles qui sont
croyables.

Pour résoudre cette difficulté et trouver de quelle nature est
cet impossible croyable dont il ne donne aucun exemple, je réponds qu'il y a des choses impossibles en elles-mêmes qui
paraissent aisément possibles, et par conséquent croyables quand
on les envisage d'une autre manière. Telles sont toutes celles
où nous falsifions l'histoire. Il est impossible qu'elles se soient
passées comme nous les représentons, puisqu'elles se sont passées autrement, et qu'il n'est pas au pouvoir de Dieu même de
rien changer au passé; mais elles paraissent manifestement
possibles quand elles sont dans la vraisemblance générale, pourvu
qu'on les regarde détachées de l'histoire, et qu'on veuille oublier
pour quelque temps ce qu'elle dit de contraire à ce que nous
inventons. Tout ce qui se passe dans *Nicomède* est impossible,
puisque l'histoire porte qu'il fit mourir son père sans le voir, et
que ses frères du second lit étaient en otage à Rome lorsqu'il
s'empara du royaume. Tout ce qui arrive dans *Héraclius* ne l'est
pas moins, puisqu'il n'était pas fils de Maurice, et que, bien
loin de passer pour celui de Phocas et être nourri comme tel
chez ce tyran, il vint fondre sur lui à force ouverte des bords
de l'Afrique, dont il était gouverneur, et ne le vit peut-être
jamais. On ne prend point néanmoins pour incroyables les
incidents de ces deux tragédies ; et ceux qui savent le désaveu
qu'en fait l'histoire la mettent aisément à quartier pour se
plaire à leur représentation, parce qu'ils sont dans la vraisemblance générale, bien qu'ils manquent de la particulière.

Tout ce que la fable nous dit de ses dieux et de ses métamorphoses est encore impossible, et ne laisse pas d'être
croyable par l'opinion commune et par cette vieille traditive
qui nous a accoutumés à en ouïr parler. Nous avons droit d'inventer même sur ce modèle, et de joindre des incidents également impossibles à ceux que ces anciennes erreurs nous prêtent. L'auditeur n'est point trompé dans son attente quand le
titre du poëme le prépare à n'y rien voir que d'impossible en
effet : il y trouve tout croyable; et cette première supposition
faite qu'il est des dieux, et qu'ils prennent intérêt et font commerce avec les hommes, à quoi il vient tout résolu, il n'a aucune difficulté à se persuader du reste.

Après avoir tâché d'éclaircir ce que c'est que le vraisemblable,
il est temps que je hasarde une définition du nécessaire dont
Aristote parle tant, et qui seul nous peut autoriser à changer

l'histoire et à nous écarter de la vraisemblance. Je dis donc que le nécessaire, en ce qui regarde la poésie, n'est autre chose que *le besoin du poëte pour arriver à son but ou pour y faire arriver ses acteurs.* Cette définition a son fondement sur les diverses acceptions du mot grec ἀναγκαῖον, qui ne signifie pas toujours ce qui est absolument nécessaire, mais aussi quelquefois ce qui est absolument utile à parvenir à quelque chose.

Le but des acteurs est divers, selon les divers desseins que la variété des sujets leur donne. Un amant a celui de posséder sa maîtresse ; un ambitieux, de s'emparer d'une couronne ; un homme offensé, de se venger; et ainsi des autres : les choses qu'ils ont besoin de faire pour y arriver constituent ce nécessaire, qu'il faut préférer au vraisemblable, ou, pour parler plus juste, qu'il faut ajouter au vraisemblable dans la liaison des actions et leur dépendance l'une de l'autre. Je pense m'être déjà assez expliqué là-dessus; je n'en dirai pas davantage.

Le but du poëte est de plaire selon les règles de son art : pour plaire, il a besoin quelquefois de rehausser l'éclat des belles actions et d'exténuer l'horreur des funestes : ce sont des nécessités d'embellissement où il peut bien choquer la vraisemblance particulière par quelque altération de l'histoire, mais non pas se dispenser de la générale, que rarement, et pour des choses qui soient de la dernière beauté, et si brillantes, qu'elles éblouissent. surtout il ne doit jamais les pousser au delà de la vraisemblance extraordinaire, parce que ces ornements qu'il ajoute de son invention ne sont pas d'une nécessité absolue et qu'il fait mieux de s'en passer tout à fait que d'en parer son poëme contre toute sorte de vraisemblance. Pour plaire selon les règles de son art, il a besoin de renfermer son action dans l'unité de jour et de lieu; et, comme cela est d'une nécessité absolue et indispensable, il lui est beaucoup plus permis sur ces deux articles que sur celui des embellissements.

Il est si malaisé qu'il se rencontre dans l'histoire ni dans l'imagination des hommes quantité de ces événements illustres et dignes de la tragédie, dont les délibérations et leurs effets puissent arriver en un même lieu et en un même jour, sans faire un peu de violence à l'ordre commun des choses, que je ne puis croire cette sorte de violence tout à fait condamnable, pourvu qu'elle n'aille pas jusqu'à l'impossible ; il est de beaux sujets où on ne la peut éviter; et un auteur scrupuleux se priverait d'une belle occasion de gloire, et le public de beaucoup de satisfaction, s'il n'osait s'enhardir à les mettre sur le théâtre, de peur de se voir forcé à les faire aller plus vite que la vraisemblance ne le permet. Je lui donnerais, en ce cas, un conseil que peut-être il trouverait salutaire : c'est de ne marquer aucun temps préfix dans son poëme, ni aucun lieu déterminé où il pose ses acteurs. L'imagination de l'auditeur aurait plus de liberté de se laisser aller au courant de l'action, si elle n'était point fixée par ces marques; et il pourrait ne s'apercevoir pas de cette précipitation, si elles ne l'en faisaient souvenir, et n'y appliquaient son esprit malgré lui. Je me suis toujours repenti d'avoir fait dire au roi, dans le *Cid*, qu'il voulait que Rodrigue se délassât une heure ou deux après la défaite des Maures avant que de combattre don Sanche : je l'avais fait pour montrer que la pièce était dans les vingt-quatre heures; et cela n'a servi qu'à avertir les spectateurs de la contrainte avec laquelle je l'y ai réduite. Si j'avais fait résoudre ce combat sans en désigner l'heure, peut-être n'y aurait-on pas pris garde.

Je ne pense pas que, dans la comédie, le poëte ait cette liberté de presser son action, par la nécessité de la réduire dans l'unité de jour. Aristote veut que toutes les actions qu'il y fait entrer soient vraisemblables, et n'ajoute point ce mot, *ou nécessaires*, comme pour la tragédie. Aussi la différence est assez grande entre les actions de l'une et celles de l'autre : celles de la comédie partent de personnes communes, et ne consistent qu'en intrigues d'amour et en fourberies, qui se développent si aisément en un jour, qu'assez souvent, chez Plaute et chez Térence, le temps de leur durée excède à peine celui de leur représentation : mais, dans la tragédie, les affaires publiques sont mêlées d'ordinaire avec les intérêts particuliers des personnes illustres qu'on y fait paraître; il y entre des batailles, des prises de villes, de grands périls, des révolutions d'États; et tout cela va malaisément avec la promptitude que la règle nous oblige de donner à ce qui se passe sur la scène.

Si vous me demandez jusqu'où peut s'étendre cette liberté qu'a le poëte d'aller contre la vérité et contre la vraisemblance par la considération du besoin qu'il en a, j'aurai de la peine à vous faire une réponse précise. J'ai fait voir qu'il y a des choses sur qui nous n'avons aucun droit; et pour celles où ce privilége peut avoir lieu, il doit être plus ou moins resserré, selon que les sujets sont plus ou moins connus. Il m'était beaucoup moins permis dans *Horace* et dans *Pompée*, dont les histoires ne sont ignorées de personne, que dans *Rodogune* et dans *Nicomède*, dont peu de gens savaient les noms avant que je les eusse mis sur le théâtre. La seule mesure qu'on y peut prendre, c'est que tout ce qu'on y ajoute à l'histoire, et tous les changements qu'on y apporte, ne soient jamais plus incroyables que ce qu'on en conserve dans le même poëme. C'est ainsi qu'il faut entendre ce vers d'Horace touchant les fictions d'ornement :

> Ficta voluptatis causa sint proxima veris;

et non pas en porter la signification jusqu'à celles qui peuvent trouver quelque exemple dans l'histoire ou dans la fable, hors du sujet qu'on traite. Le même Horace décide la question, autant qu'on la peut décider, par cet autre vers avec lequel je finis ce discours :

Dabiturque licentia sumpta pudenter.

Servons-nous-en donc avec retenue, mais sans scrupule ; et, s'il se peut, ne nous en servons point du tout : il vaut mieux n'avoir point besoin de grâce que d'en recevoir.

TROISIÈME DISCOURS

SUR LES TROIS UNITÉS D'ACTION, DE JOUR ET DE LIEU.

Les deux discours précédents et l'examen de mes pièces de théâtre, que contiennent mes deux premiers volumes, m'ont fourni tant d'occasions d'expliquer ma pensée sur ces matières, qu'il m'en resterait peu de chose à dire, si je me défendais absolument de répéter.

Je tiens donc, et je l'ai déjà dit, que l'unité d'action consiste, dans la comédie, en l'unité d'intrigue, ou d'obstacle aux desseins des principaux acteurs, et en l'unité de péril dans la tragédie, soit que son héros y succombe, soit qu'il en sorte. Ce n'est pas que je prétende qu'on ne puisse admettre plusieurs périls dans l'une, et plusieurs intrigues ou obstacles dans l'autre, pourvu que de l'un on tombe nécessairement dans l'autre ; car alors la sortie du premier péril ne rend point l'action complète, puisqu'elle en attire un second ; et l'éclaircissement d'un intrigue ne met point les acteurs en repos, puisqu'il les embarrasse dans un nouveau. Ma mémoire ne me fournit point d'exemples anciens de cette multiplicité de périls attachés l'un à l'autre qui ne détruit point l'unité d'action ; mais j'en ai marqué la duplicité indépendante pour un défaut dans *Horace*, et dans *Théodore*, dont il n'est point besoin que le premier tue sa sœur au sortir de sa victoire, ni que l'autre s'offre au martyre après avoir échappé à la prostitution ; et je me trompe fort si la mort de Polyxène et celle d'Astyanax, dans la *Troade* de Sénèque, ne font la même irrégularité.

En second lieu, ce mot d'unité d'action ne veut pas dire que la tragédie n'en doive faire voir qu'une sur le théâtre. Celle que le poëte choisit pour son sujet doit avoir un commencement, un milieu et une fin ; et ces trois parties non-seulement sont autant d'actions qui aboutissent à la principale, mais en outre chacune d'elles en peut contenir plusieurs avec la même subordination. Il n'y doit avoir qu'une action complète, qui laisse l'esprit de l'auditeur dans le calme ; mais elle ne peut le devenir que par plusieurs autres imparfaites qui lui servent d'acheminement, et tiennent cet auditeur dans une agréable suspension. C'est ce qu'il faut pratiquer à la fin de chaque acte pour rendre l'action continue. Il n'est pas besoin qu'on sache précisément tout ce que font les acteurs durant les intervalles qui les séparent, ni même qu'ils agissent lorsqu'ils ne paraissent point sur le théâtre ; mais il est nécessaire que chaque acte laisse une attente de quelque chose qui se doive faire dans celui qui le suit.

Si vous me demandiez ce que fait Cléopâtre dans *Rodogune* depuis qu'elle a quitté ses deux fils au second acte jusqu'à ce qu'elle rejoigne Antiochus au quatrième, je serais bien empêché à vous le dire, et je ne crois pas être obligé à en rendre compte : mais la fin de son second prépare à voir un effort de l'amitié de deux frères pour régner, et dérober Rodogune à la haine envenimée de leur mère ; on en voit l'effet dans le troisième, dont la fin prépare encore à voir un autre effort d'Antiochus pour regagner ces deux ennemies l'une après l'autre, et à ce que fait Séleucus dans le quatrième, qui oblige cette mère dénaturée à résoudre et faire attendre ce qu'elle tâche d'exécuter au cinquième.

Dans le *Menteur*, tout l'intervalle du troisième au quatrième vraisemblablement se consume à dormir par tous les acteurs ; leur repos n'empêche pas toutefois la continuité d'action entre ces deux actes, parce que ce troisième n'en a point de complète : Dorante le finit par le dessein de chercher les moyens de regagner l'esprit de Lucrèce ; et, dès le commencement de l'autre, il se présente pour tâcher de parler à quelqu'un de ses gens, et prendre l'occasion de l'entretenir elle-même si elle se montre.

Quand je dis qu'il n'est pas besoin de rendre compte de ce que font les acteurs pendant qu'ils n'occupent point la scène, je n'entends pas dire qu'il ne soit quelquefois fort à propos de le rendre, mais seulement qu'on n'y est pas obligé, et qu'il n'en faut prendre le soin que quand ce qui s'est fait derrière le théâtre sert à l'intelligence de ce qui se doit faire devant les spectateurs. Ainsi je ne dis rien de ce qu'a fait Cléopâtre depuis le second acte jusqu'au quatrième, parce que, durant tout ce temps-là, elle a pu ne rien faire d'important pour l'action principale que je prépare : mais je fais connaître, dès le premier vers du cinquième, qu'elle a employé tout l'intervalle d'entre ces deux derniers à tuer Séleucus, parce que cette mort fait une partie de l'action. C'est ce qui me donne lieu de remarquer que le poëte n'est pas tenu d'exposer à la vue toutes les actions particulières qui amènent à la principale : il doit choisir celles qui lui sont les plus avantageuses à faire voir, soit par la beauté du spectacle, soit par l'éclat et la véhémence des passions qu'elles produisent, soit par quelque autre agrément qui leur soit attaché, et cacher les autres derrière la scène, pour les faire connaître au spectateur, ou par une narration, ou par quelque autre adresse de l'art ; surtout il doit se souvenir que les unes et les autres doivent avoir une telle liaison ensemble, que les dernières soient produites par celles qui les précèdent, et que toutes aient leur source dans la protase que doit fermer le premier acte. Cette règle, que j'ai établie dès le premier discours, bien qu'elle soit nouvelle et contre l'usage des anciens, a son fondement sur deux passages d'Aristote ; en voici le premier : « Il « y a grande différence, dit-il, entre les événements qui vien-« nent les uns après les autres, et ceux qui viennent les uns à « cause des autres. » Les Maures viennent dans le *Cid* après la mort du comte, et non pas à cause de la mort du comte ; et le pêcheur vient dans *Don Sanche* après qu'on soupçonne Carlos d'être le prince d'Aragon, et non pas à cause qu'on l'en soupçonne ; ainsi tous les deux sont condamnables. Le second passage est encore plus formel, et porte en termes exprès « que tout ce qui « se passe dans la tragédie doit arriver nécessairement ou vrai-« semblablement de ce qui l'a précédé. »

La liaison des scènes qui unit toutes les actions particulières de chaque acte l'une avec l'autre, et dont j'ai parlé en l'examen de la *Suivante*, est un grand ornement dans un poëme et qui sert beaucoup à former une continuité d'action par la continuité de la représentation ; mais enfin ce n'est qu'un ornement, et non pas une règle. Les anciens ne s'y sont pas toujours assujettis, bien que la plupart de leurs actes ne soient chargés que de deux ou trois scènes ; ce qui la rendait bien plus facile pour eux que pour nous qui leur en donnons quelquefois jusqu'à neuf ou dix. Je ne rapporterai que deux exemples du mépris qu'ils en ont fait : l'un est de Sophocle dans l'*Ajax*, dont le monologue, avant que de se tuer, n'a aucune liaison avec la scène qui le précède, ni avec celle qui le suit ; l'autre est du troisième acte de l'*Eunuque* de Térence, où celle d'Antiphon seul n'a aucune communication avec Chrémès et Pythias, qui sortent du théâtre quand il y entre. Les savants de notre siècle, qui les ont pris pour modèles dans les tragédies qu'ils nous ont laissées, ont encore plus négligé cette liaison qu'eux ; et il ne faut que jeter l'œil sur celles de Buchanan, de Grotius et de Heinsius, dont j'ai parlé dans l'examen de *Polyeucte*, pour en demeurer d'accord. Nous y avons tellement accoutumé nos spectateurs, qu'ils ne sauraient plus voir une scène détachée sans la marquer pour un défaut : l'œil et l'oreille même s'en scandalisent avant que l'esprit y ait pu faire de réflexion. Le quatrième acte de *Cinna* demeure au-dessous des autres par ce manquement ; et ce qui n'était point une règle autrefois l'est devenu maintenant par l'assiduité de la pratique.

J'ai parlé de trois sortes de liaisons dans cet examen de la *Suivante* : j'ai montré aversion pour celles de bruit, indulgence pour celles de vue, estime pour celles de présence et de discours ; et dans ces dernières j'ai confondu deux choses qui méritent d'être séparées. Celles qui sont de présence et de discours ensemble ont sans doute toute l'excellence dont elles sont capables ; mais il en est de discours sans présence, et de présence sans discours, qui ne sont pas dans le même degré. Un acteur qui parle à un autre d'un lieu caché, sans se montrer, fait une liaison de discours sans présence, qui ne laisse pas d'être fort bonne ; mais cela arrive fort rarement. Un homme qui demeure sur le théâtre, seulement pour entendre ce que diront ceux qu'il y voit entrer, fait une liaison de présence sans discours, qui souvent a mauvaise grâce, et tombe dans une affectation mendiée, plutôt pour remplir ce nouvel usage qui passe en précepte, que pour aucun besoin qu'en puisse avoir le sujet. Ainsi, dans le troisième acte de *Pompée*, Achorée, après avoir rendu compte à Charmion de la réception que César a faite au roi quand il lui a présenté la tête de ce héros, demeure sur le théâtre, où il voit venir l'un et l'autre, seulement pour entendre ce qu'ils diront et le rapporter à Cléopâtre. Ammon fait la même chose au quatrième d'*Andromède*, en faveur de Phinée, qui se retire à la vue du roi et de toute sa cour qu'il voit arriver. Ces personnages qui deviennent muets lient assez mal les scènes, où ils ont si peu de part qu'ils n'y sont comptés pour rien. Autre chose est quand ils se tiennent cachés pour s'instruire de quelque secret d'importance par le moyen de ceux qui parlent et qui croient n'être entendus de personne ; car alors l'intérêt qu'ils ont à ce qui se dit, joint à une curiosité raisonnable d'apprendre ce qu'ils ne peuvent savoir d'ailleurs, leur donne grande part en l'action, malgré leur silence : mais, en ces deux exemples, Ammon et Achorée mêlent une présence si froide aux scènes qu'ils écoutent, qu'à ne rien déguiser, quelque couleur que je leur donne pour leur servir de prétexte, ils ne s'arrêtent que pour les lier avec celles qui les précèdent, tant l'une et l'autre pièce s'en peut aisément passer.

Bien que l'action du poëme dramatique doive avoir son unité, il y faut considérer deux parties : le nœud et le dénoûment.

« Le nœud est composé, selon Aristote, en partie de ce qui
« s'est passé hors du théâtre avant le commencement de l'ac-
« tion qu'on y décrit, et en partie de ce qui s'y passe ; le reste
« appartient au dénoûment. Le changement d'une fortune en l'au-
« tre fait la séparation de ces deux parties. Tout ce qui le précède
« est de la première ; et ce changement avec ce qui le suit re-
« garde l'autre. » Le nœud dépend entièrement du choix et de
l'imagination industrieuse du poëte, et l'on n'y peut donner de
règles, sinon qu'il y doit ranger toutes choses selon le vraisemblable ou le nécessaire, dont j'ai parlé dans le second discours ;
à quoi j'ajoute un conseil, de s'embarrasser, le moins qu'il lui
est possible, de choses arrivées avant l'action qui se représente.
Ces narrations importunent d'ordinaire, parce qu'elles ne sont
pas attendues, et qu'elles gênent l'esprit de l'auditeur, qui est
obligé de charger sa mémoire de ce qui s'est fait dix ou douze
ans auparavant, pour comprendre ce qu'il voit représenter :
mais celles qui se font des choses qui arrivent et se passent
derrière le théâtre, depuis l'action commencée, font toujours
un meilleur effet, parce qu'elles sont attendues avec quelque
curiosité, et font partie de cette action qui se représente. Une
des raisons qui donnent tant d'illustres suffrages à *Cinna* pour
le mettre au-dessus de ce que j'ai fait, c'est qu'il n'y a aucune
narration du passé ; celle qu'il fait de sa conspiration à Émilie
étant plutôt un ornement qui chatouille l'esprit des spectateurs
qu'une instruction nécessaire de particularités qu'ils doivent
savoir et imprimer dans leur mémoire pour l'intelligence de la
suite : Émilie leur fait assez connaître, dans les deux premières scènes, qu'il conspirait contre Auguste en sa faveur ; et
quand Cinna lui dirait tout simplement que les conjurés sont
prêts au lendemain, il avancerait autant pour l'action que par les
cent vers qu'il emploie à lui rendre compte, et de ce qu'il leur
a dit, et de la manière dont ils l'ont reçu. Il y a des intrigues
qui commencent dès la naissance du héros, comme celui d'*Héraclius ;* mais ces grands efforts d'imagination en demandent
un extraordinaire à l'attention du spectateur, et l'empêchent
souvent de prendre un plaisir entier aux premières représentations, tant ils le fatiguent.

Dans le dénoûment, je trouve deux choses à éviter : le simple changement de volonté, et la machine. Il n'y a pas grand
artifice à finir un poëme, quand celui qui a fait obstacle au dessein des premiers acteurs, durant quatre actes, en désiste au
cinquième, sans aucun événement notable qui l'y oblige : j'en
ai parlé au premier discours, et n'y ajouterai rien ici. La machine n'a pas plus d'adresse quand elle ne sert qu'à faire descendre un dieu pour accommoder toutes choses, sur le point
que les acteurs ne savent plus comment les terminer. C'est

ainsi qu'Apollon agit dans *Oreste* : ce prince et son ami Pylade, accusés par Tindare et Ménélas de la mort de Clytemnestre, et condamnés à leur poursuite, se saisissent d'Hélène et d'Hermione : ils tuent ou croient tuer la première, et menacent d'en faire autant de l'autre, si on ne révoque l'arrêt prononcé contre eux. Pour apaiser ces troubles, Euripide ne cherche point d'autre finesse que de faire descendre Apollon du ciel, qui, d'autorité absolue, ordonne qu'Oreste épouse Hermione, et Pylade Électre; et, de peur que la mort d'Hélène n'y servît d'obstacle, n'y ayant pas d'apparence qu'Hermione épousât Oreste qui venait de tuer sa mère, il leur apprend qu'elle n'est pas morte, et qu'il l'a dérobée à leurs coups et enlevée au ciel dans l'instant qu'ils pensaient la tuer. Cette sorte de machine est entièrement hors de propos, n'ayant aucun fondement sur le reste de la pièce, et fait un dénoûment vicieux. Mais je trouve un peu de rigueur au sentiment d'Aristote, qui met en même rang le char dont Médée se sert pour s'enfuir de Corinthe après la vengeance qu'elle a prise de Créon : il me semble que c'en est un assez grand fondement que de l'avoir faite magicienne, et d'en avoir rapporté dans le poëme des actions autant au-dessus des forces de la nature que celle-là. Après ce qu'elle a fait pour Jason à Colchos, après qu'elle a rajeuni son père Æson depuis son retour, après qu'elle a attaché des feux invisibles au présent qu'elle a fait à Créuse, ce char volant n'est point hors de la vraisemblance ; et ce poëme n'a pas besoin d'autre préparation pour cet effet extraordinaire. Sénèque lui en donne une par ce vers, que Médée dit à sa nourrice :

Tuum quoque ipsa corpus hinc mecum aveham;

et moi, par celui-ci qu'elle dit à Ægée :

Je vous suivrai demain par un chemin nouveau.

Ainsi la condamnation d'Euripide, qui ne s'y est servi d'aucune précaution, peut être juste, et ne retomber ni sur Sénèque, ni sur moi ; et je n'ai point besoin de contredire Aristote pour me justifier sur cet article.

De l'action je passe aux actes, qui en doivent contenir chacun une portion, mais non pas si égale qu'on n'en réserve plus pour le dernier que pour les autres, et qu'on n'en puisse moins donner aux premiers qu'aux autres. On peut même ne faire aucune autre chose dans ce premier que peindre les mœurs des personnages, et marquer à quel point ils en sont de l'histoire qu'on va représenter. Aristote n'en prescrit point le nombre ; Horace le borne à cinq ; et, bien qu'il défende d'y en mettre moins, les Espagnols s'opiniâtrent à l'arrêter à trois, et les Italiens font souvent la même chose. Les Grecs les distinguaient par le chant du chœur ; et, comme je trouve lieu de croire qu'en quelques-uns de leurs poëmes ils le faisaient chanter plus de quatre fois, je ne voudrais pas répondre qu'ils ne les poussassent jamais au delà de cinq. Cette manière de les distinguer était plus incommode que la nôtre ; car, ou l'on prêtait attention à ce que chantait le chœur, ou l'on n'y en prêtait point ; si l'on y en prêtait, l'esprit de l'auditeur était trop tendu et n'avait aucun moment pour se délasser ; si l'on n'y en prêtait point, son attention était trop dissipée par la longueur du chant, et, lorsqu'un autre acte commençait, il avait besoin d'un effort de mémoire pour rappeler en son imagination ce qu'il avait déjà vu, et en quel point l'action était demeurée. Nos violons n'ont aucune de ces deux incommodités ; l'esprit de l'auditeur se relâche durant qu'ils jouent, et réfléchit même sur ce qu'il a vu, pour le louer ou le blâmer, suivant qu'il lui a plu ou déplu ; et le peu qu'on les laisse jouer lui en laisse les idées si récentes, que, quand les acteurs reviennent, il n'a point besoin de se faire d'effort pour rappeler et renouer son attention.

Le nombre des scènes dans chaque acte ne reçoit aucune règle : mais comme tout l'acte doit avoir une certaine quantité de vers qui proportionne sa durée à celle des autres, on y peut mettre plus ou moins de scènes, selon qu'elles sont plus ou moins longues, pour employer le temps que tout l'acte ensemble doit consumer. Il faut, s'il se peut, y rendre raison de l'entrée et de la sortie de chaque acteur ; surtout pour la sortie, je tiens cette règle indispensable, et il n'y a rien de si mauvaise grâce qu'un acteur qui se retire du théâtre seulement parce qu'il n'a plus de vers à dire.

Je ne serais pas si rigoureux pour les entrées. L'auditeur attend l'acteur ; et, bien que le théâtre représente la chambre ou le cabinet de celui qui parle, il ne peut toutefois s'y montrer qu'il ne vienne de derrière la tapisserie ; et il n'est pas toujours aisé de rendre raison de ce qu'il vient de faire en ville avant que de rentrer chez lui, puisque même quelquefois il est vraisemblable qu'il n'en est pas sorti. Je n'ai vu personne se scandaliser de voir Émilie commencer *Cinna* sans dire pourquoi elle vient dans sa chambre : elle est présumée y être avant que la pièce commence, et ce n'est que la nécessité de la représentation qui la fait sortir derrière le théâtre pour y venir. Ainsi je dispenserais volontiers de cette rigueur toutes les premières scènes de chaque acte, mais non pas les autres, parce qu'un acteur occupant une fois le théâtre, aucun n'y doit entrer qui n'ait sujet de parler à lui, ou du moins qui n'ait lieu de prendre l'occasion quand elle s'offre Surtout, lorsqu'un acteur entre deux fois dans un acte, soit dans la comédie, soit dans la tragédie, il doit absolument, ou faire juger qu'il reviendra bientôt quand il sort la première fois, comme Horace dans le second acte et Julie dans le troisième de la même pièce, ou donner raison en rentrant pourquoi il revient sitôt.

Aristote veut que la tragédie bien faite soit belle et capable de plaire sans le secours des comédiens, et hors de la représentation. Pour faciliter ce plaisir au lecteur, il ne faut non plus gêner son esprit que celui du spectateur, parce que l'effort qu'il est obligé de se faire pour la concevoir et se la représenter lui-même dans son esprit diminue la satisfaction qu'il en doit recevoir. Ainsi, je serais d'avis que le poëte prît grand soin de marquer à la marge les menues actions qui ne méritent pas qu'il en charge ses vers, et qui leur ôteraient même quelque chose de leur dignité, s'il se ravalait à les exprimer. Le comédien y supplée aisément sur le théâtre; mais sur le livre on serait assez souvent réduit à deviner, et quelquefois même on pourrait deviner mal, à moins que d'être instruit par là de ces petites choses. J'avoue que ce n'est pas l'usage des anciens; mais il faut m'avouer aussi que, faute de l'avoir pratiqué, ils nous laissent beaucoup d'obscurités dans leurs poëmes, qu'il n'y a que les maîtres de l'art qui puissent développer; encore ne sais-je s'ils en viennent à bout toutes les fois qu'ils se l'imaginent. Si nous nous assujettissions à suivre entièrement leur méthode, il ne faudrait mettre aucune distinction d'actes ni de scènes, non plus que les Grecs. Ce manque est souvent cause que je ne sais combien il y a d'actes dans leurs pièces, ni si à la fin d'un acte un acteur se retire pour laisser chanter le chœur, ou s'il demeure sans action cependant qu'il chante; parce que ni eux ni leurs interprètes n'ont daigné nous en donner un mot d'avis à la marge.

Nous avons encore une autre raison particulière de ne pas négliger ce petit secours comme ils ont fait : c'est que l'impression met nos pièces entre les mains des comédiens qui courent les provinces, que nous ne pouvons avertir que par là de ce qu'ils ont à faire, et qui feraient d'étranges contre-temps, si nous ne leur aidions par ces notes. Ils se trouveraient bien embarrassés au cinquième acte des pièces qui finissent heureusement, et où nous rassemblons tous les acteurs sur notre théâtre; ce que ne faisaient pas les anciens : ils diraient souvent à l'un ce qui s'adresse à l'autre, principalement quand il faut que le même acteur parle à trois ou quatre l'un après l'autre. Quand il y a quelque commandement à faire à l'oreille, comme celui de Cléopâtre à Laonice pour lui aller querir du poison, il faudrait un aparté pour l'exprimer en vers, si l'on se voulait passer de ces avis en marge; et l'un me semble beaucoup plus insupportable que les autres, qui nous donnent le vrai et unique moyen de faire, suivant le sentiment d'Aristote, que la tragédie soit aussi belle à la lecture qu'à la représentation, en rendant facile à l'imagination du lecteur tout ce que le théâtre présente à la vue des spectateurs.

La règle de l'unité de jour a son fondement sur ce mot d'Aristote, « que la tragédie doit renfermer la durée de son action « dans un tour du soleil ou tâcher de ne le passer pas de beau- « coup. » Ces paroles donnent lieu à cette dispute fameuse, si elles doivent être entendues d'un jour naturel de vingt-quatre heures, ou d'un jour artificiel de douze; ce sont deux opinions dont chacune a des partisans considérables : et, pour moi, je trouve qu'il y a des sujets si malaisés à renfermer en si peu de temps, que non-seulement je leur accorderais les vingt-quatre heures entières, mais je me servirais même de la licence que donne ce philosophe de les excéder un peu, et les pousserais sans scrupule jusqu'à trente. Nous avons une maxime en droit, qu'il faut élargir la faveur et restreindre les rigueurs, *Odia restringenda, favores ampliandi;* et je trouve qu'un auteur est assez gêné par cette contrainte, qui a forcé quelques-uns de nos anciens d'aller jusqu'à l'impossible. Euripide, dans les *Suppliantes*, fait partir Thésée d'Athènes avec une armée, donner une bataille devant les murs de Thèbes, qui en étaient éloignés de douze ou quinze lieues, et revenir victorieux en l'acte suivant; et, depuis qu'il est parti jusqu'à l'arrivée du messager qui vient faire le récit de sa victoire, Æthra et le chœur n'ont que trente-six vers à dire. C'est assez bien employer un temps si court. Eschyle fait revenir Agamemnon de Troie avec une vitesse encore tout autre. Il était demeuré d'accord avec Clytemnestre sa femme que, sitôt que cette ville serait prise, il le lui ferait savoir par des flambeaux disposés de montagne en montagne, dont le second s'allumerait incontinent à la vue du premier, le troisième à la vue du second, et ainsi du reste; et par ce moyen elle devait apprendre cette grande nouvelle dès la même nuit : cependant à peine l'a-t-elle apprise par ces flambeaux allumés, qu'Agamemnon arrive, dont il faut que le navire, quoique battu d'une tempête, si j'ai bonne mémoire, ait été aussi vite que l'œil à découvrir ces lumières. Le *Cid* et *Pompée*, où les actions sont un peu précipitées, sont bien éloignés de cette licence; et, s'ils forcent la vraisemblance commune en quelque chose, du moins ils ne vont point jusqu'à de telles impossibilités.

Beaucoup déclament contre cette règle, qu'ils nomment tyrannique, et auraient raison, si elle n'était fondée que sur l'autorité d'Aristote; mais ce qui la doit faire accepter, c'est la raison naturelle qui lui sert d'appui. Le poëme dramatique est une imitation, ou, pour en mieux parler, un portrait des actions des hommes ; et il est hors de doute que les portraits sont d' tant plus excellents qu'ils ressemblent mieux à l'original. La représentation dure deux heures, et ressemblerait parfaitement, si l'action qu'elle représente n'en demandait pas davantage pour sa réalité. Ainsi ne nous arrêtons point ni aux douze, ni au vingt-quatre heures, mais resserrons l'action du poëme dans la moindre durée qu'il nous sera possible, afin que sa représentation ressemble mieux et soit plus parfaite. Ne donnons, s'il se peut, à l'une que les deux heures que l'autre remplit : je ne crois pas que *Rodogune* en demande guère davantage, et peut-être qu'elles suffiraient pour *Cinna*. Si nous ne pouvons la renfermer dans ces deux heures, prenons-en quatre, six, dix ; mais ne passons pas de beaucoup les vingt-quatre heures, de peur de tomber dans le déréglement, et de réduire tellement le portrait en petit, qu'il n'ait plus ses dimensions proportionnées, et ne soit qu'imperfection.

Surtout je voudrais laisser cette durée à l'imagination des auditeurs, et ne déterminer jamais le temps qu'elle emporte, si le sujet n'en avait besoin, principalement quand la vraisemblance y est un peu forcée, comme au *Cid*, parce qu'alors cela ne sert qu'à les avertir de cette précipitation. Lors même que rien n'est violenté dans un poëme par la nécessité d'obéir à cette règle, qu'est-il besoin de marquer à l'ouverture du théâtre que le soleil se lève, qu'il est midi au troisième acte, et qu'il se couche à la fin du dernier ? C'est une affectation qui ne fait qu'importuner ; il suffit d'établir la possibilité de la chose dans le temps où on la renferme, et qu'on le puisse trouver aisément, si l'on y veut prendre garde, sans y appliquer l'esprit malgré soi. Dans les actions mêmes qui n'ont point plus de durée que la représentation, cela serait de mauvaise grâce si l'on marquait d'acte en acte qu'il s'est passé une demi-heure de l'un à l'autre.

Je répète ce que j'ai dit ailleurs, que, quand nous prenons un temps plus long, comme de dix heures, je voudrais que les huit qu'il faut perdre se consumassent dans les intervalles des actes, et que chacun d'eux n'eût en son particulier que ce que la représentation en consume, principalement lorsqu'il y a liaison de scènes perpétuelle ; car cette liaison ne souffre point de vide entre deux scènes. J'estime toutefois que le cinquième, par un privilége particulier, a quelque droit de presser un peu le temps, en sorte que la part de l'action qu'il représente en tienne davantage qu'il n'en faut pour sa représentation. La raison en est que le spectateur est alors dans l'impatience de voir la fin, et que, quand elle dépend d'acteurs qui sont sortis du théâtre, tout l'entretien qu'on donne à ceux qui y demeurent en attendant de leurs nouvelles ne fait que languir, et semble demeurer sans action. Il est hors de doute que, depuis que Phocas est sorti au cinquième d'*Héraclius* jusqu'à ce qu'Amyntas vienne raconter sa mort, il faut plus de temps pour ce qui se fait derrière le théâtre que pour le récit des vers qu'Héraclius, Martian et Pulchérie emploient à plaindre leur malheur. Prusias et Flaminius, dans celui de *Nicomède*, n'ont pas tout le loisir dont ils auraient besoin pour se rejoindre sur la mer, consulter ensemble, et revenir à la défense de la reine ; et le Cid n'en a pas assez pour se battre contre don Sanche durant l'entretien de l'infante avec Léonore et de Chimène avec Elvire. Je l'ai bien vu, et n'ai point fait de scrupule de cette précipitation, dont peut-être on trouverait plusieurs exemples chez les anciens ; mais ma paresse, dont j'ai déjà parlé, me fera contenter de celui-ci, qui est de Térence dans l'*Andrienne*. Simon y fait entrer Pamphile son fils chez Glycère, pour en faire sortir le vieillard Criton, et s'éclaircir avec lui de la naissance de sa maîtresse, qui se trouve fille de Chrémès: Pamphile y entre, parle à Criton, le prie de le servir, revient avec lui ; et, durant cette entrée, cette prière et cette sortie, Simon et Chrémès, qui demeurent sur le théâtre, ne disent que chacun un vers, qui ne saurait donner tout au plus à Pamphile que le loisir de demander où est Criton, et non pas de parler à lui, et lui dire les raisons qui le doivent porter à découvrir en sa faveur ce qu'il sait de la naissance de cette inconnue.

Quand la fin de l'action dépend d'acteurs qui n'ont point quitté le théâtre, et ne font point attendre de leurs nouvelles, comme dans *Cinna* et dans *Rodogune*, le cinquième acte n'a point besoin de ce privilége, parce qu'alors toute l'action est en vue ; ce qui n'arrive pas quand il s'en passe une partie derrière le théâtre depuis qu'il est commencé. Les autres actes ne méritent point la même grâce. S'il ne s'y trouve pas assez de temps pour y faire rentrer un acteur qui en est sorti, ou pour faire savoir ce qu'il a fait depuis cette sortie, on peut attendre à en rendre compte en l'acte suivant ; et le violon, qui les distingue l'un de l'autre, en peut consumer autant qu'il en est besoin ; mais dans le cinquième, il n'y a point de remise : l'attention est épuisée, et il faut finir.

Je ne puis oublier que, bien qu'il nous faille réduire toute l'action tragique en un jour, cela n'empêche pas que la tragédie ne fasse connaître par narration, ou par quelque autre manière plus artificieuse, ce qu'a fait son héros en plusieurs années, puisqu'il y en a dont le nœud consiste en l'obscurité de sa naissance qu'il faut éclaircir, comme *Œdipe*. Je ne répéterai point que, moins on se charge d'actions passées, plus on a l'auditeur propice, par le peu de gêne qu'on lui donne en lui rendant toutes les choses présentes, sans demander aucune réflexion à sa mémoire, que pour ce qu'il a vu : mais je ne puis oublier que c'est un grand ornement pour un poëme que le choix d'un jour illustre et attendu depuis quelque temps. Il ne s'en présente pas toujours des occasions ; et, dans tout ce que j'ai fait jusqu'ici, vous n'en trouverez de cette nature que quatre : celui d'*Horace*, où deux peuples devaient décider de leur empire par une bataille ; celui de *Rodogune*, d'*Andromède*, et de *Don Sanche*. Dans *Rodogune*, c'est un jour choisi par deux souverains pour l'effet d'un traité de paix entre leurs couronnes ennemies, pour une entière réconciliation de deux rivales par un mariage, et pour l'éclaircissement d'un secret de plus de vingt ans, touchant le droit d'aînesse entre deux princes gémeaux, dont dépend le royaume, et le succès de leur amour. Celui d'*Andromède* et celui de *Don Sanche* ne sont pas de moindre considération ; mais, comme je le viens de dire, les occasions ne s'en offrent pas souvent ; et, dans le reste de mes ouvrages, je n'ai pu choisir des jours remarquables que parce que le hasard y fait arriver, et non pas par l'emploi où l'ordre public les ait destinés de longue main.

Quant à l'unité de lieu, je n'en trouve aucun précepte ni dans Aristote, ni dans Horace : c'est ce qui porte quelques-uns à croire que la règle ne s'en est établie qu'en conséquence de l'unité du jour, et à se persuader ensuite qu'on le peut étendre jusques où un homme peut aller et revenir en vingt-quatre heures. Cette opinion est un peu licencieuse ; et, si l'on faisait aller un acteur en poste, les deux côtés du théâtre pourraient représenter Paris et Rouen. Je souhaiterais, pour ne point gêner du tout le spectateur, que ce qu'on fait représenter devant lui en deux heures se pût passer en effet en deux heures, et que ce qu'on lui fait voir sur un théâtre, qui ne change point, pût s'arrêter dans une chambre ou dans une salle, suivant le choix qu'on en aurait fait : mais souvent cela est si malaisé, pour ne pas dire impossible, qu'il faut de nécessité trouver quelque élargissement pour le lieu, comme pour le temps. Je l'ai fait voir exact dans *Horace*, dans *Polyeucte*, et dans *Pompée* ; mais il faut, pour cela, ou n'introduire qu'une femme, comme dans *Polyeucte*, ou que les deux qu'on introduit aient tant d'amitié l'une pour l'autre, et des intérêts si conjoints, qu'elles puissent être toujours ensemble, comme dans l'*Horace*, ou qu'il leur puisse arriver comme dans *Pompée*, où l'empressement de la curiosité naturelle fait sortir de leurs appartements Cléopâtre au second acte, et Cornélie au cinquième, pour aller jusque dans la grande salle du palais du roi au-devant des nouvelles qu'elles attendent. Il n'en va pas de même dans *Rodogune* ; Cléopâtre et elle ont des intérêts trop divers pour expliquer leurs plus secrètes pensées en même lieu. Je pourrais en dire ce que j'ai dit de *Cinna*, où en général tout se passe dans Rome, et en particulier moitié dans le cabinet d'Auguste, et moitié chez Émilie. Suivant cet ordre, le premier acte de cette tragédie serait dans l'antichambre de Rodogune, le second dans la chambre de Cléopâtre, le troisième dans celle de Rodogune : mais si le quatrième peut commencer chez cette princesse, il n'y peut achever, et ce que Cléopâtre y dit à ses deux fils l'un après l'autre y serait mal placé. Le cinquième a besoin d'une salle d'audience où un grand peuple puisse être présent. La même chose se rencontre dans *Héraclius*. Le premier acte serait fort bien dans le cabinet de Phocas, et le second chez Léontine ; mais si le troisième commence chez Pulchérie, il n'y peut achever, et il est hors d'apparence que Phocas délibère dans l'appartement de cette princesse de la perte de son frère.

Nos anciens, qui faisaient parler leurs rois en place publique, donnaient assez aisément l'unité rigoureuse de lieu à leurs tragédies. Sophocle toutefois ne l'a pas observée dans son *Ajax*, qui sort du théâtre afin de chercher un lieu écarté pour se tuer, et s'y tue à la vue du peuple ; ce qui fait juger aisément que celui où il se tue n'est pas le même que celui d'où on l'a vu sortir, puisqu'il n'en est sorti que pour en choisir un autre.

Nous ne prenons pas la même liberté de tirer les rois et les princesses de leurs appartements ; et, comme souvent la différence et l'opposition des intérêts de ceux qui sont logés dans le même palais ne souffrent pas qu'ils fassent leurs confidences et ouvrent leurs secrets en même chambre, il nous faut chercher quelque autre accommodement pour l'unité de lieu, si nous la voulons conserver dans tous nos poëmes : autrement il faudrait prononcer contre beaucoup de ceux que nous voyons réussir avec éclat.

Je tiens donc qu'il faut chercher cette unité exacte autant qu'il est possible ; mais, comme elle ne s'accommode pas avec toute sorte de sujets, j'accorderais très-volontiers que ce qu'on ferait passer en une seule ville aurait l'unité de lieu. Ce n'est pas que je voulusse que le théâtre représentât cette ville tout entière, cela serait un peu trop vaste, mais seulement deux ou trois lieux particuliers enfermés dans l'enclos de ses murailles. Ainsi la scène de *Cinna* ne soit point de Rome, et est tantôt l'appartement d'Auguste dans son palais, et tantôt la maison d'Émilie. Le *Menteur* a les Tuileries et la place Royale dans Paris ; et la *Suite* fait voir la prison et le logis de Mélisse dans Lyon. Le *Cid* multiplie encore davantage les lieux particuliers sans quitter Séville ; et comme la liaison de scènes n'y est pas gardée, le théâtre, dès le premier acte, est la maison de Chimène, l'appartement de l'infante dans le palais du roi, et la place publique ; le second y ajoute la chambre du roi : et sans doute il y a quelque excès dans cette licence. Pour rectifier en quelque façon cette duplicité de lieu, quand elle est inévitable, je voudrais qu'on fît deux choses : l'une, que jamais on ne changeât dans le même acte, mais seulement de l'un à l'autre, comme il se fait dans les trois premiers de *Cinna*; l'autre, que ces deux lieux n'eussent point besoin de diverses décorations, et qu'aucun des deux ne fût jamais nommé, mais seulement le lieu général où tous les deux sont compris, comme Paris, Rome, Lyon, Constantinople, etc. Cela aiderait à tromper l'auditeur, qui, ne voyant rien qui lui marquât la diversité des lieux, ne s'en apercevrait pas, à moins d'une réflexion malicieuse et critique, dont il y en a peu qui soient capables, la plupart s'attachant avec chaleur à l'action qu'ils voient représenter. Le plaisir qu'ils y prennent est cause qu'ils n'en veulent pas chercher le peu de justesse pour s'en dégoûter; et ils ne le reconnaissent que par force, quand il est trop visible, comme dans le *Menteur* et la *Suite*, où les différentes décorations font reconnaître cette duplicité de lieu, malgré qu'on en ait.

Mais comme les personnes qui ont des intérêts opposés ne peuvent pas vraisemblablement expliquer leurs secrets en même place et qu'ils sont quelquefois introduits dans le même acte avec liaison de scènes qui emporte nécessairement cette unité, il faut trouver un moyen qui la rende compatible avec cette contradiction qui forme la vraisemblance rigoureuse, et voir comment pourra subsister le quatrième acte de *Rodogune* et le troisième d'*Héraclius*, où j'ai déjà marqué cette répugnance du côté des deux personnes ennemies qui parlent en l'un et en l'autre. Les jurisconsultes admettent des fictions de droit; et je voudrais, à leur exemple, introduire des fictions de théâtre, pour établir un lieu théâtral qui ne serait ni l'appartement de Cléopâtre, ni celui de Rodogune dans la pièce qui porte ce titre, ni celui de Phocas, de Léontine, ou de Pulchérie dans *Héraclius*, mais une salle sur laquelle ouvrent ces divers appartements, à qui j'attribuerais deux priviléges : l'un que chacun de ceux qui y parleraient fût présumé y parler avec le même secret que s'il était dans sa chambre; l'autre, qu'au lieu que dans l'ordre commun il est quelquefois de la bienséance que ceux qui occupent le théâtre aillent trouver ceux qui sont dans leur cabinet pour parler à eux, ceux-ci pussent les venir trouver sur le théâtre sans choquer cette bienséance, afin de conserver l'unité de lieu et la liaison des scènes. Ainsi Rodogune, dans le premier acte, vient trouver Laonice qu'elle devrait mander pour parler à elle; et dans le quatrième, Cléopâtre vient trouver Antiochus au même lieu où il vient de fléchir Rodogune, bien que, dans l'exacte vraisemblance, ce prince devrait aller chercher sa mère dans son cabinet, puisqu'elle hait trop cette princesse pour venir parler à lui dans son appartement, où la première scène fixerait le reste de cet acte, si l'on apportait ce tempérament, dont j'ai parlé, à la rigoureuse unité de lieu.

Beaucoup de mes pièces en manqueront si l'on ne veut point admettre cette modération, dont je me contenterai toujours à l'avenir, quand je ne pourrai satisfaire à la dernière rigueur de la règle. Je n'ai pu y en réduire que trois, *Horace*, *Polyeucte*, et *Pompée*. Si je me donne trop d'indulgence dans les autres, j'en aurai encore davantage pour ceux dont je verrai réussir les ouvrages sur la scène avec quelque apparence de régularité. Il est facile aux spéculatifs d'être sévères; mais s'ils voulaient donner dix ou douze poëmes de cette nature au public, ils élargiraient peut-être les règles encore plus que je ne fais, sitôt qu'ils auraient reconnu par l'expérience quelle contrainte apporte leur exactitude, et combien de belles choses elle bannit de notre théâtre. Quoi qu'il en soit, voilà mes opinions, ou, si vous voulez mes hérésies touchant les principaux points de l'art; et je ne sais point mieux accorder les règles anciennes avec les agréments modernes. Je ne doute point qu'il ne soit aisé d'en trouver de meilleurs moyens, et je serai tout prêt de les suivre lorsqu'on les aura mis en pratique aussi heureusement qu'on y a vu les miens.

POÉSIES

FRAGMENTS
DE
L'IMITATION DE JÉSUS-CHRIST

DE L'IMITATION DE JÉSUS-CHRIST, ET DU MÉPRIS DE TOUTES
LES VANITÉS DU MONDE.

« Heureux qui tient la route où ma voix le convie !
« Les ténèbres jamais n'approchent qui me suit,
« Et partout sur mes pas il trouve un jour sans nuit
« Qui porte jusqu'au cœur la lumière de vie. »
Ainsi Jésus-Christ parle ; ainsi de ses vertus,
Dont brillent les sentiers qu'il a pour nous battus,
Les rayons toujours vifs montrent comme il faut vivre ;
Et quiconque veut être éclairé pleinement
Doit apprendre de lui que ce n'est qu'à le suivre
Que le cœur s'affranchit de tout aveuglement.

Les doctrines des saints n'ont rien de comparable
A celle dont lui-même il s'est fait le miroir ;
Elle a mille trésors qui se font bientôt voir,
Quand l'œil a pour flambeau son esprit adorable.
Toi qui, par l'amour-propre à toi-même attaché,
L'écoutes et la lis sans en être touché,
Faute de cet esprit, tu n'y trouves qu'épines ;
Mais, si tu veux l'entendre et lire avec plaisir,
Conformes-y ta vie : et ses douceurs divines
S'étaleront en foule à ton heureux désir.

Que te sert de percer les plus secrets abîmes
Où se cache à nos sens l'immense Trinité,
Si ton intérieur, manque d'humilité,
Ne lui saurait offrir d'agréables victimes?
Cet orgueilleux savoir, ces pompeux sentiments,
Ne sont aux yeux de Dieu que de vains ornements;
Il ne s'abaisse point vers des âmes si hautes,
Et la vertu sans eux est de telle valeur,
Qu'il vaut mieux bien sentir la douleur de tes fautes
Que savoir définir ce qu'est cette douleur.

Porte toute la Bible en ta mémoire empreinte,
Sache tout ce qu'ont dit les sages des vieux temps;
Joins-y, si tu le peux, tous les traits éclatants
De l'histoire profane et de l'histoire sainte :
De tant d'enseignements l'impuissante langueur
Sous leur poids inutile accablera ton cœur.
Si Dieu n'y verse encor son amour et sa grâce,
Et l'unique science où tu dois prendre appui,
C'est que tout n'est ici que vanité qui passe,
Hormis d'aimer sa gloire et ne servir que lui.

C'est là des vrais savants la sagesse profonde;
Elle est bonne en tout temps, elle est bonne en tous lieux
Et le plus sûr chemin pour aller vers les cieux
C'est d'affermir nos pas sur le mépris du monde.
Ce dangereux flatteur de nos faibles esprits
Oppose mille attraits à ce juste mépris;
Qui s'en laisse éblouir s'en laisse tôt séduire :
Mais ouvre bien les yeux sur leur fragilité,
Regarde qu'un moment suffit pour les détruire,
Et tu verras qu'enfin tout n'est que vanité.

Vanité d'entasser richesses sur richesses;
Vanité de languir dans la soif des honneurs;
Vanité de choisir pour souverains bonheurs
De la chair et des sens les damnables caresses;
Vanité d'aspirer à voir durer nos jours
Sans nous mettre en souci d'en mieux régler le cours,
D'aimer la longue vie et négliger la bonne,
D'embrasser le présent sans soin de l'avenir,

Et de plus estimer un moment qu'il nous donne
Que l'attente des biens qui ne sauraient finir.

Toi donc, qui que tu sois, si tu veux bien comprendre
Comme à tes sens trompeurs tu dois te confier,
Souviens-toi qu'on ne peut jamais rassasier
Ni l'œil humain de voir, ni l'oreille d'entendre;
Qu'il faut se dérober à tant de faux appas,
Mépriser ce qu'on voit pour ce qu'on ne voit pas,
Fuir les contentements transmis par ces organes,
Que de s'en satisfaire on n'a jamais de lieu,
Et que l'attachement à leurs douceurs profanes
Souille ta conscience et t'éloigne de Dieu.

DES ŒUVRES FAITES PAR LA CHARITÉ.

Le mal n'a point d'excuse; il n'est espoir, surprise,
Intérêt, amitié, faveur, crainte, malheurs,
    Dont le pouvoir nous autorise
A rien faire ou penser qui porte ses couleurs.

Non, il n'en faut souffrir l'effet ni la pensée;
Mais quand on voit qu'un autre a besoin de secours,
    D'une bonne œuvre commencée
On peut, pour le servir, interrompre le cours.

Une bonne action a toujours grand mérite,
Mais pour une meilleure il nous la faut quitter;
    C'est sans la perdre qu'on la quitte,
Et cet échange heureux nous fait plus mériter.

La plus haute pourtant n'attire aucune grâce
Si par la charité son effet n'est produit;
    Mais la plus faible et la plus basse,
Partant de cette source, est toujours de grand fruit.

Ce grand juge des cœurs perce d'un œil sévère
Les plus secrets motifs de nos intentions,
    Et sa justice considère
Ce qui nous fait agir, plus que nos actions.

Celui-là fait beaucoup en qui l'amour est forte,
Celui-là fait beaucoup qui fait bien ce qu'il fait,
  Celui-là fait bien qui se porte
Plus au bien du commun qu'à son propre souhait.

Mais souvent on s'y trompe; et ce qu'on pense n'être
Qu'un véritable effet de pure charité,
  Aux yeux qui savent tout connaître
Porte un mélange impur de sensualité.

De notre volonté la pente naturelle,
L'espoir de récompense ou d'accommodement,
  Ou quelque affection charnelle,
Souvent tient même route et le souille aisément.

L'homme vraiment rempli de charité parfaite
Avecque son désir sait comme il faut marcher;
  En l'embrassant il le rejette,
Et va de son côté sans jamais le chercher.

Il le fuit comme sien et fait ce qu'il demande
Quand la gloire de Dieu par là se fait mieux voir;
  Et, voulant ce que Dieu commande,
Il n'obéit qu'à Dieu quand il suit ce vouloir.

A personne jamais il ne porte d'envie,
Parce que sur la terre il ne recherche rien,
  Et que son âme, en Dieu ravie,
Ne fait point d'autres vœux, ne veut point d'autre bien.

D'aucun bien à personne il ne donne la gloire,
Pour mieux tout rapporter à cet être divin,
  Et ne perd jamais la mémoire
Qu'il est de tous les biens le principe et la fin;

Que c'est par le secours de sa toute-puissance
Que nous pouvons former un vertueux propos,
  Et que c'est par sa jouissance
Que les saints dans le ciel goûtent un plein repos.

Oh! qui pourrait avoir une seule étincelle
De cette véritable et pure charité!
  Que bientôt sa clarté fidèle
Lui ferait voir qu'ici tout n'est que vanité!

COMME IL FAUT SUPPORTER D'AUTRUI.

Porte avec patience en tout autre, en toi-même,
    Ce que tu n'y peux corriger,
Jusqu'à ce que de Dieu la puissance suprême
En ordonne autrement et daigne le changer.

Pour éprouver ta force il est meilleur peut-être
    Qu'il laisse durer cette croix :
Ton mérite par là se fera mieux connaître ;
Et, s'il n'est à l'épreuve, il n'est pas de grand poids.

Tu dois pourtant au ciel élever ta prière
    Contre un si long empêchement,
Afin que sa bonté t'en fasse grâce entière,
Ou t'aide à le souffrir un peu plus doucement.

Quand par tes bons avis une âme assez instruite
    Continue à leur résister,
Entre les mains de Dieu remets-en la conduite,
Et ne t'obstine point à la persécuter.

Sa sainte volonté souvent veut être faite
    Par un autre ordre que le tien :
Il sait trouver sa gloire en tout ce qu'il projette ;
Il sait, quand il lui plaît, tourner le mal en bien.

Souffre sans murmurer tous les défauts des autres,
    Pour grands qu'ils se puissent offrir,
Et songe qu'en effet nous avons tous les nôtres,
Dont ils ont à leur tour encor plus à souffrir.

Si ta fragilité met toujours quelque obstacle
    En toi-même à tes propres vœux,
Comment peux-tu d'un autre exiger ce miracle
Qu'il n'agisse partout qu'ainsi que tu le veux ?

N'est-ce pas le traiter avec haute injustice
    De vouloir qu'il soit tout parfait,
Et de ne vouloir pas te corriger d'un vice,
Afin que ton exemple aide à ce grand effet ?

Nous voulons que chacun soit sous la discipline,
   Qu'il souffre la correction,
Et nous ne voulons point qu'aucun nous examine,
Qu'aucun censure en nous une imperfection.

Nous blâmons en autrui ce qu'il prend de licence,
   Ce qu'il se permet de plaisirs,
Et nous nous offensons s'il n'a la complaisance
De ne refuser rien à nos bouillants désirs.

Nous voulons des statuts dont la dure contrainte
   L'attache avec sévérité,
Et nous ne voulons point qu'il porte aucune atteinte
A l'empire absolu de notre volonté.

Où te caches-tu donc, charité toujours vive,
   Qui dois faire tout notre emploi?
Et si l'on vit ainsi, quand est-ce qu'il arrive
Qu'on ait pour le prochain même amour que pour soi?

Si tous étaient parfaits, on n'aurait rien au monde
   A souffrir pour l'amour de Dieu,
Et cette patience en vertus si féconde
Jamais à s'exercer ne trouverait de lieu.

La sagesse divine autrement en ordonne;
   Rien n'est ni tout bon ni tout beau;
Et Dieu nous forme ainsi pour n'exempter personne
De porter l'un de l'autre à son tour le fardeau.

Aucun n'est sans défaut, aucun n'est sans faiblesse,
   Aucun n'est sans besoin d'appui,
Aucun n'est sage assez de sa propre sagesse,
Aucun n'est assez fort pour se passer d'autrui.

Il faut donc s'entr'aimer, il faut donc s'entr'instruire,
   Il faut donc s'entre-secourir,
Il faut s'entre-prêter des yeux à se conduire,
Il faut s'entre-donner une aide à se guérir.

Plus les revers sont grands, plus la preuve est facile
   A quel point un homme est parfait;
Et leurs plus rudes coups ne le font pas fragile,
Mais ils donnent à voir ce qu'il est en effet.

ORAISON POUR OBTENIR LA PURETÉ DU CŒUR.

Affermis donc, Seigneur, par les grâces puissantes
Dont ton Esprit divin est le distributeur,
Les doux élancements de ces ferveurs naissantes
    Dont tu daignes être l'auteur.

Détache-moi si bien de la faiblesse humaine,
Que l'homme intérieur se fortifie en moi,
Et purge tout mon cœur de tout ce qui le gêne,
    Et de tout inutile emploi.

Que d'importuns désirs jamais ne le déchirent ;
Que d'un mépris égal il traite leurs objets,
Sans que les plus brillants de leur côté l'attirent,
    Sans qu'il s'amuse aux plus abjects.

Fais-moi voir les plaisirs, les richesses, la gloire,
Ainsi que de faux biens qui passent en un jour ;
Fais-leur pour tout effet graver en ma mémoire
    Que je dois passer à mon tour.

Sous le ciel rien ne dure, et partout sa lumière
Ne voit que vanités, que trouble, qu'embarras :
Oh ! que sage est celui qui de cette manière
    Envisage tout ici-bas !

Donne-la-moi, Seigneur, cette haute sagesse,
Qui, te cherchant sur tout, te trouve jour et nuit,
Et qui, t'aimant sur tout, n'a ni goût ni tendresse
    Que pour ce qu'elle y fait de fruit.

Qu'elle peigne à mes yeux toutes les autres choses,
Non telles qu'on les croit, mais telles qu'elles sont,
Pour en user dans l'ordre à quoi tu les disposes,
    Dans l'impuissance qu'elles ont.

Que son dédain accort rejette avec prudence
Du plus adroit flatteur l'hommage empoisonné,
Et ne murmure point de voir par l'imprudence
    Son meilleur avis condamné.

Ne se point émouvoir pour des paroles vaines,
Qui font bruit au dehors et ne sont que du vent,
Et refuser l'oreille à la voix des sirènes
    Dont tout le charme est décevant,

C'est un des grands secrets par qui l'âme avancée
Sous ta sainte conduite au bon et vrai sentier
Poursuit en sûreté la route commencée,
    Et se fait un bonheur entier.

DU MÉPRIS DE TOUS LES HONNEURS.

    Ne prends point de mélancolie
De voir qu'à tes vertus on refuse leur prix,
Qu'un autre est dans l'estime, et toi dans le mépris,
Qu'on l'honore partout, durant qu'on t'humilie.
Lève les yeux au ciel, lève-les jusqu'à moi,
Et tout ce que la terre ose juger de toi
Ne te donnera plus aucune inquiétude ;
Tu ne sentiras plus de mouvements jaloux,
Et ce ravalement qui te semblait si rude
N'aura plus rien en soi qui ne te semble doux.

Il est tout vrai, Seigneur ; mais cette chair fragile
De ses aveuglements aime l'épaisse nuit,
Et de la vanité l'amorce est si subtile,
    Qu'en un moment elle séduit.

A bien considérer la chose en sa nature,
Je ne mérite amour, ni pitié, ni support,
Et, quoi qu'on m'ait pu faire, aucune créature
    Ne m'a jamais fait aucun tort.

Mes plaintes auraient donc une insolence extrême,
Si j'osais t'accuser de trop de dureté,
Et qu'ainsi j'imputasse à la justice même
    Une injuste sévérité.

Mon crime a dû forcer toutes les créatures
A me persécuter, à s'armer contre moi ;
Et quiconque m'accable ou d'opprobre ou d'injures
    N'en fait qu'un légitime emploi.

A moi la honte est due, à moi l'ignominie,
Leur plus durable excès ne peut trop me punir ;
A toi seul la louange et la gloire infinie
    Dans tous les siècles à venir.

Prépare-toi, mon âme, à souffrir sans tristesse
Les mépris des méchants et ceux des gens de bien,
A me voir ravalé jusqu'à cette bassesse
    Que même on ne me compte à rien.

Enfin de ton orgueil éteins les moindres restes,
Ou n'espère autrement de paix dans aucun lieu,
Ni de stabilité, ni de clartés célestes,
    Ni d'union avec ton Dieu.

SONNET[1].

Après l'œil de Mélite il n'est rien d'admirable ;
Il n'est rien de solide après ma loyauté :
Mon feu, comme son teint, se rend incomparable,
Et je suis en amour ce qu'elle est en beauté.

Quoi que puisse à mes sens offrir la nouveauté,
Mon cœur à tous ses traits demeure invulnérable ;
Et quoiqu'elle ait au sien la même cruauté,
Ma foi pour ses rigueurs n'en est pas moins durable.

C'est donc avec raison que mon extrême ardeur
Trouve chez cette belle une extrême froideur,
Et que, sans être aimé, je brûle pour Mélite ;

Car de ce que les dieux, nous envoyant au jour,
Donnèrent pour nous deux d'amour et de mérite,
Elle a tout le mérite, et moi j'ai tout l'amour.

---

[1] Nous avons choisi parmi les poésies diverses de Corneille celles surtout qui sont de nature à faire connaître son caractère et à donner une idée de la souplesse de son génie.

EXCUSE A ARISTE.

Ce n'est donc pas assez; et de la part des muses,
Ariste, c'est en vers qu'il vous faut des excuses;
Et la mienne pour vous n'en plaint pas la façon :
Cent vers lui coûtent moins que deux mots de chanson;
Son feu ne peut agir quand il faut qu'il s'explique
Sur les fantasques airs d'un rêveur de musique,
Et que, pour donner lieu de paraître à sa voix,
De sa bizarre quinte il se fasse des lois ;
Qu'il ait sur chaque ton ses rimes ajustées,
Sur chaque tremblement ses syllabes comptées,
Et qu'une froide pointe à la fin d'un couplet
En dépit de Phébus donne à l'art un soufflet :
Enfin cette prison déplaît à son génie;
Il ne peut rendre hommage à cette tyrannie;
Il ne se leurre point d'animer de beaux chants,
Et veut pour se produire avoir la clef des champs,
C'est lors qu'il court d'haleine, et qu'en pleine carrière,
Quittant souvent la terre en quittant la barrière,
Puis, d'un vol élevé se cachant dans les cieux,
Il rit du désespoir de tous ses envieux.
Ce trait est un peu vain, Ariste, je l'avoue;
Mais faut-il s'étonner d'un poëte qui se loue?
Le Parnasse, autrefois dans la France adoré,
Faisait pour ses mignons un autre âge doré :
Notre fortune enflait du prix de nos caprices,
Et c'était une banque à de bons bénéfices :
Mais elle est épuisée, et les vers à présent
Aux meilleurs du métier n'apportent que du vent;
Chacun s'en donne à l'aise, et souvent se dispense
A prendre par ses mains toute sa récompense.
Nous nous aimons un peu, c'est notre faible à tous;
Le prix que nous valons, qui le sait mieux que nous;
Et puis la mode en est, et la cour l'autorise.
Nous parlons de nous-même avec toute franchise;
La fausse humilité ne met plus en crédit.

Je sais ce que je vaux, et crois ce qu'on m'en dit.
Pour me faire admirer je ne fais point de ligue;
J'ai peu de voix pour moi, mais je les ai sans brigue;
Et mon ambition, pour faire plus de bruit,
Ne les va point quêter de réduit en réduit :
Mon travail sans appui monte sur le théâtre;
Chacun en liberté l'y blâme ou l'idolâtre;
Là, sans que mes amis prêchent leurs sentiments,
J'arrache quelquefois leurs applaudissements :
Là, content du succès que le mérite donne,
Par d'illustres avis je n'éblouis personne;
Je satisfais ensemble et peuple et courtisans,
Et mes vers en tous lieux sont mes seuls partisans :
Par leur seule beauté ma plume est estimée :
Je ne dois qu'à moi seul toute ma renommée,
Et pense toutefois n'avoir point de rival
A qui je fasse tort en le traitant d'égal.
Mais insensiblement je baille ici le change,
Et mon esprit s'égare en sa propre louange;
Sa douceur me séduit, je m'en laisse abuser,
Et me vante moi-même, au lieu de m'excuser.
Revenons aux chansons que l'amitié demande :
J'ai brûlé fort longtemps d'une amour assez grande,
Et que jusqu'au tombeau je dois bien estimer,
Puisque ce fut par là que j'appris à rimer.
Mon bonheur commença quand mon âme fut prise.
Je gagnai de la gloire en perdant ma franchise.
Charmé de deux beaux yeux, mon vers charma la cour;
Et ce que j'ai de nom je le dois à l'amour.
J'adorai donc Phylis; et la secrète estime
Que ce divin esprit faisait de notre rime
Me fit devenir poëte aussitôt qu'amoureux :
Elle eut mes premiers vers, elle eut mes premiers feux;
Et bien que maintenant cette belle inhumaine
Traite mon souvenir avec un peu de haine,
Je me trouve toujours en état de l'aimer;
Je me sens tout ému quand je l'entends nommer,
Et par le doux effet d'une prompte tendresse
Mon cœur sans mon aveu reconnaît sa maîtresse.
Après beaucoup de vœux et de submissions
Un malheur rompt le cours de nos affections;

Mais, toute mon amour en elle consommée,
Je ne vois rien d'aimable après l'avoir aimée :
Aussi n'aimé-je plus, et nul objet vainqueur
N'a possédé depuis ma veine ni mon cœur.
Vous le dirai-je, ami? tant qu'ont duré nos flammes,
Ma muse également chatouillait nos deux âmes :
Elle avait sur la mienne un absolu pouvoir ;
J'aimais à le décrire, elle à le recevoir.
Une voix ravissante, ainsi que son visage,
La faisait appeler le phénix de notre âge ;
Et souvent de sa part je me suis vu presser
Pour avoir de ma main de quoi mieux l'exercer.
Jugez vous-même, Ariste, à cette douce amorce,
Si mon génie était pour épargner sa force :
Cependant mon amour, le père de mes vers,
Le fils du plus bel œil qui fût en l'univers,
A qui désobéir c'était pour moi des crimes,
Jamais en sa faveur n'en put tirer deux rimes :
Tant mon esprit alors, contre moi révolté,
En haine des chansons semblait m'avoir quitté ;
Tant ma veine se trouve aux airs mal assortie,
Tant avec la musique elle a d'antipathie,
Tant alors de bon cœur elle renonce au jour !
Et l'amitié voudrait ce que n'a pu l'amour !
N'y pensez plus, Ariste, une telle injustice
Exposerait ma muse à son plus grand supplice.
Laissez-la, toujours libre, agir suivant son choix,
Céder à son caprice, et s'en faire des lois.

JALOUSIE.

N'aimez plus tant, Phylis, à vous voir adorée :
Le plus ardent amour n'a pas grande durée ;
Les nœuds les plus serrés sont le plus tôt rompus ;
A force d'aimer trop, souvent on n'aime plus,
Et ces liens si forts ont des lois si sévères,
Que toutes leurs douceurs en deviennent amères.

Je sais qu'il vous est doux d'asservir tous nos soins :
Mais qui se donne entier n'en exige pas moins;
Sans réserve il se rend, sans réserve il se livre;
Hors de votre présence il doute s'il peut vivre :
Mais il veut la pareille, et son attachement
Prend compte de chaque heure et de chaque moment.
C'est un esclave fier qui veut régler son maître,
Un censeur complaisant qui cherche à trop connaître,
Un tyran déguisé qui s'attache à vos pas,
Un dangereux Argus qui voit ce qui n'est pas;
Sans cesse il importune, et sans cesse il assiége,
Importun par devoir, fâcheux par privilége,
Ardent à vous servir jusqu'à vous en lasser,
Mais au reste un peu tendre et facile à blesser.
Le plus léger chagrin d'une humeur inégale,
Le moindre égarement d'un mauvais intervalle,
Un souris par mégarde à ses yeux dérobé,
Un coup d'œil par hasard sur un autre tombé,
Le plus faible dehors de cette complaisance
Que se permet pour tous la même indifférence;
Tout cela fait pour lui de grands crimes d'État;
Et plus l'amour est fort, plus il est délicat.
Vous avez vu, Phylis, comme il brise sa chaîne
Sitôt qu'auprès de vous quelque chose le gêne,
Et comme vos bontés ne sont qu'un faible appui
Contre un murmure sourd qui s'épand jusqu'à lui.
Que ce soit vérité, que ce soit calomnie,
Pour vous voir en coupable il suffit qu'on le die;
Et lorsqu'une imposture a quelque fondement
Sur un peu d'imprudence ou sur trop d'enjoûment,
Tout ce qu'il sait de vous et de votre innocence
N'ose le révolter contre cette apparence,
Et souffre qu'elle expose à cent fausses clartés
Votre humeur sociable et vos civilités.
Sa raison au dedans vous fait en vain justice,
Sa raison au dehors respecte son caprice;
La peur de sembler dupe aux yeux de quelques fous
Étouffe cette voix qui parle trop pour vous.
La part qu'il prend sur lui de votre renommée
Forme un sombre dépit de vous avoir aimée;
Et, comme il n'est plus temps de te faire un désaveu,

Il fait gloire partout d'éteindre un si beau feu :
Du moins, s'il ne l'éteint, il l'empêche de luire,
Et brave le pouvoir qu'il ne saurait détruire.
Voilà ce que produit le don de trop charmer.
Pour garder vos amants faites-vous moins aimer;
Un amour médiocre est souvent plus traitable :
Mais pourriez-vous, Phylis, vous rendre moins aimable?
Pensez-y, je vous prie, et n'oubliez jamais,
Quand on vous aimera, que L'AMOUR EST DOUX; MAIS...

BAGATELLE.

Quoi ! sitôt que j'en veux rabattre,
Vous vous faites tenir à quatre,
Et, quand j'en devrais enrager,
Votre ordre ne se peut changer;
Il faut vous en faire cinquante.
Ma foi, le nombre m'épouvante;
Un vieux garçon de cinquante ans
N'en fait guère en beaucoup de temps,
Et ne va pas tout d'une haleine
A la benoîte cinquantaine.
Encor, pour être votre fait,
Il faut qu'ils soient doux comme lait,
Qu'ils aillent droit comme une quille,
Qu'ils n'aient point de fausse cheville,
Que tout y soit bien ajusté,
Que rien n'y penche d'un côté,
Rien n'y soit de mauvaise mise,
Rien n'y sente la barbe grise.
Voilà bien des conditions
Pour mes pauvres inventions :
Le temps les a presque épuisées,
Les vieux travaux les ont usées;
Comment pourront-elles trouver
Le secret de bien achever?
Devenez un peu complaisante,
Et daignez vous passer à trente;

Vous serez servie à souhait.
Et je vous dirai haut et net
Que je craindrai fort peu la honte
De vous fournir mal votre compte.
Mais je vaux moins qu'un quinola,
Si je n'en fais vingt par delà :
Tenir à demi sa parole,
C'est une méchante bricole ;
On doit s'efforcer jusqu'au bout,
Et ne rien faire ou faire tout.
Il faut donc que je m'évertue,
Que je me débatte, et remue,
Que je pousse de tout mon mieux,
Dussé-je en crever à vos yeux :
Aux grands coups on voit les grands hommes.
Voyons de grâce où nous en sommes :
Si je compte bien par mes doigts,
Je passe les quarante et trois ;
Encor six, vous n'auriez que dire,
Et vous commencez à sourire
De voir mon reste de vertu,
Sans vous avoir rien rabattu,
Ni tourné la tête en arrière,
Toucher au bout de la carrière.
En faut-il encor? je le veux,
Voilà jusqu'à cinquante-deux ;
Plaignez-vous, en cette aventure,
De n'avoir pas bonne mesure.

RONDEAU.

Je pense, à vous voir tant d'attraits,
Qu'Amour vous a formée exprès
Pour faire que sa fête on-chomme ;
Car vous en avez une somme
Bien dangereuse à voir de près.
Vous êtes belle plus que très,

Et vous avez le teint si frais,
Qu'il n'est rien d'égal (au moins comme
    Je pense) à vous.
Vos yeux, par des ressorts secrets,
Tiennent mille cœurs dans vos rets;
Qui s'en défend est habile homme :
Pour moi qu'un si beau feu consomme,
Nuit et jour, percé de vos traits,
    Je pense à vous.

STANCES.

J'ai vu la peste en raccourci :
Et, s'il faut en parler sans feindre,
Puisque la peste est faite ainsi,
Peste, que la peste est à craindre!

De cœurs qui n'en sauraient guérir
Elle est partout accompagnée,
Et, dût-on cent fois en mourir,
Mille voudraient l'avoir gagnée.

L'ardeur dont ils sont emportés
En ce péril leur persuade
Qu'avoir la peste à ses côtés,
Ce n'est point être trop malade.

Aussi faut-il leur accorder
Qu'on aurait du bonheur de reste,
Pour peu qu'on se pût hasarder
Au beau milieu de cette peste.

La mort serait douce à ce prix,
Mais c'est un malheur à se pendre,
Qu'on ne meurt pas d'en être pris,
Mais faute de la pouvoir prendre.

L'ardeur qu'elle fait naître au sein
N'y fait même un mal incurable
Que parce qu'elle prend soudain,
Et qu'elle est toujours imprenable.

Aussi chacun y perd son temps;
L'un en gémit, l'autre en déteste;
Et ce que font les plus contents,
C'est de pester contre la peste.

MADRIGAL.

Je ne veux plus devoir à des gens comme vous;
Je vous trouve, Phylis, trop rude créancière.
Pour un baiser prêté qui m'a fait cent jaloux
Vous avez retenu mon âme prisonnière,
Il fait mauvais garder un si dangereux prêt;
J'aime mieux vous le rendre avec double intérêt,
Et m'acquitter ainsi mieux que je ne mérite;
Mais à de tels paîments je n'ose me fier,
Vous accroîtrez la dette en vous laissant payer,
Et doublerez mes fers si par là je m'acquitte :
Le péril en est grand, courons-y toutefois,
Une prison si belle est trop digne d'envie;
Puissé-je vous devoir plus que je ne vous dois,
En peine d'y languir le reste de ma vie !

SONNET.

Deux sonnets partagent la ville,
Deux sonnets partagent la cour,
Et semblent vouloir à leur tour
Rallumer la guerre civile.

Le plus sot et le plus habile
En mettent leur avis au jour,
Et ce qu'on a pour eux d'amour
A plus d'un échauffe la bile.

Chacun en parle hautement
Suivant son petit jugement;
Et, s'il y faut mêler le nôtre,

L'un est sans doute mieux rêvé,
Mieux conduit et mieux achevé;
Mais je voudrais avoir fait l'autre.

ÉPIGRAMME.

Qu'on te flatte, qu'on te baise,
Tu ne t'effarouches point,
Phylis, et le dernier point
Est le seul qui te déplaise.
Cette amitié de milieu
Te semble être selon Dieu,
Et du ciel t'ouvrir la porte :
Mais détrompe-toi l'esprit :
Quiconque aime de la sorte
Se donne au diable à crédit.

STANCES.

Que vous sert-il de me charmer?
Aminte, je ne puis aimer
Où je ne vois rien à prétendre;
Je sens naître et mourir ma flamme à votre aspect,
Et si pour la beauté j'ai toujours l'âme tendre,
Jamais pour la vertu je n'ai que du respect.

Vous me recevez sans mépris,
Je vous parle, je vous écris,
Je vous vois quand j'en ai l'envie;
Ces bonheurs sont pour moi des bonheurs superflus;
Et si quelque autre y trouve une assez douce vie,
Il me faut pour aimer quelque chose de plus.

Le plus grand amour sans faveur,
Pour un homme de mon humeur,
Est un assez triste partage;

Je cède à mes rivaux cet inutile bien,
Et qui me donne un cœur sans donner davantage
M'obligerait bien plus de ne me donner rien.

    Je suis de ces amants grossiers
    Qui n'aiment pas fort volontiers
    Sans aucun prix de leurs services
Et veux, pour m'en payer, un peu mieux qu'un regard;
Et l'union d'esprit est pour moi sans délices
Si les charmes des sens n'y prennent quelque part.

MADRIGAL.

Je suis blessé profondément:
    Amour et ma maîtresse,
    Qui de vous deux me blesse?
    Un aveugle n'a point l'adresse
De porter dans les cœurs ses coups si justement;
    Et Phylis n'a point de flèches
    Pour faire de telles brèches:
Mon mal n'est point l'effet ni de ses seuls regards,
    Ni des traits qu'un aveugle tire;
    Mais la mauvaise avecque lui conspire,
Et lui prête ses yeux pour adresser ses dards.

MONSIEUR PELLISSON.

En matière d'amour je suis fort inégal;
J'en écris assez bien, et le fais assez mal;
J'ai la plume féconde, et la bouche stérile,
Bon galant au théâtre, et fort mauvais en ville:
Et l'on peut rarement m'écouter sans ennui
Que quand je me produis par la bouche d'autrui.

    Voilà, monsieur, une petite peinture que je fis de moi-même il y a près de vingt ans. Je ne vaux guère mieux à présent.

Quoi qu'il en soit, monsieur le surintendant a voulu savoir ces six vers; et je ne suis point fâché de lui avoir fait voir que j'ai toujours eu assez d'esprit pour connaître mes défauts, malgré l'amour-propre qui semble être attaché à notre métier. J'obéis donc sans répugnance aux ordres qu'il lui a plu m'en donner, et vous supplie de me ménager un moment d'audience pour prendre congé de lui, puisqu'il a voulu que je l'importunasse encore une fois. Il me témoigna, dimanche dernier, assez de bonté pour me faire espérer qu'il ne dédaignera pas de prendre quelque soin de moi; et je ne doute point que tôt ou tard elle n'ait son effet, principalement quand vous prendrez la peine de l'en faire souvenir. Je me promets cela de la généreuse amitié dont vous m'honorez, et suis à vous de tout mon cœur.

FIN DE CORNEILLE.

TABLE

POMPÉE. — 5
    A monseigneur l'éminentissime cardinal Mazarin. — *ib.*
    Au lecteur. — 6
    Epitaphium Pompeii Magni. — 7
    Icon Pompeii Magni. — 8
    Icon C. J. Cæsaris. — *ib.*
    Examen de Pompée. — *ib.*

RODOGUNE. — 66
    A monseigneur le Prince. — *ib.*
    Examen de Rodogune. — 70

HÉRACLIUS. — 132
    A monseigneur Séguier. — *ib.*
    Au lecteur. — 133
    Examen d'Héraclius. — 136

NICOMÈDE. — 201
    Au lecteur. — *ib.*
    Examen de Nicomède. — 203

SERTORIUS. — 265
    Au lecteur. — *ib.*

PREMIER DISCOURS. 276
Sur l'utilité et sur les parties du poëme dramatique.

DEUXIÈME DISCOURS. 297
Sur la tragédie et sur les moyens de la traiter selon le vraisemblable ou le nécessaire.

TROISIÈME DISCOURS. 324
Sur les trois unités d'action, de jour et de lieu.

POÉSIES. 339
- Fragments de l'Imitation de Jésus-Christ. *id.*
- Sonnet. 347
- Excuse à Ariste. 348
- Jalousie. 350
- Bagatelle. 352
- Rondeau. 353
- Stances. 354
- Madrigal. 355
- Sonnet. *id*
- Épigramme. 356
- Stances. *id.*
- Madrigal. 357
- Monsieur Pellisson. *id.*

CATALOGUE DE LA BIBLIOTHÈQUE D'UN HOMME DE GOÛT

	vol.
AGNEL.... Man. des Propriétaires.	1
ALBERT AUBERT. Vie de M. Boudin.	1
ANCELOT... Poésies.	1
ANDRÉ.... Œuvres philosophiques.	1
ANGELO DE SOR. Le Vampire.	1
ARAGO (J.). Bujol.	1
ARETIN.... Œuvres choisies.	1
ARNAULD.. Œuvres philosophiques.	1
ARNOULD et FOURNIER. Struensée.	1
AUGIER... L'Empereur.	1
AYCARD... Nouvelles d'hier.	1
BALZAC... Balthazar Claes.	1
— Histoire des Treize.	1
— César Birotteau.	1
— Louis Lambert.	1
— Théâtre.	1
— Le Faiseur.	1
BAWR (Mme) Nouvelles.	1
— Robertine.	1
— Raoul, ou l'Énéide.	1
— Mes souvenirs.	1
BEAUDOUX (Mme). La Science maternelle.	1
BEAUMONT.. Système pénitentiaire.	1
BEECHER STOWE. La Case de l'Oncle Tom.	1
— Nouvelles américaines.	1
BÉCHARD. De l'Administration.	2
— La Commune.	1
BENVENUTO CELLINI. Œuvres.	2
BERNARDI. Glacier impérial.	1
BLAZE DE BURY. Voy. en Autriche.	1
BOITARD... Les vingt-six Infortunes de Pierrot.	1
BOSSUET... Défense de l'Église.	1
— Élévations à Dieu.	1
— Histoire des Variations.	3
— Avertissements aux Protestants.	1
BOURDON.. Illustres médecins.	1
— Lettres à Camille sur la physiologie.	1
BOUVET... La Turquie.	1
BUCHEZ... Assemblée constituante.	5
BUFFIER... Œuvres philosophiques.	1
BURNEY (Miss). Evelina.	1
BURNS.... Poésies complètes.	1
BUHOT DE KERSERS. Histoire de la Tour d'Auvergne.	1
CAMPENON.. Œuvres poétiques.	1
CAPEFIGUE. Hugues Capet.	2
— Philippe d'Orléans.	1
CERPIEFFR.. La Guyane.	1
CERVANTES. Hist. de Don Quichotte.	2
CHAMBRUN.. Les Larmes de Jacques Pineton de Chambrun.	1
CHARRIÈRE (Mme de). Caliste.	1
CHÉNIER... Poésies.	1
CLARKE.... Œuvres philosophiques.	1
CLÉMENT D'ALEXANDRIE (Saint). Œuvres choisies.	1
COOPER... Dernier des Mohicans.	1
CORNEILLE. Œuvres.	2
COUSIN (V.). Philosophie cartésienne.	1
DAMAS HINARD. Romancero général.	2
DELÉCLUSE. Dante Alighieri.	2
DESNOIRESTERRES. Les Talons rouges.	1
DISPLAIES. Les Poëtes vivants.	1
DIDIER (Ch.) Rome souterraine.	1
DIODORE DE SICILE. Bibliothèq. historique.	4
DUMAS.... Gaule et France.	1
— Jacques Ortis.	1
DUMESNIL.. L'Art italien.	1
FABRE.... Feuilles de Lierre.	1
FADEVILLE.. Napoléon 1er.	1
FÉVAL.... La Fée des Grèves.	1
— Les Parvenus.	1
FLEURY... Mémoires.	1
FOE (Daniel de). Robinson Crusoé.	2
FORESTI DA CARPI. Le Chemin du Sanctuaire.	1
FRANÇOIS DE SALES (Saint). Œuvres choisies.	2
GALLAND... Mille et une Nuits.	2
GARNERAY.. Voyages.	2
GENLIS (Mme de). Le Siège de la Rochelle.	1
— Mademoiselle de Lafayette.	1
— Madame de Maintenon.	1
— Madem. de Clermont.	1
GÉNOUDE (de). La Divinité de Jésus-Christ.	1
— Déf. du Christianisme.	2
— Sermons et Conférences.	1
GENOUX... Enfant de la Savoie.	1
GIRARDIN (Mme de). Poésies complètes	1
GIRAULT DE SAINT-FARGEAU. Histoire littéraire.	1
GŒTHE... Poésies.	1
— Affinités électives.	1
GOGOL.... Nouvelles russes.	1
GUICHARD.. Jehan de Saintré.	1
GUIZOT... Soirées d'avril.	1
HILDRETH. L'Esclave blanc.	1
HOFFMANN. Contes nocturnes.	1
HONORÉ... Vie privée.	1
HUGO.... Les Orientales.	1
— Notre-Dame de Paris.	2
— Han d'Islande.	1
— Dernier jour.	1
— Feuilles d'Aut., Chants du Crépuscule.	1
— Littérature et Philosop.	1
— Théâtre.	3
— Le Rhin.	1
INCHBALD (Mistress). Simple histoire.	1
JANIN.... Contes et Nouvelles.	3
KARR (Alp.) Clovis Gosselin.	1
KUHN.... La Vie de Jésus-Christ	1
LALOU.... Fleurs des Landes.	1
LA FONTAINE et FLORIAN. Fables.	1
LAGNY.... Le Knout et les Russes.	1
LAMBERT.. Œuvres morales.	1
LAMENNAIS. Affaires de Rome.	1
— Politique à l'usage du peuple.	1
LANDAIS... Lettres à Amélie.	1
LAPOINTE et F. DE RICHEMBOURG. Les Drames du Foyer.	1
LAPOINTE.. Il était une fois.	1
LECLERCQ.. Œuvres dramatiques et complètes.	8
LEROUX DE LINCY. Les Femmes célèbres.	1
MAGU.... Poésies de Magu.	1
MALHERBE.. Poésies.	1
MANZONI... Théâtre et Poésies.	1
MARC-AURÈLE. Œuvres par Alexis Pierron.	1
MARMIER... Souvenirs de Voyage.	1
MARTIN... Poésies.	1
MASSON... Contes de l'Atelier.	2
MÉNEVAL... Napol. et Marie-Louise.	1
MÉRICLET (A.-G. de). Mémoires d'un Bourgeois de province.	1
MÉRY.... Œuvres.	8
— Le Bonnet Vert.	1
— La Floride.	1
— Le Dernier Fantôme.	1
— La Guerre du Nizan.	1
— La Comtesse Hortensia.	1
— Un Amour dans l'avenir.	1
— Un Mariage de Paris.	1
MICHELET. Les Femmes de la Révolution.	1
MICHELET.. Le Peuple.	1
MICHIELS... Le Capitaine Firmin.	1
MONNIER... Les Bourgeois de Paris.	1
MOLIÈRE... Œuvres complètes.	4
MONSELET.. Tribunal révolutionn.	1
MONTOLIEU. Le Robinson suisse.	2
— Caroline de Lichfield.	1
MORPURGO. Politique de la Russie en Orient.	1
NIBELLE... Légendes de la Vallée.	1
NICOLLE... Courses dans les Pyrénées.	1
— Contes invraisemblables	1
ORLÉANS (duc Ch. d'), Poésies, publiées par Champollion-Figeac.	1
— (duc Ch. d'), Poésies, publiées par Marie-Guichard.	1
OSTROWSKI. Théâtre co	1
PECQUEUR.. Améliorations matérielles.	1
PETIS DE LACROIX. Mille et un Jours.	2
PILLERON... Clef d'Honneur.	2
— Clef de Virzile.	1
PITRE-CHEVALIER. Chronique de la Fronde.	1
PLANCHE... Portraits littéraires.	1
PLOUVIER.. La Bûche de Noël.	1
PLUTARQUE. Traités de morale.	1
— Œuvres morales.	5
POLYBE... Histoire générale.	1
PONROY... Le Monde romain.	1
PRÉMARAY. Promenades dans Londres.	1
PUYMAIGRE. Poëtes de la Lorraine.	1
QUINET... Marnix de Sainte-Aldegonde.	1
RENOUVIER. Philosophie ancienne.	2
ROBERTSON. Hist. de Charles-Quint.	2
— Histoire de l'Amérique.	2
St MAXENT.. Le Pédagogue.	1
SAND (G.). Consuelo.	4
— La comt. de Rudolstadt.	4
SASSERNO. Poésies françaises.	1
SAURIN... Sermons choisis.	1
SCOUR... Galerie morale.	1
SEGRETAIN. Éléments de l'État.	1
SOUFFE... Conseiller d'État.	1
SOUVESTRE. Le Mât de Cocagne.	1
— L'Homme et l'Argent.	1
STENDHAL (de). La Chartreuse de Parme.	1
SUE (Eug.). Marine française.	1
— L'Orgueil.	1
— L'Envie.	1
SURVILLE (Mme). Fée d'Is Nuages.	1
TASCHEREAU. Vie de Molière.	1
VANDERVELDE. Épisodes des Guerres.	1
VEY.... Le Bouquet de Cerises.	1
VIARDOT (Louis). Les Musées d'Allemagne et de Russie.	1
— Souvenirs de Chasse.	1
VIENNET... Épîtres et Satires.	1
VITET.... Études sur les Beaux-Arts.	1
VORAGINE.. La Légende dorée.	1
VOLTAIRE. La Henriade.	1
W. SCOTT.. Guy Mannering.	1
— Fiancée de Lammermoor.	1
— Légende de Montrose.	1
— Le Monastère.	1
— L'Abbé, suite du Monast.	1
— Kenilworth.	1
— Quentin Durward.	1
— Rob-Roy.	1
WEY.... Manuel des Droits et des Devoirs.	1
ZACCONE... Le Vieux Paris.	1

Près de 300 volumes. — Prix de chaque volume, 1 fr. 75 cent.

PARIS — IMP. SIMON RAÇON ET COMP., RUE D'ERFURTH, 1.

www.ingramcontent.com/pod-product-compliance
Lightning Source LLC
Chambersburg PA
CBHW060603190426
43202CB00031BA/2069